No
debes
mirar
atrás

NICOLE McGEHEE

No debes mirar atrás

Javier Vergara Editor
GRUPO ZETA

Barcelona / Bogotá / Buenos Aires
Caracas / Madrid / México D. F.
Montevideo / Quito / Santiago de Chile

Título original: *Regret Not a Moment*
Edición original: Little, Brown and Company
Traducción: Roberta Puccio
Diseño de tapa: Raquel Cané

© 1993 Nicole McGehee
© 1999 Ediciones B Argentina S.A.
          Paseo Colón 221 - 6° - Buenos Aires - Argentina

ISBN 950-15-2036-6

Impreso en la Argentina / Printed in Argentine
Depositado de acuerdo a la Ley 11.723

Esta edición se terminó de imprimir en
VERLAP S.A. Comandante Spurr 653
Avellaneda - Prov. de Buenos Aires - Argentina
en el mes de octubre de 1999.

A mi madre,
cuyos sueños por mí
no tienen límite,
y a mi esposo,
que ayuda a hacer
de los sueños una realidad.

Índice

Primera Parte
Condado de Fauquier, Virginia, 1930
11

Segunda Parte
El Cairo, Egipto, 1942
391

Tercera Parte
Willowbrook, 1957
459

Primera Parte

Condado de Fauquier, Virginia

1930

1

❦

Devon brincó del negro garañón transpirando y entregó las riendas al mozo de la caballeriza; luego, se escabulló desde el establo hasta la casa principal a través del sendero empedrado. A medida que se aproximaba a la mansión georgiana, construida con ladrillos, lanzaba tímidas miradas hacia el balcón que bordeaba la ventana de su dormitorio segura de que su sirvienta, Alice, estaría parada allí lista para darle una reprimenda por su tardanza. Devon había transpirado abundantemente; estaba sucia y olía a caballo. Peor aún, ella y Alice tenían sólo una hora para prepararla con el fin de acudir a la fiesta en casa de la familia Magrath. Luego, después de unos febriles cincuenta y cinco minutos, Devon ya estaba lista.

—Creo que no está mal —dijo Alice; su tono certero era traicionado por la expresión orgullosa de sus rasgos de matrona. Finalmente, su ama lucía siempre hermosa. Si así no sucediera, Alice se sentiría muy desilusionada.

Devon estudió su imagen en el espejo, y mostró a Alice, que estaba haciendo los retoques finales a su cabello lacio, un sonriente asentimiento de aprobación.

Oscuro y brillante como el mar a medianoche, el pelo de Devon estaba ingeniosamente entretejido con perlas. Creaba así un marcado contraste con sus vívidos ojos azulverdosos. Su piel —sin una arruga, rosada y cremosa como el satén y heredada de su madre— ofrecía el perfecto fondo para el lujoso vestido de terciopelo color zafiro que lucía.

13

—No está mal... para una vieja solterona —dijo Devon con picardía, dirigiendo hacia Alice una mirada conspiratoria en el espejo—. Apuesto contigo... déjame ver... una caja de esos chocolates que tanto te gustan a que mis padres, en la planta de abajo, están discutiendo nuevamente, justo en este momento, acerca de mi soltería.

—Yo no creo en el juego, señorita, como usted sabe —la amonestó Alice decorosamente—. Por otro lado, no le haría nada mal escuchar el consejo de sus padres—. Pero ella no pudo prevenir que apareciera una sonrisa en la comisura de sus labios. Ella amaba a los señores Richmond, pero sabía que el estado marital de Devon era una cuestión de elección. Devon era independiente. Estaba contenta con su vida. Sin embargo, Alice a veces compartía la inquietud de los Richmond cuando Devon rechazaba una proposición detrás de otra. Y este año no había habido tantas. Por supuesto que ya había pocos solteros entre los amigos de Devon de Virginia. Y los Richmond, realmente, insistían en que querían vivir la mayor parte del año en Evergreen en lugar de estar en su casa de la ciudad de Nueva York.

—En realidad, yo creo en el juego. Es uno de los grandes placeres de la vida.

Alice resopló como signo de desaprobación.

—Bueno, no debería burlarse de la preocupación de sus padres, señorita. Un día se va a despertar y va a encontrar que todos los hombres jóvenes que pretendieron su mano están casados, como el señor Hartwick.

—Entonces, me tendré que contentar con mis caballos y con el invernadero —dijo Devon alegremente, ignorando la alusión a su anterior pretendiente. Ella no había estado enamorada de Brent y no estaba arrepentida de que él se hubiera casado con Helena Magrath. Devon no era la clase de mujer que ilusionaba a los hombres cuando no estaba interesada en ellos. Era demasiado sincera para ello.

—De todos modos, sé que mamá y papá están deseando que esta noche yo pase revista al caballero de Nueva York... cuál es su nombre...

—Señor Alexander, señorita. Y usted podría hacer aún más. Dicen que es muy buen mozo y que proviene de una de las familias más finas y antiguas de Nueva York. No he escuchado un solo comentario en contra de él. Y usted conoce la lengua de esa Annie Sparks —añadió con conocimiento, refiriéndose a la sirvienta de Helena Magrath.

—¡En realidad, si no tiene ningún defecto, entonces, debe de ser perfectamente horrible! —dijo Devon en voz baja y humorísticarnente—. Las fiestas se convierten en algo tedioso cuando una tiene la impresión de que todos los invitados están conteniendo su respiración para observar si la vieja solterona, finalmente, se lleva el gato al agua.

—¡No sea vulgar, señorita Devon! —señaló Alice con firmeza—. Yo espero que usted no diga estas cosas en público.

Devon dejó escapar una alegre carcajada y alcanzó desde detrás de su hombro la mano de su sirvienta con cariño.

—¡Por supuesto que sí! ¡Por eso soy una vieja solterona!

—¡Ja! ¡Esto no parece ser aquello que usted piensa! Dios sabe que no existe nada malo con su apariencia o con su cerebro. Es sólo su lengua—. Alice pretendió retar a Devon, pero no pudo disimular un toco afectivo en su voz. Ella había amado a Devon desde el

15

mismo minuto que pusiera los ojos en ella, alrededor de veinticinco años atrás. ¿Cómo podía evitar estar orgullosa de que estuviera a su cargo cuando ella era tan hermosa, en cuerpo y en alma?

—Bueno —dijo Devon; su risa burbujeaba a medida que hablaba—, quizás a este visitante de Nueva York no le importe tanto. Las mujeres yanquis son mucho más francas.

—Dicen que es muy encantador; por lo tanto, pienso que no va a mostrar malos modales —dijo Alice, con severidad burlona.

—Ese hombre parece ser como un paradigma. Lo voy a odiar. Lo sé —dijo Devon, con firmeza.

Devon había adivinado correctamente el tópico de conversación de sus padres mientras la esperaban en la biblioteca, en el piso de abajo.

A medida que Devon se aproximaba a los veinticinco años, sus padres estaban empezando a preocuparse pensando que nunca se casaría. A pesar de que la década de los años 20 habían cambiado el mundo, era aún cierto que, una vez que una mujer joven pasaba de los veintitrés, se daba por sentado que la soltería era una clara posibilidad. A la edad de veinticinco años, parecía una conclusión inevitable.

—Tal vez ella sea demasiado aguda —dijo Laurel, mirando desde su fino bordado, el que rara vez estaba lejos de sus manos.

Su esposo, acomodado en una silla mecedora de cuero frente al fogón, levantó la vista por encima del periódico al oír la voz de Laurel. Su esposa estaba sentada en la otra mecedora opuesta a él; la luz se reflejaba en su fino cabello rubio. De joven, había sido una mujer extraordinariamente hermosa. A la edad de cincuenta y tres años, su belleza había dado lugar a una gracia elegante. Pero, para su esposo, las líneas alrededor de sus ojos y su boca, los mechones blancos luminiscentes en sus cabellos servían como recuerdos de los muchos años felices vividos juntos.

—¿De quién hablas, querida? —preguntó.

—Devon. Tal vez ella abre su mente demasiado directamente. Quizá sus contestaciones son a veces demasiado... agudas. ¿Piensas que es por ello por lo que aún no se ha casado?

Chase, pensativo, bajó el diario. Por lo menos una vez por semana él y Laurel discutían sobre las posibles razones del estado civil de Devon. A pesar de que Devon parecía contenta como estaba, los Richmond querían verla casada. No les gustaban los comentarios condescendientes que sus amigos hacían sobre la soltería de Devon. No les gustaba ver a las hijas de sus amigos, que eran menos atractivas y menos inteligentes, escoger a solteros jóvenes uno por uno, mientras Devon permanecía obstinadamente soltera. Pero más aún, pensaban que la felicidad futura de Devon dependía de su casamiento. Sin estar casada, su lugar en la sociedad sería semejante al de un espectador. Y querían que su hija experimentara la alegría del amor conyugal.

—No lo creo, Laurel —dijo Chase, luego de meditar cuidadosamente en relación con su comentario—. Después de todo, yo recuerdo cuando ella y el joven muchacho Hartwick solían reír juntos todas las tardes. De hecho, él era un gran admirador de su inteligencia.

—¡Bueno, ése es un buen ejemplo, Chase! —dijo Laurel con excitación, sentándose más derecha en su silla—. A Brent Hartwick le gustó esa relación al principio. ¿Pero no supones que comenzó a cansarse? ¿No supones que ella se extralimitó...? —La oración de Laurel se fue desvaneciendo. No le gustaba usar la palabra inteligencia. Era el año de 1930, después de todo. ¿Por qué una mujer joven debía ocultar su inteligencia?

—Tonterías, Laurel, tú y yo siempre hemos sido progresistas. Le enseñamos a Devon a montar y a cazar tan bien como cualquier hombre. Le enseñamos a ser honesta y decir lo que piensa. ¡Ella fue incluso a la universidad! Y espero que le hayamos dado un ejemplo de plenitud familiar. Si ella no está casada, es porque así lo ha querido. Después de todo, su hermana está casada.

—No puedes pensar que desea ser una vieja solterona, como la muchacha Chapman. ¡Nadie invita a esa pobre mujer a ningún lado, excepto como dama de compañía!

—¡Por supuesto que ella no desea eso! Pero Devon dice que no ha encontrado al hombre que le agrade —dijo Chase, con un impotente encogimiento de hombros.

El hombre que le guste, pensó Laurel. Había sido tan fácil para ella y para Chase encontrarse el uno al otro. Habían crecido juntos como vecinos, hecho pasteles de barro como niños, tomado lecciones de piano juntos como adolescentes.

Siempre habían sido inseparables. Miró a su marido ahora. Ella suponía que se lo podía considerar rollizo, a pesar de sus amplios hombros y fuertes brazos. Su cabeza calva había lucido antaño oscuros y espesos rizos; el cabello que quedaba era, en gran parte, canoso. Pero para Laurel él era el hombre más atractivo del mundo. ¿Por qué era tan difícil, entonces, para su propia hija encontrar la misma satisfacción?

2

Una luz brillante se derramaba festivamente desde las amplias ventanas de la mansión de la familia Magrath. Su vista hacía que el corazón de Devon latiera un poco más rápidamente a medida que las cubiertas del Cadillac de sus padres crujían sobre la asfaltada carretera circular. Las fiestas siempre la emocionaban por anticipado, y las fiestas en la casa de los Magrath eran las más deslumbrantes.

La lujosa casa de tres pisos de la familia Magrath, construida a semejanza de un castillo francés, contrastaba con el estilo georgiano de las que salpicaban la campiña de Virginia. La arquitectura, una fantasía romántica del francófilo abuelo de Helena Magrath, se complementaba con una casa llena de valiosas antigüedades recogidas a través del curso de setenta años.

A medida que Devon entraba en el salón estilo Luis XIV suntuosamente decorado, con sus brazos tomando los de sus padres, recorrió el salón en busca de sus anfitriones. Todas las caras que veía le eran familiares y sonrió a aquellos más próximos a ella. Luego de que un círculo de personas jóvenes se separasen, Devon vio en el centro a un extraño.

Su mirada, que escudriñaba el salón, se detuvo de pronto y se fijó en él. Era una de esas extrañas personas que, debido a ninguna razón claramente definida, llamaba inmediatamente la atención. No se mezclaba con el resto de la gente, permanecía por encima de ella. Su carisma le venía por algo más que por su perfecta apariencia; algo por encima de su confianza en sí mismo. Era una combinación de gestos elocuentes, porte, expresión, un magnetismo que absorbía la atención. A pesar de que John Alexander inadvertía completamente a Devon, ella trabó sus ojos en su perfil.

No parecía mayor que muchos de sus amigos, pero se movía con demasiada confianza. No era más alto que los otros hombres del salón, pero algo acerca del modo en que se movía le hacía parecer más poderoso. Tenía la apariencia de un atleta, con hombros amplios deslizándose hacia una angosta cintura. Daba la impresión de que era extremadamente capaz, no... indomable. Su cara era toda masculinidad angular, con una fuerte y casi obstinada mejilla. Su nariz era apenas más amplia de lo normal y tenía un pequeño gancho en ella que daba a su cara una mirada aguda y algo áspera. Para Devon, los hombres que estaban a su alrededor eran inmaduros en comparación con éste.

La anfitriona de los Richmond, Rosalind Magrath, localizó a sus invitados y se dirigió hacia ellos. A medida que saludaba a los recién llegados, miró por encima de su hombro para observar qué cautivaba tanto a Devon. La joven mujer parecía positivamente hipnotizada. Cuando Rosalind detectó la dirección de la mirada de Devon, se sonrió complacida. La señora Magrath condujo a la familia a través del amplio salón con el fin de presentarle al invitado de Nueva York, dirigiendo hacia Laurel Richmond una mirada de entendimiento.

Alexander se dio vuelta a medida que Devon y sus padres se aproximaban. Y titubeó en el medio de ese ambiente. Devon estaba mirándolo directamente de un modo que hacía que pareciera que estaban solos en el salón, y ella era una de las mujeres más atractivas que jamás hubiera visto. Estaba capturado por ella, incapaz de mirar hacia otro lado. No era sólo su apariencia extraordinaria: tenía una actitud atrevida que lo fascinaba. Se movía con la clase de autoconfianza que, generalmente, encontraba en mujeres de por lo menos diez años más adultas. Sus ojos se clavaron en los de ella a medida que ésta se aproximaba.

Devon estaba transfigurada. Parecía no darse cuenta de que se estaba moviendo en medio de la muchedumbre; no advertía ni siquiera el hecho de estar respirando. Sólo tenía ojos para los ojos de él. Estaba ahora detenida a su lado, mirando fijamente aquellos extraordinarios ojos, unos ojos bordeados con largas y oscuras pestañas; eran tan profundamente azules que parecían de color azul marino. Daban un toque hermoso a una cara que era, por otro lado, reciamente masculina.

—¡Ah!, nuestro huésped de honor —dijo suavemente la señora Magrath, pretendiendo no darse cuenta de la extraña y pequeña isla de silencio en medio del arrullo de la conversación del salón—. Señor Alexander, le quiero presentar a nuestros vecinos, el señor y la señora Richmond de Evergreen; y ésta es su hija Devon. Como ya le he mencionado, ella será su compañera en esta velada.

El espacio entre John y Devon vibró, electrizado.

—Entonces, soy un hombre muy afortunado —dijo con voz profunda y alegre. Devon casi nunca se sonrojaba, pero ahora su madre se sorprendió al ver que sus mejillas estaban rosadas cuando miraba al extraño.

—¿Cómo está usted, señor Alexander? —murmuró Devon. No se atrevió a extender su mano hacia él. El contacto la estremecería; ella estaba segura. El mismísimo impacto físico de estar frente a él la dejó sin aliento. Se sintió... desnuda.

Alexander sintió el calor de la muchacha. Era el tipo de calor seductor que las mujeres más prácticas trataban de mostrar deliberadamente, pero esta joven mujer lo hacía de forma muy natural. Por lo tanto, el hombre sabía que ella era inocente. Y esta combinación fue para él terriblemente excitante. Sus ojos se negaban a abandonar los de la mujer. Pensaba cómo sería hacer el amor con ella. Poseerla y...

—¡Devon Richmond! ¿Me estás evitando de nuevo? Una voz alegre rompió el hechizo. Los señores Richmond se apartaron cuando Devon se dio la vuelta para saludar a Brent Hartwick, su anterior pretendiente. Hartwick se había casado recientemente con la hija de la familia Magrath; de ahí la generosidad de Rosalind Magrath de dejar que el apuesto invitado de honor fuera el compañero de Devon. Hartwick era una de las pocas personas que los Richmond sabían que había perdido cuantiosas sumas de dinero en la bancarrota de 1929. Pero la mayoría de los grandes adinerados residentes en el condado de Fauquier y del limítrofe condado de Loudon creían que el patrimonio era la mejor inversión y habían desdeñado la locura de comprar acciones.

Hartwick era la excepción. Nació y fue criado en Upperville, Virginia; luego, se fue a vivir a Nueva York, donde fue empleado de una firma de inversionistas bancarios. Como caballero de los años 20, consideraba su trabajo como un pasatiempo, nada más que eso, hasta que se aficionó con la fiebre de comprar acciones y perdió una fortuna. Muchos pensaban que aquélla era la razón por la cual dejó de esperar el consentimiento matrimonial de Devon Richmond y se estableció con la rica Helena Magrath.

Rápidamente, Helena Magrath Hartwick llegó al lado de su marido cuando se percató de que él estaba hablando con Devon. Ella era consciente de los rumores que circundaban a su esposo y a Devon, y estaba particularmente celosa de la otra joven mujer.

—¡Devon, querida, qué hermosura luces! —exclamó Helena.

Devon se irritaba con la costumbre que adquirió Helena desde su casamiento de dirigirse condescendientemente a las mujeres solteras con un "querida", como si ella, Helena, fuera mucho más adulta.

—Helena… querida —respondió Devon, permitiendo que unos segundos transcurrieran entre ambas palabras.

Helena se dirigió a Alexander.

—Devon es la más requerida dama del condado. Prometo que lo mantendrá divertido. En realidad, usted tiene suerte de que no le hayamos asignado a una de las damas más jóvenes como compañera. Como divertida conversadora, ninguna de ellas sería, ni de lejos, tan interesante como Devon.

—Y, sin embargo, ser ingenioso no es precisamente una consecuencia de la edad, ¿no es cierto, Helena? —preguntó Devon agudamente, lo que provocó las risas de John Alexander y Brent Hartwiek.

Helena, mirando furiosamente a su esposo, lo alejó del grupo diciendo por encima de su hombro:

—Por favor, disfruten de la velada, con un tono que implicaba lo contrario.

Devon se dirigió hacia Alexander.

—¿Fue algo malo lo que acabo de decir? —preguntó, retrocediendo cómicamente como si esperara ser reprendida. Ahora, Devon era lo que siempre había sido; la interrupción le había dado tiempo para recuperar su compostura.

—Sí. Y bien merecido —replicó Alexander riendo irrespetuosamente—. Desde el momento en que la vi, a usted, sabía que era una mujer que debía ser tenida en cuenta.

—Bueno, yo... — Devon miró hacia arriba para encontrar los ojos azules que la observaban, borrando todo pensamiento racional de su mente. Trataba de recordar aquello que hubiera querido decir, se obligaba así misma a recordarlo—. Yo... a mí no me gusta que me manden, y pienso que Helena hace eso a veces.

—Me sorprende que se atreva —dijo John, con una extraña y divertida mirada. Devon no parecía ser la clase de mujer que, dócilmente, aceptara semejante comportamiento.

Devon, simplemente, sonrió, enojada por no poder responder con alguna réplica ingeniosa. Podía nuevamente sentir la turbulencia que emanaba de su cuerpo. Tenía que evitar mirarlo a los ojos. Si consiguiera evitarlo, podría mostrar que estaba tranquila. Si no, podría pensar que soy una tontita, pensó Devon.

Pero, para John, que no la conocía, Devon parecía tranquila. Ella no lo miraba; por lo tanto, aquella breve intromisión en sus pensamientos, que había hecho que se estremeciera, había desaparecido. Por ello, se sentía arrepentido.

Tuvo la repentina urgencia de hablarle acerca de la indiscutible atracción que existía entre ambos, pero, en cambio, se sobrepuso y habló de temas intrascendentes.

—¿Dígame, señorita Richmond, le gusta Nueva York? Estaba pronunciando frases convencionales, pero su elegante voz hacía que le pusiese a ella la piel de gallina, como si le estuviera soplando por detrás del cuello.

—Sí... sí, de algún modo. —¿Qué le había preguntado? Oh, sí. Nueva York—. De hecho, tenemos una vivienda allí. —La casa a la que tan casualmente se refería era una casa de estilo, de cinco pisos, comprada más tarde gracias a la reciente venta de la villa italiana de la familia en la Quinta Avenida. Chase Richmond, como muchos otros de los que gozaban del antiguo bienestar, no estaba de acuerdo, sin embargo, con el despilfarro. Reconocía que la era de las mansiones de la Quinta Avenida que ocupaban manzanas enteras de la ciudad estaba terminando. El hecho era que la depresión había contribuido a que muchos de los ricos redujeran el salvaje despilfarro que había caracterizado a la década anterior.

John pensaba en por qué no había conseguido dar con ella anteriormente.

—¿Usted visita Nueva York con asiduidad?

—No con demasiada frecuencia —dijo Devon. A medida que hablaba, comenzaba a sentir más control de sí misma—. Me gusta visitar la ciudad pero hay demasiada gente. Por otro lado, éste es mi verdadero hogar.

—¿Usted no se siente aislada aquí, viviendo a varias millas del vecino más cercano? —preguntó John.

—En absoluto. Es más, me agrada. Como usted puede ver, somos una sociedad muy unida.

John se encontraba a sí mismo queriendo saber más acerca de sus pensamientos, acerca de lo que hacía cada día. Quería saber todo sobre ella.

—¿No se aburre en pleno campo?

Devon estaba comenzando a sentirse intrigada con la propia conversación. Se divertía ante los preconceptos de este hombre sobre la vida en Virginia.

—Señor Alexander, jamás me he sentido aburrida ni un solo día de mi vida —dijo con firmeza—. La ocupación de mi mente no depende de otros.

—No, me hago cargo de que usted se las arregla perfectamente por sí sola. —Pensaba si se atrevería a hacerle la pregunta que asaltaba su mente. ¿Lo sentiría como un insulto? Sería interesante ver su reacción—. ¿Sería impertinente por mi parte preguntarle por qué alguien tan hermosa como usted no se ha casado?

Devon, ahora no totalmente consciente, se dio vuelta para enfrentarse francamente a Alexander.

—Probablemente —Su boca mostró en sus bordes una astuta sonrisa—. ¿Debo suponer que los Magrath le han hablado demasiado como para que usted especulara al respecto?

Alexander no podía decir si ella estaba ofendida. Mientras él estaba tratando de decidir, Devon soltó una carcajada.

—No se sienta incómodo. Todos los que conocemos especulan sobre ese tema. El hecho es que nunca me he enamorado de nadie. Una respuesta muy simple. El porqué todo el mundo trata de complicarlo está muy por encima de mí. Yo, simplemente, no voy a renunciar a mi independencia por alguien a quien no quiera realmente. Y, a pesar de lo maravillosas que puedan ser las recompensas del matrimonio, uno renuncia a una cuota de independencia, ¿no es cierto? ¿Es por la misma razón que usted, señor Alexander, nunca se ha casado?

Ahora le correspondía el turno de reír a Alexander. Tenía treinta y dos años y no era extraño que hombres de su edad estuvieran solteros. Era lo suficientemente progresista como para saber que era injusto que se cuestionara a Devon el hecho de permanecer soltera, mientras que él podía seguir siendo un soltero respetable, e incluso deseable. Sin embargo, él era igualmente un hombre de esos tiempos para detectar lo poco convencional de la pregunta de Devon.

Poniéndose serio, Alexander consideró la pregunta de Devon. Él había amado a mujeres, incluso había estado enamorado. Cuando tenía diecinueve años, había querido casarse con una joven francesa que había conocido en Roma. Por supuesto, su familia se había pronunciado inflexiblemente en contra de que se casara con una católica romana, y la familia de ella se opuso a que se casara con alguien de la iglesia Episcopaliana; y, de algún modo, ambos jóvenes no habían tenido el deseo de pelear en contra de la desaprobación de sus padres.

El segundo amor de John había sido una mujer casada, de su misma clase. Ella le había contado que su marido era cruel con ella. Cautivado por su papel como salvador, había comenzado ardorosamente un apasionado amorío con ella. Le había rogado a Janine que dejara a su esposo, así él, John, podía casarse con ella. Por supuesto, ella se había negado. Tan sólo cuando su atención comenzó a dedicarse a otro joven del grupo, Alexander se dio cuenta de lo estúpido que había sido.

Desde ese momento, raramente estaba ausente de su vida la presencia de, por lo menos, una amante, pero nunca más tuvo el deseo de casarse. A John le gustaba sentirse libre Para viajar, explorar nuevos intereses, salir cuando le entrara en ganas. No quería tener que dar explicaciones a nadie. Además, a medida que se iban casando la mayoría de sus amigos, él podía observar cómo sus mujeres, sin hacer referencia a lo excitantes que podían haber sido antes de contraer matrimonio, parecían haberse convertido todas en réplicas unas de las otras. Se ocupaban de las mismas cosas y tenían los mismos pensamientos y patrones.

—Estoy complacida de que se haya usted tomado en serio mi pregunta, pero no debió tomarla tan en serio —lo interrumpió Devon, perturbando sus pensamientos.

John rió.

—Lo siento mucho. Estaba tratando de darle una respuesta honesta. Es suficiente decir que, a juzgar por mis amigos, las personas se vuelven aburridas cuando se casan.

Por un momento, Devon se olvidó de su atracción por John. La generalización la enojó.

—¡Yo no intento volverme aburrida! —dijo decididamente. ¡Aburrida! Pensó en sus padres. Estaban contentos, pero no aburridos. Pensó en su hermana, casada con un diplomático y viviendo en París. Eso no era aburrimiento.

—¿Entonces, usted sí intenta casarse? —preguntó John, sintiendo su enojo, a la vez que estaba ansioso por seguir con la conversación.

—Si me enamoro. Y estoy segura de que lo haré. —Devon se sintió de pronto avergonzada a medida que pronunciaba esas palabras. ¡Su conversación con este extraño había tomado un vuelco sorprendentemente íntimo!

—¿Y qué hará para evitar que su matrimonio se vuelva aburrido? —preguntó él con verdadera curiosidad, sin tono burlón.

Devon pensó que la pregunta era presuntuosa, y estaba a punto de decirlo, pero algo en la seriedad del tono de Alexander, la curiosidad estudiada en sus ojos penetrantes, detuvo su reproche. En cambio, meditó cuidadosamente su respuesta, permitiendo que el silencio entre ellos se alargara.

Finalmente, dijo con un tono pensativo:

—Se da cuenta, señor Alexander, usted y yo tenemos un serio desacuerdo en un tema fundamental. Usted dice que la institución del matrimonio convierte a las personas en aburridas. Yo no estoy de acuerdo. Yo creo que las personas aburridas dan a la institución una mala reputación. Tal vez atribuyan su aburrimiento, su falta de aventura a la influencia inhibitoria de su esposo. Las personas hacen lo que quieren hacer, señor Alexander. Cuando personas interesantes se casan, y retienen sus intereses de independencia aun después de casados, no veo razón alguna de por qué sus matrimonios no sean igualmente interesantes.

—Muy bien dicho, señorita Richmond —dijo Alexander, con una mirada de admiración—. Es un punto de vista digno de ser considerado.

En ese momento, el mayordomo de los Magrath entró en el salón para anunciar la cena. John se volvió hacia Devon. Ella sabía que la iba a tomar del brazo, como la costumbre requería; pero no estaba preparada para la ola de deseo que se extendería sobre ella al menor contacto. En ese momento, John Alexander le hizo ver un indicio de las secretas y exquisitas posibilidades de las que ella había estado tan cuidadosamente apartada: un súbito entendimiento de lo que significaba compartir la cama con un hombre.

Devon levantó sus ojos hacia los del hombre y, esta vez, él se negó a soltarlos. Ella podía leer su mensaje de seducción tan fácilmente como si lo estuviera diciendo en voz alta. Su cuerpo se estremeció, como anticipando su roce. Por un momento de aturdimiento, ella pensó que él la iba a besar.

Su cara estaba inclinada hacia arriba, invitándolo a ello. Él no tenía más que inclinarse y... Él quería romper con las convenciones que lo prevenían en contra de esa actuación. Y sus ojos lo señalaron claramente. No la besó, sin embargo. Hizo mucho más que eso, más que eso en su imaginación. Y Devon lo sabía.

3

Devon no estaba sorprendida cuando volvió de su paseo a caballo la siguiente tarde de encontrar a John Alexander tomando el té con sus padres. Abriendo la pesada puerta doble que llevaba a la biblioteca, Devon se encontró a los tres cómodamente sentados en frente del crepitante fuego. John estaba recostado en un sillón de cuero color rojizo frente a la chimenea, mientras que los Richmond, como siempre, ocupaban ambas mecedoras que flanqueaban el pequeño sofá.

El mayordomo le había contado a Devon que Alexander estaba de visita, pero, una vez más, ella no estaba completamente preparada para el impacto físico de su presencia.

—Señor Alexander, qué agradable sorpresa —dijo Devon. A sus propios oídos, su voz sonó imperdonablemente temblorosa. ¡No podía dejar que él la afectara de esta manera!

—Veo que ha estado paseando a caballo, señorita Richmond. ¡Qué lástima que no haya llegado antes! No tengo muchas oportunidades para andar a caballo frecuentemente en Nueva York.

John había temido que, a la luz del día, Devon no se pareciera a la memoria que guardaba de ella, aunque, en realidad, la sobrepasaba. Le sonrió. Una sonrisa que la absorbió totalmente. Sus dientes resplandecían blancos contrastando con sus rasgos bronceados, y un increíble y encantador hoyuelo apareció a un lado de su boca.

—¿Le gusta montar a caballo? —preguntó Devon, sin aliento—. Quizá le gustaría a usted ver nuestros establos luego de que haya terminado de tomar el té.

—Me encantaría realmente —dijo Alexander con simpatía.

—Si usted me permite un momento, iré a refrescarme un poco. Estaré de vuelta en unos minutos.

Laurel y Chase intercambiaron una significativa mirada. Estaban contentos de ver el efecto que John Alexander tenía en su hija. Por una vez, ella parecía aturdida por la emoción, una condición tal vez más atractiva para los pretendientes que su usual autoconfianza, pensaron.

—¿Alexander, qué lo trae por esta parte de Virginia? —preguntó Chase. Ya conocía la respuesta, porque había sido el tema de discusión entre los hombres de su círculo.

—El señor Magrath posee algunas propiedades en Nueva York y he creído oportuno comprárselas —replicó John casualmente. En contraposición a la mayoría de los caballeros de su tiempo, John elegía trabajar. Compraba viviendas de Nueva York, las renovaba y las vendía nuevamente a un coste inferior al del resto de los vendedores, obviamente sacando un buen beneficio. Los inmigrantes que trabajaban en oficios eran sus compradores y tenían, de este modo, su primera oportunidad de vivir decentemente en Estados Unidos; y John hacía dinero.

—No es un buen momento para invertir en estos días —dijo Chase.

—Un tiempo de oportunidades, si uno es lo suficientemente inteligente para evitar la locura de comprar acciones.

—Amén. La tierra es siempre la mejor inversión.

Devon reapareció en el dintel de la puerta. Había hecho uso del tiempo a solas para calmarse, y se sentía más controlada. No obstante, el palpitar de su corazón era aún demasiado rápido.

—¿Vamos a echarle una mirada a los establos?

Estaba ansiosa de escapar de los confines de su casa, de la mirada de sus padres. Se preguntaba conscientemente si ellos se podían dar cuenta del efecto que Alexander tenía sobre ella.

—Por supuesto —respondió John. Se levantó y cruzó a través de la alfombra persa para dar alcance a Devon.

Cuando los dos se habían alejado, Laurel volvió a su bordado, mientras que Chase, simplemente, miraba hacia el fuego del fogón. No hablaron durante un buen rato. Finalmente, Chase levantó la mirada para encontrar a Laurel mirándolo con una sonrisa satisfecha en su cara.

—¿Por cuánto tiempo se quedará usted en Virginia, señor Alexander? —preguntó Devon. Los visitantes de los extensos estados del sur, generalmente, se quedaban varias semanas, incluso meses, cada vez que venían. Devon tenía la esperanza de que éste sería el caso de John.

—Hasta que mi negocio aquí concluya —respondió él secamente.

Devon presintió que no conocía a John lo suficiente para curiosear más a fondo, por lo que, entonces, no preguntó más acerca de sus negocios. John se dio cuenta y admiró su discreción.

—Usted dice que le gusta cabalgar. ¿También le gusta cazar? —preguntó Devon, gesticulando hacia las ondulantes colinas alrededor de ellos. La agraciada casa solariega de ladrillos, cercada por bosques de boj de un siglo de vejez, era sólo una pequeña porción de Evergreen. La tierra de los Richmond se extendía hacia todos los confines del horizonte.

—Mucho. ¿A usted le gustan las carreras de caballos? Más que cualquier otro, éste es nuestro deporte en Nueva York.

—No sé gran cosa sobre ello, pero parece un deporte bastante excitante. La atmósfera entre ellos estaba menos pesada, gracias al fuerte aire de la tarde. Podían relajarse de alguna manera, empezar a conocerse.

Los establos estaban a cierta distancia de la casa y era un día fresco; entonces, Devon se puso a andar por el camino empedrado a una velocidad que hacía que John se apurara detrás de ella. Aun así, John observaba con interés los detalles de los jardines meticulosamente mantenidos. El borde de árboles de boj del camino estaba cuidadosamente recortado, de modo que ninguna hoja estaba fuera de lugar. En frente del cerco, flanqueando el pequeño camino, había un cuadrado de flores perennes, artísticamente diseñado para que alguna siempre estuviera en flor sin importar la estación del año. John se detuvo un momento y se dio vuelta hacia la casa, apreciando la riqueza salvaje de la hiedra que crecía sobre el pórtico trasero y hacia arriba por la chimenea, y de las ventanas Paladio que adornaban la fachada de la estructura. Todo acerca de la casa de los Richmond mostraba quieta elegancia, orden y cuidado. No había nada ostentoso en Evergreen; tenía una confortable y acogedora calidad a pesar de su tamaño, pero cada detalle era de la más alta clase. Y había una serenidad tal en el entorno que John notó el gran contraste que existía con Nueva York.

—¿Qué hace aquí para divertirse, señorita Richmond? —preguntó Alexander.

Devon reflexionó durante un momento.

—No estoy segura de cómo contestarle. Diversión no es exactamente aquello que buscamos aquí. Para ello viajamos —agregó Devon con una sonrisa.

—Usted parece una mujer joven muy inteligente. ¿Qué hace para ocupar su tiempo?

—Bueno, durante un tiempo estuve fuera de aquí, en la escuela; por lo tanto, he disfrutado el volver a conocer nuestro lugar.

John miró alrededor de él apreciativamente. Cercos recién pintados de blanco y perfectamente reparados se alzaban sobre las ondulantes colinas verdes. Un pequeño lago, en el valle, alrededor de media milla a lo lejos, reflejaba graciosamente en sus aguas los sauces llorones y el cielo azul oscuro. Varios caballos, con su pelaje brillando al sol, pastaban en otro de los campos llenos de flores amarillas.

Siguiendo su mirada, Devon le dijo:

—Ésas siempre florecen aquí en otoño. Hacen que mi hermana estornude terriblemente cuando pasa por aquí.

—¿Su hermana vive por aquí?

—No, ella vive en París ahora. Su marido es diplomático.

—¿Y qué hace usted cuando está aquí?

—Generalmente, cabalgo. También entreno a mis caballos. —Devon hizo una pausa, pensativa, antes de continuar—. Después de nuestra conversación en casa de los Magrath, no puedo dejar de pensar que usted está muy preocupado sobre la posibilidad de que yo esté vegetando aquí, señor Alexander. ¿Es que hay una razón para ello?

En efecto, Alexander esperaba que una mujer tan inquieta como Devon estuviera ocupada en pasatiempos más relevantes. El hecho de que ella no hiciera nada que él clasificara como excepcional era como una pequeña decepción.

—No... no. Usted no parece ser la clase de persona que pueda estar satisfecha con la vida del campo.

Devon se detuvo, volvió su cara hacia John y lo miró fijamente. Bajo su mirada inquisidora él se sintió incómodo al querer prejuzgar de esa manera.

—Supongo que sé muy poco sobre esto —admitió, mirando hacia abajo tímidamente.

Su incomodidad divirtió a Devon, que dijo serena pero gentilmente:

—Entonces, tendremos que familiarizarlo con los encantos de la vida campestre. De ese modo, podrá formular juicios adecuados sobre sus atributos en comparación con la vida de la ciudad.

—Usted hace que me sienta muy provinciano —dijo John con un tono exageradamente apologético—. ¿Puede usted perdonar mi estrechez mental?

Devon no pudo reprimir una sonrisa.

—Si usted me perdona por generalizar —dijo amablemente—, encuentro que muchas personas de Nueva York comparten su modo de pensar. No pueden creer que exista estimulación intelectual fuera de Manhattan, excepto, por supuesto, en Francia o Gran Bretaña. Como usted ha señalado, es un modo de pensar un tanto provinciano.

Devon concluyó sus palabras cuando llegaron al establo, una estructura masiva de madera con espacio para cuarenta caballos por lo menos. Como el resto de la granja, todo estaba limpio.

—De hecho, le mostraré ahora un claro ejemplo de cuán estimulante puede ser la vida en el campo —añadió, mientras su sonrisa se agrandaba.

Devon llevó a John a una espaciosa caballeriza. En un principio, John no podía ver el interior; luego, divisó el caballo más magnífico que jamás hubiera visto. La criatura era enteramente negra, una visión brillante como el ébano.

—Éste es mi bebé —dijo Devon, acariciando la nariz del caballo a medida que éste la empujaba amorosamente.

—¡Qué criatura más soberbia! —dijo John con asombro—. ¿Un pura sangre?

Devon asintió.

—Un garañón. Sirocco es su nombre. ¿Tal vez usted quisiera volver mañana para una cabalgata? Podríamos incluso hacer una excursión si el tiempo lo permite. Usted podrá cabalgar con Sirocco —dijo mirándolo de costado—. Pienso que usted va a estar de acuerdo conmigo en que la vida en el campo puede ser excitante después de todo.

—No estoy seguro de aceptar su oferta, pero no puedo resistirme a la idea —dijo John sonriendo. De hecho, Alexander era un excelente jinete, y hasta había jugado polo en la escuela.

Devon le mostró otros caballos más, antes de conducirlo a un gran invernadero situado detrás de los establos. Cuando entró, John estaba embriagado con los ricos perfumes que llenaban el aire. Flores exóticas crecían en macetas colgantes, así como en bandejas planas y amplios semilleros en el suelo. John observó especies que jamás había visto antes, ni siquiera entre los más exquisitos floristas de Nueva York.

—¿Cuáles son todas éstas? —preguntó con deslumbramiento.

—Orquídeas en su mayoría. Algunas son gardenias que he colocado dentro durante el invierno. Me gusta su aroma. Cultivo jazmines también, por la misma razón.

—¿Usted quiere decir que todo esto es suyo?

—Lo es. Yo hago experimentos con el cultivo de las plantas. Algunas de estas especies se encuentran únicamente en un solo lugar del mundo. —Devon caminó hacia un semillero suspendido del techo. Tumbó hacia un lado un macizo de flores rojas y grandes, de alrededor de diez centímetros de diámetro, que tenían pétalos como alas de golondrinas. Devon arrancó una y se la ofreció a John. Bajo una observación cercana, él vio que cada pétalo del interior de la flor era de un blanco delicado y encerado con rosa alrededor de los bordes—. Por ejemplo, esta orquídea crece sólo en la isla de Tobago, en el Caribe. En ningún otro lado existe. ¿Puede usted imaginar eso? —preguntó Devon con ensoñación.

—Es hermosa —dijo John—. ¿Cómo la encontró?

—Fui allí y la busqué —dijo Devon, con un tono certero. John la miró, sorprendido. Pero, sin más conversación, Devon se dio vuelta y lo condujo de vuelta a la casa.

4

❦

Loretta Morgan se estiró somnolienta; luego se recostó con una pose provocativa contra los almohadones de satén azul de la tumbona.

—¿De esta forma? —preguntó al hombre que estaba frente a ella.

—No. Muévete un poco hacia adelante, Loretta. Déjanos ver algo más de ti —contestó él bruscamente.

Obligada, la joven mujer se recostó hacia adelante, enfatizando aún más su profundo escote expuesto.

—¿Está mejor?

—¡Perfecto... muy bien... ahora! —Loretta mostró una sonrisa lánguida y miró hacia el hombre seductoramente. Tan pronto como oyó el ruido del disparo, su mirada seductora desapareció de su cara y se puso de pie. Sin preocuparse por la presencia del fotógrafo, permaneció impaciente, a medida que su sirvienta le quitaba el vestido ornamentado de su voluptuoso cuerpo y lo reemplazaba por otro. El fotógrafo, ocupado con su máquina de fotos, ni siquiera lo notó. Para él una actriz famosa era igual a otra. Ellas eran todas muy complicadas. Eran todas primadonas.

Como para confirmar este hecho, Loretta, ahora totalmente vestida, se puso a contemplarse frente a los espejos que cubrían las tres paredes de su vestíbulo.

—Muy bien, Loretta, déjanos ver un poco la pierna.

Loretta pasó por todas las poses profesional y mecánicamente. Su mente estaba en otro lado. Estaba pensando en John Alexander. Habían pasado tres días desde que lo había visto por última vez y lo echaba de menos, realmente, lo añoraba.

Especulaba sobre sus posibilidades de casarse con John. Algunas veces pensó que él se lo iba a proponer. Luego, repentinamente, él parecía distante. Una vez le había mencionado esa posibilidad, pero él lo había tomado como algo jocoso, diciendo:

—¿Por qué arruinar un perfecto romance, Loretta?

Eso era fácil de decir para un hombre. Pero el público de Loretta estaba empezando a preguntarse por qué su ídolo de veintiocho años (treinta y cuatro, la verdad sea dicha) nunca se había casado. Casarse con un hombre como John Alexander, buen mozo y de una venerable y antigua familia de Nueva York, podría realzar su carrera. Y además le daría algo que ninguna carrera, por mucho éxito que tuviera, le podría dar. Respetabilidad.

No sabía por qué este hecho le importaba tanto. No había sido educada con esa mentalidad. Tal vez por eso lo necesito tanto, meditó.

5

El sol de la mañana, que corría como un arroyo por la ventana abierta del cuarto de Devon, calentaba su cuerpo mientras ella yacía en su cama. No totalmente consciente aún, estaba, sin embargo, consciente de una deliciosa sensación de anticipación. Sacudiendo su sueño, trató de recordar la razón de su felicidad. John Alexander. Suspiró. John Alexander iba a venir a su casa hoy para ir a dar un paseo a caballo con ella. Tan sólo pensar en verlo la llenaba de una especie de excitación prohibida.

Devon había sido educada muy cuidadosamente. Se esperaba que su marido fuera el primer hombre con el cual compartiera la cama. Pero ella no era fría. Ella había tenido los mismos deseos sexuales y los mismos amoríos escolares que sus amigas. Y también se había estremecido placenteramente con los besos de sus pretendientes. Pero nunca había conocido a un hombre que pudiera mantener ese sentimiento. Ahora estaba excitada con la perspectiva de que John Alexander pudiera ser posiblemente un hombre al que ella pudiera amar.

Mientras cantaba alegremente, tiró las sábanas delicadas de lino y el cobertor y se apuró hacia el armario labrado de cerezo donde guardaba sus ropas de cabalgar. Ella eligió los pantalones gris claro, una blusa de algodón azul que realzaba el color verde agua de sus ojos, y la chaqueta morada y gris de mezclilla de lana Harris. Después de lavarse la cara, se ató el pelo en forma de cola de caballo con un lazo color lila; terminó de vestirse y bajó las escaleras para desayunar.

—Buenos días, querida —dijo su madre—, estás hermosa.

—Gracias. El señor Alexander viene a cabalgar. —Devon notó la mirada que sus padres intercambiaron y sonrió. Se dirigió hacia el aparador Hepplewhite lleno de panecillos de cereza, huevos y jamón Smithfield. Devon se sirvió una porción de cada uno y se reunió con sus padres en la reluciente mesa de banquete de caoba. Los Richmond tenían invitados frecuentemente, por lo cual la mesa estaba siempre abierta en toda su extensión; pero cuando estaban solos la familia se sentaba junta en uno de los extremos. A pesar del esplendor de la habitación, la cercanía emocional de la familia daba al contexto un brillo amoroso.

En tono burlón, Devon preguntó:

—Ustedes dos parecen tener muchas ganas de comentar algo en relación con mi visitante. ¿Puedo preguntar por qué?

—No, en absoluto, Devon, nosotros sólo... sólo... —Su padre buscaba las palabras, pero encontró muy embarazoso discutir sobre el galanteo con su hija.

—Pensamos que el señor Alexander es muy amable, querida —interrumpió Laurel suavemente—. El señor Magrath habla muy respetuosamente de él. ¿Chase, estabas diciendo que deberíamos invitarlo a cenar?

—No recuerdo —empezó Chase, antes de encontrarse con los ojos de Laurel—. Bueno, sí, ahora que lo mencionas. Sí, sí, por supuesto. Devon, ayer mismo yo estaba diciendo...

Devon no pudo sofocar la risa por más tiempo.

—Madre, padre, ustedes no tienen que fingir. Yo desearía que el señor Alexander fuera invitado a cenar.

Espero tener la oportunidad de conocerlo mejor y, sí, creo que es muy buen mozo. ¿Es eso todo lo que ustedes quieren saber?

Chase, mirando tímidamente, abrió su boca para contestar y luego la cerró, porque no encontraba las palabras. Pero Laurel estaba completamente tranquila. Delicadamente sorbió su café. No habló hasta que volvió a colocar la taza en su plato. Luego, mirando inocentemente a Devon, dijo:

—Bueno, debemos hacer todo lo posible para ser hospitalarios con el señor Alexander, ¿no es cierto? Devon, simplemente, asintió y sonrió a su madre.

Realmente, pensó Chase, se supone que las mujeres son sutiles pero, algunas veces, él ya había aprendido, podían ser demasiado francas. Era bastante desconcertante.

Devon estaba agradablemente sorprendida al descubrir que John cabalgaba realmente bien. No era que la habilidad fuera particularmente importante para ella, a pesar de lo que le gustaba; era simplemente que, al igual que muchos buenos jinetes, a Devon le disgustaban las personas que decían cabalgar mejor de lo que lo hacían. Devon creía que tanto el caballo como el jinete estaban incómodos en esos casos.

—¡Usted ha sido muy modesto, señor Alexander! Pienso que usted está más que preparado para cabalgar con Sirocco —exclamó Devon. John había sugerido cabalgar en un caballo más manso. Había conducido a uno de los animales capados de los Richmond a través de una serie de saltos intrincados en la pista de salto e impresionado a Devon con su habilidad. Ella abrió la puerta de la pista de salto para que John pudiera salir y pudieran cambiar las monturas.

—¿Pero no quiere usted montar a Sirocco cuando salgamos hacia el sendero? —preguntó John.

—Yo lo puedo montar cuando quiera. Además, lo voy a montar en la cacería del sábado. ¿Le ha pedido el señor Magrath que nos acompañe? —Como Magrath era el que organizaba la cacería y el anfitrión de Alexander, era apropiado que él lo invitara a participar.

—Lo hizo. —John desmontó y le entregó las riendas al mozo de la caballeriza—. Y espero que usted me muestre hoy algo de los campos de los alrededores, así no me toma desprevenido.

A Devon le gustaba el hecho de que Alexander respetara la tradición de la caza. Y le gustaba la modestia que desplegaba al no asumir que sería hábil para manejar cualquier cosa que sucediera el sábado. La Caza de los Tres Condados era conocida en todo el país por la experiencia de sus participantes y la variedad y dificultad de algunos de sus recorridos.

—Bueno, vamos a montarlo a usted en Sirocco y nos vamos —dijo Devon. Ella sostenía la brida del garañón y le habló suavemente mientras John lo montaba.

John se situó en la silla de montar y, como un buen experto, manejó las riendas hasta que el garañón terminó de hacer cabriolas. Entretanto, el mozo de la caballeriza ayudó a Devon a colocarse en la montura del animal capado que John había montado anteriormente. Dio las gracias al mozo y condujo el paso hacia fuera del área de la dehesa.

—He estado pensando en este momento —dijo John cuando estaban en camino.

En lugar de darle una tímida respuesta, Devon simplemente dijo:

—Yo también.

A Devon le gustaba el modo en que John le hablaba gentilmente al garañón con el fin de tranquilizarlo. Y no pudo más que decirse a sí misma que la ropa de montar hacía que su compañero fuese aún más atractivo.

Cuando se había despejado el área que circundaba directamente a Evergreen, ambos impulsaron a sus caballos a un medio galope.

—¡Tenga cuidado con la pared de ladrillos que está más adelante! —gritó Devon—. El otro lado es más bajo, por lo que, cuando el caballo aterrice, va a tener una sacudida si usted no está preparado.

Los dos caballos y sus jinetes saltaron graciosamente por encima de la pared; luego, un poco más adelante, por encima de un cerco blanco de rieles. El refrescante aire de noviembre y la brillante luz del sol los incitaba y, rápidamente, los caballos estaban realizando carreras por la campiña.

El cabello de Devon se deslizaba fuera del lazo y fluía por su espalda como un arroyo negro con tintes plateados. A pesar de lo absorto que estaba John en la cabalgata, no podía dejar de admirar la belleza de la joven mujer. Su atavío de montar mostraba sus agraciadas piernas, largas y bien formadas, y su pequeña cintura. Ella era delgada pero con curvas, exactamente el tipo de figura que, para John, era algo extraordinariamente atractivo. Notaba, por el largo de sus estribos, que Devon no era tan alta como había pensado al principio, cuando la había conocido en la casa de la familia Magrath. Estimaba que debía medir alrededor de un metro sesenta, pero su postura erecta de jinete y su innata dignidad la hacían aparecer como varios centímetros más alta.

Hicieron que sus caballos cabalgaran más despacio a medida que se aproximaban a una zona de bosques.

—Tenemos suerte de disfrutar hoy de un clima estupendo —dijo John—. Normalmente, no voy de excursión en noviembre.

—Los noviembres son muy cambiantes aquí en Virginia. Un día nieva y el próximo las flores comienzan a florecer porque el clima se vuelve caluroso. Febrero aquí es más parecido al invierno.

A medida que hablaban, llegaron a una pequeña pradera donde hojas naranjas, coloradas y amarillas flotaban con la brisa para aterrizar en la hierba, aún verde, como en pleno verano.

—Éste es un hermoso lugar. ¿Paramos aquí? —preguntó John. Él estaba impaciente por tener la oportunidad de sentarse y hablar con Devon. De estar completamente solo con ella.

—Tengo un lugar aún más hermoso en mente —dijo Devon con una sonrisa secreta.

Cabalgaron en silencio durante varios minutos. De pronto, John escuchó el sonido del agua burbujeante.

—¡Aquí! —gritó Devon, victoriosa. John, que venía detrás de ella, observó, de pronto, una original cascada en miniatura, quizá de alrededor de un metro y cuarto de alto. El ancho total del arroyo era de tan sólo unos cuatro metros. Por uno de sus lados, en un claro, había un bonito cenador pintado de blanco y amueblado con blancas sillas de hierro y una mesa. Pero lo más sorprendente para John era que la mesa estaba cuidadosamente servida para una comida, completada con un mantel de lino, porcelana y cristal. También en la mesa había una cubeta de plata que contenía una botella de champán.

—¡Qué maravillosa sorpresa! —dijo John—. ¿Cómo realizó esto?

—Los mozos de la caballeriza lo trajeron más temprano—. Se rió, encantada de que su sorpresa hubiera tenido el efecto deseado.

Devon se deslizó de su montura e indicó a John que hiciera lo mismo. Caminó hacia la mesa y tiró de uno de los extremos del mantel; debajo apareció una caja. Devon levantó la tapa y removió una fuente de pollo frito, otra conteniendo bizcochos caseros, ensalada de patatas, col, varios quesos, y como postre uvas color púrpura y pastel de nuez.

—¡Éstos son todos mis platos favoritos! —exclamó John, mirando el festín con apreciación—. Me alegro de que haya despertado mi apetito.

Devon sonrió ante su entusiasmo.

—¿Podría usted abrir el champán mientras yo sirvo?

John hizo todo aquello que Devon le pidió mientras ella, cuidadosamente, colocaba la comida en los platos. Cuando se sentaron John preguntó:

—¿Puedo proponer un brindis?

—Por favor, adelante —contestó Devon, preguntándose qué iba a decir.

A Devon Richmond,
Belleza, amazona, anfitriona extraordinaria:
Sea ésta la primera de muchas ocasiones
Que yo tenga el privilegio de compartir.

—Yo no sabía que usted era poeta —dijo Devon riendo—. Espero que no piense que sea rudo de mi parte beber ante dicho brindis, aun cuando se refiere a mí. Considerando que estoy bebiendo por la última parte. La parte acerca de muchas más de estas ocasiones—. Devon encontró que le resultaba difícil mirar a los ojos de John mientras decía esto. Su efecto en ella era embriagador.

—Devon... ¿puedo llamarte Devon? —preguntó John, con una voz que se había vuelto más íntima.

—Por supuesto —dijo ella con voz suave. Repentinamente, ambos dejaron de reír. Devon podía oír el

46

pulso que latía en sus oídos. John le cubrió su mano con la de él, pero este contacto no era suficiente para él. Se levantó, caminó hacia ella y la atrajo hacia sí.

Las piernas de la muchacha temblaban, de modo que sintió que apenas podía mantenerse, así parada, sin su apoyo. Sabía que él la iba a besar. Ella también lo quería. Sin aliento, esperó. Sus labios tocaron los de ella, primero tiernamente, luego más salvajemente a medida que la atraía más hacia él y presionaba todo su cuerpo contra el de ella. Devon podía sentir su excitación, mientras el corazón de John latía contra el de ella. Los brazos de Devon bordearon la cintura de John y ella sintió sus músculos duros por debajo del fino lino de su camisa. Ella podía oler su masculinidad, su jabón mezclado con su transpiración. Y el olor del caballo sobre él. Era el más puro aroma erótico que jamás había experimentado. Superada por la intensidad del sentimiento, separó su boca y escondió su cara en su pecho. Ella estaba mareada por el deseo. John puso su mano por debajo de su mentón y ella levantó los ojos hacia él. Se estaban ahogando el uno en el otro. El olor, el roce, el gusto. Ella quería probarlo de nuevo. John bajó sus labios hacia los de ella. Devon abrió su boca a medida que él metía gentilmente su lengua dentro. Ella quería más, puso su cabeza aún más cerca. Presionó duramente contra él. Sus brazos la apretaron en un abrazo salvaje. Sus cuerpos se fundieron juntos.

Luego, despacio, como con disgusto, él la soltó. Ella se balanceó contra él, tomando su brazo para sostenerse.

—Devon —murmuró John. Éste enterró su cabeza en su pelo oloroso y suave; su perfume lo hacía arder. Él sabía que no debía ir más lejos a pesar de su deseo irresistible. Era consciente de que, debido a su inexperiencia y la alegría del momento, lo podría dejar hacerle el amor, pero él no quería tomar ventaja de su inocencia. No quería traicionar su confianza—. Devon, debo pedirte disculpas dijo finalmente, separándola con gentileza.

—No. Bésame otra vez —dijo ella, con una maliciosa sonrisa.

—No me tientes. No puedo ser responsable de mis acciones si continuamos con esto. Y quiero ser responsable en lo que se refiere a ti —dijo suavemente, rastreando el borde de sus labios con el pulgar.

—¿En lo que a mí se refiere? ¿Ha habido muchas otras? —preguntó Devon seriamente, lamentándose de sus palabras tan pronto como salieron de sus labios—. No... No tuve la intención de curiosear —dijo, mirando hacia el suelo embarazosamente.

John estaba impresionado por el obvio deseo de Devon de saber algo más acerca de él. Estaba tentado de contarle que jamás había sentido por otra mujer lo que sentía por ella. Sin embargo, no estaba del todo preparado para proferir estas palabras. Era tan corto el período de tiempo que la conocía. No quería decírselo hasta que no estuviera seguro de que lo sentía. Jamás querría herirla.

—Devon, tengo treinta y dos años. Hubo mujeres en mi vida, pero...

—Por supuesto que ha habido otras mujeres —dijo Devon, cortando su conversación con tono embarazoso. Tenía miedo de oír el resto de la frase. Miedo de que dijera algo que no sentía. Algo que ella quisiera creer. Algo que más tarde pudiera herirla, si no era nada más que galantería.

Roto el hechizo, Devon dijo:

—Fue una absurda pregunta. Vamos a concentrarnos en este delicioso paseo y a olvidar que alguna vez pregunté.

Los padres de Devon presintieron que algo había sucedido entre los dos jóvenes cuando los vieron juntos en la cena. El interés que John mostraba hacia su hija parecía más personal que antes, mientras que Devon estaba extrañamente callada y distraída.

Ella mostraba poco interés en contribuir a la conversación entre John y sus padres. Estaba contenta de poder mirar y escuchar. Se dio cuenta de que su padre gozaba de su conversación con John. Pensó que John parecía más viejo cuando hablaba con su padre, no porque estuviera tratando de impresionar a Chase con su inteligencia, sino por la confianza con la que hablaba de temas de negocios. De hecho, John tenía más experiencia en negocios que la mayoría de los hombres de su edad y había hecho una fortuna importante, además de aquella que había heredado.

Mientras los hombres se servían brandy y cigarros en la biblioteca después de la cena, Devon y su madre se retiraron al salón principal. Se sentaron en un diván en frente de la chimenea. Laurel tomó su bordado y cosió callada durante unos minutos, mientras que Devon mordisqueaba ausente el contenido de una fuente de cristal llena de castañas.

Finalmente, Laurel rompió el silencio.

—¿Lo han pasado bien esta tarde?

—Sí —dijo Devon suavemente. Sintió que el color sonrojaba sus mejillas y miró hacia el fuego para no encontrarse con los ojos de su madre. No es que su madre no entendiese lo del beso... sólo un beso, después de todo, pensó Devon. Era que los sentimientos que John incitaba en ella excedían tanto ese simple acto físico que ella se turbaba con la posibilidad de que su madre pudiera leer la emoción en su cara. Por un momento, vio todo lo que había sucedido esa tarde. Nunca había experimentado algo parecido a un corazón que dejaba de latir, un marcado deseo que John incitaba en ella. ¿Habría sido especial para él también? Se aturdía con tan sólo pensar en ello. Él se mostraba como una persona tan conocedora. Cuando la tomó en sus brazos, no era como los tanteos de los hombres jóvenes que ella conocía. Estaba acostumbrado a que su deseo fuera correspondido, a que las mujeres le dijeran que sí. ¿Estaba también acostumbrado a que las mujeres se enamoraran de él?

La voz de Laurel rompió el sueño de Devon.

—¿Por cuánto tiempo estará en Virginia el señor Alexander?

—No... no tengo ni idea. Tiene negocios con el señor Magrath. Supongo que cuando eso se termine...

Laurel notó que detectaba un tono de tristeza en la voz de Devon.

—¿Estarás triste de verlo partir?

—Sí —dijo Devon sin pensarlo. No tenía sentido esconder ante su madre cuánto quería que John se quedara—. Me pregunto cuándo lo veré de nuevo. Por supuesto, estaremos en Nueva York en la primavera. Pero eso parece tan lejano.

—Me pregunto si él tiene alguna... relación en Nueva York —dijo Laurel, estudiando la reacción de su hija. De nuevo vio que Devon se sonrojaba de modo inusual.

Devon no quería admitir que la misma pregunta la turbaba a ella. No quería que su madre se alarmara.

—Tengo la impresión de que él no tiene... nada seguro —dijo finalmente.

—Bueno, entonces —dijo Laurel, con un suspiro de alivio. Eso era bueno, pero, por supuesto, ella haría más averiguaciones.

Loretta Morgan reflexionó cuidadosamente antes de rechazar la invitación de Whitney Ross. Él era rico. Era atractivo. Estaba casado. Generalmente, pensaba que ésta era la perfecta combinación de rasgos en un hombre. Pero ahora tenía a John Alexander, quien tenía también los dos primeros atractivos, sin el tercer impedimento.

Anteriormente, el único sueño de Loretta había sido convertirse en una estrella de Broadway, y había estado deseosa y aun contenta de formar uniones con hombres casados. De un modo frío y metódico había elegido a hombres que lo ayudasen en su carrera. El hecho de que un hombre fuera casado significaba que no iba a pedir que ella abandonara sus ambiciones para darle a él un hogar. Y ella no tenía intención alguna de dejar el escenario.

Ahora que su público estaba empezando a hacerse preguntas en relación con su estado de soltería, su agente la había convencido de que debía casarse. Él se preocupaba, y hacía que ella se preocupara, de que sus admiradores pensaran que había algo extraño con ella. Entonces, sabía que era el momento. Si al menos John Alexander le demostrara algo más que gozo y contentamiento con su compañía. A pesar de que mostraba aprecio real por sus encantos físicos, John, en realidad, no estaba emocionalmente implicado con Loretta. Pero de una cosa ella estaba segura: él terminaría su relación con ella si sospechaba que había estado relacionada con otro hombre. Eso no era debido a celos, sino por orgullo. En algunos momentos, ella sentía que John había mantenido la relación entre ellos durante quince meses sólo por conveniencia. En otros momentos, sin embargo, como cuando hacían el amor, ella pensaba que algún día él se enamoraría de ella. De otro modo, pensó, cómo un hombre podía ser tan... maravilloso, tan hábil en otorgar placer.

—Vamos, Loretta, tú sabes que lo deseas —dijo Whitney, parado detrás de ella y mirando su brillo en el espejo del camerino. Realmente, no había sido prudente invitarlo aquí, se regañaba a sí misma. Especialmente, cuando ella vestía sólo una frívola bata de seda. Whitney deslizó sus dedos por debajo de la bata donde hacía una V en su pecho. Mirando hacia el espejo de nuevo vio su reacción física cuando la tocó a través del fino material que apretaba sus amplios pechos.

La bata se había abierto hacia un lado, exponiendo sus largas y delgadas piernas desde la rodilla hacia abajo.

—¡Por favor! —dijo con simpatía—. ¿Sólo un pequeño postre?

Loretta se sentía tentada. ¿Qué pasaría si John no quería casarse con ella? Whitney Ross era uno de los hombres más ricos de Nueva York. Le podía dar muchas, muchas cosas. Además, no lastimaría su carrera el estar unida a tan importante figura. ¿O sí? Ahí estaba de nuevo. La pregunta sobre su edad y cuándo se casaría. El hecho de estar físicamente atraída hacia Whitney no significaba nada para Loretta. Era tan fácil sentirse atraída por un hombre como por otro. Lo que importaba era su habilidad para que la ayudasen.

—No —dijo con firmeza, levantándose y recogiendo su bata más firmemente hacia ella—. Y ahora es tiempo de que te vayas.

—¿Irme? Pero, querida, son sólo las once y media. ¡La noche es joven! ¿No me digas que te vas a casa a dormir? —preguntó sugestivamente.

—A dormir —dijo ella riendo para suavizar sus palabras. No quería ofenderlo por nada. Era mejor tenerlo cerca por si algo salía mal. Le dio un amistoso beso furtivo en la mejilla—. Buenas noches, querido. —Se dirigió hacia el biombo de la esquina donde tenía sus ropas de calle—. Cierra la puerta detrás de ti cuando te vayas.

John Alexander no durmió la noche de su comida en casa de los Richmond. Las imágenes de Devon lo mantenían despierto. La volvía a ver tal como había estado esa tarde, con su cabello brillando al sol y cayendo sobre su espalda. Recordó sus calientes labios, su cuerpo apretado contra el suyo.

Y recordó su pregunta sobre sus relaciones con otras mujeres. Ahí estaba Loretta, por supuesto, pero eso era sólo una diversión como tantas otras. Se preguntaba si estaba listo para algo más, porque sabía que Devon era decididamente más que una diversión. Devon tenía muchos de los rasgos que él consideraba deseables en una mujer. Pero él no estaba seguro si estaba listo para un serio compromiso. Le gustaba la vida de soltero. Lo divertían Loretta y mujeres como ella. Intentaba casarse, por supuesto, alguna vez en un futuro distante. ¿Pero ahora?

Aun así, si pudiera describir a la mujer perfecta, tendría todas las características de Devon. Ella tenía belleza, inteligencia, confianza en sí misma, espíritu e ingenio. Le gustaba estar con ella.

¿Por qué, entonces, estaba tan receloso de los sentimientos que ella le inspiraba?, se preguntó. Lo ponía incómodo que ella se entremetiera en sus pensamientos, aun cuando estaba discutiendo de negocios. Se percató de que no le gustaba enteramente este sentimiento.

Trató de recordar si había sentido esas mismas emociones tan fuertemente con las otras dos mujeres a las que había amado. No parecía así en perspectiva, pero seguramente sí. Y esos incidentes no habían terminado bien. Decidió que esto significaba que no debería perder el control sobre sí mismo nuevamente. Necesitaba estar separado de Devon. De lo contrario, se sentiría sin armas para pelear en contra de la irresistible atracción que ella ejercía sobre él.

6

La mañana de la cacería era fría, con los primeros y animados estallidos del invierno en el aire.
Sirocco pegó un resoplido y realizó cabriolas cuando
el mozo de la caballeriza lo condujo desde el establo
hacia Devon para que lo montara. El moño oscuro
de Devon y el alisado pelaje negro del caballo hacían
un marcado contraste con el vivo color escarlata de
su chaqueta de montar y sus pantalones blancos de
montar. Ella estaba orgullosa de su chaqueta, la que
llevaba los colores de la caza en el cuello, e indicaban
que había sido promovida de afiliado a miembro de
la Caza de los Tres Condados.

A pesar de que había participado durante años
en la caza como afiliada y su padre era miembro desde hacía mucho tiempo, había sido un gran honor
para el patrocinador de la caza recompensarla, finalmente, con el derecho a usar los colores de la caza.
Uno debía ganarse el derecho de pasar de afiliado a
miembro, un honor que le había sido otorgado a Devon
tres años antes. Para conseguir los propios colores era
necesario haber destacado en las cacerías realizadas
por la Caza de los Tres Condados durante cinco años
y haber demostrado que se era un deportista en espíritu y cualidades.

Devon estaba orgullosa de que John la viera bajo
esa luz. Mientras Devon esperaba a su padre, pensó en
los dos días que habían pasado desde que había visto al

hombre de Nueva York. Lo había echado de menos. Y había esperado que él la llamara, pero no lo hizo. Estaba confusa y se encontró con que John dominaba sus pensamientos.

Por supuesto, había enviado un cortés agradecimiento y un ramillete de flores a Laurel por la cena. Había incluido a Devon en sus saludos. Pero no había habido misivas románticas, nada que indicara que el tiempo pasado juntos había sido tan especial para él como para ella.

Mientras Devon y su padre trotaban hacia la propiedad de los Magrath, tan sólo a quince minutos de distancia, ella trataba de divisar la figura de John por encima de los demás jinetes. Puesto que no era un miembro de la Caza de los Tres Condados, John no estaría luciendo una chaqueta escarlata, tirando a rosada, sino más bien una negra o gris.

Tal como dictaba el protocolo, Devon y Chase primero se dirigieron directamente hacia donde se encontraba el patrocinador de la caza, el señor Hamilton Magrath, para saludarlo. A su lado estaba su hija Helena, que, sin éxito, trataba de controlar las cabriolas de su caballo.

—Luces tan hermosa como siempre —dijo Magrath, demostrando aprecio hacia Devon. Deseaba que su hija Helena se sentara en su caballo la mitad de bien de lo que lo hacía Devon. Helena no había sido aún invitada a ser miembro de la cacería, un hecho que hacía que sintiese rencor, puesto que estaba cabalgando desde la misma época que Devon. pero, como patrocinador de la caza, Magrath no podía mostrar parcialidad alguna al otorgar el privilegio de lucir los colores de la caza.

—¿Estás buscando a alguien? —dijo Helena maliciosamente, al notar que los ojos de Devon buscaban a alguien entre la multitud.

—No —dijo Devon con precisión. ¿Dónde estaba? También había sido invitado.

—¿Has oído que el señor Alexander se ha vuelto a Nueva York? —preguntó Helena, con alegría mal disimulada. Se sonrió a sí misma al ver que Devon se ponía pálida. Había notado la atracción entre Devon y Alexander la noche de la fiesta.

En ese momento, Devon tuvo que esforzarse al máximo para no estallar con un torrente de preguntas. Sin embargo, no quería darle a Helena esa satisfacción.

—Ya había mencionado que volvería a su casa tan pronto como se terminara el negocio aquí —respondió Devon con dignidad.

—Partió demasiado repentinamente —dijo Helena, mirando exploratoriamente a Devon—. Sé que él y papá no concluyeron sus negocios.

Un silencio sórdido pendía en el aire. Devon no respondió a Helena, sino que simplemente la miró, con una máscara cortés de serenidad en su cara. Me gustaría abofetear a esta chismosa tonta, pensó Devon.

Helena, incómoda, rompió el silencio.

—Probablemente, tuvo algo urgente que atender. Quiero decir, ya que se fue de forma tan repentina...

La voz de Helena fue cortada por el sonido del cazador soplando el cuerno, hecho que señalaba el comienzo de la cacería. Era tarea del cazador sostener a los perros sabuesos e interpretar los sonidos realizados por éstos.

Sirocco respondió inmediatamente a la señal. Resopló impacientemente con sus orejas erguidas hacia adelante. Si Devon no hubiera sido tan excelente amazona y Sirocco tan compenetrado con ella, hubiera sido un caballo inútil para realizar cacerías. En el pasado,

Devon pensaba que la mejor montura para una cacería no era el que mejor lucía. Bellezas tensas causaban, generalmente, problemas en el campo. Podían alarmarse con sonidos o movimientos inesperados, y tiraban a los más diestros jinetes. Además los purasangre tenían generalmente el tipo de tranco poco adecuado para los grandes saltos y para los caminos angostos del campo de caza, y podían ser incómodos al montarlos. Pero Devon amaba a Sirocco y se sentía capaz de controlarlo.

Esperó cortésmente para moverse en línea detrás de los miembros más antiguos de la cacería. Era importante seguir el protocolo en estas actuaciones, ya que una mala salida podía causar serios y aun fatales accidentes. Por esta razón, a aquellos cuyos caballos titubeaban a veces en el momento de saltar, se les enseñaba a moverse por los costados. Y cuando se enfrentaban a una cerca, los jinetes más experimentados debían dejar por lo menos la distancia de dos caballos entre sí; de esa forma, si ocurría alguna caída habría menos riesgo para la víctima y para los jinetes que la circundaban.

Rápidamente, los perros sabuesos sintieron el olor —la línea en la terminología de la cacería—, de un zorro. Los cazadores hicieron sonar varias notas cortas en su cuerno, señalando que la línea había sido detectada. A medida que los perros sabuesos se ponían más frenéticos, la cacería tomaba velocidad, y los jinetes galopaban a través de la ondulada pradera, salpicada de cercas de escasa altura.

Alguien, que detectó al zorro cuando salió de donde se escondía, gritó:

—¡Tallyho! —y apuntó en la dirección del animal. Éste se escabulló por el arroyo, en medio de una mohosa nube, hacia los bosques limítrofes por uno de los costados. Los perros sabuesos, aullando salvajemente, corrían detrás de él.

Devon se apuraba en medio del grupo, doblada sobre el caballo para evitar que las ramas de los árboles la golpearan. El suelo, a lo largo de las orillas del arroyo, estaba algo embarrado y motivaba que los jinetes cabalgaran más despacio. Helena, sin embargo, tenía problemas para controlar a su caballo, que estaba ansioso por seguir a los perros sabuesos. Varias veces Devon notó que el caballo se resbalaba en la tierra embarrada y luego retomaba su paso. Después de cada traspié, el caballo incrementaba la velocidad, negándose a obedecer a los tirones que Helena daba a las riendas. Devon sospechaba que a Helena no le gustaba cabalgar sino que consideraba esa actuación como un vínculo con los dos hombres más importantes de su vida, ambos excelentes jinetes. Devon recordó varias ocasiones en que Helena se había retirado de la cacería aduciendo enfermedad, tan sólo para aparecer milagrosamente recobrada durante el baile que tenía lugar seguidamente.

Diversos pensamientos sobre Helena fluían en la mente de Devon a medida que los caballos iniciaron el galope a través del campo lleno de paredes de piedra y de cercas hechas con rieles de ferrocarril separados entre sí, muchos de los cuales constituían desafiantes saltos. Sirocco se desplazaba sin dificultad entre ellos; su estado de purasangre lo llevaba generalmente al frente del grupo. Brent Hartwick, el marido de Helena, vio a Devon que pasaba a su lado y le lanzó un piropo, haciendo un comentario adulador. Hartwick arreó su caballo, alcanzando a Devon, cabalgando con ella y saltando por encima de una pequeña cerca.

Desde su posición habitual en la cola de la cacería, Helena observó el encuentro. Enfurecida más allá de lo que era razonable, usó el látigo para apurar a su caballo. El caballo, acostumbrado a los tirones de riendas con el fin de frenarlo, se lanzó hacia adelante gracias a esa no acostumbrada libertad. Helena supo inmediatamente que el caballo se había desbocado, con ella encima, pero no tenía la fuerza o la habilidad para pararlo. Éste, rápidamente, superó a un grupo de jinetes y consiguió alcanzar al dúo formado por Devon y Brent. Helena se colocó más cerca, hasta que estuvo directamente detrás del caballo de Devon. Ésta se dio media vuelta y vio a Helena, pero no estaba preocupada porque sabía que Sirocco no daba coces. Presumió que Helena estaba tratando de alcanzarlos. Brent, concentrado en la pared de enfrente, no se dio media vuelta. No sabía que el jinete que les daba alcance, tanto a Devon como a él, era su esposa. Él, como los demás, estaba acostumbrado a que se hallase al final de los que participaban en la cacería.

—¡Yo... no puedo detenerme! —gritó Helena. Quería gritar para pedir ayuda, pero, a pesar de su miedo, la presencia de Devon la detuvo; entonces, encontró satisfacción con aquella moderada precaución y deseó que su caballo detuviera su carrera después del salto. Pero Devon y Brent se dieron media vuelta al oír su voz, y vieron la desesperación de Helena. Instintivamente, tratando de prestar ayuda, los dos frenaron a sus caballos olvidándose por un momento de que la pared se aproximaba. Sin embargo, el caballo de Brent, acostumbrado a las cacerías, no moderó la carrera debido a que tenía la pared a la vista. Sirocco, correspondiendo siempre a los deseos de su ama, disminuyó momentáneamente su carrera antes de que Devon se diera cuenta de que había dado una señal equivocada. Presa de pánico vio que estaba demasiado cerca del salto para detener, sin riesgo, su caballo. El caballo de Helena, con o sin su ama, tenía toda la intención de saltar. Tratar de detener a cualquiera de los dos caballos pondría en peligro a ambas mujeres. Recobrándose en un segundo permitió que Sirocco retomara el ritmo que casi imperceptiblemente había perdido.

El caballo de Helena, aún en una loca carrera, rozó peligrosamente a Sirocco y se dirigió hacia la pared. Los dos caballos estaban cuello con cuello. El salto era lo suficientemente amplio como para permitir que se realizase simultáneamente, pero una mirada hacia Helena le hizo pensar a Devon que la otra mujer estaba paralizada por el terror. No estaba ya ni siquiera intentando controlar a su caballo desbocado. En cambio, mostraba una expresión de aturdimiento a la vez que se apretujaba al caballo tan fuerte como podía con sus piernas.

—¡Helena! —gritó Devon—. ¡Vuelve a tu posición o te vas a caer!

Con un gran alivio, vio que la joven obedecía, como presa de un trance. Ahora, Devon se dijo a sí misma que tenía que asegurarse de no chocar en el momento de saltar. Devon se dio cuenta, alarmada, que chocar era un riesgo, a pesar de que los matorrales y los árboles habían sido cortados con el fin de que los cazadores pudieran usar la pared como salto; el área limpia tenía tan sólo dos metros y medio de ancho.

Helena, consumida por el terror, estaba abstraída de Devon. Su único objetivo era mantenerse a caballo. Podía ver que Brent se había detenido. Estaba del otro lado de la pared, listo para agarrar las riendas del otro caballo cuando pasara a su lado. Helena pensó que estaría a salvo si sólo lo pudiera alcanzar. Fue Devon la que vio lo que estaba pasando antes de que lo hiciera Sirocco. El caballo de Helena, totalmente fuera del control de su dueña, se dirigía directamente al centro del salto, cortándole el paso a Sirocco. Helena estaba presa de pánico ante la proximidad del caballo de Devon. Dio, entonces, una sacudida a la brida hacia la izquierda con todas sus fuerzas y la cabeza del caballo también giró. Devon estaba a la derecha de Helena, tan lejos que parecía que iba a chocar con uno de los árboles del costado. Pero no lo hizo. En cambio, el caballo de Helena, rebelándose contra la repentina sacudida justo cuando iba a saltar, llevó su cabeza y su cuerpo hacia la derecha, golpeando la cabeza y el costado de Sirocco. El angustioso grito de los caballos heridos alarmó la conciencia de Devon a medida que trataba de mantener el control de su caballo, que se tambaleaba por el choque con el otro animal. Devon notó el extraño ángulo de los árboles con esa conciencia lenta que tan frecuentemente acompaña a los accidentes. El impacto del caballo de Helena había ladeado a Sirocco en el aire, de modo que su lado derecho era más bajo que su izquierdo. El delicado balance necesario para lanzar al poderoso animal por encima de la pared de cuatro pies de alto había desaparecido inexorablemente.

Con esa sensación de aturdimiento, propia de una diversión en la montaña rusa, Devon sintió que las patas de Sirocco resbalaban a medida que iba aterrizando. Como en una nube, vio que el caballo de Helena aterrizaba derecho, tropezaba por un momento y seguía galopando. Entonces, Devon sintió que se caía de golpe en el duro suelo con un impacto que dejó su rostro sin aire. Presa de terror, vio que la negra masa de su caballo le tapaba la luz del día mientras le iba cayendo encima. El impacto la dejó fría; por lo tanto, no oyó cómo crujían sus extremidades quebradas.

7

⚜

Loretta giró con languidez, pasando su mano sobre el cálido cuerpo de John. Le acarició su delgado y atlético estómago, y luego deslizó su mano más hacia abajo. A pesar de que estaba dormido, sintió que respondía a su roce.

Se sonrió a sí misma. La noche anterior había disipado todas sus dudas acerca de la pasión que John Alexander sentía por ella. Parecía que la había añorado aún más de lo que ella lo había echado de menos. Habían hecho el amor frenéticamente. Temblaba con ese delicioso recuerdo.

Pero Loretta no había interpretado correctamente la relación amorosa de esa noche. John había tenido la esperanza de que, al ver a la actriz nuevamente, esa presencia le sacara a Devon de la cabeza. Loretta aún tenía el poder de encenderlo físicamente. Pero sucedía que, cada vez que ella gritaba, él se imaginaba que era Devon. Y se lamentaba de que no lo fuera.

Había huido de Virginia esperanzado de poder huir de la ruptura que Devon prometía traer a su vida, pero se dio cuenta de que su ausencia y la posibilidad de perderla eran tan insoportables como su presencia. Desde que se había encontrado con Devon, la vaga perspectiva de casamiento se había transformado en una idea que lo arrastraba contra su voluntad.

El casamiento, para John, siempre había significado la pérdida de la libertad, la aburrida rutina. Pero sabía que Devon no sería una criatura dependiente, ni que sólo le importara su lugar en la sociedad. Era una mujer interesante e independiente, una mujer que lo haría feliz. Y esto lo asustaba. Lo asustaba pensar que si se casaba con Devon ella se convertiría en lo más importante de su vida. Pensó que se iba a sentir desdichado si le ocurriera algo desgraciado a Devon. Amándola, le concedería la custodia de su corazón y de su mente. Su felicidad dependería de ella. Era una idea que lo asustaba; sin embargo, estaba empezando a rendirse a ella.

La tarde con Loretta, a pesar de que había significado un alivio físico, lo había convencido de, por lo menos, una cosa: no deseaba continuar con esta relación amorosa. La cuestión se planteaba en cuándo decírselo. Era un caballero acabado y sentía cariño por Loretta como para escaparse de noche después de hacer el amor con ella. Pero no quería demorar esta tarea desagradable. Resolvió que se lo diría al día siguiente, por la mañana. Cara a cara. Honestamente, aunque con tacto.

Entonces, en un par de semanas, si aún sentía lo mismo por Devon... aún no había decidido qué hacer.

Loretta, deleitándose con sueños de la noche anterior, pensó que tal vez era el momento apropiado para traer a colación el asunto del casamiento. Pero John estaba aún respirando regularmente en medio de un sueño profundo. Quizá debería dejarlo dormir. Tal vez estaría más dispuesto a discutir sobre el casamiento si estaba fresco y descansado. Y luego harían el amor de nuevo.

Se bajó de la cama y fue al cuarto de baño a fin de retocarse furtivamente el maquillaje. Quería lucir su belleza lo mejor que pudiera. Cuando volvió, se deslizó por debajo de las sábanas tan sigilosamente como pudo. Se colocó de espaldas y se apretó contra John. Cerró los ojos, pero se dio cuenta de que no podía dormir. Su mente estaba demasiado ocupada planeando lo que le iba a decir. En silencio, ensayó la escena una docena de veces. Y cada una terminaba con una propuesta de matrimonio por parte de John. Loretta se convenció a sí misma de que ninguna otra salida era posible.

Una vez que estuvo establecido el plan, abrió los ojos. Miró a su alrededor, hacia los muebles blancos y dorados de su apartamento. Era la casa de una mujer, sin señales de la presencia de un hombre, pensó con cierta amargura. Bueno, nunca más, se prometió a sí misma.

Se dio media vuelta de lado y puso su brazo alrededor de John, quien le estaba dando la espalda. Deslizó sus uñas suavemente sobre su torso. John bostezó con sueño, pero su cuerpo respondió a su roce. Se dio media vuelta, permaneciendo acostado de espaldas, y miró a Loretta con ojos dormidos. Ella supuso que la iba a tomar. En cambio, se desperezó y se deslizó hacia el borde de la cama. Se sentó allí durante un momento, volviendo a su postura; luego se levantó y se dirigió hacia el armario. Quería estar vestido cuando mantuviera la conversación.

—¿John? —la voz de Loretta registró su sorpresa.

—Sí... —Se detuvo y miró por encima de su hombro.

—¿Te estás preparando para irte?

—Pronto. Pero vamos a tomar primero una taza de café —dijo John, manteniendo su tono habitual. No quería asumir la tarea que le esperaba.

Loretta tomó el teléfono que la conectaba con la cocina y le dijo a la sirvienta que trajera café y panecillos. Colocando nuevamente el teléfono en su lugar suspiró.

—La noche ha sido maravillosa. ¿No piensas lo mismo?

John emergió del armario con sus pantalones puestos. Su camisa estaba abierta y su corbata colocada simplemente por encima del cuello.

—Seguro… maravillosa —dijo, sin prestar realmente atención.

Loretta se levantó y, despacio, se dirigió hacia él vestida con una reluciente bata de seda blanca. Puso sus brazos por debajo de su camisa y, suavemente, hizo correr sus largas uñas por su espalda.

—Nos pasamos horas haciendo el amor. Supongo que me has echado de menos ¿no es cierto? —Restregó sus pechos cubiertos de seda en su torso desnudo.

John le golpeó el hombro afectuosamente en respuesta; luego, con mucha delicadeza, se deshizo de su abrazo. Se dirigió a la cama y se agachó para recoger sus calcetines.

—Bueno… ¿No me echaste de menos? ¡Contéstame! —dijo Loretta impacientemente. Se plantó en frente de él con los brazos cruzados.

John se levantó.

—Loretta, estuve fuera sólo durante una semana —dijo, con un ligero desaire en su voz. Se sentó en la cama y se puso los calcetines.

—Has actuado como si me hubieras añorado. —Loretta sonrió sugestivamente y se acercó a él.

John nunca era intencionadamente cruel; entonces, se mantuvo en silencio. Se puso los zapatos.

Loretta, enfurecida, le inquirió:

—¿Pensaste o no pensaste en mí cuando estuviste fuera?

John levantó su cabeza.

—Loretta, estuve en Virginia por negocios. No había nada allí que me hiciera pensar en ti.

—Pero si me has dicho que aún no habías terminado tus negocios, que te fuiste antes de tiempo. —La voz de Loretta sonaba acusatoria—. ¿Por qué has hecho eso si no me echabas de menos?

—¡Oh!, por el amor de Dios, Loretta —dijo John, con una visible irritación. Se levantó y, rápidamente, empezó a abotonarse la camisa—. ¿Por qué me estás preguntando todo esto? ¿Qué diferencia podría haber? —Se alejó de ella y se dirigió al cuarto de baño.

—¡Hay una diferencia, porque me quiero casar contigo! —gritó Loretta a sus espaldas, fuera de sí misma. John se dio media vuelta para enfrentarse a ella, con la boca abierta, y sorprendido. Loretta vio la mirada sorprendida en su cara, e inmediatamente lamentó sus palabras. Había tratado el tema del casamiento antes, de un modo jocoso, pero su tono serio y chillón había sido ahora un error táctico de inmensas proporciones. Debió haberlo sabido. Los hombres siempre le estaban diciendo esas cosas a ella. Sabía cómo ella recibía esas intromisiones: con condescendencia. Qué estúpido había sido el haberse puesto en esa misma situación.

La sorpresa en la cara de John se volvió comprensión y luego lástima cuando se dio cuenta de que Loretta lamentaba sus palabras. Ella observó el cambio y sintió que una furia hirviente se adueñaba de ella. ¡Lástima! ¡Él le tenía lástima! ¡Los hombres rogaban por una sonrisa suya y John se atrevía a tenerle lástima!

—¡Tú! —le gritó—. Deberías estar agradecido. No sabes cuánto me quieren los hombres, no sabes...

—Por supuesto que sí lo sé, Loretta —cortó la conversación tratando de aplacarla y de evitar una escena desagradable.

Loretta estaba furiosa: ¡cómo se atrevía a adularla! Conocía ese tono de voz. Era el tono que usaba el diseñador del vestuario cuando ella pedía algún cambio; o el del peluquero cuando insistía en que le hiciese un peinado más complicado. Era el tono de un hombre que quería suavizar las cosas para seguir con su propia vida. ¡No era la voz de un hombre que la amaba, o que estuviera interesado en ella! ¡Era indiferente a ella!

—¡Cómo te atreves a usar ese tono conmigo! —Ahora estaba lloriqueando—. ¿Piensas que estuve sentada esperándote? ¡Bueno, no! Whitney Ross ha prometido divorciarse de su mujer y casarse conmigo —mintió desesperadamente, queriendo humillarlo como él lo había hecho con ella.

—Loretta —le cortó John, reconociendo la mentira y queriendo evitarle que se engañase a sí misma. Miró hacia la ruina en que se había convertido la hermosa estrella rubia que tenía ante sus ojos. El maquillaje tan cuidadosamente colocado era una mancha descuidada que se mezclaba con sus lágrimas. Parecía más vieja de los treinta y cuatro años que tenía. Parecía desesperada. John le dijo, para tranquilizarla—: Loretta, yo entiendo que estés enojada. Estoy contento de estar contigo...

—¿Estás contento? ¿Quién piensas que soy, tu tía solterona? —Se rió histéricamente a la vez que seguía susurrando—: No te atrevas a darme órdenes. No tengo la intención de esperar a nadie. He esperado demasiado por ti. Ahora vete. ¡Vete! —gritó. Lo tomó del brazo y lo empujó hacia la puerta. Luego se tiró al suelo en un mar de lágrimas.

John, apresuradamente, alcanzó la puerta... luego se detuvo. No quería dejarla en ese estado. Dando media vuelta, se acercó a la sollozante mujer.

—Loretta. Deja que te ayude a levantarte —dijo, con más gentileza.

Ninguna otra palabra la habría irritado más. Ahí estaba de nuevo: lástima. Levantó su cabeza, y paró de llorar por un momento. Se limpió los ojos con el puño de su bata. Luego miró a John con tanto odio que él retrocedió.

—Te odio, John Alexander —dijo salvajemente, de modo siniestro y callado—. Te odio y nunca dejaré de odiarte.

Ambos se miraron durante unos segundos.

—¡Vete! —dijo ella con una voz que, por su quietud, era más desafiante que sus gritos.

A John no le quedaba otra alternativa que la de obedecer.

8

La primera sensación del retorno de Devon a la conciencia no era dolor sino oscuridad. Trató de abrir los ojos y se dio cuenta con horror que ya estaban abiertos. Luego sintió dolor. Era como un abrigo momificador que cubría cada pulgada de su cuerpo, no dejando ninguna parte sin tocar.

—Está despierta, creo. —Devon oyó la voz ansiosa de su madre, pero, al mismo tiempo, tranquilizadora, porque era la voz de su madre. Una mano tibia cubrió la suya. Su mano izquierda. Su mano derecha estaba envuelta en algo. No sabía qué era. No sabía por qué no podía ver. Su estómago se encogía de miedo a medida que trataba de hablar.

Escuchó un chirrido, un sonido gutural. Su voz, apenas reconocible, susurró de pronto:

—Yo... no puedo... ver.

—¡Devon, yo sabía que estabas despierta! —dijo su madre con alivio.

—Gracias a Dios. Gracias a Dios. —Devon oyó a su padre murmurando roncamente a sí mismo.

—No trates de hablar —dijo una voz firme y áspera. El doctor Hickock. Lo conocía desde la infancia. Pero no pudo obedecerlo. Tenía que hablar. Había cosas que debía saber.

—No... puedo... ver. —Aun cuando la voz de Devon era poco más que un suspiro, su naturaleza implorante no era posible que pasara desapercibida.

—Has sufrido una severa contusión, Devon —dijo el doctor—. Tu cabeza está vendada. Te hemos cubierto los ojos, pero es sólo temporalmente —dijo, inspirándole de nuevo seguridad.

—Yo... me lastimé —dijo, con voz quebradiza aunque más fuerte. Estaba consternada. No se acordaba cuál era la causa de semejante dolor.

El doctor sonrió victorioso a Laurel y a Chase cuando oyó la malhumorada y cálida voz de Devon. Su hija es fuerte, les decía su mirada. Ya está luchando. Ella estará bien. Se había negado, incluso en estos momentos, a mostrarse excesivamente optimista, porque temía que los Richmond lamentaran el hecho de que Devon se recobrara tan lentamente. Y sería lento, de eso no había duda. Además de las piernas rotas, tenía heridas internas.

Se sorprendió de que ya estuviese despierta, ya que era sólo el segundo día después del accidente. Era un buen síntoma. Se sentía aliviado. Había atendido a todos los Richmond desde que fuera lo suficientemente adulto como para unirse, treinta y cinco años antes, a la práctica médica con su padre, y sentía un extraordinario afecto por esta familia.

Estaba sorprendido de que Laurel hubiese mostrado tanto o mayor fuerza que su marido durante esta prueba. Chase Richmond era, generalmente, un hombre simpático y alegre; un hombre de familia, por supuesto, pero alguien que no se dejaba llevar por las emociones. Sin embargo, había llorado como un bebé al esperar fuera del despacho del doctor mientras su hija estaba siendo tratada. Laurel había sido mucho más estoica; su ansiedad se puso en evidencia sólo en su palidez y en el pañuelo que retorcía y retorcía hasta que no fue más que una arrugada pelotita de lino.

Una vez que Devon hubo sido transportada a su casa en la ambulancia provisional preparada en el Bentley de los Magrath (ya que el hospital más cercano estaba a cincuenta millas, en las afueras de Washington, DC), el doctor Hickock pensó que Chase volvería a la normalidad. En cambio, el doctor y Laurel escucharon, con un sentimiento de tristeza e impotencia, los ruegos con voz dolida de Chase, implorando a Dios que perdonara la vida de Devon y le devolviera la salud.

Laurel se encontró a sí misma abrazando a Chase y acunando su cabeza contra su hombro, como ella había hecho con sus hijos. Murmuraba palabras tranquilizadoras de consuelo.

El doctor Hickock no pudo dejar de pronunciar sus propias palabras de consuelo en el terreno personal.

—No va a morir, Chase. Es fuerte y joven. Se va a recobrar. Va a tardar un tiempo, pero se va a recuperar —dijo en voz baja.

Laurel y Chase lo miraron con agradecimiento después de oír esas palabras, pero no descansaron ni por un momento en su vigilancia desde aquella conversación, casi cuarenta y ocho horas antes. Ahora, a medida que los ojos de Devon se agitaban a través del vendaje, y su boca trabajaba para pronunciar palabras, los tres espectadores se miraron gozosamente.

Devon no era consciente de la intensidad de la emoción que se respiraba en la habitación, pero oyó un largo suspiro de alivio. Un perfume suave, como flores naranjas, siguió al suspiro. El aroma de su madre. Mezclado con éste estaba el olor a tabaco de su padre. La familiaridad de estas cosas la reconfortaron.

—¿Te acuerdas de lo que ocurrió, Devon? —le preguntó su madre.

—No —dijo, como graznando.

—Tuviste un accidente durante la cacería, querida, pero vas a estar bien. Sirocco cayó sobre ti. No de lleno, gracias al Señor. Pero tienes un brazo y una pierna quebrados y varias costillas rotas.

Devon se mantuvo en silencio por unos segundos, tratando de recordar el accidente. Luego, un pensamiento agonizante le cruzó la mente.

—¿Sirocco...? —Quiso decir más pero le faltaron las fuerzas. Su hermoso Sirocco. ¿Estaba muerto? Había criado al caballo desde que era un potrillo, y luego lo había entrenado ella misma. Tenían un vínculo especial. Si algo le había pasado a él...

—Está bien —dijo su padre ya recuperado tranquilizándola, ahora que veía a Devon bien como para poder hablarle—. Sirocco cayó de lado, así que no se rompió las patas. Está herido, pero el veterinario dijo que va a estar bien.

—Laurel, Chase, Devon necesita descansar —dijo el doctor firmemente.

—Duerme de nuevo, querida —dijo Laurel levantando la mano en buen estado de Devon y besándola. Devon apretó la mano de su madre débilmente. Su padre golpeó gentilmente la manta a la altura del tobillo como con miedo de causarle mucho dolor si la tocaba. Podía sentir cómo se movía la manta y movió su pierna ligeramente para hacer contacto con la mano de su padre. Era el único tipo de agradecimiento que ella podía ofrecer. Deseaba tener más energía, pero el mundo brumoso del sueño la llamaba.

Durante un momento, estuvo en esa confusa semiconciencia entre el sueño y el estar despierta, lo suficientemente largo como para sentir una nueva punzada de dolor. Venía desde dentro y no sabía su causa. Tenía algo que ver con... no podía recordar.

Una borrosa imagen llegó hasta su conciencia; luego desapareció como si fuera humo soplado por el viento. Se quedó dormida a fin de volver a la imagen que, como sabía, le estaba causando de algún modo un dolor mucho más profundo que el causado por los miembros rotos.

Devon se apresuró a bajar el plateado espejo de mano que había tomado sólo unos segundos antes; tembló ante la imagen que vislumbraba allí. A pesar de que ya habían pasado varias semanas desde su accidente, estaba aún severamente lastimada y se sentía considerablemente incómoda. Tenía dos ojos negros y una serie de cortes y raspaduras en la cara. Pero lo peor, pensó, era su pelo, aquello que se veía por debajo de la gasa que bordeaba su cráneo. Su cabeza estaba demasiado débil para permitir que su pelo fuera peinado; entonces, aquellos brillantes y negros bucles pendían como un enmarañado nido de ratas por encima de sus hombros. Su camisón blanco con puntillas proporcionaba un incongruente toque de delicadeza contra el cual contrastaba aquella apariencia gris.

La dama de compañía de Devon entró en el dormitorio trayendo un plato de caldo en una pequeña bandeja de plata.

—He traído una comida frugal para usted, señorita Devon —dijo, a la vez que acercaba un sillón tapizado de seda hacia el borde de la cama.

—Gracias, Alice. Sabes, si lo pusieras en una taza no necesitarías sentarte aquí para darme de comer.

—Es verdad; pero si lo pusiera en una taza usted no lo tomaría tan bien y usted necesita tener más fuerzas. —Y así, Alice tomó una cucharada llena del líquido reconfortante y lo llevó hacia la boca de Devon. Devon se lo tragó sin argumentar nada más.

Alice tomó eso como una buena señal y decidió traer a colación el tema que tenía en mente.

—La señorita Helena ha preguntado si puede hacerle hoy una visita —dijo Alice, con un tono de conversación estudiado.

Devon se tensó con estas palabras pero no dijo nada. Cuando volvió a recordar el asunto de su accidente, se sintió mucho más irritada contra Helena Magrath Hartwick. Ahora estaba tentada de decirle a Alice que le dijera a la mujer que no, si llamaba de nuevo.

Alice, como leyendo los pensamientos de Devon, le dijo:

—Ha estado aquí cada día desde su accidente, señorita Devon. Ha estado realmente llena de preocupación.

En cada visita, Helena había solicitado ver a Devon, pero el doctor Hickock siempre se lo ha prohibido, pensando que una escena desagradable podía ocurrir. No quería que las fuerzas de su paciente se desmoronaran. Hoy, sin embargo, le había dicho a los Richmond que Devon podía empezar a recibir visitas, sabiendo que Helena sería una de las primeras. Ahora ya se encontraba bien; Devon estaba fuera de peligro.

—¡Helena, preocupada! —dijo Devon cínicamente—. Sintiéndose culpable, quieres decir—. Deslizó uno de sus dedos dentro del yeso de su brazo, tratando en vano de rascarse en una zona fuera de su alcance. Su forzosa inactividad y su incomodidad le irritaban los nervios.

Alice no contestó, sabiendo que la naturaleza buena de Devon la haría finalmente acceder a ver a Helena. En efecto, la educación sureña de la joven mujer era tal que no podía adoptar un deliberado acto de rudeza.

—Está bien —dijo Devon a Alice con un tono que indicaba que se estaba preparando para una prueba—; pídele que suba cuando llegue.

Alice hizo una señal de aprobación, complacida de que hubiese juzgado a Devon correctamente.

—Va a estar aquí dentro de quince minutos —dijo Alice tratando de evitar cierto tono duro de afectación en su voz. Rápidamente, impulsó una cucharada de caldo hacia la boca de Devon.

Devon la miró mientras tragaba, los ojos bien abiertos con pretendida afrenta.

—Demasiado segura de ti misma, ¿no es cierto?

—En absoluto, señorita Devon. Estaba segura de su buena educación —dijo Alice respondiendo airosamente. Devon se rió ante su tono de inocencia virtuosa.

—Tú me conoces mejor de lo que yo me conozco —dijo Devon con una mueca.

—Yo la conozco a usted desde hace más tiempo que usted misma, señorita Devon; antes de que usted hubiera nacido. —Nuevamente, ambas mujeres se rieron ante esta estupidez.

—Deja de hacerme reír —gritó Devon—; me duele.

Aún sonriendo, Alice se levantó y puso el plato vacío en la bandeja de plata.

—Enviaré a la señorita Helena aquí cuando llegue.

Después de que Alice se fuera, Devon se recostó en su cama y cerró los ojos. Estaba nuevamente cansada. Deseó no haber aceptado ver a Helena, pero era demasiado tarde.

Su mente recordó el día del accidente. Recordó que ella y Helena habían hablado antes de que la cacería empezara. Ahora, recordaba la conversación claramente. Habían hablado de John Alexander. Había dejado Virginia repentinamente. Pensando en ello, Devon experimentó una aguda punzada de dolor en la garganta. Había esperado que algo sucediera después de su encuentro. Parecía tan perfecto para ella, tenía tanta atracción para ella. ¿Por qué se había ido? ¿Habría otra persona en su vida?, pensaba.

Luego sacudió su cabeza como para aclararla. Tal vez su partida no tenía nada que ver con ella. Quizá fue por cuestión de negocios. Era demasiado presuntuoso por su parte; se regañó a sí misma, por creer que ella podía tener influencia alguna en sus acciones. De cualquier modo, tal vez volviera. Helena había dicho que los negocios de John con el señor Magrath no habían terminado. Esto le dio esperanzas.

Una imagen de aquella tarde a orillas del arroyo le vino a la mente. Aun en su estado herido un flujo de calor inflamó su cuerpo. Sintió un anhelo físico de ser tocada por él. ¡En qué promesas le había hecho creer! ¿Era posible que ella lo amara? Tenía tantas cualidades que ella admiraba en un hombre, pero cuando pensaba en él no pensaba en dichas cualidades; pensaba sólo en sus labios sobre los suyos, sus manos en su cuerpo. Le dolía el recuerdo.

¿Qué pasaría si él no retornaba? ¿Cesaría su anhelo por él? Peor aún: ¿qué sucedería si el sentimiento por él no se iba y él no volvía? Volver por ella, así es como lo pensaba. ¿Cómo podría alguien vivir con tan persistente anhelo?, pensaba. Casi había probado su cumplimiento. Ya casi podía adivinar aquello sobre lo cual sus amigas casadas se reían en sus sigilosas conversaciones, y que se extinguían rápidamente cuando ella aparecía. ¿Pero sólo las mujeres casadas conocían semejante placer? ¿Podría ocurrir alguna vez como en aquellas mujeres que leía en las novelas enterradas por el polvo en los rincones de la biblioteca de su padre? Mujeres que eran las amantes de los hombres. Por supuesto que no, se dijo a sí misma, era impensable que ella, alguna vez, pudiera cometer ese acto sin estar casada. Pero la alternativa, nunca conocer el placer de yacer con un hombre, nunca conocer el sentimiento de un cuerpo fuerte sobre su cuerpo suave, le parecía igualmente impensable.

La sensación del camisón de lino sobre sus pechos desnudos mientras pensaba en esas cosas la hizo arder. Querían ser tocados. Se preguntaba cómo John haría para tocarlos. ¿Los besaría? Había leído algo en relación con esas cosas. La idea la colmaba de un placer inenarrable. En un tanteo, llevó su mano sana hasta sus pechos y los hundió. Se imaginaba que era la mano de John. Entre sus piernas, sentía que se mojaba con el calor de sus imaginaciones.

Luego oyó que se abría la puerta sigilosamente. Dejó caer su mano rápidamente y se compuso en una posición más circunspecta, estremeciéndose a causa del dolor en su costado a medida que lo hacía. Con irritación, tanto ante el dolor como ante la interrupción de sus pensamientos, vio a Helena que entraba en el dormitorio cautelosamente, como un soldado esperando ante una emboscada. Su pálida expresión de pelirroja se volvió aún más pálida cuando vio a Devon. Devon no pudo sentir más que diversión ante la mirada de horror de Helena a medida que analizaba la cantidad de heridas, pero Devon le devolvió una sonrisa. Sabía que el momento era angustioso para Helena, pero no podía hacerle las cosas más fáciles.

—¿Devon? —Helena daba la impresión de no estar segura de que la persona que estaba en la cama era, en realidad, la hermosa joven mujer de la cual había estado tan celosa tan sólo dos semanas antes. Su voz temblaba visiblemente.

—Helena. —Devon emitió la palabra en un tono neutral, razonable pero no de manera amistosa.

—Devon... estás incorporada. Debes de estar mejor. —Nuevamente concluyó la oración con su tono habitual.

Necesita ser tranquilizada, pensó Devon. Quiere que yo la convenza de que estaré bien y de que ella está perdonada. Pero estaba demasiado enojada para ello.

—Estoy mejor de lo que estaba hace dos semanas, por supuesto, si eso es a lo que te refieres —dijo bruscamente.

Hasta ese momento, Helena había permanecido justo detrás de la puerta, dentro del dormitorio. Devon no la había invitado a sentarse en el sillón, al lado de su cama, la única silla que estaba en el dormitorio además del pequeño banquillo cubierto de tela en forma de falda que se encontraba en su tocador. Pero no podía seguir afectando descortesía.

—Por favor, entra y siéntate, Helena —dijo, con un tono de estudiante que invita a hacer novillos.

Helena, una vez tranquilizada por la frase familiar aunque no por el tono, exhaló un largo suspiro y, rápidamente, se sentó. Acercó su mano hacia la de Devon pero luego se detuvo con el temor de que el gesto fuera desairado por parte de su amiga.

Devon sintió un poco de lástima hacia Helena. Podía leer en su cara muchas noches de insomnio, angustiada por la ansiedad y la culpa. Entonces, y de forma mucho menos áspera de lo que había intentado anteriormente, dijo:

—¿Helena qué te ocurrió aquel día?

—¡Oh! Devon, no sé, yo... perdí el control. Te ruego que me perdones. Fui tan estúpida. Nunca más quiero subirme a un caballo. Nunca fui una buena amazona.

—Las palabras salían de su boca como un torrente. Toda la ahogada emoción, toda la tensión de las pasadas dos semanas encontraron una salida en el río de palabras que salían de los labios de Helena.

Devon no podía negar la verdad de las palabras de Helena, pero su humildad la desarmaba. ¿Cómo podía castigar a alguien que se mortificaba de esa manera?

—Helena, admito que no eres la mejor amazona que conozco, pero tú, generalmente, muestras sentido común. No cabalgas sobre caballos que son demasiado duros para que tú los manejes; te quedas habitualmente al final de la cacería. ¿Por qué estabas en el frente ese día?

Helena se sonrojó con la pregunta. No respondió. Sus ojos miraban hacia abajo, como si estudiara el mullido cobertor de la cama de Devon.

—¿Helena? —preguntó Devon de nuevo, esta vez más severamente. Quería una respuesta.

—Estaba celosa —dijo Helena con voz queda.

—¡Celosa! —Devon repitió la palabra sorprendida ante la sinceridad de Helena y no por no creerla. Sabía que Helena siempre había estado celosa de ella, desde que eran niñas.

Recordó un incidente que ocurriera cuando las dos pequeñas, entonces de tan sólo diez años de edad, recibieron sus primeros caballos. Antes de ese momento tenían *ponies*. Los padres les habían dado a las niñas los caballos al mismo tiempo. Pensaron que sus hijas serían buenas compañeras a medida que aprendieran a saltar. Ambas niñas posaron orgullosas en sus nuevas monturas, sintiéndose muy adultas, vestidas con sus nuevos trajes de montar que les habían regalado junto con los caballos.

Devon recordaba que los cuatro padres, con expresiones indulgentes en sus rostros, alentaban a las niñas a que llevaran sus caballos a diferentes pasos en la pista de equitación de los Magrath.

Helena fue primero, caminando diligentemente, trotando y galopando en su nuevo caballo. Realizó los ejercicios correctamente, aunque trabajosamente.

Un cortés aplauso saludó a la niña cuando retornaba donde los adultos se encontraban apoyados sobre el cerco pintado de blanco que marcaba la pista de equitación.

—Muy bien, Helena. ¡Aún podemos hacer de ti una amazona! —dijo Magrath. No quiso herirla; estaba simplemente insensible al impacto de estas palabras sobre su hija. Pero para Devon era evidente que Helena estaba herida. Magrath encontraba que a su hija le faltaba gracia, y ambas niñas lo sabían.

—Ahora te toca a ti, Devon —dijo Magrath, ajeno al dolor de su hija.

Devon no hizo ningún intento por sobresalir porque sentía lástima de Helena. Pero su condición atlética natural combinada con su afición y comprensión por los caballos hicieron que fuera un placer verla cabalgar. Helena, sentada a horcajadas en su caballo al lado de los adultos, no pudo más que escuchar las palabras de alabanza hacia la habilidad de Devon.

—Tienes a alguien tan natural, Chase, que no sé de dónde la has sacado —dijo Magrath con humor. A medida que Devon se acercaba, oyó al risueño y bien intencionado de su padre y se rió; pero la siguiente frase de Magrath la silenció—. Ahora, si ella fuera mi hija —bromeó—, comprendería por qué es tan buena amazona.

Devon, rápidamente, miró hacia Helena para ver el efecto de estas palabras. Helena adoraba a su padre y quería de veras complacerlo. Tal como se lo esperaba, su amiga tenía una extraña y dolorosa mirada, como si estuviera tratando de suprimir una emoción más profunda.

Devon sabía que Helena podía ver que ella la miraba, pero la pelirroja miró fríamente hacia adelante rehusando encontrarse con sus ojos.

—¿Qué pasa querida, por qué te has detenido? —preguntó Laurel Richmond. Devon estaba tan distraída que no se había dado cuenta de que se había detenido.

—Yo sólo... es que no me siento bien —dijo. No quería continuar cabalgando. No podía soportar el observar la humillación de la otra niña.

—Bueno, ambas niñas tuvieron un día de gran excitación. ¿Por qué no les dan sus caballos al mozo de la caballeriza y luego vamos dentro a tomar limonada y comer bizcochos? —dijo Rosalind Magrath, ciega ante la congoja de su hija.

Las dos pequeñas llevaron, calladas, sus caballos hacia el establo. Sin intercambiar ni una sola palabra, desmontaron y entregaron sus caballos al mozo. Cuando se dirigían hacia la casa, Helena emitió unas palabras que Devon jamás olvidaría.

—No necesito que sientas lástima por mí. Mi padre me ama más que nadie en el mundo —dijo Helena, con callada vehemencia.

Devon, angustiada por su amiga, no supo qué responder.

—¡De verdad! —gritó Helena insistentemente. Devon nunca olvidaría su tono. Helena parecía querer convencerse a sí misma y no a Devon de la verdad de aquello que decía.

Lo triste del asunto, pensaba ahora Devon en retrospectiva, era que Magrath, probablemente, amara en realidad a su hija más que a nada en el mundo, pero no tenía idea alguna de su necesidad de aliento.

A medida que recordaba este evento, Devon sabía que cabalgar era un asunto sensible cuando había que tratar con Helena, pero, puesto que ella lo había mencionado, Devon decidió seguir con la conversación. Pensó que podría relajar la tensión entre ellas, algo que había empezado con aquella cabalgata y crecido cada vez más fuerte con los años.

—¿Estás celosa porque tu padre no te invitó a ser un miembro de la caza? —preguntó Devon, segura de que era esto lo que le molestaba a Helena.

Helena la miró sin comprender.

—¿La caza? —preguntó, como si no supiera el significado de las palabras.

—Dijiste que trataste de cabalgar hacia el frente porque estabas celosa —dijo Devon, ya exasperada por tener que explicarle a Helena sus propias palabras.

—¡No, de eso no! —dijo Helena sorprendida.

—¿Entonces, de qué?

Helena miró a Devon con cierta incredulidad.

—¿Tú, realmente, no sabes?

—¿Saber qué? —preguntó Devon impacientemente.

—Brent.

Devon retrocedió, como si hubiera sido abofeteada.

—¡Debes de estar bromeando! Nunca mostré ningún interés por Brent. Ni siquiera durante mucho tiempo antes de que te comprometieras. E, incluso entonces... Dejó que la frase se desvaneciera en el aire ya que se dio cuenta de que sería descortés admitir que ella nunca había encontrado al marido de la otra mujer excesivamente atractivo. Era un buen amigo. A ella le gustaba. Se habían entretenido juntos durante un tiempo, pero, por parte de Devon al menos, la relación nunca fue más profunda que eso.

—Ya sé —dijo Helena con callada dignidad—. Tú siempre te has comportado apropiadamente. Es él. Él aún... te admira. No estoy segura, y no lo quiero saber, pero pienso que aún te ama.

Devon se alarmó. No podía soportar el pensamiento de que Brent estuviera realmente enamorada de ella.

—Seguramente te estás imaginando esas cosas. La gente rumorea demasiado. No debes escuchar esos rumores —dijo Devon de forma acalorada, cubriendo la mano de Helena con la suya. Por un momento se olvidó de que Helena era una de las más rumoreadoras del condado. Tal como aquel día, quince años atrás, sentía la necesidad de tranquilizarla, de ver su confianza apuntalada. Era extraño; Helena y ella habían sido vecinas toda su vida y eran consideradas por los demás como amigas. Pero su relación nunca se había convertido en verdadera amistad. La inseguridad de Helena le impedía otorgarle a Devon la confianza necesaria para una amistad. Helena siempre se había sentido como una fracasada en comparación con Devon y se había comportado, por lo tanto, con hostilidad, y en ciertas ocasiones con espinosa defensiva. Devon no era de esa clase de personas que pudiera tolerar un comportamiento no amistoso, y era, así, simplemente, indiferente hacia Helena. Sin embargo, algunas veces, cuando ocurrían hechos que le recordaban la inseguridad de Helena, Devon sentía lástima por ella.

—No —dijo Helena con una voz dolorosa—, no sientas lástima por mí. Siempre lo has hecho y no puedo soportarlo.

Devon, turbada, permanecía en silencio. Trató de buscar palabras que le dieran a Helena confianza sin que sonaran a condescendencia. Estudiando a la pelirroja, cuyos ojos abatidos estaban llenos de lágrimas,

Devon se dio cuenta de que era bastante atractiva. El matrimonio le había permitido adoptar estilos de peinados y de vestidos que eran más atrevidos que aquéllos apropiados para una persona soltera, y el cambio le sentaba bien.

—Helena, no existe razón alguna para que yo sienta lástima por ti. Eres muy atractiva. Y no existe razón alguna para que Brent mire fuera de su matrimonio por... nada. Créeme, nunca me ha comunicado, y de ningún modo, que no se sienta perfectamente feliz contigo. Por supuesto que aún me tiene afecto. Hemos sido amigos toda la vida. Pero estoy segura de que lo sabría si me amase. No te olvides, su relación conmigo terminó meses antes de que él comenzara a cortejarte.

—Lo sé. Pero algunas personas dicen que hubo... razones... otras razones distintas al amor para que se casara conmigo.

—Como te dije antes, es de tontos escuchar a la chusma. Nadie puede saber más sobre Brent que tú, su esposa. ¿No es eso cierto?

—Es cierto, supongo —dijo Helena, con cierta esperanza en su voz.

—¿Y no ha sido más que amoroso contigo?

—Sí... supongo que sí. —Helena titubeó durante unos momentos, luego continuó—. Excepto la noche de la fiesta en nuestra casa. El modo en que te habló a ti... y ese día... el día de la cacería... él y tú estabais cabalgando juntos.

—Helena, si me perdonas por decir esto, pienso que estás permitiendo que tus propias dudas hagan que veas cosas que no existen. Brent coquetea siempre, de forma natural, pero no creo que me trate de modo diferente de como trataría a cualquier otra mujer ¿no lo crees así?

Devon vio que Helena estaba reflexionando ante la pregunta. Después de unos momentos, la cara de la pelirroja se iluminó, como si hubiera oído una buena noticia.

—¡Sabes, Devon, creo que tienes razón! Creo que Brent trata a todas de ese modo. Nunca antes, realmente, presté atención. Estuve siempre tan preocupada con tu... anterior... relación.

—¡Lo ves! —dijo Devon con excitación. Se olvidó de su enojo contra Helena y estaba contenta de haber encontrado una solución a los problemas de la otra mujer.

Pero, entones, la cara de Helena se ensombreció.

—Durante la cacería —dijo—, él te miraba con tanta admiración. Quería cabalgar contigo. ¡Oh! Devon, tú no ves...

—Veo que estás siendo una tonta, Helena —respondió Devon interrumpiéndola con tono firme—. Veo que Brent mira a mi padre con admiración cuando salta particularmente bien. Admira mi forma de cabalgar. Tal vez aún me admire a mí. Pero está casado contigo y creo que realmente te ama.

Lágrimas de alivio emocional, y de remordimiento se derramaban por la cara de Helena.

—Sí... sí, entiendo lo que dices. —Realizó una pausa y frotó ligeramente sus ojos con el pañuelo. Cuando levantó la cara de nuevo se había despejado—. Creo que debes de tener razón —dijo con tono trémulo pero algo más reanimado—. ¡Oh! Devon, ¿me perdonarás alguna vez por ser tan estúpida... por haberte causado el accidente?

—Por supuesto. Si tú me prometes sacar esas tontas ideas de tu cabeza por tu bien —dijo Devon groseramente. Estaba irritada a pesar de sí misma. La otra mujer era exasperante, un poco tontuela, pero le había desnudado su alma a Devon, y ella sólo podía responder con amabilidad.

En su exaltación, Helena no midió sus siguientes palabras. No tenía la intención de lastimar a Devon. Helena pensaba que Devon era un ser superior y no se dio cuenta de que era capaz de infringirle dolor. En su exaltación, simplemente, dijo las palabras que le venían a la mente:

—Y no tengo ninguna razón verdadera para sentirme celosa de ti —dijo Helena—. Ahora tengo algo que tú no tienes. Estoy casada y tú no. Estoy casada con un hombre que te cortejaba.

Devon se sobresaltó por la grosería de Helena, pero el verdadero golpe fue debido a las propias palabras.

—Tienes razón —dijo Devon con voz aturdida. Después de todo, Helena tenía algo que ella quería. Cada noche, cuando se iba a la cama, ella dormía al lado del hombre que amaba. Había hecho cosas que Devon sólo podía imaginar, sólo desear. Además, Devon sabía que algunas personas sentían lástima por ella porque aún estaba soltera. El lugar de Helena en la sociedad estaba asegurado por la virtud del casamiento. Podía ir a cualquier evento que deseara, con o sin su esposo, simplemente porque estaba casada. Como un rápido soplo que le sacó el viento, el darse cuenta de que su autoconfianza y bella apariencia no significaban nada sacudió a Devon en su esencia real. No se sentía compadecida. No era de dar lástima, pero la sociedad la estaba convirtiendo en eso. La sociedad y sus propios deseos, a los que no veía modo de aliviarlos.

—No estaré celosa nunca más —continuó diciendo Helena en forma decidida. Luego, riendo aliviada, dijo—: ¿Se ha creado un tremendo lío, no es cierto?

Además, yo tengo a Brent. Él es mío ahora, y supongo que no necesito crearme más problemas—. Helena mostraba una nueva resolución en su tono de voz.

—No... no... nunca más debes preocuparte por ese asunto —respondió Devon, pero su voz sonaba vaga como si sus pensamientos estuvieran lejos.

—Y he sido una egoísta al quitarte tanto tiempo cuando te estás recuperando. ¡Porque tienes un aspecto claramente exhausto! Con una nueva animación en sus movimientos, Helena se agachó, besó a Devon en la mejilla y le dijo adiós.

Devon, de nuevo sola, se enterró profundamente en las almohadas y, con gesto cansado, tiró de las sábanas hasta arriba de su cuello. Se sentía agotada. Necesitaba descansar. Pero no pudo, porque volvieron una vez más los recuerdos a su mente; pensaba que la realización de la promesa más vívida de la vida, sus glorias, le podía estar vedada. Era una posibilidad que nunca antes había considerado.

9

❧

Grace Richmond Des Rochers tenía un primer nombre que no le sentaba nada bien. La hermana mayor de Devon no tenía la tranquila serenidad que implicaba su nombre. Era claramente teatral y juguetona. No era una persona con la suficiente calma como para estar con ella, debido a su conversación ininterrumpida, llena de un continuo torrente de ingeniosos dichos que se le podían escapar a oyentes no atentos. En efecto, hubo muchos que le habían advertido a su esposo, Philip, de que ella era demasiado charlatana para el papel de una mujer de diplomático. Pero ella había empleado su talento con las palabras para aprender rápidamente las lenguas de los países a los que su marido era enviado y, con aquella habilidad para conversar con cualquiera, de cualquier tema, había podido comprobar que, después de todo, era una gran ventaja.

Devon y Grace eran muy buenas amigas y se mantenían en permanente contacto, enviándose cartas íntimas la una a la otra. Ambas echaban de menos y sufrían que la carrera del esposo de Grace hiciera que sus visitas fueran tan poco frecuentes; sin embargo, ambas sabían que, para Grace, la vida de viaje constante y nuevas caras era lo que mejor le convenía.

Cuando Grace oyó lo del accidente de Devon, voló a su casa desde París tan pronto como pudo, y, ahora, después de un paseo en tren, un cruce del Atlántico, y otro viaje en tren, descendió en Evergreen como un torbellino.

Después de abrazar a sus padres y preguntar por su salud, Grace pidió ver a Devon. Los Richmond estaban ansiosos de una reunión entre las hermanas, seguros de que la presencia de Grace actuaría como un tónico para la convaleciente. Se preocuparon por la visita, ya que la de Helena, dos días antes, había agotado a Devon. Parecía estar triste desde entonces. Pero cuando le preguntaron si se sentía bien, insistió en que sí. El doctor Hickock los tranquilizó diciéndoles que sus heridas estaban sanando aún más rápidamente de lo que él suponía, pero también notó su callada distracción. Lo atribuyó al hecho de estar postrada en cama durante tantos días, y, agradecido por los progresos físicos que estaba haciendo, no pensó más en el asunto.

—No le hemos dicho que ibas a venir —dijo Laurel, en un murmullo conspiratorio llevando a Grace por la vasta escalera hasta el segundo piso—. Queríamos que fuera una sorpresa. Su voz tenía un canto alegre. Estaba entusiasmada de tener a su otra hija en casa y estaba segura de que Devon se beneficiaría de esta visita.

—Muy bien. ¿Me sorprenderé al verla? —preguntó Grace ligeramente, no pensando realmente la pregunta. Casi nada la sorprendía.

—Bueno... ayer pudimos lavar su pelo, y eso es un gran avance, pero aún está negra y azul —dijo Laurel.

—No se recupera uno de la noche a la mañana de una caída como la que tuvo —dijo Chase rudamente. Grace lo miró fijamente. A pesar de su apariencia de frivolidad, no se le escapaba detalle. Su padre tenía mal aspecto, pensó; había perdido el confortable aspecto corpulento que mostraba desde que ella lo recordaba. Sabía que quería mucho a Devon y se dio cuenta de que, seguramente, se sentía terriblemente angustiado.

Trataría de liberarlo de esa angustia más tarde, decidió. Por ahora, quería ver a su hermana.

Grace no se preocupó de golpear a la puerta sino que, simplemente, entró bruscamente al dormitorio de su hermana, con un vestido similar al de derviche y realizado con ondulante seda roja de París, algo un tanto original.

—¡Devon, levántate de esa cama de una vez! Ya lograste tu objetivo. Tienes toda nuestra atención. Ahora vamos a bailar —dijo, con un tono de pretendida firmeza.

Devon no podía creer lo que estaba viendo.

—¿Gracie? —dijo incrédulamente.

—La misma —dijo Grace, cubriendo a su hermana en un cálido abrazo y luego cayendo en su cama.

—¡Ay! —gritó Devon—, mi costado.

—¡Oh! —Grace saltó de la cama—. ¡Perdón! ¿Estás bien?

—¡Oh! Gracie estoy tan contenta de verte. Estoy bien. No puedo creer que estés aquí. ¡Es maravilloso! Estás espléndida. —Devon tomó la mano derecha de su hermana en su mano izquierda y la llevó hasta la silla al lado de su cama. Notó, con ojo experto, el bello corte del vestido rojo y brillante de su hermana. No tenía que preguntar si era un Schiaparelli. Ningún otro diseñador era tan hábil con el color y la seda. Aunque su verdadera sencillez de diseño evitaba que el color fuera vulgar. Las uñas, perfectamente tratadas de Grace lucían el mismo esmalte. Una elegante capelina negra con un velo de tul seductoramente colocada hacia un costado, guantes de cabritilla negra y zapatos a tono completaban el conjunto.

—Bien, tú tienes una apariencia perfectamente horrible —declaró Grace—, pero no tan mal como pensé que estarías, debo confesar.

—Me siento mejor ahora. Pero, dime: ¿cuándo llegaste? ¿Durante cuánto tiempo te vas a quedar?

—No sé cuánto tiempo me quedaré aún. Eso, en parte, depende de ti.

—Bueno, si depende de mí, entonces, quédate hasta Navidad. ¿Pueden Philip y los niños venir durante las vacaciones navideñas?

—Probablemente. Lo pensaremos luego. Cuéntame cómo sucedió ese horrible accidente. He oído que fue la estúpida de Helena quien lo causó.

—¡Oh! Gracie, ella no es tan mala. No lo hizo en forma intencionada. De todos modos, es una larga historia. Te la contaré luego. —Cuando se mencionó el nombre de Helena, una pequeña arruga frunció el entrecejo de Devon. Aún estaba deprimida por la conversación con Helena. El reflexionar sobre su vida mientras yacía inmóvil en la cama le había causado desesperación por el futuro. Se había dado cuenta de que, con su hermana lejos, estaría bastante sola en el mundo si algo les ocurría a sus padres. Tenía amigos, por supuesto, pero estaban casi todos casados. Se preguntaba cómo iba a llevar su vida. Si se mudaba de lugar estaba segura de que aún estaría más sola. La perspectiva la asustaba. Y el miedo era un sentimiento desconocido para ella. La novedad de sus emociones la llenaba de malestar.

Grace, al observar la quieta preocupación en su hermana, estaba perturbada.

—¿Qué te ocurre? —preguntó, estudiando profundamente el semblante de Devon.

Devon se sobresaltó un poco ante la voz de Grace, que se escurría en sus reflexiones. Había olvidado su presencia. Sonriendo, a fin de esconder su estado de ánimo, respondió:

—No sucede nada malo. Sólo estaba pensando en lo mucho que echo de menos no tenerte por aquí para hablar contigo.

Grace la miró con cierto escepticismo, pero dejó el asunto de lado.

—Bueno, como sabes, te voy a hablar hasta el cansancio mientras esté aquí. Lo suficiente como para compensar todas las veces que no estoy —dijo en tono burlón.

—Grace, cuéntame todo sobre París. ¿Te gusta? ¡Tus cartas dan a entender que tu vida es espléndida!

—Existe un cierto esplendor en la vida allí, pero llueve muchísimo —dijo Grace riendo—. Tanto como en Londres.

—Pero parece que prefieres vivir allí mejor que en Londres —dijo Devon.

—Oh, sí. Me gusta la libertad de París. Me gusta la forma en que los franceses miran a las mujeres. Me gusta el modo en que las francesas se visten y se comportan. Me temo que haya adoptado casi el modo de ser francés. No sé cómo haré si tengo que mudarme —dijo Grace, con tono de arrepentimiento.

—¿Qué quieres decir con el modo de ser francés?

—Bueno, tú has estado allí. Parece que las mujeres son consideradas como deseables hasta que son realmente viejas. A medida que crezco, encuentro que este rasgo es muy deseable. Entonces, siempre existen rumores escandalosos y jugosos. Parece que los romances no son juzgados demasiado duramente, aunque no sean totalmente aceptados. A pesar de esto, yo mataría a Philip si él, alguna vez... bueno, tú sabes... pero ofrece una cierta excitación a los eventos sociales. Y existe otra cosa también. Muchos de los líderes intelectuales de París son mujeres. Las mujeres son evaluadas por su inteligencia. Encuentro que esto es refrescante, ¿y tú?

—Sí —dijo Devon con mayor intensidad de la que intentaba—. Suena bastante ideal. Supongo que no estuve allí el tiempo suficiente como para averiguar cómo funciona esa sociedad. Y estuve allí como turista.

—¿No te gustaría venir de visita? Sabes que nos encantaría tenerte allí. —Con una cálida sonrisa Grace tomó la mano de Devon en las suyas y la apretó.

Devon también la apretó, ya que quería mucho a su hermana. ¡Cómo deseaba que Grace viviera más cerca!

—Quizá cuando me sienta firme sobre mis dos pies. Por supuesto, no será hasta dentro de unos cuantos meses. Será divertido viajar juntas en el barco nuevamente, ¿no es cierto? Pero supongo que no te podrás quedar tanto tiempo —dijo Devon, desilusionada.

Grace, preocupada ante el poco ánimo de su hermana, trató de sacarla de dicho estado.

—Bueno, me quedaré hasta que vuelvas a tu estado anterior. Si me voy antes de eso, no recordaré cómo era la belleza de mi familia que se supone que tiene una bella apariencia. —Grace no era una belleza como Devon. Su cara redonda era diferente de la cara angulosa de Devon, y su color no tenía aquella teatralidad presente en Devon. Mientras que Devon tenía ojos azules que sobresalían y un cabello color ébano, Grace tenía ojos marrones más comunes con cabello ondulado color marrón rojizo. Pero Grace tenía aquella chispa que hacía que los hombres la persiguieran. Con su estilo dramático en el vestir y sus teatrales gestos, nunca tuvo ocasión de envidiar la apariencia de su hermana. En cambio, estaba orgullosa de la belleza de Devon.

Devon frunció el ceño ante la mención de su apariencia.

—¿Mi apariencia? Cuánto bien me ha hecho hasta ahora —dijo lastimosamente.

—¿Qué es eso? Lástima de ti misma. Eso es algo que jamás he oído de ti Devon —dijo Grace, cambiando su estado de alegría en seriedad en un segundo, a medida que sentía la depresión de su hermana.

—No es lástima exactamente. Supongo que me estoy volviendo extravagante por estar tanto tiempo en cama —dijo Devon, avergonzada de haber sucumbido a tan indigna emoción unos segundos después de la llegada de su hermana. Pero Grace era tan simpática, tan reconfortante. Y Devon siempre había compartido con ella sus más profundos secretos.

—No sólo te estás volviendo extravagante —dijo Grace firmemente—. Dime qué te está molestando. Estoy segura de que algo lo está.

Devon no respondió inmediatamente. Era difícil articular sus emociones. Estaba el miedo... de soledad, de vacío. Estaba aquel deseo por John Alexander. Sentía confusión ante su apurado regreso a Nueva York, su no aparición en la cacería. Existía en ella depresión ante la idea de que nunca iba a conocer el amor. Existía aún una cierta —odiaba admitirlo aun para sí misma, pero existía— desesperación en el modo en que se sentía. Como si nunca fuera a encontrar a alguien a quien querer. Como si se la estuviera castigando por haber rechazado las muchas ofertas de casamiento que le habían ofrecido.

—Grace... estoy asustada —dijo Devon con lágrimas que, silenciosamente, comenzaban a caer por su herido semblante.

—¿Asustada? ¿De no ponerte mejor? —dijo Grace confusa.

—No, de eso no —dijo Devon, alcanzando un pañuelo y secándose cuidadosamente las lágrimas de su cara dolida.

—¿Entonces, de qué? ¿Tienes miedo de cabalgar de nuevo? —Grace no podía imaginar semejante cosa, pero no podía imaginar otra que estuviera provocando semejante tristeza en Devon.

—Gracie... es otra cosa. Prométeme que no se lo dirás ni a mamá ni a papá.

—Por supuesto, si tú así lo quieres. —Realizó el gesto de la señal de la cruz que usaban desde que eran niñas.

—Tengo miedo de no poder conocer nunca qué significa eso de estar enamorada, y de no tener nunca a un hombre que me ame.

—¡Devon, eso es ridículo! —explotó Grace, quien, ante la sorpresa, sacudió su cuerpo erecto en la silla—. ¿Cómo puedes pensar en semejante cosa? Has rechazado a tantos hombres. Podrías tener a cualquier hombre que quisieras.

—No, a cualquier hombre no —dijo Devon calladamente tratando de contener sus lágrimas. No quería encontrarse con los ojos de su hermana. En cambio, miró hacia abajo, hacia el acolchado y lo tocó en un gesto de nerviosismo.

—¿Estás hablando de alguien en particular?

Devon sabía que la confesión sería penosa, pero necesitaba este alivio.

—Sí, hablo de alguien en particular —dijo Devon, levantando sus ojos para encontrarse con los de Grace—. No sé si estoy enamorada de él. No entiendo cómo esto es posible. Sólo lo conocí durante unas pocas semanas.

—¿Qué estás diciendo? ¿Que no hay esperanzas con ese hombre? —preguntó Grace, colocándose hacia adelante en su silla en un intento de mantener la mirada de Devon.

—No lo sé. Pero, Gracie, no es sólo él. Tengo miedo de morirme sin haber ni siquiera conocido... —Devon no pudo terminar su oración, no podía mirar a su hermana, estaba tan avergonzada.

Grace la miró con simpatía. Entendió a lo que se refería su hermana. Grace era una mujer extremadamente sensitiva y no se podía imaginar la vida sin amor, o sin hacer el amor.

—Nunca debes resignarte a no tener... eso —dijo Grace suavemente.

—Pero nunca estuve enamorada. Nunca quise casarme con ningún hombre de los que he conocido, excepto con ese hombre.

—¿Quién es ese hombre?

—Su nombre es John Alexander. Vive en Nueva York. Estuvo aquí de visita. —Devon continuó explicando las circunstancias de su encuentro y el subsiguiente cortejo de él.

—¿Quieres casarte con él?

—¿Cómo puede eso ser posible? Lo conocí durante un tiempo muy corto. Todo lo que sé es que quiero... me hace sentir... —Devon se detuvo, demasiado turbada para describir el deseo físico que él incitaba en ella.

—¿Tú quieres decir que quieres hacer el amor con él, casándote con él o no? —preguntó Grace duramente.

—¡Grace! ¡Cómo puedes decir semejante cosa! —exclamó Devon, perturbada porque su hermana podía entresacar la idea que ella no era capaz de dominar en su mente.

—No seas presumida Devon. Eso se hace continuamente en París. Las mujeres hacen el amor con muchos hombres que no son sus esposos. Algunas de ellas lo siguen haciendo después del matrimonio, otras antes. Es perfectamente natural desear a un hombre.

De hecho, me sorprende que aún seas... —Grace no terminó su frase, pero levantó su vista en tono de pregunta.

—¡Grace! ¡Por supuesto que lo soy! Mamá y papá se morirían si te pudieran oír.

—Bueno, no pueden, así que no importa —dijo Grace, como descartando la idea y llevando la silla más cerca de la cama—. Mira, querida. Tú tienes casi veinticinco años y has estado demasiado mimada. Tienes que crecer y afrontar los hechos de la vida. Si quieres a ese hombre por esposo, trata de casarte con él, pero, si sólo lo quieres, debes satisfacer ese sentimiento. Es positivamente antinatural que una belleza como tú nunca haya hecho el amor. Ahí, lo dije. No me mires con esa expresión sorprendida. Y una cosa más. Es posible enamorarse de alguien en una semana, o incluso en un día. Conozco muchas parejas felices que se conocieron sólo por un breve lapso antes de casarse. Y conozco a muchos divorciados que tuvieron largos noviazgos y compromisos. El tiempo no tiene absolutamente nada que ver con el amor.

—Grace, tú sí que no eres realista. Tú te sientas ahí y me dices que haga el amor con un hombre; y ¿qué puede ocurrir con las consecuencias?

—¿Qué consecuencias? —preguntó Grace—. Si tú te refieres al embarazo, existen modos para protegerse contra eso, como pienso que tú ya sabes. Si te refieres a tu reputación, asegúrate de no hacerlo aquí. Ese John Alexander, por ejemplo, vive en Nueva York, ¿no es cierto?

—Sí —dijo Devon vagamente. No estaba pensando sobre cosas tan mundanas como las direcciones. Trataba de imaginar el audaz acto de comenzar un romance. Se preguntaba cómo uno empezaba semejante cosa.

Inconscientemente, levantó el espejo de mano que estaba al lado de su cama. Se miró dentro, como esperando ver un cambio allí. Pero no, su cara era la misma. Hablar de un romance ilícito no la había transformado en absoluto. ¿Era posible, entonces, que cometer semejante acto pudiera pasar desapercibido?

—Nueva York es perfecto —declaró Grace—; es una gran ciudad. Puedes ser relativamente anónima. París sería mejor aún —concluyó agitadamente.

—Pero, Grace, si me quisiera casar con él, ¿no lo arruinaría todo si intentara llevar a cabo semejante actuación? —Aquello que Grace estaba diciendo contrastaba con todo lo que a ella le habían enseñado. Y, en cuanto a un esposo, dependía de que su esposa fuera una virgen. ¿Acaso no era así?

—Devon, apenas te reconozco —la retó Grace—. ¿Dónde está tu viejo desacato? ¿Dónde está tu sentido común? Si quieres casarte con ese hombre, debes seguramente tratar de hacerlo. En cuyo caso, no querrías arrastrarle a la cama unas pocas semanas después de haberlo conocido. Pero, si un hombre te quiere de veras, y tú haces el amor con él, eso no termina su amor por ti. —Grace miró a Devon directamente a los ojos y realizó un gesto de asentimiento al final de su frase como para subrayar la veracidad de su enunciado—. Si él no te ama y tú lo deseas locamente... bueno, Devon, tienes veinticinco años. ¡Pienso que es hora de que actúes según tus deseos! Ves, pareces sorprendida nuevamente. Puedes, por favor, abandonar esa cara de sorpresa.

Devon trató de consentir, pero su mente se estaba alejando de las palabras de su hermana. ¿Podría un estilo de vida como aquel que Grace estaba describiendo hacerla feliz? No pensaba así. Devon alcanzó la mano de Grace y se aferró a ella.

—Grace, si nunca me caso, voy a estar muy sola.

—El casamiento no tiene nada que ver con la soledad. Hay mujeres que viven durante años con hombres sin haberse casado. Algunas veces, se vuelven viejos juntos. Algunas veces no. Por otro lado, hay mujeres que están casadas durante treinta años y que se vuelven viejas solas cuando sus maridos mueren. O que se divorcian. Algunas veces, si un matrimonio es infeliz, es peor que estar solo. Créeme, el casamiento no es un seguro contra la soledad.

—Pero, si te casas, tienes niños, y eso ayuda.

—Algunas veces, pero no siempre. De cualquier manera, hay mujeres que tienen hijos sin estar casadas.

—¡Grace! ¡Yo nunca podría hacer eso! —dijo Devon, apartando rápidamente su mano de la de Grace como si le hubiera picado.

—Tú nunca sabes lo que puedes hacer hasta que te enfrentas con la situación —dijo Grace tranquilamente—. Devon, estoy muy desilusionada ante esta conversación. Algo le ha sucedido a tu confianza. Nunca antes habías tenido todos estos miedos. Tú siempre has sido la mujer con más coraje que he conocido. ¿Por qué estás dudando de ti misma de este modo?

Cansada, Devon se recostó hacia atrás, en las almohadas, y con un monótono tono le habló a su hermana sobre su reciente conversación con Helena.

—Hizo que me diese cuenta —concluyó Devon— de que no importa lo bella o lo inteligente que los demás digan que soy; lo que sí es verdad es que voy a tener que pasarme la vida sola.

Grace estaba extrañamente callada a medida que digería la historia. Podía ver cómo el comportamiento de John Alexander, seguido del accidente y de la conversación con Helena, podrían haber desmoralizado a cualquier mujer; pero su hermana no era una mujer cualquiera. Devon era especial. Era extraordinaria.

Devon, que había cerrado los ojos ante la conclusión de la historia, fue rudamente devuelta a la realidad por su hermana, que golpeó el posabrazos de la silla con la palma de su mano.

—¿Cómo te atreves? —preguntó Grace—. ¿Cómo es posible que consientas que estos acontecimientos carentes de valor cambien toda tu manera de pensar acerca de ti misma? Tú siempre has sido tan independiente. Has viajado mucho. Has dicho y hecho lo que tú has querido. Ahora, estás dejando que esa idiota de Helena, que no puede compararse a ti en ningún aspecto, haga que te sientas pequeña. Estás dejando que un hombre, que sólo has conocido durante una semana, haga que te sientas sin esperanzas. Estás actuando como una cobarde, Devon, ¡pero tú nunca has sido una cobarde! ¡Si tu cara no estuviera tan herida te colocaría, de un manotazo, algún sentido en ella! —terminó Grace acaloradamente.

—¿Una cobarde? ¿Qué quieres decir con eso? —Devon alzó su voz para hacerla concordar con la de su hermana.

—¡Te estás preocupando por todo! Te estás preocupando de desafiar a mamá y a papá. Te preocupas de desafiar a la sociedad. Bueno, Devon, quizá ya haya pasado la tercera parte de tu vida, y tú estás sentada ahí, deseando lo que quiere un convicto que sueña con su libertad. Sólo que no estás presa. Estás libre de ir detrás de aquello que quieres, y es tiempo de que lo hagas. Estoy sorprendida y debo decir desilusionada de que no lo hayas hecho antes. ¿Desde cuándo te has convertido en algo semejante a la huidiza violeta? —dijo Grace, en tono burlón pero aún furiosa, hecho evidente en el color rojizo de su cara.

—¡No lo soy! Debo vivir mi vida aquí. No puedo hacer cosas alocadas. ¡Puede que hagan eso las mujeres en París, pero no aquí en Virginia! — replicó Devon acaloradamente.

—¡Pero no tienes por qué vivir tu vida aquí! Ése es mi punto de vista. A ti te gusta viajar. Tú tienes un fondo en custodia. Puedes vivir tu vida donde quieras y como quieras. Además, si realmente quieres vivir tu vida aquí, entonces, eso no debería detenerte para ir detrás de lo que quieres. Debes saber elegir en relación con todo eso. No tienes por qué publicarlo en los diarios —dijo Grace sarcásticamente.

Devon no tuvo respuesta. Era difícil imaginarse desafiando las convenciones de la vida cotidiana.

—Devon, tienes que hacer una elección aquí. Algo que puede decidir el curso de tu vida —dijo Grace, cogiendo los hombros de Devon y sosteniéndolos firmemente cuando su hermana trató de soltarse—. Escúchame. Tú siempre has sido especial. Tú puedes escoger un modo de vida cobarde. Eso significa que no tomas nada, a menos que alguien te lo ofrezca. No satisfaces tus deseos. Dejas que otras personas te digan cómo vivir tu vida. Y, porque eres una mujer, te resignas o al casamiento o a la soltería. Nada en medio. Pero, Devon, nunca has entrado en el molde social. Siempre has sido más abierta, más independiente que lo convencional. Tu verdadera naturaleza demanda que rompas con las convenciones. Si tratas de frenar este impulso serás una persona muy triste, mucho más triste de lo que cualquier escándalo pudiera hacerte.

Grace levantó el espejo de mano y lo sostuvo ante la cara de Devon obligándola a mirarse en él.

—Devon, mírate. Estás hecha para el amor. Estás hecha para la aventura. Ése es tu destino; y no el de sentarte aquí, lamentándote de tu perdida juventud como una marchitada solterona.

Por debajo de las heridas y los cortes, Devon veía la belleza a la que su hermana hacía referencia; la veía objetivamente, como estudiando una pintura. ¿Malgastarla? ¿Malgastar su deseo, tan maduro, tan perfectamente listo para ser expresado? Parecía un pecado, más pecado que un ilícito acto de amor. Grace tenía razón, pensó. Debía hacer una elección. Podía sucumbir ante el papel que los demás le habían asignado, o podía hacerse su propia forma de vida. Nunca antes había sido pasiva. ¿Por qué permitir que una azarosa confluencia de hechos la pusiera en esa situación? Grace tenía razón en señalarle a Devon que sus pensamientos y no su situación la habían limitado. En realidad, nada en su vida era más diferente ahora que antes, cuando había sido feliz. Los hechos la habían desmoralizado, pero había cavilado demasiado. ¡Era tiempo de seguir con su vida!

Enderezándose en la cama, Devon puso el espejo de cara hacia abajo en su regazo. Mirando a su hermana, dijo simplemente:

—Grace, muchas gracias por haber venido. —Luego, con un gesto de la más delicada ternura, tomó la mano de su hermana, la llevó a sus labios y la besó.

10

John Alexander exhaló un suspiro de alivio al firmar la última carta de la pila que su secretaria le había dejado sobre su escritorio. Le había llevado por lo menos dos semanas aclarar el trabajo que se había acumulado mientras estuvo en Virginia y, finalmente, lo terminó. Sacó su reloj de oro de bolsillo y refunfuñó, irritado, cuando vio la hora. Eran las ocho en punto. No era difícil perder la sensación del tiempo cuando el sol se ponía tan temprano como lo hacía al final de noviembre en Nueva York. Pero ésta no era la costumbre habitual de John, porque, aunque amaba su trabajo, no era compulsivo con respecto a éste. Como era un hombre extremadamente saludable, sentía que su trabajo no era una manera de probarse a sí mismo, ni una manera de ganar dinero; lo consideraba simplemente útil e interesante.

Normalmente, John hubiera despedido a su secretaria con un alegre buenas tardes, a eso de las seis de la tarde. A partir de esa hora, hubiera ido al club de hombres a tomarse una copa y, posiblemente, para realizar una partida de squash. Luego se dirigiría a su moderno dúplex de la avenida Park para ducharse y cambiarse antes de ir a cenar o asistir a un teatro. La mayoría de las veces, esas tardes terminaban en casa de Loretta; pero, por supuesto, no había ido a su casa en dos semanas, y no se sentía inclinado a buscar una nueva aventura.

Aún se sentía un poco culpable en relación con la manera en que las cosas terminaron, pero se había convencido a sí mismo de que Loretta era lo suficientemente terca y egoísta como para encontrar a alguien que lo reemplazara en corto tiempo. Después de todo, el berrinche que había mostrado podría haber sido un poco de teatro. Las actrices eran engañosas y les gustaban ese tipo de escenas. Nunca olvidaría el día en que una actriz, amante de su amigo Charles Wittingham, había vaciado una botella entera de champán en el regazo del pobre Charles, ante la presencia de todos los presentes, en el restaurante "21". La pelea había tenido lugar sobre si ella y Charles debían tomar el tren para ir a las montañas durante el fin de semana o ir en auto hasta allí. Trató de representarse a Devon haciendo tal cosa. Ella era segura, abierta, pero no podía imaginársela haciendo algo indigno.

Devon. Siempre Devon. John se sentó hacia atrás en la silla de cuero y restregó sus cansados ojos a medida que configuraba su imagen. Podía ver su cara claramente, radiante y sonriente como en el día que salieron a cabalgar. Saboreó la memoria de sus suaves labios, tan dulces, tan acariciadores a medida que se rozaban con los suyos. Y su cuerpo. Tan sumisa, tan expectante, tan... deseosa. En su mente, siguió las curvas de sus pechos, su pequeña cintura, sus gentilmente abultadas caderas. Se imaginó la suavidad sedosa de su piel en la palma de su mano. Recordó su excitación cuando él la tocara y se fastidió con el pensamiento de excitarla aún más. Siguió las gráciles líneas de su cuello con sus labios. Hizo un rastreo de sus atractivos pechos, tomando sus pezones en su boca y, siempre tan delicadamente, haciendo correr su lengua sobre sus duras puntas. Podía imaginársela con la cabeza hacia atrás en abandono sensual, su cabello color ébano desparramado sobre las sábanas de lino. Empezó a sentirse inconteniblemente excitado con el pensamiento de verla nuevamente.

Ahora que había terminado con su trabajo, podía regresar a Virginia. Levantó el teléfono para llamar a Hamilton Magrath; luego recordó, con irritación, que Magrath se negaba a instalar el teléfono.

—No voy a dejar que la comodidad confusa destruya la paz de mi hogar —había declarado Magrath.

John decidió que la manera más rápida de tomar contacto con los Magrath era por telégrafo. Encendió un cigarro Habano y se sentó hacia atrás para escribir el telegrama.

HE PENSADO SOBRE COMPRA HEMOS DISCUTIDO PUNTO QUERRÍA DISCUTIR OFERTA EN PERSONA PUNTO PUEDO ABUSAR SU HOSPITALIDAD NUEVAMENTE PUNTO POR FAVOR AVÍSEME TIEMPO CONVENIENTE PUNTO TAMBIÉN INTERESADO PROPIEDAD HARTWICK PUNTO SALUDOS USTED Y FAMILIA PUNTO

A la mañana siguiente recibiría una respuesta, calculó. Estaba impaciente por ponerse en camino, pero sabía que no podía visitar a los Magrath sin invitación. Bueno, no tendría más que esperar. Pensó si debería contactar con Devon antes de su llegada, pero luego recordó que ella tampoco disponía de teléfono. Se rió al recordar que algunas de las personas más ricas que conocía vivían sin teléfono. No podía imaginarse sin uno, pero sabía que muchas personas lo consideraban como una invasión de la intimidad, especialmente los conservadores aristócratas del sur.

No, iba a sorprender a Devon. ¿Pero qué haré cuando la vea?, se preguntó a sí mismo. ¿Le preguntaría si se casaba con él? No se sentía lo suficientemente preparado para semejante paso; sin embargo, no podía escapársele la idea de que ella era la perfecta mujer para él. Estaba confundido. Confundido por la facilidad con la que se había enamorado de ella. Confundido por su incapacidad para arrancársela de la cabeza. Se preguntaba si, cuando la viera nuevamente, ella se le representaría tan idealmente como lo hacía en su imaginación.

John recogió sus papeles y dejó el despacho. Mientras esperaba en el ascensor, se le ocurrió que se sentía de humor para un poco de diversión. Normalmente, esto significaba compañía de mujer, pero se dio cuenta de que no tenía deseos por ninguna mujer... excepto por Devon.

—Te ha prendido fuerte, hombre —se dijo a sí mismo, de modo alegre, con toda la esperanza y confianza de un joven buen mozo, saludable, y algo mal criado.

Devon sopló 1as llamitas de la enorme tarta de chocolate adornada con veinticinco pequeñas velitas. Era el día siguiente al de su conversación con Grace y, restablecida por las palabras inteligentes de su hermana, Devon había decidido ir escaleras abajo para celebrar su cumpleaños. Había elegido ponerse un vestido de mangas largas, largo hasta el suelo y de satén color rojizo, que, por lo tanto, ocultaba su aspecto. El lujoso vestido era la causa de que su cabello brillara a la luz de la vela; pero ella aún lucía algunas marcas negras y azules en su cara. Sin embargo, sus amigos, a la mayoría de los cuales el doctor les había prohibido verla desde su accidente, estaban contentos de que Devon se hubiera levantado y estuviera alegre como solía estarlo. Todos, menos Grace, eran conscientes de la depresión a la que Devon había sucumbido y luego sacado de su ánimo.

—Devon es indomable —dijo Brent Hartwick, con admiración, a medida que ayudaba al padre de Devon a sacarla de una silla del comedor y colocarla en un sillón del salón principal.

Devon, rápidamente, miró a Helena para ver si le había molestado el comentario hecho por Brent, pero Helena le devolvió una mirada de conmiseración. Devon le devolvió una sonrisa deslumbrante, contenta de haber hecho finalmente una amiga de su insegura y defensiva vecina. Bien, pensó Devon, estoy alegre de que ella haya decidido no dejar que cosas así la molesten. De hecho, la manera de dirigirse de Brent hacia Devon era más de simpatía jocosa que de anhelante romance.

Devon rió alegremente a medida que se sentaba hacia adelante y miraba alrededor del salón. Qué tonta había sido, pensó, de estar tan deprimida. Estaba rodeada por el afecto de sus amigos y de su familia, y tenía toda su vida por delante. Su mejor amiga, Letitia Brooks, puso una almohada redonda y pequeña detrás de Devon y, gentilmente, empujó a la conval-ciente hacia atrás en la silla.

—Sabes, este accidente ha tenido una horrible influencia sobre Marianne —dijo Letitia jocosamente, refiriéndose a su hija de seis años.

—Ahora, quiere empezar a saltar más que antes, así puede ser una figura romántica como su madrina.

Devon se rió a medida que miraba a la pequeña niña. Marianne era especial, y la favorita de Devon, más debido a la viva personalidad de la niña que porque fuese su madrina.

—Bueno, me iba a ofrecer a enseñarle, pero supongo que ahora no vas a querer —respondió Devon con una sonrisa.

—¡Oh!, no creo que Marianne esté en desacuerdo —dijo Letitia—. Por lo menos, le puedes mostrar cómo conseguir realizar una seria caída y sobrevivir —dijo en tono burlón, a medida que acariciaba los hombros de Devon con cariño.

—¡Es tiempo de que abras tus regalos! —dijo Grace alegremente, a la vez que empujaba el carrito con ruedas hacia el aparador donde se habían apilado los alegres paquetes.

Devon gritaba alegremente y se deleitaba a la vez que abría un bello paquete tras otro. Marianne insistió en hacerle un presente propio a Devon, más que otro familiar. Había hecho, con la ayuda de la cocinera de Letitia, gran cantidad de dulce de chocolate.

—¡Marianne, éste es el regalo que más me gusta! —dijo Devon, abrazando a la pequeña niña rubia con su brazo sano. Qué dulce es esta pequeña, pensó Devon. Por un momento, reflexionó sobre lo maravilloso que sería tener una niña propia. Tendría una, se dijo a sí misma, sabía que la tendría algún día. Mirando hacia Grace, Devon, una vez más, le agradeció en silencio que la hubiese ayudado a superar su abatido estado de ánimo. Ahora, con todo su viejo optimismo, había vuelto a ella toda la fe en el futuro.

—Ahora, el regalo de Grace, por favor —dijo Devon. Grace, en silencio, le alcanzó una gran caja envuelta en un algodón florido y adornada con lazos de satén rosa. Dentro había una caja centelleante que llevaba el nombre del gran diseñador Vionnet. Las mujeres que estaban alrededor de Devon pronunciaron un uniforme "¡Ah!" de reconocimiento y admiración antes de que abriera la caja. Al unísono, admiraron al gran diseñador francés que fuera pionero del corte y que llevara a las mujeres fuera del corsé. Incluso los hombres quedaron boquiabiertos cuando Devon sacó el vestido que estaba envuelto en papel de seda blanco. El vestido estaba hecho de un pesado y lujoso satén forrado de seda. Pero lo más sorprendente era su color plateado. Brillaba como mercurio a la luz del hogar. El vestido llevaba dos de los rasgos de Vionnet: el corte al sesgo y la parte delantera, cayendo en un atrevido escote en la espalda. Los ojos expertos de las mujeres podían ver que el vestido iba a mostrar provocativamente desde el cuello hasta la parte de abajo del torso de Devon, y luego caería con vuelo en suaves ondulaciones griegas hasta el suelo. El cuello estaba atado en la parte de atrás con tres perlas naturales.

—No sé qué decir, Grace. ¡Es tan hermoso! —dijo Devon. Los ojos se le llenaban de lágrimas a medida que se daba cuenta de todo lo que pensó y planificó su hermana para hacerle un regalo tan hermoso. Estaba hecho a mano, por supuesto; en ese caso, Grace debía de haber buscado algún medio para conseguir uno de los vestidos de Devon o sus medidas de su costurera de Nueva York.

—Bien, estarás ya deseando la llegada de algún acontecimiento para estrenarlo una vez que estés sana y que tus heridas hayan desaparecido —dijo Grace riendo.

—No puedo esperar para lucirlo —dijo Devon fervientemente. En realidad, cuanto mejor se sentía, más se irritaba ante su confinamiento.

Devon continuó abriendo los regalos: un nuevo traje de montar de sus padres para reemplazar el que se había roto y ensangrentado durante su accidente; un hermoso par de guantes de cabritilla de Letitia; el perfume

Chanel N' 5 de sus amigos Ted y Suellen Willis, y una variedad de libros, bufandas, y pañuelos de todos los demás vecinos y familiares que habían acudido a la casa de los Richmond para celebrar el cumpleaños de Devon. Finalmente, un par de hermosas botas de cuero para montar por parte de Helena y Brent Hartwick. Observando la manera tímida en que Helena presentó el regalo, Devon podía adivinar que el regalo era un símbolo de ofrecimiento de paz desde el fondo de su corazón.

—Sé que las que llevabas cuando montabas... ese día... supe que se rajaron. Estoy muy apenada —dijo Helena, desnudando su alma ante la multitud de los presentes.

—¡Oh! Helena, son preciosas. Espero no llegar a romperlas —dijo graciosamente Devon. Su corazón se dirigió a la joven pelirroja, que estaba sonrojada profundamente ante lo extraño de la situación. Devon, ansiosa de dejar claro ante todos aquellos que estaban reunidos allí que la había perdonado, se acercó a la mujer y la atrajo hacia ella para darle un abrazo—. Las voy a cuidar bien, Helena... y Brent —dijo otorgando al esposo de su amiga una cálida sonrisa.

Devon observó a las muchas alegres parejas que salpicaban el salón. Sus padres, por supuesto, se movían para todos lados tratando de que todos estuvieran atendidos. Hamilton y Rosalind Magrath, los Hartwick, su compañera de cuarto en la escuela, Margaret Larson y su esposo, Mark... todos parecían cómodos y enamorados. Devon notó cómo Ted Willis se inclinaba hacia su mujer Suellen y le murmuraba algo al oído. Al mismo tiempo que le hablaba, le colocaba el brazo alrededor del cuello y la acarició con un gesto de íntimo conocimiento. Suellen miró hacia arriba, hacia Ted, con una sonrisa suave y enamoradiza. Con un movimiento inconsciente de aceptación, ella se recostó sobre él; luego, acercó su cara hacia la de él consiguiendo así murmurarle su respuesta. Había algo en la escena que tan amorosamente rompía el corazón que causó un pequeño dolor en la garganta de Devon. No era un dolor de envidia, sin embargo, sino uno de impaciencia, ya que sabía que ella algún día tendría lo que ellos tenían ya. Que ella algún día haría semejante gesto con el hombre que amara.

11

—Señorita Devon, hay un caballero que pregunta por usted —dijo Alice.

Devon estaba leyendo, en el invernadero lleno de plantas, sentada en un sillón amplio cubierto de tela rayada con amarillo y blanco; su brazo escayolado descansaba en una banqueta maciza que hacía juego. El sol del invierno entraba por las puertas que iban del suelo al techo dando reflejos en su pelo mientras ella miraba, extrañada.

—No estoy esperando a nadie —dijo Devon con sorpresa. Miró hacia su vestido de estar por casa, de lana con puntillas color lavanda, y adornado con puntilla espumosa en la garganta, el dobladillo y las mangas. Un gran lazo de satén lavanda bordeaba su cintura pero el vestido descendía hasta el suelo, y le servía para tapar su escayola. Encontró que, manteniendo los objetos incómodos ocultos, podía manejar mejor la incomodidad que le causaban. A pesar de que sabía que se sentía fresca y femenina, consideraba que estaba demasiado informalmente vestida para recibir visitas.

—¿Quién es? —preguntó Devon a Alice.

—Un tal señor Alexander —dijo Alice, con un centelleo en sus ojos.

—¿John? ¿Quiero decir, el señor Alexander? —se corrigió a sí misma sonrojándose—. Alice, no le puedo recibir así. ¡Tengo que ir arriba y cambiarme! —Devon, con desesperación, cerró su libro y trató de levantarse de su silla con la ayuda de las muletas.

—Ahora, señorita Devon, usted siéntese ahí —le ordenó Alice con calma—. Usted tiene un aspecto perfectamente apropiado para recibir visitas. Todos saben que tuvo un accidente. Y con esa escayola, tardaría una buena media hora para cambiarse. No querrá hacer esperar al señor Alexander durante todo ese tiempo, ¿no es cierto?

—Supongo que no —dijo Devon sumisamente—. ¡Pero, oh! Yo estoy tan fea. Y mi cara aún con estas heridas... Oh, Alice, tráeme ese espejo aquí —ordenó Devon.

—¡Señorita Devon, está colgando de la pared! —protestó Alice, pero se movió hacia él de todos modos. Peleando con el viejo gancho y el alambre, el espejo había estado colgado en ese lugar durante siglos. Alice, finalmente, liberó el antiguo espejo y, apuradamente, se lo llevó a su ama.

Devon miró el reflejo de su figura en el espejo con desesperación.

—Gracias a Dios que las heridas de mi mandíbula se han curado, pero mira... ¡Oh no... aún tengo un ojo negro! —gimió Devon.

—No está negro exactamente, señorita Devon. Más bien amarillo y verde —dijo Alice tranquilizándola.

Devon miró hacia su niñera y vio que estaba muy seria mientras decía esas palabras reconfortantes. Mirando la expresión tan formal de Alice, Devon lanzó una carcajada.

—¡Alice! ¡Deberías ver tu cara! —dijo Devon, tratando de respirar a medida que hablaba y reía al mismo tiempo—. ¡Supongo que piensas que verde y amarillo implica una mejoría sobre negro y azul!

Alice, dándose cuenta de lo absurdo de su propio comentario, también sucumbió al júbilo del momento.

—Bueno... —suspiró—. En realidad... yo quiero decir... no tiene tan mala apariencia... ¡Oh, bueno, no importa! —dijo, tratando de componerse.

—Supongo que estaré bien así —dijo Devon firmemente, volviendo a tranquilizarse—. Dile al señor Alexander que lo veré. Oh, ¿y Alice? Dile a Meg que nos traiga té y tarta, por favor.

Alice asintió y dio media vuelta para retirarse.

—Alice... una cosa más.

—¿Sí, señorita?

—¿Podrías colgar el espejo nuevamente?

Alice miró hacia el pesado objeto de cortes dorados apoyado contra el sillón y reflejando luz alrededor del salón.

—¿Por qué? ¿Piensa que el señor Alexander lo va a notar ahí? —preguntó Alice jocosamente.

—¡Oh, Alice, eres terrible! —dijo Devon comenzando a reír de nuevo.

Devon alisó su cabello nerviosamente a medida que esperaba la llegada de John. ¿Por qué estaba de vuelta en Virginia?, se preguntaba. ¿Podría ser a causa de ella o era simplemente por negocios? ¿Debería estar enojada con él por no haber aparecido el día de la cacería o debería pretender que no recordaba el hecho de que se suponía que John debería haber estado allí? Realmente, no estaba enojada con él. El enojo parecía insignificante a la luz de todo lo que había sucedido entonces. Sin embargo, sabía que el hecho de no aparecer había sido descortés. Descortés o no, su corazón estaba latiendo violentamente con sólo pensar en verle.

—¡Devon! —la voz de John sorprendió a Devon y la despertó de su sueño. Devon miró sus ojos, aún más azules de lo que recordaba debido a la fuerte luz solar del invernadero. Sintió un torrente de calor que la arrebataba con tan sólo mirarlo. ¡Estaba tan atractivo, tan... masculino!

Devon, rápidamente, miró hacia abajo, no por modestia, sino porque la intensidad de su sentimiento era demasiado sobrecogedora.

—Es tan agradable verlo de nuevo —dijo Devon. Ella dudó sobre el uso de su primer nombre. No se sentía tan familiar hacia él como antes de su partida—. Por favor, siéntese —dijo con calma. Se había propuesto no dejarle ver que estaba perturbada.

John se sentó en el sillón opuesto a Devon y la observó de cerca, no diciendo nada durante unos segundos. Notó los daños sufridos que Hamilton Magrath le había comentado. Pero, aun con sus heridas, ella relucía con vida e inteligencia. Su clase, su gran belleza brillaban a través de la superficie desfigurada. Devon quería retorcerse ante su intenso examen, pero se quedó quieta y se encontró con sus ojos.

Sintiendo la necesidad de romper el silencio Devon, finalmente, habló.

—¿Estoy horrible, no es cierto? —dijo con una risa forzada.

—Estaba pensando que estás muy linda. He pensado en ti tan a menudo. Ahora veo que mi memoria te trató injustamente —dijo John con calidez.

Devon luchaba por no aparecer aturdida. A pesar de que él se sentaba a algunos pies frente a ella, podía sentir el calor de su cuerpo. Podía oler el sutil aroma de su colonia, un perfume que le recordaba una mañana refrescante en las montañas. Sus sentidos vibraban en su presencia. Y su magnetismo le hacía tomar conciencia de lo diferente que era en su presencia, contrastando con su forma de ser habitual.

—No... no estoy realmente linda ahora... con todas estas heridas.

Nada de eso le importaba a John. Con impaciencia, se colocó a su lado, en su silla.

—Devon —dijo con voz grave—, he sido un tonto. Devon, impactada, simplemente lo miraba.

—¿Estás enojada conmigo? —preguntó tímidamente.

—¿Debería estarlo? —preguntó Devon, tratando de vincular el tiempo con la pregunta. Sabía exactamente a qué se refería él, pero no quería admitir que su ausencia el día de la cacería y su consiguiente silencio habían sido de gran trascendencia para ella.

—Sí —dijo John seriamente. Quería tocarla, tomar su mano, pero no se atrevió. No podía adivinar su estado de ánimo. Ella era cortés, por supuesto, pero parecía haber una barrera alrededor de sus emociones. Quería hablarle directamente, llegar al corazón del asunto, pero se daba cuenta de que había aparecido de repente. Él se había preparado para este momento, había estado horas debatiendo qué le iba a decir. Ella, por el contrario, no tenía idea de que él iba a venir.

—Devon, tengo que hablar directamente porque lo que tengo que decir me ha estado pesando durante un tiempo.

Devon no dijo nada, pero asintió a fin de que él continuara. John miró sus grandes ojos color aguamarina, inclinados hacia arriba levemente en los bordes exteriores. Eran un toque exótico en su clásico bello semblante. ¡Cómo amaba esa caras aunque estuviera lastimada; irradiaba toda la luminiscencia que recordaba de sus primeros encuentros. Su belleza parecía venir tanto de su prestancia interior como de su apariencia exterior. Mirándola ahora, John estaba seguro de que la decisión que había tomado sobre ella el día antes era buena. Toda duda se disipó de su mente. Golpeó el bolsillo de su pecho discretamente para ver si la caja que había traído con él desde Nueva York estaba aún allí.

—¿Devon, sabes por qué he vuelto?

Devon no sabía la respuesta. Por su tono, podía adivinar que en la visita de Alexander había algo más que un hecho cortés. Podía ver la admiración, y tal vez algo más, en sus ojos. Pero no quería arriesgarse a parecer una tonta al presumir demasiado. Finalmente, ella respondió:

—¿Estás comprando fincas en Nueva York que le pertenecen al señor Magrath?

—No exactamente —dijo John.

—¿No le estás comprando fincas al señor Magrath?

—Estoy comprando tierras. Esa parte es cierta, pero...

—¿Entonces, qué? —preguntó Devon.

—Las fincas que estoy comprando no son sólo la propiedad de Nueva York de la que originalmente hablé con el señor Magrath. También estoy comprando fincas de su yerno.

Devon abrió con sorpresa sus ojos a medida que trataba de medir el alcance de las palabras de John. Él le sonrió, pero no dijo nada más. Bueno, entonces, ella tampoco lo haría.

—¡Oh! —murmuró ella vacilante—. He oído que Brent Hartwick estaba tratando de vender la finca de su familia cerca de Middleburg. Ahora que está viviendo con los Magrath, es sólo una carga para él. Perdió tanto dinero en las acciones.

—Es precisamente el solar de Hartwick que estoy considerando —dijo John. Se inclinó aún más hacia adelante en su silla y fijó sus ojos en ella—. ¿Qué piensas sobre esto?

—Bueno... —Devon dudó, tratando de leer el significado detrás de su intensa mirada. Un pequeño estremecimiento de esperanza surgió en ella. Podría ser...

podría realmente ser que él intentara establecerse en este lugar. ¿Era a causa de ella? Oh, pero él la había hecho creer que significaba algo para él. Y, al final, la había dejado abatida. Entonces, sofocó el estremecimiento y se obligó a que su expresión permaneciera tranquila y firme—. La casa es una de las más lindas del área. La tierra es muy buena. Y tiene un excelente establo. Pienso que será una buena compra —concluyó, con su habitual decisión.

—¿Sería el tipo de lugar dónde te gustaría vivir?

La pregunta le llegó de lleno a Devon, quien había conseguido alcanzar una firme compostura. Sintió que sus mejillas hervían a medida que trataba de pensar una respuesta. Quería admitir de una manera atolondrada que viviría donde se lo pidiera. ¡Pero qué absurdo! Alexander no le estaba proponiendo matrimonio. Quizás estaba solamente interesado en su opinión, porque ella había vivido muchos años en la zona. Suspiró profunda y tranquilamente y estudió su semblante. No estaba acostumbrada a ser indirecta en su sentimiento con las personas. Devon quería verle los ojos. Para ver si lo que ella pensaba que había entendido era realmente lo que él había intentado decir. John se sentó en el cojín a los pies de Devon y tomó su mano sana entre las suyas. La electricidad de su roce hizo que sus brazos y la parte posterior de su cuello se pusieran con piel de gallina.

—¿Te gustaría vivir allí? —repitió John. Su cara tenía una expresión intensa y determinada. Tomaba con firmeza sus dedos.

—Yo... yo creo que a mí me gustaría mucho —respondió ella. Turbada ante su avidez, sacó su mano de las suyas.

—No la retires —dijo suavemente, alcanzando su mano nuevamente y sosteniéndola con firmeza—.

Devon, yo... —Por un segundo él dudó. Miraba detenidamente en sus ojos aguamarinas. A pesar de la luz del sol, sus pupilas estaban dilatadas, como dos grandes pozos negros que lo arrastraban hacia ellos. Sus ojos estaban hipnotizados. No tenía fuerzas para luchar contra esa atracción. No quería luchar a contracorriente. Y suspiró las palabras que había estado conteniendo durante semanas—: Te quiero.

La cabeza de Devon estaba girando. Cuántas veces había soñado con oír esas palabras de sus labios. Y, sin embargo, cuando creyó que había llegado el momento de oírlas, él se había ido de repente. La dejó, confusa y dolida. Pero el roce de él parecía romper todas sus defensas. Parecía que, de alguna manera, él debía estar allí.

Sintiendo su confusión, John trató de explicarse con un torrente de palabras.

—Devon, he sido un soltero durante más tiempo que el de la mayoría de las personas que conozco. Cuando te conocí supe inmediatamente que estábamos hechos el uno para el otro, pero el sentimiento me asustó. Tenía miedo de cambiar mi vida. ¡Miedo de hacer que mi felicidad dependiera de ti! Por lo tanto, elegí la huida. Pero, Devon, ahora sé que fui un idiota en pensar que podría gozar de la vida sin ti. La pude haber gozado alguna vez, pero ahora que te he encontrado... Puedes tal vez... ¿Entiendes? Sus ojos imploraban por un sí.

—Yo... no sé. Todo esto es tan nuevo para mí. ¿Asusta, no es cierto? —preguntó, con risa temblorosa.

—¿Entonces tú, realmente, me amas? —preguntó John, exaltado.

Devon quería pensar sensatamente. Mantenerse fría. Sostener su respiración. Pero, de algún modo, no pudo. No parecía poder hacer que su cabeza terminara de girar, que su corazón parara de latir a la carrera. Tenía miedo de emitir las palabras. De dejarse llevar. ¡Pero la promesa de tener todo! ¡El gozo! ¡Él la amaba! Su espíritu atrevido le dio fuerzas. La precaución no era parte de su naturaleza. Y sus emociones querían ser compartidas.

—Tú lo sabes. ¿No es cierto? —dijo casi llorando ante el glorioso alivio que sintió—. Tú sabes que te amo.

La tensa boca de John se frunció en una amplia sonrisa. Su cara lucía la increíble felicidad del muchacho cuyo sueño más inalcanzable se hace realidad.

Mirándolo, cualquier duda que quedara se desvaneció con el amor que ella sentía. No importaba que lo hubiera conocido durante un espacio de tiempo corto. Ni siquiera que él, una vez, hubiese huido. Todo lo que importaba era el sobrecogedor sentimiento que la llenaba cada vez que la veía. Estaba aturdida con ello. ¡Aturdida de amor, de excitación, de felicidad!

John, al ver su expresión, sabía que el momento había llegado. Sacó una cajita forrada con terciopelo azul de su bolsillo y la abrió con lentitud. Devon abrió la boca sorprendida al ver la belleza del anillo que estaba dentro. Era un diamante perfecto, cortado en forma de óvalo de cuatro quilates, bordeado por una banda de zafiros. Devon miró atentamente el anillo, y luego hacia John. Por unos instantes, ambos permanecieron inmóviles, perdidos el uno en el otro. Luego John sacó el anillo del estuche. Levantó la mano de Devon y se detuvo. El anillo brillaba alegremente con el sol, rayos de color salían de él en todas direcciones.

—Estoy contento de que tu mano izquierda sea la que está sana —murmuró John solemnemente, a medida que deslizaba el bello adorno en su dedo. Luego levantó la mano de Devon hacia sus labios y besó la carne sedosa y fresca.

Ella dio vuelta su mano y, tiernamente, acarició su cara.

—John... —murmuró, agobiada por la emoción.

John tomó su mano nuevamente.

—¿Entonces, te casarás conmigo? —preguntó urgentemente, queriendo oír la promesa de sus propios labios.

Ella sonrió ante su pregunta. ¡No era obvio! ¡Por supuesto, por supuesto, por supuesto que se casaría con él!

John leyó la respuesta en sus ojos, pero no le era suficiente.

—¡Quiero oír que me lo digas tú! —dijo, como dando una orden.

No era más que un suspiro:

—Sí.

John se levantó del cojín y se inclinó hacia Devon poniendo su cara cerca de la de ella. Podía sentir su respiración cálida y dulce; luego, sus labios se posaron en los de Devon tan gentilmente como una mariposa. Ella devolvió el beso, dando la bienvenida a sus labios. Él podía sentir su presteza, la llamada de su cuerpo. John colocó sus brazos alrededor de ella y se sumieron en un abrazo cada vez más cercano. Él aumentó la firmeza de sus labios y siempre tan delicadamente abrió la boca de Devon con su lengua. Al igual que un niño cuando recibe un delicioso obsequio, Devon lo aceptó y encontró instintivamente su lengua con la suya encendiendo un fuego salvaje en John. Su beso tuvo un efecto más intoxicante en él que la escapada sexual erótica del pasado. Se sentó en el antebrazo de la silla y movió el perfumado cabello de Devon hacia atrás de su oreja; luego se inclinó y gentilmente tomó el lóbulo en su boca. Tal como había imaginado, hizo correr su cálida mano hacia debajo de su cuello. Saboreó el gusto salado de ella. Sus dedos deseaban desabotonar el cuello de encaje de su vestido. Quería que se dejaran ver sus pechos, sostenerlos en sus manos. Serían de color blanco leche, satinados. Quería quitarle sus bragas. Deseaba desgarrar las barreras de seda que escondían los más secretos lugares de su cuerpo con su tacto y con su lengua. Quería sumarse a ella, convertirse en uno. Podía sentir su insistente deseo que bregaba por dejarse llevar. Pero, por supuesto, nada de eso podía ocurrir... no aún.

Devon sintió que John se alejaba, dejándola sin aliento. Estaba mareada, temblando. Un fuerte deseo en la parte más húmeda y secreta de ella misma gritaba por llegar a un cumplimiento. Instintivamente, acarició la nuca de John con toques similares a plumas, enviando temblores por toda su espina dorsal. John descansó en el antebrazo de la silla de Devon y la besó aún más profundamente.

Un discreto golpe en la puerta catapultó a John de su pose hacia el cojín.

—¿Quién es? —preguntó Devon, con una voz que aún sonaba temblorosa inclusive para sus propios oídos.

—Soy Meg, señorita Devon, le traigo el té.

—Pasa, por favor —dijo Devon arreglando suavemente su cabello.

La joven sirvienta entró con una bandeja, causando un silencio incómodo en el lugar.

Devon, ya recobrada, pretendió seguir con una conversación interrumpida.

—De cualquier modo, tendrá que quedarse a cenar, señor Alexander —dijo en su tono habitual, frío y claro. Le dirigió una afirmación con la cabeza a la sirvienta—. Gracias, Meg. Yo sirvo.

Meg se retiró cerrando discretamente la puerta al salir. Pero, luego, dijo a los demás sirvientes:

—No me engañaron ni por un instante. ¡Cómo si pudieran! ¡La señorita Devon lucía un diamante grande como la luna!

12

Grace estudiaba al prometido de su hermana a través de la mesa y no podía encontrarle ni un error. No sólo era atractivo, inteligente y divertido, sino que estaba enamoradísimo de Devon. Grace suspiró contenta al contemplar el buen humor con que su hermana se encontraba. No había pasado mucho tiempo desde que Devon se había sentido tan deprimida. Ahora estaba radiante de felicidad.

—John ha decidido comprar el establo de Brent Hartwick —dijo Devon alegremente—, y vamos a criar caballos purasangre, a pesar de que, en realidad, yo no sé mucho sobre carreras de caballos. Pero la cuadra ha venido disfrutando de una de las mejores reputaciones Y sería una lástima desmantelarla; entonces, tendré que aprender.

—¿Quieres decir que intentas involucrarte en ello? —preguntó Chase—. No creo que esa idea tenga mucho éxito, especialmente con, cuál es el nombre de ese fulano, se supone que él es uno de los mejores entrenadores de la zona.

—¿Te refieres a Willy O'Neill? —preguntó John.

—De ese individuo se trata. Creo que lleva adelante el asunto con mano de hierro —dijo Chase.

—Bueno, tendrá que acostumbrarse a llevarse bien conmigo. 0 yo con él, si lo prefieres de ese modo —declaró Devon.

—Hmmm —dijo Chase reflexionando—; una mujer tomando a su cargo la operación de crianza y

126

entrenamiento de los caballos purasangre. No creo que jamás haya oído algo semejante—. Miró a John en actitud de pregunta. Se preguntaba qué pensaría el pretendiente de los planes de su hija. No estaba seguro de lo que pensaba él mismo de ellos. Pensó que era una ocupación... poco femenina.

—Tengo fe total en Devon —dijo John mirando cálidamente a su novia—. A pesar de que admito que consiste en un arreglo poco ortodoxo —añadió diplomáticamente mirando hacia Chase.

—¿No crees que yo puedo manejar el asunto, padre? —preguntó Devon con un tono burlón, mirando de nuevo a su progenitor,

Chase miró hacia Laurel como esperanzado de que ella diría algo como para rescatarlo de la pregunta de Devon, pero, en respuesta, ella lo miró con las cejas delicadamente elevadas. Algunas veces se sentía positivamente superado.

—Bueno —murmuró Chase—, pienso que tendrás momentos difíciles. No podía imaginar a un entrenador enérgico hablando con un jefe mujer. Chase pensaba que seguramente el hombre llegaría a renunciar a su entrenamiento.

—Pienso que tienes razón —dijo Devon conscientemente—, pero me gustan los desafíos.

Chase ya sabía esas cosas. Admiraba a Devon por ello, pero al mismo tiempo tenía a veces miedo por ella. A menudo, pensaba por qué su hija favorita siempre parecía estar haciendo cosas que parecían... poco convencionales. Le hacía sentirse incómodo, a pesar de que siempre podía decir por qué. Inconscientemente, se encogió de hombros y cambió de tema de conversación.

—¿Te vas a quedar en Willowbrook? Su reputación es aún bastante decente, a pesar de que todos saben que atraviesa por momentos difíciles —dijo Chase.

Devon miró a John con actitud de pregunta.

—No creo que hayamos pensado en eso aún, ¿no es cierto? —A Devon le gustaba el sonido de la palabra nosotros; le gustaba la visión que esa palabra conjuraba respecto de una pareja y a una familia.

—Como has dicho, el nombre de Willowbrook es aún bueno. No se denomina Hartwick Willowbrook, así que no existe nada que identifique en particular el nombre con esa familia. Pienso que deberíamos conservar el nombre si vamos a hacer negocio con ello —dijo John.

—¿Cuándo vas a cerrar el negocio? —preguntó Chase, sirviéndose otra porción de cordero que Meg le ofrecía en bandeja de plata.

—Lo cerraremos en un mes, pienso —dijo John—. Entretanto, tenía la esperanza de que ustedes y Devon viniesen a Nueva York de visita. Mis padres están ansiosos de conocerlos. Además, Devon, seguramente, tendrá que hacer compras para la boda, y también para Navidad.

—¡Qué bobo eres! ¿Cómo voy a Nueva York con mi pierna escayolada? Deberán pasar varias semanas antes de que me cure. ¡Y Navidad está sólo a tres semanas! Tengo que pasar las Navidades en Evergreen... y pensé que deberíamos invitar a tus padres a venir aquí. —Devon miró suplicante a los demás para que la apoyasen y convencieran a John de que su plan era el mejor.

—Tengo que estar en París para Navidad —dijo Grace rápidamente—; así que puedo ir con vosotros a Nueva York durante una semana y partir desde allí. Estoy segura de que soy capaz de ayudarte con todo lo que necesites. Y, por supuesto, llevaremos a Alice.

—Pero pensé que te ibas a quedar durante las Navidades —protestó Devon.

—Philip no puede venir; así que tengo que estar de vuelta para poder permanecer con él y los niños

—dijo Grace con énfasis. Devon la estudió por un momento. Parecía que Grace estaba tratando de enviarle un mensaje, pero no entendió bien cuál podía ser—. ¿Por qué no pasáis todos juntos las Navidades en la casa de la ciudad? —preguntó Grace, dirigiendo la pregunta a sus padres.

—Pensé que debía esperar hasta que mis heridas se curasen del todo antes de ir a Nueva York. De ese modo podría comprarme nuevos vestidos —dijo Devon.

—Sin mencionar para nada el vestido de novia —dijo John, con otra cálida mirada dirigida hacia su novia.

—Desearía que vinieras a París por tu traje de novia. ¡Entonces podrías tener uno hecho por Vionnet! —dijo Grace, segura de que nadie podría compararse con su diseñador francés.

—¡Pero si nos vamos allí para la luna de miel! —dijo Devon con júbilo. Le gustaba París y estaba ansiosa de poder pasar allí todo el mes de junio.

—Esa época es maravillosa, pero aún no entiendo por qué hay que esperar seis meses para casarnos —dijo John, como quejándose.

—¡Por supuesto que ves el porqué! —exclamó Laurel—. A tu madre se le rompería el corazón si no tuviéramos una boda apropiada, y también a mí.

—Por "apropiada" mamá quiere decir grande —bromeó Grace.

—¡Seguramente que no! Pero tenemos muchos amigos, así como también John y sus padres, y estoy segura de que todos vamos a gozar del hecho de tenerlos en la boda —dijo Laurel, con apenas perturbada dignidad.

—Devon, aún no me has dicho si vas a venir a Nueva York conmigo la semana próxima —le rogó John—. De hecho, por qué no aceptan la sugerencia de

Grace y se vienen todos. Pueden abrir su casa de la ciudad o pueden quedarse con mis padres, lo que ustedes prefieran. —Estaba tan orgulloso de Devon que se encontraba ansioso de que sus padres y amigos la conocieran.

—Bueno... —Devon dudó. Sabía que sería una tarea laboriosa el hecho de viajar, pero no podía imaginarse estar separada de John. Y estaba tan ansiosa de conocer a su familia. A medida que dudaba, vio que Grace trataba de encontrar su mirada. Miró a su hermana y vio su gesto de asentimiento casi imperceptible.

Devon, rápidamente, entendió el mensaje en los ojos de Grace. Ahora tenía las obligaciones de John, así como las suyas propias, para tener en cuenta. Se dio cuenta de que no podía insistir en que él pasara la Navidad lejos de su familia cuando su propia familia tenía una casa en Nueva York.

—Pienso que es una buena idea irnos todos a Nueva York —dijo Devon decididamente—. Madre, tú siempre dices que el mejor momento del año en Nueva York es la Navidad. ¿Por qué no la pasamos allí con los Alexander? Y luego, en las próximas Navidades, ellos vienen a pasarlas aquí.

Laurel y Chase, entendiendo el deseo de Devon por complacer a su pretendiente, así como a su nueva familia, estuvieron de acuerdo.

—¡Está decidido entonces! —gritó Grace, contenta de visitar la excitante ciudad que tanto le gustaba. No podía entender la afinidad de Devon con la vida de campo.

—¿Entonces, van a venir todos? —preguntó John.

—Por supuesto, querido —dijo Laurel—. Estamos ansiosos de ir.

130

—¡Maravilloso! —dijo John—. Me aseguraré de que nuestro compromiso aparezca en los diarios mientras ustedes están allí. Y les prometo que tendrán la ocasión de pasarlo muy bien. ¡Vamos a poder empezar el nuevo año juntos!

Todos brindaron por el inminente Año Nuevo, seguros de que sería el mejor de su vida.

13

❧❧

Loretta miró el anuncio del diario sin poder creerlo; la furia crecía en ella como el veneno.

—¡Ese maldito bastardo! —escupió de golpe.

—¿Cuál, querida, tu director o tu diseñador de vestuario? —preguntó Whitney Ross somnoliento, tratando de alcanzar el suave y blanco brazo de Loretta y empujándola hacia donde él se encontraba entre las almohadas rosas de satén. Pero Loretta lo rechazó con impaciencia. Whitney suspiró perezosamente y se deslizó lejos de ella. A pesar de que su romance tenía solamente un mes de vida, estaba ya acostumbrado a sus disparates. Estaba siempre quejándose sobre los otros actores que trabajaban con ella, sobre su guión o sobre un sinfín de otras cosas cotidianas que la enojaban. Así que él había aprendido rápidamente a tranquilizarse, a fin de concentrarse en la satisfacción sexual que se derivaba invariablemente de su perfecto cuerpo.

Miró de soslayo hacia el reloj, sobre la repisa. Eran las cuatro de la madrugada. Ése era el problema de tener un romance con una actriz. Uno no cenaba antes de la medianoche. Esto significaba que no podía acostarse hasta la una, lo que dejaba apenas unas pocas horas hasta el amanecer. Whitney Ross era muy estricto; debía aparecer en su casa antes del amanecer. Es más, lo era sobre todo su esposa. A ella no le importaba el relevo de sus tareas de esposa que Loretta le otorgaba, siempre que sus hijos no echaran de menos a Whitney en la mesa de desayuno. Nunca debían saber nada acerca de sus romances; ella se lo había advertido, porque si lo llegaban a saber, ella se vería forzada a divorciarse. No permitiría que supieran que ella había tolerado semejante humillación. Bueno, él no quería un divorcio a expensas del adulterio. La mujer se quedaría con una fortuna.

Cuatro de la mañana. Tenía que estar de vuelta en casa a las seis. Eso significaba que tenía tiempo para uno más...

—Loretta, mi amor —dijo, deslizándose hacia ella. Puso su mano bajo las sábanas y cosquilleó el interior de su muslo.

—¡No me molestes ahora! —estalló la mujer, sacando su mano.

—¿Qué está ocurriendo ahí? —preguntó sarcásticamente.

—¡Ese bastardo amigo tuyo se ha comprometido! —dijo casi gritando.

—¿Ese... quién? —preguntó, sabiendo inmediatamente a quién se refería ella.

Un acontecimiento que molestaba a Whitney en relación con Loretta era el conocimiento de que había sido la negativa de John lo que le había permitido a él tenerla.

—Supongo que yo no era de clase suficientemente alta como para que se comprometiera conmigo. —Loretta gruñó, olvidando, en su furia, que había sido ella la que le había abandonado a él—. ¡Quería alguna niña inocente y tonta!

—Loretta —murmuró Whitney quitándole el diario de las manos y tirándolo al lado de la cama—, olvídate de todo eso. Me tengo que ir pronto. Y antes de irme... —Completó su frase apretando uno de sus rosados pezones entre el índice y el pulgar.

—Mira. No estoy de humor —dijo Loretta con irritación.

—Tú sabes, querida, que el término "concubina" es totalmente incorrecto. Implica que tienes cierta clase de autoridad sobre tu amante. De hecho, en este caso, lo opuesto sí es cierto. Quiero poseerte —dijo deliberadamente usando un término más vulgar por su fuerza.

—No te necesito —dijo ella retándolo—. ¡Puedo tener a quien yo quiera!

—A quien quieras en el mundo del espectáculo. Y seguramente que elegirás el tipo de los nuevos ricos que quieren una niña brillante en sus brazos. Pero tú quieres a los de la sociedad. Y eso, querida, no sólo se consigue por cruzárselos en la calle todos los días —dijo burlonamente a medida que separaba sus piernas con su rodilla. Su resistencia lo excitaba—. Tú piensas que si te ven con suficientes hombres de la sociedad, finalmente, te casarás con uno de ellos. Y puedes tener razón. —Podía sentir que su resistencia se iba desvaneciendo a medida que profería sus palabras. Se arriesgó a dejar de sujetar uno de sus brazos; así, podía llegar a acariciar a la mujer entre sus piernas—. Pero más vale que te aferres al que tienes mientras buscas a aquél con quien te casarás.

Loretta estaba perpleja. Era una actriz, pero Whitney Ross, quien nunca había demostrado ningún interés por sus pensamientos, nunca le pedía opinión acerca de nada, veía claro dentro de ella misma, como si ésta le hubiera confesado su plan. De algún modo, era un alivio tener a alguien que supiera la verdad. Mientras ese alguien fuera su amigo.

—¡Bastardo! —dijo Loretta; pero su tono tenía un matiz de afectación áspera y se frotó contra él de modo incitante.

—Así… así está mejor —dijo Ross bajando su cabeza hacia sus pechos y deslizando su lengua sobre sus pezones. Y cuando introdujo su erecto miembro dentro de ella no encontró ninguna resistencia.

—Hay una… mujer… que desea verla, señorita Devon —dijo Truitt, el mayordomo de la casa de Nueva York de los Richmond. La residencia neogeorgiana, cubierta de enredaderas, se encontraba en el barrio conocido como Sutton Place, que se hizo popular sólo hacía diez años a causa de Anne Vanderbilt. Los Vanderbilt, así como otras familias ricas —incluyendo a los Richmond— habían vendido sus enormes residencias italianas renacentistas situadas en la parte alta de la Quinta Avenida y comprado viviendas más sólidas.

Devon levantó la mirada desde su libro de modo interrogante. Estaba sentada en el salón principal de la casa, donde ella y su madre, generalmente, recibían las visitas de la tarde. Pero era el 8 de enero, y la mayoría de sus invitados habían pasado por la casa durante el día.

—¿Quién es esa… mujer? —Devon estaba perturbada por el hecho de que Truitt había evitado cuidadosamente usar el término *señora* para describir a quien había venido de visita. Este hecho lo llevó a pensar que esa persona no era una de sus amigas. En efecto, la conducta de Truitt le dijo que era alguien que él desaprobaba. No se podía imaginar por qué semejante persona la venía a ver.

—Una tal señorita Morgan. Dice que tiene un asunto personal que discutir con usted. —Truitt suspiró burlonamente, seguro de que una mujer así no podía tener algo personal para discutir con la señorita Devon. Devon quedó pensativa durante un momento.

Tenía confianza en el juicio implícito de Truitt. El digno mulato había trabajado en la casa de los Richmond desde que era un muchacho que se encargaba del establo cuando tenía catorce años. Fue promovido al puesto de mayordomo a los veintiocho años. Así, pues, ahora, con poco más de cuarenta años, y después de saludar a tantas personas, primero en Evergreen y luego en la casa de la ciudad de Nueva York, Truitt no se equivocaba sobre la persona que estaba de visita. Devon sabía todo esto.

—¿Un asunto personal? —dijo, devanándose los sesos para dilucidar quién podría ser—. Bueno... supongo que no vale la pena especular. Dile que entre, por favor, Truitt. —La escayola del brazo de Devon había sido retirada, pero aún llevaba la escayola en su pierna, así que no se levantó para recibir a quien le hacía la visita. Sentada frente al amplio hogar de mármol blanco lucía una bella apariencia, con un vestido de casimir rosa, que le llegaba hasta el suelo. Su cabello estaba peinado suelto y se deslizaba desde su frente cayendo graciosamente sobre sus hombros en ondas brillantes. Su semblante ya no estaba desfigurado por las heridas.

Devon se sorprendió cuando vio a la mujer que seguía a Truitt dentro del salón. La reconoció como la estrella de Broadway que ella y sus padres habían visto dos noches atrás en la obra de mayor éxito de la temporada.

—¡Usted es Loretta Morgan! —dijo bruscamente, complacida y sorprendida de encontrarse con la actriz cara a cara—. Vi su obra hace dos noches. ¡Usted estaba maravillosa!

Loretta, momentáneamente desarmada por la cálida recepción, miró de forma extraña a Devon. Estaba vestida con esmero; deseaba dejar sentado lo exitosa que era como actriz. Su abrigo de armiño realzaba marcadamente su cabello rubio platino. No había querido entregar el abrigo de piel a Truitt en la puerta pues prefería lucirlo cuando se enfrentara a Devon por primera vez. Ahora se lo quitó y lo entregó descuidadamente al mayordomo. Truitt se retiró del salón después del ademán correspondiente que le hiciera Devon, dejando a ambas mujeres solas.

Loretta estaba frente a Devon, luciendo un costoso vestido amarillo de seda, que, a pesar de tener cuello alto y mangas largas, realzaba elegantemente la figura curva de Loretta. Calzaba zapatos negros de tacón alto que recalcaban sus largas piernas, una boina negra de seda que hacía juego con sus guantes, que ahora se estaba quitando. Sus labios estaban pintados de rojo brillante, al igual que sus uñas. Devon pensó que tenía un brillante aspecto con ganas de provocar impacto. Sin embargo, comprendió, divertida, por qué Truitt la desaprobaba. Nunca había visitado la casa de los Richmond una persona tan... colorida. Sin embargo, el encanto de Loretta Morgan era innegable. No lucía un aspecto ridículo, sino sólo un poco fuera de lugar.

—Señorita Morgan, no sabía que mis padres la conocieran —dijo Devon no notando el silencio de la otra mujer—, me hubiese gustado que estuvieran aquí, pero me temo que no están. ¿No se quiere sentar?

Loretta estaba incómoda en medio del salón, delicadamente decorado. A pesar de que tenía todos los lujos en su propio ático, la extremada elegancia de la casa de los Richmond hablaba de generaciones de buen gusto. Dos amplios ventanales estilo Paladio daban hacia la calle y permitían que incluso el tenue sol del invierno llenara el espacio con luz. Las paredes estaban cubiertas de brocado de seda, con imágenes de caracoles, que se había puesto de color crema. Pinturas francesas de los siglos diecinueve y veinte, de gran calidad, dignas de un museo, colgaban alrededor del salón. Éste no estaba recargado de muebles; sin embargo, había divanes damasquinados y sillas de color pastel colocadas estratégicamente para promover la conversación. El espacio estaba cubierto por una alfombra Aubusson de colores sutiles, crema, rosa y azul pálido.

Loretta, un tanto asombrada por una elegancia que sabía que jamás podría imitar, se sentó, intranquila, en una silla con respaldo recto estilo Luis XV, frente a Devon, pero se levantó nuevamente enseguida.

—Ésta no es una visita social —dijo de forma concisa, colocándose frente a la chimenea—. Tengo algo que decirle acerca de un amigo mutuo. —Se detuvo y miró las llamas del fuego a medida que emitía estas palabras; no trataba siquiera de mirar a los ojos de Devon. La cálida recepción que Devon le había dado era inesperada y no estaba segura de cómo actuar. Había llegado hasta la casa de los Richmond llena de veneno y de un deseo de venganza, pero ahora se daba cuenta de que Devon no había hecho nada para querer causarle daño. Viendo a la joven mujer sentada y desvalida, con su pierna quebrada y levantada sobre una silla, entendió que su enojo era contra John, no contra Devon. Durante un momento se suavizó.

Pero la mirada interrogante e inocente que encontró en los ojos de Devon la exasperaba. ¿Por qué John habría elegido a semejante bien educada y virgen niña? ¡Nunca sería capaz de satisfacer su pasión como ella!

De pronto, Loretta deseó borrar la mirada inocente de la cara de Devon y quiso hacerle sentir el dolor que ella había sentido ante el rechazo de John Alexander. Era obvio para Loretta que Devon había sido amada y protegida toda su vida. La idea le irritaba.

—Su prometido —vociferó Loretta—. Usted no sabe qué clase de hombre es él.

La cara de Devon cambió repentinamente. La luz de inocencia en sus ojos se extinguió y fue reemplazada por entendimiento. Luego, una fría máscara cayó sobre sus hermosos rasgos. Loretta estaba sorprendida ante la transformación. ¿Podría ser que ella hubiera prejuzgado la ignorancia de Devon? Era rápida, admitió Loretta, y quizá no tan inocente como parecía.

Pero Devon sólo entendió parcialmente la naturaleza de la relación que John tenía con Loretta, y, realmente, no quería saber más. La logística y las emociones involucradas eran totalmente ajenas a Devon. Aquello que estaba claro para ella era que la mujer intentaba crear discrepancias. A Devon se le había enseñado que evitase confrontaciones no placenteras a toda costa. Entonces, a pesar de que estaba desanimada, no lo demostró. En cambio, trató de desarmar a Loretta y evitar que le confiara cosas.

—Yo sé todo lo que tengo que saber acerca de John. Aquello que tenía algún significado para usted no tiene nada que ver conmigo —dijo, con tono habitual.

—Usted no sabe todo lo que necesita saber —respondió Loretta, enojada porque sus palabras habían tenido tan poco efecto—. Todo el año pasado John y yo tuvimos un romance. Me esperaba cada noche después de que finalizara el teatro. ¡Era como un perro jadeante, me deseaba a mí tanto!

Devon estaba temblando ante la visión que las palabras de Loretta conjuraba. Con las manos tensamente colocadas sobre su regazo, el cuerpo perfectamente tenso, Devon estudiaba a Loretta, mientras la rubia mujer la miraba desafiante. La actriz mostraba a las claras un gran atractivo sexual. Dicho atractivo sexual se había puesto en evidencia dos noches antes, sobre el escenario, pero era aún más pronunciado ahora que Loretta estaba parada ante ella. No cabía duda de que era curiosamente atractiva. Y, sin embargo, John había terminado con esa relación. La mujer lo estaba admitiendo con su sola presencia allí. ¿Estaría aquí, de pie, si no estuviera desesperada? No. Era obvio que había perdido a John, y ella lo sabía. Teniendo ese pensamiento, Devon ya no estaba más asustada por Loretta. Después de todo, John había elegido casarse con ella y no con Loretta.

La mirada fría de Devon se encontró con la de Loretta.

—La situación, obviamente, ha cambiado. ¿No es cierto? —preguntó en un tono neutral y cuidado. No quería incitar a Loretta usando una voz burlona.

—¡Cambió porque yo me cansé de él! —gritó Loretta moviéndose más cerca de Devon y parándose directamente frente a su silla.

—No le creo —dijo Devon fríamente—. Si eso fuera cierto usted no estaría aquí.

Loretta golpeó el suelo con su pie, frustrada por el equilibrio de Devon. Buscó a tientas una respuesta, pero, en su excitación, no pudo pensar en ninguna.

—¡Estoy aquí porque quiero que sepa lo que está haciendo antes de que sea demasiado tarde!

—¿Un acto de caridad? —dijo Devon levantando una ceja en prueba de incredulidad. Estaba sintiéndose bastante segura de sí misma ahora. Era obvio que la mujer se estaba volviendo loca de celos. John jamás había negado el hecho de que había tenido otras mujeres antes que Devon. Entonces, se dijo a sí misma, ésta era una de ellas. Había que dejarlo pasar. Rehusó dejarse convencer. No tenía nada que ver con el amor que se habían tenido.

—¿Piensa que alguien como usted lo puede contener? ¿Qué sabe sobre complacer a un hombre como John? —dijo Loretta despreciativamente.

—Señorita Morgan, no veo cuál es el interés por seguir con esta discusión. Cualquier interés que pueda haber tenido el señor Alexander en usted se ha desvanecido. No importa por qué o cómo. Me voy a casar con él. Le sugiero que se haga a esa idea —dijo Devon, a la vez que trataba de alcanzar la campana para llamar a Truitt. Pero antes de que pudiera hacer eso, Loretta se inclinó y la tomó de la cintura.

—Sólo quiero que recuerde esto —dijo con un silbido y odiando a Devon por su conducta, incapaz de irritarse, por su privilegiado nacimiento, por todo aquello que ella representaba y que Loretta jamás podría tener—: cuando se vaya a la cama cada noche con usted la estará comparando conmigo. ¡No va a poder vivir con el recuerdo! Usted no sabrá cómo complacerle. ¡Y él va a volver corriendo hacia mí!

Devon se sacudió con irritación de las manos de Loretta e hizo sonar la campana.

—No lo espere, señorita Morgan —dijo, pronunciando cada palabra con frialdad delicada—, va a estar perdiendo su tiempo.

Truitt apareció inmediatamente, indicando que estaba preocupado, dando vueltas fuera, cerca de la puerta cerrada.

—La señorita Morgan quiere irse ya, Truitt. ¿Por favor, le muestra el camino? —dijo Devon en un tono que era tan placentero y tranquilo que un observador hubiera supuesto que la visita social había terminado.

Truitt miró hacia la rubia, que tenía la cara colorada y que se abría paso hacia él; luego, hacia su patrona, sentada muy recta en su silla, con una pequeña sonrisa en su cara. Impaciente, guió a Loretta fuera del salón. Loretta no esperó a que Truitt la ayudara a ponerse el abrigo, sino que se lo arrebató rudamente de sus manos a medida que se apuraba por retirarse.

Devon no se cambió para la cena, esa tarde. En cambio, se sentó, tranquila, frente al fuego, pensativa, hasta que John fuese anunciado. Ahora, cenaba en casa de los Richmond varias veces.

—Querida —dijo John. Se detuvo detrás de la silla de Devon y se inclinó para besarla después de mirar rápidamente alrededor del salón para asegurarse de que estaban solos—. Tienes un aspecto muy bello. Me encanta ese vestido rosa que llevas. —Le acarició su cabello sedoso, gozando con sentirlo entre sus dedos. Sus manos se deslizaron hasta sus hombros y Devon las alcanzó para tomarlas amorosamente entre las suyas.

—Sé que es uno de los vestidos que prefieres —dijo Devon con cariño—. Es por eso que no me cambié. Además, está solamente la familia esta noche. —Devon giró la cabeza y llevó a John gentilmente alrededor de su silla para poderlo ver.

—Pensaba que esta noche nunca iba a llegar —dijo John con una amplia sonrisa, sentándose en la hamaca frente a ella e inclinándose para otro beso. Esta vez, sus labios se posaron sobre los de ella durante un momento, a medida que ella ponía sus brazos alrededor de su cuello. Ante el ruido de la puerta que se cerraba en el zaguán, se retiró de ella, suspirando arrepentido—. Hoy te he echado mucho de menos. ¿Qué has hecho?

—Oh, lo habitual —dijo Devon casualmente.

—Vi a Burt hoy. Dijo que Sydney te iba a llamar. ¿No ha estado por aquí?

—No —dijo Devon—. No ha habido ninguna visita en todo el día de hoy.

14

Casada con John, realmente casada, Devon no podía creer lo feliz que estaba. Su camarote de estancia en el lujoso barco estaba lleno de amigos deseándole buen viaje en su luna de miel. Tan sólo una semana antes, la mayoría de esas mismas personas se habían agolpado en la pequeña iglesia de Middleburg, Virginia, para la boda de John y Devon.

Había sido tan hermosa. Devon aún lucía ojos melancólicos cuando se acordaba de ella. Su vestido, a pesar de que no era un diseño francés como Grace hubiera deseado, no podía haber sido más perfecto a los ojos de Devon. Las largas y rectas líneas de su vestido habían sido cuidadosamente cortadas para moldear su delgada figura. Sus largas mangas y los hombros desnudos mostraban la hermosa redondez del cuello y hombros de Devon. Estaba hecho de lujoso satén color marfil enteramente cubierto con puntilla y terminaba en una larga cola. El velo, que había sido de su madre, era casi tan largo. Empezaba con una corona de perlas, y luego fluía hacia un espacioso tul cubierto de lazos de seda.

John aparecía con un aspecto tan atractivo en su traje gris mañanero que Devon tenía miedo de que su cara delatara su deseo por él y frente al ministro de la Iglesia. Lo miraba ahora a medida que chocaba su vaso contra el de su mejor amigo, Charles Wittingham. Su corazón latía orgulloso a medida que recordaba su noche de bodas. ¡Había significado todo aquello que ella había deseado; sin embargo, era todo tan nuevo e inesperado! Habían pasado su primera noche como marido y mujer en un cuarto de huéspedes en Evergreen, puesto que su nueva residencia, Willowbrook, estaba siendo reacondicionada. Laurel los había colocado en una alejada ala de la casa, sabiendo que desearían cierta intimidad. Habían entrado en la habitación después de la larga recepción de la tarde y no habían abandonado la lujosa y antigua cama con dosel y cubierta de cortinas hasta veinticuatro horas después. La cena les había sido enviada en una bandeja, pero nadie la tocó, puesto que el deseo mutuo de John y Devon era superior al de los manjares.

Al principio, Devon estaba muy nerviosa. Había podido alejar durante meses de su mente las palabras insultantes de Loretta; pero, de repente, enfrentada al hecho de complacer a John, le volvieron a su mente una y otra vez, como si Loretta estuviera detenida ahí, frente a ella, burlándose. ¿Lo complacería de manera suficiente?, se preguntaba. Le habían dicho que sentiría algún dolor. ¿Arruinaría eso el placer?

Pero todas sus preocupaciones se habían disipado tan pronto como John la tomara en sus brazos. La había abrazado y llevado hacia él durante algunos minutos, besándola y susurrándole palabras bonitas; luego, la dio media vuelta y, despacio, le desabotonó la larga fila de pequeños botones de perlas en la parte trasera de su vestido.

Frío y excitación la hacían temblar a medida que deslizaba el lujoso material por sus hombros y hacía correr su cálida lengua por su espina dorsal hasta su nuca. Desde atrás, tomó cada uno de sus firmes pechos en sus manos, masajeándolos de forma sensual hasta que ella ardió de deseo.

La dio vuelta de nuevo y se arrodilló frente a ella, que tan sólo mostraba ahora sus transparentes calzones de puntillas, sus ligas con puntillas, medias blancas de seda y zapatos. Con excitantes besos cual plumas, le rodeó cada pezón por turno hasta que ambos se pusieron erectos, pidiendo mayor atención. Devon podía sentir que su roce la hacía vibrar. Con extremada lentitud, él deslizó sus calzones a través de sus piernas satinadas, ayudándola a mantener el equilibrio a medida que levantaba una pierna, y luego la otra, para deshacerse de ellos.

La vista de sus largas piernas, cubiertas tan sólo con medias y zapatos, casi le hizo perder el control de sí mismo, pero sabía que no debía apurarla. Aún inclinado ante ella, la abrazó y atrajo hacia él, apoyando su cabeza sobre su estómago a medida que deslizaba una mano sobre sus muslos y nalgas. ¡Oh! cómo deseaba que él la tocara... ahí... entre sus piernas, donde su cuerpo gritaba por alivio de la exquisita tensión. Su deseo era tan grande que ella alcanzó su mano y la llevó hasta allí. ¡Un acto tan atrevido que parecía impensable!

Pero John se sentía satisfecho al comprobar que su deseo se imponía por encima de su timidez, por lo que, suave y gentilmente, deslizó un dedo dentro de ella a medida que la masajeaba por fuera con el pulgar. Ella no podía mantenerse por más tiempo. Sus rodillas, simplemente, se doblaron, y se cayó en sus brazos. Era tan erótico estar desnuda sobre John mientras él estaba completamente vestido. De alguna manera parecía que él sabía eso, porque, simplemente, la recostó cuidadosamente donde ella estaba y, abriendo sus piernas, insertó su lengua donde su dedo había estado antes. ¡Ella no podía creer que él estuviera haciendo eso! Conocía el gesto de procrear, pero no tenía ni idea de que las personas hicieran... esto. Al principio, ella retrocedió, pero el placer era tan grande que el control por detenerlo no estaba al alcance de sus posibilidades. Luego, sucedió por primera vez. Ese extraño sentimiento de mareo que, como un suave alivio, la inundó. Y mientras ella estaba aún tan húmeda y abierta para él, él se desnudó e, incapaz de contenerse durante más tiempo, penetró en ella. El dolor no era tan grande. El placer era aún mayor a medida que ambos empezaron a moverse juntos en un ritmo instintivo y antiguo que era perfectamente... correcto. Y, en pocos segundos, sintió ese completo placer en ella nuevamente. Esa tensión hacía que sus miembros se endurecieran, y que sus músculos lo rodearan a él fuertemente. Ella lo envolvió. Lo empujó más y más adentro, a medida que se movía con fuerza en cada sacudida. Luego, ella sintió cómo se estremecía. John gemía al mismo tiempo que empujaba dentro de ella y el movimiento la llevó a la cima, hasta que ella también estaba gimiendo en un completo éxtasis del acto.

Más tarde, en el transcurso de ese día, cuando había tenido más tiempo para estudiar su cuerpo, ella se maravilló ante la belleza de éste: los largos músculos se agitaban en sus brazos, piernas y hombros. Su estrecha cintura y su escaso vientre tenía una delgada línea de pelo oscuro que se deslizaba hacia abajo. La vista de John desnudo la excitó hasta el punto de querer hacer de nuevo el amor con él, a pesar de que estaba yaciendo dormido enfrente del fuego, consumido por haber hecho el amor. Entonces, le hizo al hombre lo que éste le había hecho a ella antes. Le sorprendió, aún más, lo desconcertó, pues lo tomó en su boca. Al principio no supo bien qué hacer, pero, con movimientos sutiles él le había indicado sus placeres, y cuando estuvo duro de nuevo, ella envolvió sus piernas alrededor de él y lo llevó hacia ella. Y no hubo dolor esta vez.

—Te quiero, Devon. Me excitas por encima de mis más salvajes sueños —le dijo luego.

Ella no volvió a pensar nunca más en Loretta.

Ahora, mientras lo veía hablar con sus amigos, lo deseaba tanto que se sentía húmeda. De pronto, parecía que el espacioso lugar era demasiado pequeño, demasiado caluroso, y no pudo resistir el deseo de que se fueran sus amigos. Sintiendo que ella lo miraba, John se encontró con sus ojos. Por un segundo permanecieron extáticos, encerrados en sus miradas.

De algún modo, John y Devon se las arreglaron cortésmente en esa situación para apurar los saludos. Tan pronto como se cerró la puerta detrás del último invitado y sin ni siquiera preocuparse de llevar a Devon a la cama, John empezó a desvestirse. La impaciencia de Devon era la misma, sin aliento y consumida por el deseo, casi rompió los botones de su traje de viaje color lavanda a medida que se apuraba para sacarse la chaqueta. John, ahora desnudo, se arrodilló y tiró de la falda de Devon por debajo de sus tobillos. Ella empezó a desabrocharse su ropa interior, pero él la detuvo, incapaz de esperar más. Empujando sus sueltos calzones de seda hacia un costado él dobló sus rodillas y deslizó su erecto miembro dentro del cálido espacio entre sus piernas, complacido de encontrar que ella estaba tan lista como él. Usando la puerta como un sostén para ella, él la levantó suavemente a medida que Devon rodeaba fuertemente su espalda con sus piernas. Moviéndose juntos al unísono, carne sobre carne, explosivamente, luego de querer y esperar, el contacto los llevó al límite.

Ambos perdieron el control al mismo tiempo a medida que sus rodillas se tambaleaban en un dulce alivio.

—Tienes un aspecto extático, Devon —dijo Grace. Era un día cálido y soleado, y ambas mujeres estaban almorzando en un café situado en la vereda. Las personas miraban atentamente a las hermanas que hablaban en una pequeña mesa en tono confidencial. Grace había captado el estilo inigualable de las parisinas, desde la severidad de su vestido Chanel de piqué blanco ajustado al cuerpo hasta la coqueta inclinación de su sombrero de paja rodeado de un velo. Los accesorios eran la llave para la apariencia de Grace, y hoy, sus elecciones eran un sorprendente par de guantes de cabritilla rayados blanco y negro al estilo arlequín con zapatos que hacían juego. Estas pequeñas, pero importantes desviaciones de su blanco vestido, añadían una intrigante apariencia a su elegancia. Devon, más suave en su apariencia, evocaba visiones de romance en los hombres que se interesaban en ella. Su vestido era también blanco, pero el material era un suave y rizado algodón de organza que se ondulaba provocativamente a cada paso dejando ver su transparencia. Ella lucía también un sombrero blanco amplio con listones de gasa azul claro.

—Estoy extática —dijo Devon con un alegre suspiro. Cortó su bistec cocido antes de continuar—. ¿Sabes que hoy es nuestro tercer aniversario?

—¿Qué?

—John y yo hemos estado casados exactamente durante tres semanas. Oh, Gracie, me hubiera gustado que hubieras estado en mi boda. ¡Fue tan hermosa!

—A mí también, pero sabía que te vería aquí y que me contarías todo sobre ella. ¿Por otro lado, a John no le importa pasar su luna de miel con sus cuñados?

—No seas tonta, Grace. Además, no estamos pasando nuestra luna de miel contigo. Estamos en el Ritz.

—Pero... te estoy sacando de su lado hoy —dijo Grace.

—Él está probablemente aliviado de no tener que ir de compras conmigo —dijo Devon con una sonrisa conocedora—. De todos modos, él y Philip se llevan bien. Y a él le gustan los muchachos.

—Bien, entonces, no me sentiré culpable —dijo Grace—. ¿Dónde vas a vivir cuándo regreses a los Estados Unidos?

—La mayor parte del tiempo en Willowbrook, pienso. Después de todo, si queremos criar caballos de carrera tenemos que estar allí. Por lo menos, al principio. Sabes, esto está delicioso, Grace. ¿Cómo hacen las patatas así?

—No estoy segura. Nadie en la embajada norteamericana ha podido hacerlas de igual modo —rió Grace—. ¿Pero qué pasará con el trabajo de John? ¿No le importará vivir en Willowbrook?

—Supongo que no, puesto que él la compró —dijo Devon casualmente.

—Quizá la compró como casa de campo, no para vivir para siempre —dijo Grace especulando—. ¿Realmente, no lo habéis discutido?

—No claramente.

—¿Te importaría vivir en Nueva York?

—¡Por supuesto! Sabes que me gusta Virginia. Es mi hogar. Por supuesto, iremos a Nueva York durante semanas cada cierto tiempo. Tenemos muchos amigos allí y he hecho algunos amigos nuevos y maravillosos desde que conocí a John. Estoy segura de que John puede cuidar de su negocio de ese modo.

—¿No querrá John vivir en Nueva York?

—Bueno, sé que volveremos a Nueva York después de nuestra luna de miel. Pero nos quedaremos sólo algunas semanas. Estoy deseando contarle a Sydney Howell-Nones, te acuerdas de ella, aquella maravillosa rubia color frutilla que era siempre tan divertida, todo acerca de nuestra luna de miel. Pero luego nos iremos a casa, me imagino.

—Sabes, Devon, tu hogar es donde está John —dijo Grace seriamente.

—¡Por supuesto que ya sé eso! Pero desde el primer día que conocí a John le he dicho que no me gustaría pasarme toda la vida viviendo en Nueva York. Nunca hemos vuelto a tratar nuevamente el tema, pero estoy segura de que es por eso que compró Willowbrook.

—Yo no estoy tan segura —dijo Grace escépticamente—. Tengo la impresión de que desea pasar la mayor parte del tiempo en Nueva York.

—Grace, estoy segura de que no será un problema —dijo Devon con un gesto de la mano como descartando el hecho.

—¿Cómo es que vosotros dos nunca discutís sobre esa situación? —preguntó Grace con curiosidad.

—Bueno, como te dije, siempre supo mi opinión sobre este tema y... no sé... nunca se ha presentado ningún conflicto. Hemos discutido siempre poniéndonos de acuerdo.

—Eso era antes. Estaban planeando una boda y había muchas razones para que fueras a Nueva York. ¿Vas a estar tan deseosa de ir sólo porque John lo quiera?

—Por supuesto... si es razonable.

—Devon, pienso que has vivido demasiado tiempo como hija única —dijo Grace bruscamente a medida que señalaba al mozo para que les trajera café.

—¿Qué quieres decir con eso? —preguntó Devon casi ofendida—. ¿Estás diciendo que soy una mal criada?

—No exactamente... yo quiero decir, mamá y papá nunca nos negaron nada, pero pienso que fueron cuidadosos al enseñarnos a valorar aquello que teníamos. No estoy hablando de ese tipo de mala crianza. Quiero decir que pareces muy segura de lo que quieres. No estoy segura de que siempre consideres aquello que John pudiera querer. Tú llamas a Virginia "nuestro hogar". Es verdad que es donde te criaron y donde viven tus padres, pero ya no vives con nuestros padres. El hogar de John es Nueva York. Cuando te casas, es costumbre vivir en casa de tu esposo.

—¡Ya sé todo esto! —dijo Devon en tono exasperante—. Pero Willowbrook es también su hogar —insistió ella.

—Él la compró para ti. Y estoy segura de que intenta pasar un tiempo allí. Pero puede no ser tanto como tú quieres.

—¡Oh, Gracie, te preocupas demasiado! —dijo Devon sonriente y tratando de aligerar su estado de ánimo.

—Ahora, sabes que eso no es verdad. Casi nunca me preocupo. No pude dejar de notar que en tus conversaciones con John no habéis tratado el tema de dónde vais a vivir. Creo que vosotros dos tenéis ideas muy distintas sobre lo que vais a hacer.

—Nos amamos demasiado para pelear por algo así —dijo Devon sonriendo ante la imagen de su marido.

—Espero que así sea —fue todo lo que Grace dijo.

París era la ciudad favorita de Devon y gozaba mostrándole a John los pequeños lugares oscuros que había descubierto mientras erraba durante sus anteriores paseos. John había estado en París sólo una vez anteriormente y había sido una breve y guiada visita, nada similar a sus descubrimientos con Devon. Habían pasado las últimas tres semanas explorando la ciudad, pero aun así, ella le mostraba algo nuevo cada día.

—Esta confitería tiene las tartas de limón más ricas de París —dijo Devon llevándolo a una pequeña tienda pintada de verde a lo largo de una de las calles empedradas que caracterizan el lado izquierdo de la zona bancaria.

—¿Ahora, exactamente, cómo sabes todo eso? —bromeaba John mientras esperaban que la mujer, detrás del mostrador, les envolviera cuatro de las pequeñas confituras amarillas.

Devon le miró con burlona incredulidad.

—Bueno, las he probado todas, por supuesto.

—No esperas que te crea. ¿No es cierto? No cuando estás tan delgada —dijo poniendo sus brazos alrededor de su cintura. En efecto, prácticamente la rodeaban por completo, pues ella era muy delgada. Su orgullo por ella, su amor, parecía algunas veces tan grande que lo sobrecogía. John estaba asombrado de las cosas que ella había descubierto en sus andanzas por París y parecía como que cada nuevo lugar que ella le mostraba revelaba algo maravilloso sobre ella.

—Créelo o no, las he probado todas. Y todas las trufas de chocolate y medialunas de almendra y tartas *Tatin*, todas —dijo, mientras mordía la crema de limón y corteza mantecada tan pronto como estuvieron fuera de la tienda.

—¡Espera un momento! Pensé que las íbamos a guardar para la hora del té. —John, sonriendo, tomó el paquete de sus manos y lo escondió detrás de su espalda antes de que pudiera sacar una segunda tarta.

—¿Cómo quieres que espere hasta entonces? Son sólo las diez y media de la mañana. Además —dijo

Devon a medida que pretendía arrebatarle el paquete que escondía en su espalda—, estoy comiendo por dos ahora.

—Devon se desplomó en un banco debajo de un árbol y pretendió estar fascinada con una fuente que estaba cerca mientras que John permanecía perplejo delante de ella, digiriendo las noticias. Devon lo miró y, juguetonamente, lo atrajo hacia ella. Estaba murmurando de contenta y esperaba que John volviera en sí después de la sorpresa a fin de que se uniera a su felicidad.

John permaneció en silencio durante unos segundos y, luego, dijo:

—¿Devon, estás segura?

—Bueno, no absolutamente, pero llevo un retraso de varios días —dijo ella—. Por supuesto, puede ser sólo debido a toda la excitación, al viaje... todo eso. —Devon abandonó su tono jocoso. Estaba completamente seria ahora. Esperaba tanto estar embarazada, pero no quería estar desalentada si no lo estaba. Eso era probablemente lo que también él estaba sintiendo, pensó Devon. Por eso John estaba tan cohibido.

—Pero no has estado usando el...

—Sí, pero no tuve uno hasta el día antes de abandonar Nueva York para venir aquí. ¿Recuerdas? Tú querías que viera a un especialista en lugar de al doctor Hickock. —Devon estaba confundida. ¿No se creía que Devon estaba embarazada?

—Sí, pero antes de eso yo siempre fui cuidadoso de...

—Obviamente, no lo suficiente, supongo —dijo Devon jocosamente—. Además —dijo en tono íntimo apretándose más contra él—, tú debes recordar que el increíble amor por mí evitaba que tú siempre mostraras el apropiado... um... control. —Luego le murmuró al oído—: Especialmente en nuestra noche de bodas.

John no dijo nada, pero la alcanzó abrazándola. Ella puso su cabeza en sus hombros.

—¿Estás contento, querido, no es cierto?

—Por supuesto... —dijo John, pero su tono no era convincente.

De forma brusca, Devon se desprendió de él para poder verle la cara.

—¡No estás complacido! —gritó asombrada.

—No es eso, Devon —dijo rápidamente—. Es que estaba esperando tener un poco de tiempo para nosotros. No quería crear una familia ahora mismo. ¿Sabes a qué me refiero? —Tomó sus hombros, implorando con sus ojos para que ella lo entendiera. La amaba completamente, pero el casamiento había significado un gran cambio en su vida. Cuando, por primera vez, se dio cuenta de su amor por Devon, no había estado seguro de que estaba listo para afrontar dicho compromiso y las responsabilidades inherentes al matrimonio. Se había sobrepuesto a dichos recelos y ahora era inmensamente feliz por haber obrado de ese modo; pero un niño era un asunto diferente... un estorbo en muchos aspectos.

Devon pensó que comprendía.

—Querido, un niño sólo va a aumentar nuestro amor. No se interpondrá entre nosotros —dijo ella pensando cuánto amaba a su ahijada. Su amor por su propia hija —o hijo— sería aún más profundo.

—No es sólo el hecho de que se interponga entre nosotros lo que me preocupa —dijo John sentándose a su lado—. Es que hemos hablado tanto de las cosas que queremos hacer juntos. Acondicionar Willowbrook para que quede en debida forma. Viajar.

—¿Por qué no podemos hacer esas cosas con un niño? Cuando yo era niña todos viajábamos con nuestros padres. Alice nos cuidaba la mayoría del tiempo, pero estábamos con ellos. No pienso que actuásemos como estorbos —dijo Devon de manera razonable.

—No estoy tan preocupado de la logística como lo estoy de... —no sabía cómo terminar. ¿La responsabilidad? No quería decir eso. Sonaba... de algún modo inmaduro—. Supongo que gozo de nuestra libertad. No puedo aún sentirme padre —terminó diciendo débilmente.

—Me pregunto si alguien se siente así hasta que llega el momento —dijo Devon dándole la espalda a John y volviendo a sentarse en el banco. Miró hacia adelante, tratando de imaginar cómo sería la vida con un niño. Sólo podía imaginar el gozo, no los problemas que John, tan vagamente, imaginaba.

—Quizá si tuviéramos más tiempo... —dijo John pensativamente.

—¿Quizá? ¿Qué quieres decir con eso? —preguntó Devon volviendo su cabeza bruscamente para mirarlo de nuevo—. ¿No quieres tener niños? Siempre dijiste que sí.

—Quise decir en el futuro, dentro de unos años —explicó John. Ni siquiera estaba seguro de por qué la idea lo perturbaba tanto. Sus padres lo habían dejado a cargo de una niñera cuando era pequeño, de un tutor cuando era más grande, y en una escuela con internado cuando fue un adolescente. Todos sus amigos habían crecido de igual manera. Los padres pasaban momentos con sus hijos y gozaban de ellos, pero, en general, veían la mejor parte. Los placeres de los niños, sin los peligros ni los estorbos. ¿Qué le asustaba tanto?, se preguntó John a sí mismo. ¿Tenía miedo de volverse viejo? ¿Miedo de no poder ser un buen padre? No estaba seguro. Sólo sentía que no estaba preparado para la paternidad.

—Bueno, pienso que no tenemos elección —dijo Devon tristemente. Se sintió con ganas de llorar, pero contuvo sus deseos de hacerlo. No quería estar más entristecida de lo que estaba. ¿Cómo era posible que su sobrecogedora alegría no fuera compartida por su esposo? Se sentía traicionada e irreparablemente herida.

Con remordimiento, John se dio cuenta del golpe que le había dado.

—Querida. Lo siento. Soy un bruto. Por supuesto, una vez que el niño haya nacido, nos reiremos de estos recelos. Yo te voy a amar más. Y... está hecho ahora —dijo, tratando de mantener el arrepentimiento en su voz.

—¡Oh, John, dices eso como si fuera algo malo! —gritó Devon—. ¿Cómo puedes ser de esa manera?

John puso sus brazos alrededor de ella y trató de abrazarla llevándola hacia sí, pero ella lo empujó.

—No es que sea algo malo. Es que no me he acostumbrado a la idea.

—No sé qué decir —dijo ella levantándose. Se sentía como si toda su felicidad se hubiera convertido en cenizas. No era sólo su actitud hacia el niño lo que la perturbaba. Era un miedo profundo que ella sentía en él... algo que no podía definir bien. Y parecía como si su amor por ella, tan completo, hubiera sufrido un soplo hiriente. Estudió su cara, tan atractiva, tan excitante para ella con esos vívidos ojos azules. Pero su semblante no parecía ser la cara de aquél que ella amara. De repente, era sólo una cara atractiva. Un sentimiento de frialdad la sobrecogió, haciéndole sentir miedo. No quería dejar de amar a John.

John, presintiendo algo de su estado de ánimo, también sintió miedo.

—Devon, me estás mirando de una forma tan rara —murmuró, tomándola para que se acercara a él. Ella no dijo nada, sólo continuó mirándolo. Lo estaba mirando como si no lo conociera, pensó él. Podía sentir cómo su amor, que siempre parecía envolverlo, se estaba desvaneciendo. Con ese único pensamiento, la hermosa escena parisina alrededor de él parecía transformarse en un paisaje áspero y extraño. No podía permitir que su amor por él se esfumara, pensó con pánico. ¡Ella debía amarlo!

John le tomó ambas manos y las apretó tranquilizadoramente entre las suyas.

—Devon, estoy muy ansioso. —Profirió una nerviosa risa—. ¡Bueno, seré el más feliz y orgulloso padre que jamás hayas visto! —dijo con una jovialidad falsa. Quería creer las palabras que había proferido. Tal vez cuando viera al niño...

Devon se permitió mostrar que estaba reconfortada. Quería amarlo. El amarlo la había hecho más feliz que nada en el mundo. La idea de no amarlo la dejaba desolada.

Ambos querían creerse mutuamente. Ambos sabían que él estaba mintiendo.

15

—¡Es bastante atrevido! Muy parisino —dijo Grace admirando a su hermana mientras observaba el reflejo en el vidrio de bordes dorados—. Nunca te había visto vestir algo semejante.

Estaban en la decorada sala de descanso adyacente a la cámara de armas de la embajada norteamericana en París. El amplio salón estaba decorado al estilo Luis XIV, con brocados de seda color carmesí en las paredes, arañas de cristal intrincadamente modeladas y suspendidas de los techos a veinte pies de altura, y espejos de bordes dorados. Una sirvienta uniformada estaba parada discretamente en el rincón, juntando los objetos que necesitaría para la tarde que se avecinaba: un equipo de costura, un cepillo de plumón, toallas de lino para manos, botellas de perfume francés y lociones, peines de carey y hebillas para el cabello, polvos y otros innumerables objetos que las señoras usan para embellecerse en una tarde de gala.

Grace estaba sentada en un asiento antiguo delicada e intrincadamente labrado y tapizado con seda rayada de color rojo y blanco, y se sentía asombrada por el vestido de satén negro tan atrevido que lucía esa tarde su hermana. No era que existiera nada inapropiado sobre el mismo. Se notaba que era extremadamente costoso, y, debido a su sencillez, conservaba su elegancia. Abrazaba a Devon graciosamente de modo indiscutiblemente provocativo. La parte superior del cuerpo estaba cortado en una delicada V, de modo que empujaba sus pechos cerca uno del otro para formar un intrigante escote. Desde allí, el vestido se curvaba nuevamente, colgando amorosamente sobre cada contorno de su cuerpo, y se soltaba sólo al llegar a las rodillas, donde sobresalía apenas en graciosas ondulaciones.

—Date la vuelta —ordenó Grace, haciendo un movimiento en espiral con su dedo índice.

A medida que Devon daba un giro de 360 grados, Grace observó la profunda U de la espalda que se sumergía vertiginosamente en las curvas de la cintura de Devon, llamando la atención de nalgas perfectamente formadas. El cabello negro de Devon daba el efecto de más satén, cayendo en suaves ondas hasta por encima de sus cremosos hombros. El contraste de la piel blanca de Devon contra el negro satén de su cabello y vestido era hipnotizador —y muy erótico.

—¿Qué te ha sucedido? —preguntó Grace con tono jocoso, aunque estaba realmente ansiosa de saber por qué su hermana había elegido ese vestido que no tenía nada que ver con su carácter. Devon estaba siempre elegante; generalmente tenía estilo, y a veces era sutilmente sexy al elegir su vestuario, pero nunca antes había vestido algo tan impactante como este costoso Vionnet que había seleccionado para la cena en la embajada norteamericana esa noche.

—¿No parece algo que luciría Jean Harlow? —preguntó Devon con una maliciosa mirada en sus ojos.

—Francamente sí —respondió Grace con un escéptico meneo de su cabeza.

—¿Tú lo desapruebas? ¿Es indecente? —preguntó Devon poniendo su mentón hacia arriba de forma desafiante.

—No... pero Martha está probablemente revolcándose en su tumba —respondió Grace con burlona seriedad.

Devon miró perpleja.

—¿Martha?

Grace gesticuló hacia el retrato en la pared. Como todos los espejos, estaba bordeado con oro.

—Washington —dijo. La pintura al óleo dominaba la amplia sala de descanso que estaba vacía, excepto por la presencia de las dos hermanas y la sirvienta.

A Grace, generalmente, se le pedía que llegara temprano a las funciones de la embajada, puesto que era la esposa del diplomático, tercero en el escalafón en París, y muy querida por la esposa del embajador. La esposa del embajador sabía que podía contar con Grace, ya que ella se ocuparía de que los últimos retoques se hicieran apropiadamente mientras ella y el embajador se vestían para la velada que se avecinaba.

Devon miró desde su reflejo en el cristal hacia el retrato y soltó una alegre carcajada.

—¡Ha! Eso es todo lo que sabes. Te apuesto a que Martha Washington tenía que ser una hermosa y excitante mujer para mantener a un hombre como George Washington interesado por ella.

—Bueno, nunca vistió algo como eso, estoy segura. Ni siquiera en la cama —dijo Grace con una sonrisa afectada.

—Sólo sentí... no sé. Ser una *femme fatale* sólo a modo de cambio —dijo Devon de modo casual, caminando hacia el tocador de mármol cubierto de botellas de cristal llenas de perfume. Tomó uno de los delicados perfumes. Le levantó el tapón, olió una bocanada del aroma, luego, sin usar nada, lo puso nuevamente sobre la mesa. Tomó otra botella, aún evitando la mirada de

Grace. Devon no se veía siendo estudiada ni cuestionada ya que ni ella misma sabía por qué había elegido ese vestido. Ella sólo sabía que, desde su conversación con John sobre su embarazo dos días atrás, se había sentido con ganas de hacer pequeñas cosas que lo pudieran enojar o poner nervioso. Esto había incluido mucho flirteo poco habitual con sus compañeros de cena la otra noche, un dúo de viejos amigos de la escuela de John.

Uno de ellos estaba viviendo en París como corresponsal de un periódico norteamericano, mientras que el otro estaba simplemente gastando una pequeña parte de su herencia para investigar sobre los placeres del Continente. El último era un hombre atractivo, de vida disipada, pero Devon sabía que era uno de los que aceptaban cosas de la sociedad, sin contribuir, no como John o su amigo periodista. Sin embargo, se había visto a sí misma sonriendo cálidamente ante sus extravagantes cumplidos y aun dándole motivo para ello. Y cuando bailaron juntos supo que le había permitido mantenerla un poco más fuerte que lo normal. Todo había terminado sin problemas, y John pareció no darse cuenta, pero Devon no podía explicar su comportamiento tan poco habitual.

En realidad, la respuesta de John —o su falta de respuesta— había perturbado a Devon. Había estado pensativo y ausente desde que había escuchado las noticias de su embarazo, y podía decir que su mente estaba muchas veces distante, aun cuando hablaban entre ellos. A pesar de que la pareja estaba gozando de la luna de miel al máximo, con actividades que les ocupaban todo el día, a Devon le parecía como si hubieran perdido contacto entre sí. John no había tratado de hacer el amor con ella ni una sola vez desde que escuchó la noticia y Devon, por razones que no podía explicar, se sentía reticente a iniciar el sexo, a pesar de que lo había hecho en otras ocasiones después de su casamiento.

—¿Devon, algo anda mal? —preguntó Grace sacudiéndola de su contemplación. Devon, rápidamente, volvió a colocar la botella que distraídamente había tomado y se dio media vuelta hacia su hermana.

—Por supuesto que no —dijo con una risa nerviosa—. ¿Qué podría ir mal? Vamos, deberíamos ir abajo.

—Oh, sí. Tengo que fijarme si las tarjetas con los nombres están en su lugar y ver si los martinis están lo suficientemente fríos. No sé qué tienen los franceses en contra de las bebidas frías. Parece que las cosas nunca están...

Devon no escuchó el resto de las palabras de Grace; estaba perdida en sus propias elucubraciones. Miraba hacia abajo mientras caminaban, armonizando su vestido sobre su vientre completamente plano. Se preguntaba cuándo empezaría a crecer. ¿Por qué no le decía a Grace que estaba embarazada? Nunca habían tenido secretos entre ellas. Pero si se lo decía, Grace, seguramente, haría alguna referencia a John. Y Devon tenía miedo de que su desconcierto surgiera fuera de ella. De algún modo, aun cuando John era la causa de estos sentimientos, sentía que sería desleal revelárselos a una tercera persona, incluso a su propia hermana. Devon estaba segura de que si le contaba a Grace sobre la reacción de John, Grace diría algo duro acerca de su marido. No quería escuchar ninguna crítica en relación con John. Y ella no sabía qué diría para defenderlo si Grace lo criticaba. No había ni siquiera justificado la reacción de John en su propia mente. Simplemente, había tratado de empujarla hasta su subconsciente y aceptado las palabras tranquilizadoras de John de que sólo había reaccionado por la sorpresa inicial y que, en realidad, estaba contento de que ella estuviera encinta. Pero, al igual que una pequeña piedra en el zapato, la reacción de John continuaba molestando a su consciente en contra de su voluntad. Y estaba bloqueando su habilidad para amarlo con tanta plenitud y sin reservas como lo había hecho hasta entonces.

Pero lo amo, se insistía a sí misma. Él es mi esposo. Tengo que sobreponerme a esto. Y también él. Yo realmente lo quiero...

—¿Qué? —dijo Grace girando la cabeza con tono interrogante.

—¿Dije algo? —preguntó Devon asombrada y perturbada.

—Algo has murmurado.

—Debo haberme estado hablando a mí misma —dijo Devon en voz baja.

Grace la miró por un segundo; su semblante evidenciaba una mezcla de escepticismo y preocupación.

Devon sonrió y tomó el brazo de su hermana.

—¿Por qué no vamos a tomar un rico y frío martini? A pesar de que, y en ello estaremos de acuerdo, no estará tan rico sin su carga de bebida prohibida. —La prohibición era un hecho en Estados Unidos, a pesar de que, raramente, afectaba a los ricos, la mayoría de los cuales tenía amplias bodegas de vino, así como las necesarias conexiones para obtener bebidas más espumosas.

John, Philip y el embajador Long dejaron de mirar el antiguo mapa colgado de la pared que estaban estudiando cuando las mujeres entraron en el salón. Estaban gozando de unos cocktails y de unos momentos de conversación no planificada, sabiendo que el salón pronto se llenaría de invitados. Era un local hecho para el entretenimiento a gran escala. Sobre las paredes

colgaban antiguos tapices, sus colores se iban desvaneciendo, pero aún eran magníficos. En cada extremo del
vasto salón había una chimenea tan alta como un hombre y tan ancha como diez personas. Estaban construi-
das de mármol blanco, con esculturas fechadas en el
período del Imperio, cinceladas con tallas con motivos
de cisnes. En esta cálida tarde de junio, sin embargo,
no estaba prendido el fuego. En efecto, en la pared
opuesta a la entrada, seis series de puertas francesas estaban abiertas para dejar entrar una refrescante brisa.
Fuera, candelas encendidas iluminaban una terraza de
mármol que parecía no tener fin. El espacio estaba adornado con una pequeña fuente que enviaba una cascada
de agua por encima de un enorme caracol que sostenía
a una Venus de tres pies de altura.

La conversación de los hombres se detuvo cuando Devon y Grace se aproximaron. Grace tenía un
aspecto atractivo, con su vestido estilo griego de pura
gasa blanca, el suave drapeado de la falda se movía
graciosamente a medida que caminaba. Pero era
Devon la que atrajo la mirada de los hombres. El
juego de luces contra la suave tela negra de su vestido otorgaba un hechizo hipnotizador sobre el grupo; cada uno de los hombres gozó contemplando a
Devon con silenciosa admiración.

John, lejos de sentirse enojado por el atrevido
vestido negro, se sintió irresistiblemente atraído por
el deseo de hacer el amor con Devon desde el mismo
momento en que la vio. No, no hacer el amor, sino
poseerla, sin precaución y sin paciencia. El sentimiento de ese deseo era bienvenido, porque, inexplicablemente, no había sentido urgencia alguna para hacer el amor con Devon desde que supo lo de su embarazo. No sabía por qué, no se daba bien cuenta de

ese sentimiento en él. Pero allí estaba, una invisible barrera entre él y su esposa, donde, una vez, sólo había habido amor sin reservas.

Pero la entrada de Devon con su vestido negro le sacudió cualquier sentimiento de reserva que lo hubiera estado preocupando. No era que el vestido fuera más revelador que cualquiera de los otros que hubiera visto en el pasado. Era la propia Devon. Despedía un aura de ser deseada, mientras que, al mismo tiempo, decía y hacía sólo lo apropiado y cortés. Para John, ese sentimiento era algo nuevo en su esposa. No entendía la fuente, pero lo reconocía como algo que siempre estuvo profundo dentro de ella; algo que él había discernido la primera vez que se conocieron.

Los ojos de John se posaron en Devon con cariño y le sonrió. Una sonrisa curvada e inconsciente que envió un atisbo de anticipación a través de la espina dorsal de Devon. Por un momento, se olvidó del dolor que él le había ocasionado, sintió sólo amor. No sólo amor, sino también la más pura atracción animal, algo que le hizo, sin que se diera cuenta, moverse con aún mayor languidez que antes. De pronto, John pensó en Loretta. Loretta tenía esa completa atracción sexual animal que Devon estaba desplegando ahora por primera vez. Pero a Loretta le faltaba el refinamiento de Devon; esa extremada corrección que aseguraba que Devon siempre sería aceptada en la sociedad. Un torrente de orgullo inundó a John. Orgullo y felicidad de que Devon fuera su esposa.

Dio un paso hacia ella y, gentilmente, llevó su mano hacia sus labios. No dejando de mirarla, le dio un pequeño beso, y luego la atrajo a su lado. Colocó su brazo alrededor de su cintura y, cuando ella se dio media vuelta para hacerle un comentario al embajador Long, él sintió que sus dedos rozaban el brillante material por encima de su vientre.

Entonces, recordó. Por un momento, no, varias horas, él se había olvidado. Pero ahora, a pesar de su consternación, su ardor se desvaneció dentro de sí mismo. Devon no parecía una madre. ¿Sería posible que muy pronto lo fuera? Sólo unos instantes antes, la había comparado con su anterior amante, y había encontrado que sus similitudes, y sus diferencias, eran inmensamente excitantes. Pero Devon ya no podía ser considerada como una amante para él cuando el hijo de ella, *de ambos,* se recordó a sí mismo, naciera. Tendría otra persona a quien considerar antes que a él.

Aquello que John quería era disponer de más tiempo con Devon a solas, ambos como compañeros y como amantes. Más tiempo para minar completamente su sexualidad oculta. Cada vez que trataba algo nuevo con Devon en su cama de matrimonio, ella, al principio, se sorprendía, luego, aceptaba complacida, y, finalmente, era una entusiasta participante. Su inocencia le permitía a él mantener la llave exclusiva de su sensualidad, y él gozaba de abrir lentamente puerta tras puerta hacia los más profundos secretos de ella. No se podía imaginar que fuera lo mismo después de que el niño naciera.

John pensó por un momento en su propia madre. ¿Cómo describirla? Bueno... como una *matrona,* era la única palabra. Parecía que siempre había sido formidable, ahora era una viuda de cabello gris. ¿Fue alguna vez joven y ansiosa de ser querida, como Devon? Sí, lo fue. Por lo menos la foto de color sepia del casamiento de sus padres era una prueba. Había sido una mujer con curvas, cabello rubio ceniciento, amplia de pecho y delgada de cintura. Sus labios habían sido generosos, sus ojos brillantes. Había sido deseable alguna vez. Pero aun si John rememoraba los primeros recuerdos que tenía de ella, no podía recordar una sola imagen de una floreciente joven mujer. En cambio, él veía a una tierna aunque algo estricta señora que nunca levantaba la voz, pero que, cuando le exasperaba el enojo, sus amplios labios se volvían una delgada línea. Él veía a una mujer que siempre usaba altos cuellos y nunca se ponía perfume, excepto una insípida agua de lavanda.

Tampoco el padre de John mostró alguna vez espontaneidad o juventud. ¿John se iba a convertir en lo mismo una vez que el niño hubiese nacido? John sentía que era demasiado joven para tener un hijo. ¿Una vez que el niño haya nacido, sin embargo, no sería demasiado viejo para seguir con la diversión y el estilo de vida fascinante que había imaginado para él y para Devon? Se sentía viejo y sobrecogido cuando consideraba los elementos inhibitorios que un niño impondría a sus vidas.

Por supuesto, estaban las niñeras, se dijo a sí mismo. Pero conocía lo suficientemente a Devon para comprender que no era una de esas madres capaces de dejar que otra mujer criara a su hijo. Su libertad y la de Devon se desvanecerían completamente. Se estaba desvaneciendo ahora, a medida que su responsabilidad para con el niño superara su responsabilidad para con él.

Devon, sintiendo que John se retiraba, alcanzó su mano al mismo tiempo que asentía cortésmente al monólogo del embajador, de cabello cano, sobre las bellezas de la Riviera francesa. Cuando sus dedos se encontraron con los de John, sin embargo, él simplemente le dio a su mano un rápido apretón y la retiró. Mirando brevemente hacia John, y no hacia el embajador, Devon pudo ver el perfil de John. En lugar de encontrarse con su mirada John miró fijamente hacia adelante por encima del embajador. Devon no quería llamar la atención, por lo que se dio media vuelta hacia el diplomático. Pero, como una puñalada, le brotó un sentimiento de enojo, porque ella podía sentir, aunque no articular completamente, la razón de la retirada de John.

Por supuesto que tenía buena escuela como para no mostrar su enojo frente a otras personas. John, sin embargo, era consciente de ello. La evidencia estaba allí, en la apretada pequeña línea en que se habían transformado sus, generalmente, generosos labios.

El marqués de la Brisière estaba fascinado por haberse encontrado cenando junto a la seductora norteamericana de cabello oscuro que hablaba tan fluidamente el francés. Un conocedor de las mujeres al que le habían presentado a Devon apenas hubo entrado en el salón. Desde entonces, sus ojos no habían dejado a Devon ni por un momento en toda la velada.

Ahora, se encontraba con que la más feliz de las coincidencias la había colocado a su derecha en la mesa del corredor. La mujer a su izquierda, la rubia soñada y esposa de uno de los más importantes industriales franceses, era también encantadora. No era difícil consumir el tiempo requerido conversando con ella. Pero saboreaba los momentos, al final de cada conversación, cuando la etiqueta le permitía hablar nuevamente con Devon.

—Usted es aún más bella de cerca —le dijo en un inglés demasiado perfecto para ser su segunda lengua.

—¿Ah, usted habla inglés? —preguntó Devon, sorprendida de que no se lo dijera antes.

—Sí. Pero como la mayoría de los franceses prefiero mi propia lengua —dijo con una sonrisa.

Devon notó sus rectos dientes blancos, algo no fácil de encontrar en Europa, donde la higiene dental no era tomada tan en serio como en Estados Unidos de América. No es exactamente buen mozo, pensó Devon, pero es plenamente atractivo. En realidad, las mujeres pensaban que sus ásperos rasgos eran excitantes, ya que le otorgaban un aire diabólico. Pero el marqués no era en absoluto malicioso. Era un hombre rico y agradable, cuyas pasiones en la vida eran las mujeres y fabricar vino. En ese orden. Su manera de cortejar los objetos de su deseo, y eran muchos y variados, se había convertido en un arte. Y sus artificios casi nunca fallaban.

—He notado —continuó en inglés—, que usted habla francés excepcionalmente bien. Tantos norteamericanos tienen dificultad con nuestros sonidos vocálicos. —Pero no ella, pensó para sus adentros. Cuando ella hablaba, movía su boca con toda la facilidad de una mujer francesa, formando cada palabra perfectamente, emitiendo cada oración en una especie de melodía cantada que hacía del francés una lengua tan seductora. El marqués gozaba mirando sus labios rojos como el carmín, a medida que hablaban esta lengua. Él podía fácilmente imaginarse a sí mismo besándolos. Besándolos, mordiéndolos, e insertando su propia lengua entre ellos.

—Mi madre siempre pensó que uno debía tener cierta fluidez en una segunda lengua. Así que tuve un tutor francés desde que cumplí los cinco años. Solía tener problemas con él —dijo Devon con una sonrisa.

—Sin embargo, usted aprendió divinamente bien —respondió el marqués.

—Sólo después de que el tutor descubriera el secreto para enseñarme —dijo Devon con una maliciosa mueca.

Ella es aún más sublime cuando se sonríe, pensó el marqués. Él le sonrió debido a su gozo ante su amabilidad.

—¿El secreto? —preguntó, complacido de que ya le estuviera revelando secretos. Más tarde me revelará muchos más, se prometió a sí mismo.

—Que la mejor manera de enseñarme era montada en un caballo. Afortunadamente, Monsieur Lamarque sabía montar.

—Ése es un secreto que debo recordar, porque intento hacer uso de él en algún momento en el futuro —prometió.

El aire estaba pesado con corrientes ocultas de tensión sexual mientras se estaba sirviendo el plato de pescado, un delicioso lenguado derretido a la Véronique.

—Estoy esperando ansioso, con anticipación, el plato de aves —dijo el marqués con una astuta mueca a la hermosa rubia de su izquierda, tal como la etiqueta demandaba.

Devon también se sentía poco dispuesta a dirigirse hacia su otro compañero de cena, a pesar de que la cortesía así lo requería. El rojizo banquero era un importante amigo del embajador, pero bebía demasiado y se pasaba la mayor parte del tiempo discutiendo sobre cómo se las arregló para llegar a ser uno de los pocos que sacó partido de la depresión. Devon estaba ansiosa de volverse hacia al marqués.

A medida que el lacayo colocaba el faisán ahumado cubierto con salsa de grosella ante ella, Devon se riñó a sí misma por su inapropiada atracción hacia el marqués. Pero mientras se dirigía hacia él, una sonrisa involuntaria iluminó su cara.

—Así... estamos de nuevo juntos —dijo él.

Tiene ese absolutamente encantador modo que los franceses tienen de mirarte, al igual que una caricia visual, pensó Devon. Y él es un maestro en esto. No importaba hacia dónde el marqués mirara, Devon sentía un cálido hormigueo y su cuerpo entero se hallaba excitado.

La excitación era igualmente sentida por el marqués, quien, a pesar de estar acostumbrado a semejantes reacciones, nunca dejaba de deleitarse por ello. Ah, ésta va a ser deliciosa, se dijo a sí mismo. Es seductora, pero no parece darse cuenta de ello. Tiene una refrescante inocencia.

—¿Está recién casada? —preguntó tratando de resolver su misterio.

Devon miró hacia John, que estaba en el lado opuesto de la mesa y varias sillas separado de ella. De pronto, le sobrevino el remordimiento. ¿Cómo podía permitirse a sí misma sentir tal atracción por un extraño? Ella amaba a John. Lo amaba con todo su corazón.

El marqués se dio cuenta inmediatamente que había cometido un error táctico al recordarle a Devon su marido; sin embargo, se divertía al ver su reacción. Ella es muy joven, pensó para sí mismo, y, de pronto, se sintió muy viejo a la edad de cuarenta y dos años. Durante un momento, sus pensamientos se dedicaron a recordar a su propia esposa. Ella era una atractiva mujer morena de su propia edad, que aún tenía el poder de intoxicar a cualquier hombre que ella quisiera. El marqués sabía que ella pasaba muchos momentos agradables sin él en la Riviera francesa y en Italia. A él no le importaba, ya que se mantenía lo picante de su matrimonio. Ellos gozaban cuando estaban juntos, en las ocasiones en que sus caminos se cruzaban. ¿Había habido algún momento en su matrimonio en que su que su mujer se había sentido atraída por otro hombre? Ciertamente, y él no veía problema alguno en esa situación. Sin embargo, aquí había una sofisticada mujer, potencialmente deseable, que era aún lo suficientemente inocente como para sentirse incómoda ante su atracción por otro hombre que no fuera su marido. Intrigante. Intrigante pero peligroso, se dio cuenta él mismo. Debía inmediatamente hacerle saber que no había puesto en evidencia sus sentimientos por él.

—Parece que está usted muy enamorada de él —dijo el marqués en un tono indulgente.

—Oh, sí. Mucho. —Devon estaba contenta de tener la oportunidad de decirlo. El marqués no quería malinterpretarla sólo porque había sido amistosa...

—Pero no ha contestado a mi pregunta. ¿Está recién casada?

—Poco más de un mes, en realidad —dijo Devon. Nuevamente ella miró nerviosamente a John. Esta vez él la estaba mirando. Le sonrió, olvidándose, debido a su remordimiento, de su anterior enojo.

El marqués también miró a John y se encontró con su mirada. Él levantó su vaso de vino en un sutil brindis. Era un gesto cortés. Un habitual gesto de saludo. Pero algo en el modo de comportarse del marqués llamó la atención de John.

John devolvió el gesto, le sonrió nuevamente a su esposa y se dirigió a la mujer de su derecha. Pero se encontró a sí mismo tratando de observar a Devon con el rabillo del ojo. Cada vez que alcanzaba su vaso de vino, doblaba su cabeza un poco más de lo necesario; así, podía tener una mejor vista de Devon y de su compañero de velada. Ahora, bebió un sorbo y notó el brillo rosado que parecía emanar de su esposa. Una sola copa de vino tenía la habilidad de otorgarle a su pálido semblante un tono rosado, pero, esta noche, el brillo parecía emanar igualmente de dentro. La mirada que le obsequió al marqués cuando el lacayo le sirvió el plato de carne, y estuvo obligada a dirigirse hacia el otro caballero, perturbó a John. Existía cierta familiaridad en su manera de proceder que John hubiera considerado normal entre dos personas que se conocían bien, pero ellos se acababan de conocer.

John estudió al francés. Era distinguido y, en cierto modo, astuto. Tenía una prestancia aristocrática, pero no era afectado. Más bien, el hombre tenía un encanto que John pensaba que podía ser atractivo para las mujeres. Se reía y hablaba fácilmente, y parecía realmente interesado en la conversación de la hermosa mujer rubia que tenía a su lado. Flirteaba con ella un poco, pero John podía observar que la mujer, a pesar de que se divertía, no estaba afectada por su encanto como lo estaba Devon. Ella parecía divertida, pero no dominada. John pensó que Devon se había concentrado en el hombre con una intensidad que había previamente focalizado sólo en él.

John picoteó con poco entusiasmo su filete Wellington mientras escuchaba silencioso y distraído la pequeña charla de las mujeres que estaban a su lado, una matrona no de buen semblante que, aparentemente, había ido a la Academia Lancaster para jóvenes mujeres con su madre.

—Por supuesto, tu madre iba dos años después de mí —estaba diciendo—, así que no la conozco muy bien. Pero era una niña realmente hermosa...

John no tenía que concentrarse en lo que ella estaba diciendo. Sólo podía asentir cortésmente a lo que se estaba diciendo y pretender que estaba escuchando, así quedaba su mente libre para pensar en Devon. En Devon y en el marqués.

Mientras era servida la ensalada, miró a su esposa que se dirigía nuevamente a su seductor compañero de cena. Ella estaba enardecida. Positivamente enardecida. Y estaba extraordinariamente hermosa. No era extraño que el marqués estuviera prendado de ella.

John observó que giraba su cabeza hacia un lado y se reía ante algo que el marqués acababa de decir. Tenía un aspecto encantador, pensó John, con su cabello cayendo sobre sus hombros, y su sonrisa que iluminaba su cara. Una ola de celos y de deseo como el que nunca antes había sentido se apoderó de él. La quería tener en sus brazos justo en ese momento. La quería besar hasta borrar los malos entendidos de los pasados dos días. Rellenar la grieta que había crecido entre ellos con el calor de su amor por ella.

Justo en ese momento, Devon encontró la mirada de John. El deseo en su cara no podía inducir a error. Sintió que su corazón latía como respuesta.

Tiene ese efecto en mí, pensó ella para sí misma, y supongo que siempre lo tendrá. Le otorgó su más bella sonrisa y levantó su vaso hacia él, brindando con el mismo gesto que había hecho el marqués anteriormente. John hizo una mueca en respuesta, sintiéndose fuerte, aliviado y eufórico. Era maravilloso estar enamorado. Maravilloso era tener a la más hermosa mujer del mundo. ¡Era el hombre con más suerte!

El marqués, observando el intercambio, se echó en silencio hacia atrás en su silla y no dijo nada. Estaba claro para él, en ese momento, que no podía tener ninguna esperanza de competir con el joven que era el esposo de Devon. Devon jamás se entregaría a un final de lo más sublime.

Suspiró para sí y se dirigió hacia la rubia, la esposa del industrial. Ella era, después de todo, extremadamente seductora.

Cuando Devon se retiró, treinta minutos más tarde, al servicio de las damas, descubrió que la cálida humedad que sentía entre sus piernas era sangre.

16

Willowbrook le recordaba a Devon las magníficas casas de estilo griego de las plantaciones que había visto durante el viaje de su familia a Louisiana
hacía ya diez años. En efecto, los Hartwick, a quienes John había comprado esta hacienda, habían venido originalmente de Natchez, estado de Mississippi.
Willowbrook, construida en 1845 por el bisabuelo
de Brent, el señor Beauregard Hartwick, quien in-
tentó hacerla semejante a la finca de los Hartwick en
Natchez, y trató de trasladar el mismo ambiente en
la medida de lo posible.

A medida que los Alexander se acercaban, conduciendo su propio auto a su nueva casa en el crepúsculo
de una tarde de pleno verano, Devon pensó que la única cosa que aún faltaba en Willowbrook para convertir-
la en una réplica de la plantación del sur, era el musgo
español que envolvía las gigantes encinas del delta. Pero
Willowbrook tenía las encinas que flanqueaban la amplia carretera arenosa que conducía desde la calle principal hasta la casa.

—Los Hartwick estaban muy orgullosos de esta
casa —dijo Devon ansiosamente, pensando en los días
anteriores a la depresión.

—Me gustó desde el primer momento que la vi
—dijo John a media voz—. Estoy contento de que a ti
también te guste —dijo, liberando su mano derecha
del volante y dándole a la mano de Devon un apretón.

—¡Oh, deténte aquí un momento! —gritó Devon cuando divisó el pórtico de pilares corintios de la mansión a través de un marco creado por las ramas que colgaban de los grandes árboles.

—Parece impresionante. ¿No es cierto? —preguntó John.

—Mucho. Pienso que el exterior no tuvo tiempo de desgastarse, aunque sé que Brent no tenía dinero para mantenerla —dijo Devon. En los pasados dos años, ella notó que algunas de las delicadas pinturas de las paredes se habían deteriorado y que los muebles y pinturas habían desaparecido uno a uno al ser vendidos por piezas en un intento, no siempre con éxito, de poder pagar deudas y mantener las capacidades productivas de la hacienda.

—Bueno... he hecho pintar el exterior —admitió John con una excitada sonrisa—. Todo fue pintado de blanco, y el jardín cuidado de nuevo. El resto estaba bastante bien reparado. El viejo señor Hartwick, aparentemente, mantuvo el lugar hasta su muerte.

—Oh, sí. Siempre había gente trabajando. ¡Pero ahora tiene un aspecto más espléndido que nunca! —respondió Devon, contenta—. No puedo esperar a verla. ¡Sigamos!

La carretera de arena terminaba en un extenso prado de hierba de pasto de Kentucky que rodeaba una pequeña fuente con bordes de ladrillos llena de peces, flanqueada por flores y por ocho árboles de magnolia. Una vereda de ladrillos conducía desde la fuente hasta la escalera de la entrada, una agraciada escalera hecha de hierro negro que llegaba hasta el nivel del piso de entrada en forma de arcos.

A medida que John y Devon se acercaban a la escalera, él la levantó para llevarla hasta el umbral.

—Pienso que debería ser alabado por haber incluido las escaleras en esta ceremonia —dijo él en broma.

—Alabado y recompensado —respondió Devon dándole un beso ligero como una pluma.

Las columnas corintias macizas que se extendían hasta el segundo piso de la mansión creaban un pórtico espacioso que envolvía tres lados de la casa. La perfecta simetría del edificio estaba flanqueada por las cuatro ventanas francesas que bordeaban cada lado de la puerta de entrada. Esta entrada principal a la mansión, una puerta negra brillante, bordeada por paneles angostos y rectangulares de vidrio biselado, terminaba en una puerta similar a otra a la altura de un segundo piso que se abría hacia un balcón con balaustrada.

—¿Puedes abrirla? —pidió John—. No está cerrada. Tu madre hizo que alguien viniera a arreglar las cosas para nosotros.

La puerta era lo suficientemente amplia como para que John pudiera atravesarla sin doblarse hacia un lado para evitar que Devon se lastimara, ya que, en esa posición tenía las piernas extendidas. Una vez dentro, la colocó con suavidad en el suelo y la rodeó con un fuerte abrazo. Pero ambos estaban demasiado ansiosos por inspeccionar la casa.

Después de una rápida mirada, Devon decidió que, aunque la fachada de Willowbrook fuera impresionante, su estancia favorita sería la parte trasera, donde la galería mostraba todo el ancho de la casa, y donde puertas de estilo francés creaban, en el espacio exterior, otra amplia sala. Desde allí, Devon podía gozar de la vista del verde prado que, gradualmente, descendía hacia un pequeño lago bordeado por sauces llorones. Los sauces formaban como una pantalla con la vista del granero y los establos, pintados de blanco para hacer juego con la casa, y los cercos blancos de la dehesa por detrás. Era una escena de perfecto esplendor bucólico, un lugar pacífico y atractivo para que Devon y John comenzaran su nueva vida juntos.

—Apenas sé por donde empezar —le dijo Devon a John, durante la mañana siguiente, mientras permanecían en el zaguán de unos nueve metros de ancho y examinaban el suelo sin pulir.

—La primera cosa que hay que hacer es contratar nuevamente a los empleados que Hartwick tuvo que despedir. Muchos de ellos están aún sin trabajo, me imagino, en estos tiempos tan difíciles —dijo John mirando hacia la araña de luces Regency que necesitaba ser pulida—. Pensé en contratarlos para ti cuando compré el lugar —continuó John—, pero luego consideré que querrías hacerte cargo tú misma.

Devon se dio media vuelta hacia John con una sonrisa que mostraba sus hoyuelos, sonrisa que él amaba, y dijo jocosamente:

—¡Llevamos casados menos de dos meses pero tú ya me conoces bien!

—Digamos que conozco bien el lugar —dijo John con cierta risita, a la vez que se inclinaba hacia adelante para darle a Devon un beso afectuoso.

En respuesta, Devon abrazó su cuello y le atrajo más cerca de ella para un abrazo más prolongado. Sus lenguas se entremezclaron a medida que el calor de sus cuerpos los inflamaba con pasión.

¿Vamos arriba? —preguntó Devon sin aliento—. Ya que aún no tenemos sirvientes que puedan escandalizarse de nuestra conducta.

—¡Pero si acabamos de levantarnos! —rió John—. Pensé que estarías ansiosa de ver los establos. —Pero su objeción, no muy convincente, fue contradicha por su manera de reaccionar. Con un movimiento fácil, tomó a Devon en sus brazos y, como volviendo a realizar la ceremonia de la tarde anterior, la llevó escaleras arriba a través de la escalera curvada que bordeaba la entrada principal. La cama principal estaba en mitad de la galería que daba hacia el salón, y John llevó a Devon hasta allí; golpeando la puerta con el pie, ésta se cerró detrás de ellos; John la tiró juguetonamente sobre la cama aún no arreglada. A medida que Devon se hundía en el colchón de plumas de ganso, su bata de seda rosa se abrió, exponiendo sus blancas y largas piernas y el oscuro triángulo que yacía en su vértice.

John, dudando por un momento al borde de la labrada cama de cuatro postigos, gozó de la belleza de su mujer. Luego se inclinó y, despacio, tiró del lazo de terciopelo rosa que circundaba la cintura de Devon, haciendo que su bata se abriera totalmente. Devon se deshizo completamente de ella y la llevó a los pies de la cama alcanzando a John hacia su lado y recostándose una vez más en las almohadas. John se quitó su bata de seda azul marino y la dejó caer en el suelo, ansioso de colocar el cuerpo de Devon contra el suyo.

Se recostó a su lado y frotó sus manos contra su suave cuerpo hundiendo sus labios en la curvatura de su cuello. Sintió la lengua de Devon en su oído; su cálido aliento le enviaba temblores por todo su cuerpo. Llevó su mano por todo el cuerpo de Devon y, suavemente, cubrió sus pechos tocando sus pezones hasta que estuvieron erectos.

Devon entreabría la boca de placer al roce de John, extendiendo sus piernas y abriéndolas para invitarlo a penetrar dentro de ella. Sus labios se encontraron y, con un prolongado beso, John se deslizó debajo de Devon hasta que sus propias piernas se situaron entre las de ella, y su miembro viril al borde de su sexo.

Devon trató de empuñarlo hacia dentro, pero sintió que John se resistía.

—¿Qué pasa? —murmuró Devon; su voz era densa por el deseo.

—¿No estás protegida, no es cierto?

—No... —murmuró ella en respuesta—. Pero es una época segura. Devon trató de empujar a John de vuelta hacia ella, pero aún él se resistía.

—Querida, nunca hay un momento realmente seguro —dijo John pacientemente.

Devon estaba tentada de discutir, pero un recuerdo la detuvo. El recuerdo de la cara de John cuando tuvo conocimiento de su supuesto embarazo. Durante varios días pareció como si su amor estuviera condenado. Devon no podía olvidar la grieta que había existido brevemente entre ellos. John no estaba realmente listo para tener niños. Las cosas habían sido tan perfectas desde el momento de la cena en la embajada norteamericana cuando sus ojos se encontraron a través de la mesa y el deseo de John se había reavivado. Luego, más tarde, cuando supo que no estaba embarazada fue difícil para él ocultar su alivio. ¡Oh! todo lo que había dicho había sido puro arrepentimiento, pero fue fácil para Devon ver que no era sincero. Al principio, le molestó a Devon el hecho de que John se sintiera tan aliviado. Pero la felicidad de los días sucesivos, durante su luna de miel, borró los recuerdos dolorosos. Y le aseguró a Devon, inexperta, que ellos podían pasar una crisis en su matrimonio y emerger de ella con su amor intacto. Su enojo pasó como una tormenta de verano dejando atrás los sentimientos inconstantes que habían existido antes y que se habían hecho más angustiosos por la amenaza de su pérdida.

Devon estaba segura de que John, algún día, querría tener hijos. Entretanto, podía entender su deseo de tener algún tiempo para ellos solos. Con un suspiro, se dirigió a la mesa de luz y extrajo el pequeño artefacto de goma que el doctor de Nueva York le había dado. Se retiró de la cama, puso la bata rosa alrededor de ella y se dirigió al servicio. Mientras se insertaba el artefacto miró por la ventana hacia el brillante y soleado jardín que yacía detrás de la casa. Más allá, los caballos pastaban en el prado. Tan lejos como pudiera ver, la tierra era suya. De ella y de John. Ese pensamiento le otorgó un maravilloso sentimiento, el saber que él y ella formaban una unidad.

Dejando el baño se quitó impacientemente la bata y saltó nuevamente dentro de la cama.

—Bien, ahora sí. ¿No fue tan terrible, no? —dijo John burlonamente.

Devon le dirigió una maliciosa mirada mientras sentía su cuerpo contra el de ella.

—Puedo ver que la espera no enfrió tu ardor.

John cubrió su boca con la suya y la empujó contra las almohadas. Devon podía sentir que ella se excitaba nuevamente, como si no hubiera habido ninguna interrupción. Cerró sus ojos y sintió que se hundía en la sensualidad del momento, gozando del gusto salado de la piel de John sobre su lengua, de su fino cabello marrón sobre sus pechos. Él tocó ligeramente su brazo con besos cual plumas, deteniéndose en la hendidura de su codo. Luego, desvió su atención hacia su torso, deslizando su lengua desde el esternón hasta el ombligo. Devon sentía temblores de deseo que se extendían hacia abajo. Luego, con exquisita languidez él se movió hacia arriba, hasta que ella se retorcía de impaciencia por él. Deslizó su magro y musculoso cuerpo por encima de ella. Devon podía sentir su excitación; entonces, lo rodeó con sus piernas, empujándolo fuertemente contra sí. Incapaz de esperar por más tiempo él penetró en ella. Se movieron juntos con placer, y al compás, como dos perfectos bailarines. Sus movimientos se convertían en urgentes, mareaban y los dejaban sin aliento. Los músculos de Devon se endurecieron a medida que ella sentía que se aproximaba un espectacular clímax. John temblaba dentro de ella mientras trataba de contenerse hasta que ella obtuviera su placer. Cuando sintió que ella estaba lista, reanudó sus largas y seguras fricciones hacia adentro y hacia afuera, llevándola a un estado de frenesí. Él sintió que ella estaba abierta totalmente para él, y luego se abandonaron a las sensaciones que hicieron transpirar sus cuerpos. En ese momento, parecía como si su amor fuera una entidad palpable en sí misma. Una unión indeleble que jamás se rompería.

—Ella es espléndida; de ello no cabe duda —dijo Willy O'Neill, el preparador principal de las caballerizas de Willowbrook. Pronunció la palabra "espléndida" como una especie de reminiscencia de su acento irlandés todavía evidente, a pesar de que había estado en Estados Unidos de América durante más de treinta años. Tenía una nariz bulbosa, una boca amplia y de finos labios, penetrantes ojos azules bordeados por vellosas orugas que eran sus cejas grisáceas, y dos manojos de cabello por encima de sus orejas, que colgaban derechos desde su cabeza pelada como si fueran alas. Este hecho era el resultado de su nervioso hábito de ponerse y sacarse una destrozada gorra de baseball color verde que, inexplicablemente, llevaba la insignia BROOKLYN DODGERS. Las personas sabían que Willy no había estado ni siquiera cerca de Brooklyn. Pero nadie se burlaba de él a causa de su gorra. Willy no era un hombre del que la gente pudiera burlarse. Tenía más de cincuenta años, pero daba la impresión de ser un vigoroso pugilista, hecho que no daba un aire amistoso a su persona. Su pequeño cuerpo corpulento era puro músculo, y estaba secretamente orgulloso del hecho de que no tenía vientre a pesar de una ración de whisky escocés que bebía cada tarde y cada anochecer antes de acostarse.

Willy era el rey indiscutible, dictador, más bien y en realidad, de las caballerizas de Willowbrook. Su palabra era ley y había sido ley desde que los Hartwick lo contrataran hacía veinticinco años, cuando era el hombre que hacía maravillas en el mundo del entrenamiento de caballos. Y fue gracias a él que el establo pudo retener algo de su buena reputación a pesar de la pérdida de la fortuna de los Hartwick. Los caballos de los Hartwick no se veían tanto como antes de la bancarrota del mercado, pero los pocos que competían lo hacían de forma impresionante, y los anteriores campeones eran aún requeridos para crianza. Pero aun los mejores esfuerzos de Willy no eran suficientes para hacer que las amplias caballerizas dieran su fruto. Las caballerizas de Willowbrook, que tenían una capacidad suficiente para albergar ochenta caballos, tenían sólo treinta caballos desde el revés de la fortuna de los Hartwick. De esos treinta, sin embargo, sólo cinco estaban realmente corriendo carreras. Siete estaban siendo entrenados para correr, y al resto se le permitía la más cómoda rutina de ser garañones.

Todo eso se olvidaba, sin embargo, a medida que Willy analizaba a la potranca que tenía delante de sí. Sabía todo lo que tenía que saber acerca de la flema de los caballos y lo que veía ahora le agradaba. La sonrisa en su semblante era una rara visión para aquellos que trabajaban para él. Sus sonrisas nunca eran para las personas, sino sólo para los caballos, y además, en general, cuando Willy estaba solo frente al caballo.

Ahora, Willy se enderezaba y dejaba libre la pata de la potranca color castaño que tenía delante de sí.

—¡Espléndida! Y la pata está tan buena como si fuera nueva. —Realizó un gesto de asentimiento hacia Jeremiah Washington, un muchacho de dieciséis años que era el preparador y quien había hecho trabajar a la potranca mientras estuvo temporalmente lisiada. A pesar de que la reticencia de Willy nunca le había permitido expresar sus sentimientos, reconocía en Jeremiah un espíritu prometedor. Un preparador amante de los caballos. Alguien que tenía un sentimiento especial para los animales, un lazo de entendimiento con ellos que no era una habilidad aprendida, sino un don natural.

Willy palmó al caballo en su flanco y le hizo nuevamente un gesto de asentimiento a Jeremiah, una señal de que la potranca podía ser nuevamente colocada en su puesto en el establo. La rígida jerarquía de las caballerizas de Willowbrook era instintiva en Jeremiah, así que, antes que colocar él mismo a la potranca en su lugar se la entregó al mozo de la caballeriza, quien, por su parte, comprobó que el peón hubiera limpiado apropiadamente el espacioso lugar y extendido suficiente heno fresco en el suelo. La rutina no se hacía para satisfacer egos, sino más bien había crecido de la necesidad. Willy necesitaba que el preparador estuviera a su lado mientras él miraba las patas de cada caballo. Jeremiah, por su parte, necesitaba ver lo que Willy estaba viendo, así, no se sentiría sorprendido por flaquezas que pudieran ocurrir durante el entrenamiento. Además, Willy y Jeremiah diseñaban las rutinas de cada caballo según las fuerzas y debilidades de cada uno. Los mozos de las caballerizas atendían a los caballos; cada día debían mantener sus herraduras limpias después de cada ejercicio y aceitar y peinar sus crines y colas. Los peones debían alimentar a los caballos y mantener el establo inmaculado.

Pero era Willy mismo quien corroboraba si los caballos comían. Ahora, miraba dentro del pesebre de comida de la potranca para ver su contenido. Estaba vacío. Bien. Cuando un caballo de carrera no comía, significaba problemas. Lo primero que Willy hacía en esas circunstancias era tomarle la temperatura. La rutina mañanera de Willy, que empezaba cada día a las cinco de la mañana, consistía en examinar cada caballo desde la cabeza hasta los pies, y luego, examinar la comida de cada uno. Más tarde, le pediría a Jeremiah y a los demás preparadores que hicieran correr a los caballos.

—Lo primero que debes hacer por la mañana es hacerles correr cuando están muertos de frío —le dijo a Jeremiah cuando fuera promovido de mozo de caballeriza a preparador—. De ese modo, puedes ver si cabecean.

El cabeceo ocurría cuando un caballo cojo se golpeaba el pie lastimado en una corrida. La cabeza se movía hacia atrás o hacia abajo, dependiendo si tenía lastimada alguna pata delantera o trasera. Por el contrario, la cabeza de un caballo sano permanecería recta durante todo el ejercicio.

A pesar de la reducción en personal y caballos, el edificio blanco, de estructura en forma de L con pesebres de once por quince pies, estaba absolutamente bien mantenido. Pasadizos que corrían a lo largo del edificio eran de cuatro metros de ancho, hecho que significaba mucha luz y espacio donde atender a los caballos. Las herraduras estaban mantenidas con un orden meticuloso en un edificio pequeño y rectangular que se situaba a unos metros del establo principal.

Los empleados, incluyendo a Willy, vivían en un pequeño edificio blanco, a unos cien metros de las caballerizas. Pero Willy nunca se relacionaba con los hombres que trabajaban para él. Sus dependencias, que consistían en un solo cuarto que tenía las funciones de sala, comedor y cocina, un baño y un dormitorio, no presentaban ningún rasgo de su personalidad excepto por la botella de whisky irlandés que estaba siempre presente en la cocina. No había ningún indicio del pasado de Willy, por qué se había venido a Estados Unidos, o dónde vivían sus padres. Si alguna vez había estado casado, nunca hablaba de ello.

Esa mañana se hacía notar cierta tensión particular en el aire, ya que todos los trabajadores de las caballerizas sabían que iban a conocer a los nuevos dueños de Willowbrook. A pesar de este hecho, Willy no había otorgado concesiones, no se desvió de su rutina ni por un segundo. Jeremiah pensaba cómo se iba a sentir el viejo en relación con ese cambio. Pensaba sobre si el nuevo dueño, un yankee, era capaz de entender cómo las cosas se hacían en las caballerizas del campo. ¿Sabría que el preparador constituía la ley en las caballerizas? ¿Sabría que, generalmente, la gente trabajaba para el mismo patrón durante toda su vida? Las lealtades familiares entre sirvientes y patrón se entremezclan a manera de enredo sinergético comúnmente en el sur, pero raramente en otros lugares.

—¿En qué estás soñando, muchacho? Sácale los vendajes de la pata. —La voz impaciente de Willy interrumpió los pensamientos de Jeremiah.

Asustado, Jeremiah localizó su atención en el potrillo cuya rienda suelta estaba sosteniendo. Gentilmente, desenvolvió los vendajes de las patas del potrillo. Éste había llegado segundo en la carrera de la semana pasada, algo que los nuevos dueños estarían contentos de oír. Era costumbre vendar las patas durante cierto tiempo, después de la carrera.

—Parece que la hinchazón ha desaparecido ahora —notó Jeremiah.

La respuesta de Willy fue sólo un gruñido que podría no haber querido decir nada, pero que Jeremiah sabía que significaba satisfacción.

Después de unos segundos, tras hacer correr sus callosas manos sobre los flancos y la cruz del caballo, Willy preguntó:

—¿Qué tal va la quemadura?

—Mejor. Ha desaparecido casi por completo. Pienso que es porque el tiempo está muy seco. —Correr en pistas de arena, generalmente, quemaba el pelo de la parte trasera de la cerneja del caballo; luego irritaba la piel por debajo. Ocurrían infecciones cuando el tiempo estaba húmedo, porque la herida nunca se curaba.

—Sí. ¿Eres un buen muchacho, no es cierto? —Willy palmeó el flanco del caballo y asintió para que fuera vendado de nuevo, y luego llevado al establo.

—Una belleza.

Willy y Jeremiah se dieron vuelta para ver quién había emitido esas palabras. Parados a varias yardas de distancia de la puerta del establo, estaban los nuevos dueños de Willowbrook. Ambos lucían ropas de montar, bombachos, botas y camisas sencillas de color blanco. Ninguno de los dos llevaba puesta una chaqueta. Eran una hermosa y atractiva pareja, pensó Jeremiah. Había visto a ambos antes, por supuesto. El señor Alexander había pasado un tiempo considerable en las caballerizas antes de comprar Willowbrook y la señorita Devon había visitado con frecuencia la finca del señor Hartwick.

Ahora, Devon caminó hacia ellos y dijo:

—Hola de nuevo, señor O'Neill, Jeremiah.

El adolescente hizo un tímido gesto de asentimiento con la cabeza.

—Señora —dijo.

Willy se detuvo, muy recto, y sólo asintió con la cabeza en respuesta al saludo.

—Nos hemos conocido antes, señor O'Neill —dijo John caminando hacia el hombre mayor y extendiéndole la mano. Willy le correspondió en el gesto, pero sacudió su mano lo más brevemente posible y luego la dejó caer.

Hubo un extraño momento de silencio mientras los miembros del grupo se estudiaban unos a otros.

—Desearíamos mirar las caballerizas. ¿Usted ya ha revisado los caballos que están corriendo? —dijo John, quien no tenía intenciones de involucrarse en sus caballerizas de modo sistemático, pero quería restaurar el negocio en su estructura anterior. Con pocos caballos corriendo, en la operación había estado perdiendo dinero. Más caballos costarían más dinero, pero la recaudación de los premios podría costear los gastos. Además, los ganadores siempre hacían proliferar el negocio debido a la operación de crianza.

Willy miró a John y a Devon y, luego, de nuevo a John.

—Ustedes pueden terminar la ronda conmigo, si así lo desean. Pueden observar los ejercicios. Luego podemos ir a mi oficina —dijo Willy con mala voluntad. No le gustaban las interrupciones durante la ronda matutina. Los Hartwick siempre habían sido cuidadosos en no perturbarlo en el transcurso de la mañana.

Devon sintió el enojo de O'Neill por ser interrumpido y lo aceptó filosóficamente. Estaba ansiosa de aprender sobre el mundo de las carreras de caballos y sabía que O'Neill le podía enseñar mucho, pero también sabía que él se resistiría a hacerlo. Las carreras de caballos eran un mundo de hombres. Había pocas mujeres que criaran caballos. Y, ciertamente, ninguna mujer preparadora. Los preparadores de la fama de O'Neill eran altamente cotizados. No quería empezar con el pie equivocado y temía perderlo y que fuera contratado por otras caballerizas. Un mal comienzo, causado por el despido de un buen preparador, podría arruinar la reputación de los dueños en el mundo de las carreras, y hacer que fuera imposible reclutar a otro buen preparador.

Le gratificaba a Devon que John reconociera su superior habilidad para con los caballos y estaba, entonces, ansiosa de llevar ella adelante la operación de las carreras mientras que él seguía su carrera en Nueva York. Ambos coincidían en que su habilidad para criar y preparar caballos para la caza y su habilidad natural para con los caballos podría facilitar que ella aprendiera lo esencial de las carreras de caballos. A pesar de ello, ella sabía que Willy O'Neill no estaría contento de su presencia cotidiana. Tendría que manejarlo con mucho tacto. Por ahora, ella resolvió permanecer en silencio.

Devon y John observaron a Willy mientras éste miraba cada caballo; le quitaba las vendas de alrededor de sus patas; observaba sus porciones de heno y sus pesebres de comida. Los Alexander estaban impresionados por su minuciosidad. Luego, fue el momento de observar los ejercicios de los caballos.

El grupo se dirigió a la pista privada que estaba detrás de los establos en un área llana bordeada por ondulantes y verdes colinas. Por supuesto, los caballos que deberían correr en un futuro cercano eran llevados a la pista en que la carrera tendría lugar.

—Esta potranca es Ginger Snap. Bien, Jeremiah, llévala despacio —dijo Willy. Cuando el caballo había trabajado lo suficiente para que Willy determinara que no tenía daños, Willy indicó a Jeremiah que retomara el paso.

La potranca tenía un tranco particularmente largo; aun cuando Jeremiah la hizo galopar, parecía que iba despacio.

Devon notó la característica y se la mencionó a Willy; éste gruñó en su asentimiento. Sabía que ella había criado un par de buenos cazadores y que todos le tenían respeto en el mundo de los caballos del condado de Fauquier. Pero, según su punto de vista, ella no era más que una principiante. Una preciosa y malcriada principiante.

Ahora, la potranca estaba galopando a alta velocidad alrededor de la pista.

—Lista para ahorquillar —murmuró Willy.

Devon conocía el término. Significaba que el caballo estaba preparándose para parar en seco, en un intento de expulsar al jinete hacia adelante y fuera de su lomo. Jeremiah, obviamente, había observado lo mismo, ya que golpeó su látigo despacio, haciendo que el caballo se siguiera moviendo.

—¿Eran sus orejas, no es cierto? —le preguntó Devon a Willy. Las orejas de la potranca se habían movido de modo que indicaban que la táctica mencionada iba a tener lugar. Devon lo había visto muchas veces en los caballos cazadores.

Willy asintió en respuesta a Devon, pero rehusó sentirse impresionado por ella. Cualquier jinete experimentado podría reconocer dicha señal, se dijo a sí mismo.

—¡Sujétala un poco! —gritó Willy a medida que Jeremiah pasaba por su lado. No quería que sus caballos entrenaran a gran velocidad. Prefería guardar la velocidad para las carreras.

Después de unos segundos, Willy le indicó a Jeremiah que trajera el caballo por la pista. Un mozo de las caballerizas corrió hacia el caballo y hacia el jinete, y esperó a que Jeremiah lo desmontara; seguidamente, procedió a hacer caminar al caballo durante varios minutos alrededor de una dehesa lindante. Más tarde, el caballo sería lavado, así como la pista.

Jeremiah montó otro caballo, pero lo mantuvo fuera de la pista, mientras otro preparador le hizo hacer los ejercicios a otro caballo repasándolos uno por uno. Devon y John estaban impresionados por la precisión militar de la organización de la caballeriza. Willy O'Neill era obviamente un capital muy importante.

—Willowbrook tiene suerte al tenerlo a usted —dijo Devon con tono tranquilo.

Willy no contestó, simplemente siguió el galope del caballo con sus ojos. Pero oyó el comentario y se sintió gratificado por que la mujer reconociera la categoría de la operación. Muchas personas ni siquiera serían capaces de ver la diferencia.

—Vamos a la oficina después de éste. —Willy dirigió su orden a John—. Usted querrá ver los libros. Hemos estado ganando, pero... —Willy completó la oración con un encogimiento de hombros.

Más tarde, cuando John se sentó frente al escritorio de Willy, todo rayado y hecho de roble, leyó cuidadosamente los libros y se dio cuenta de las reducciones de personal que Willy tuvo que afrontar.

—No hay dinero. No podemos pagarle a ningún jockey. No podemos pagarle a buenos preparadores caminantes. Ni a buenos preparadores. Ni las carreras —explicó Willy en su habitual tono.

—Yo le agradezco lo que ha podido hacer —le dijo John recostándose en la vieja silla de capitán y empujando los libros lejos de él. Willy estaba sentado a su lado, mientras que Devon se sentó en el único mueble libre que había en la habitación, una sillita verde de cuero con un almohadón roto que había sido tapizado de nuevo. Como todo aquello que estaba bajo la jurisdicción de Willy, la oficina no tenía nada de más, estaba limpia y era estrictamente utilitaria.

—Espero que piense usted quedarse —continuó diciendo John.

—Mientras tenga las manos libres, no veo por qué no —contestó Willy mirando a John fríamente a los ojos.

—Usted tendrá eso —le aseguró John, cuidadoso de no mirar a Devon. Sabía que ella quería aprender sobre la operación de las carreras, pero tendría que persuadirla de aproximarse a Willy gentilmente y de referirse a él en todos los asuntos.

Willy miró a Devon por un momento, pero no dijo nada. Luego, miró de nuevo a John.

—Las manos libres significan volver a contratar a los muchachos que tuvimos que despedir.

—Muy bien —asintió John.

—Tendremos probablemente que comprar algunas yeguas. Y darle a la operación de crianza un espaldarazo.

—No tiene más que decirme cuánto necesita.

—No será barato —contestó Willy—. Luego, también están los viajes a las subastas. Tuvimos que suspender eso. De cualquier modo, tendré que ausentarme un poco. Keeneland tendrá lugar durante este mes.

La famosa venta de Kentucky tenía lugar cada mes de julio. Era considerada universalmente como la que ofrecía la mejor carne de caballo en el mercado.

Devon estaba tentada de decirle que ella podía reemplazarlo en Willowbrook durante su ausencia si él le enseñaba cómo, pero tuvo miedo de enloquecerlo en este punto crucial de la negociación.

—Eso no será un problema —dijo John—. Vaya a donde necesite ir. Contrate a quien necesite.

—Bien, entonces. Si no hay nada más que decir, me vuelvo al establo —dijo Willy poniéndose la gorra verde con el nombre Brooklyn Dodgers.

Devon se levantó y le envió a Willy su sonrisa más encantadora.

—Gracias por mostrarnos las caballerizas, señor O'Neill. Parece que su reputación es merecida. Sé que ha sido difícil para usted desde las reducciones. —Ella estuvo tentada de extender su mano, pero temía que él no la aceptara.

—Señora —respondió él llevándose sus dedos a la gorra. Luego, se dio media vuelta y salió cerrando la puerta detrás de sí.

Durante unos segundos, Devon y John se miraron no emitiendo sonido alguno.

—Parece un hombre muy hábil —dijo John finalmente—, a pesar de que es un poco parlanchín.

Devon soltó una carcajada y fue a sentarse en el regazo de John dándole un cálido beso.

—No creo que vaya a ser fácil llevarme bien con él —dijo ella.

Después de una semana, Devon había contratado al personal para la casa. Además, Alice había sido destinada a ser su sirvienta personal, mientras el lacayo de John, Wilkes, se había asentado en Willowbrook, sabiendo que debía trasladarse con su amo entre sus dos hogares.

Entretanto, Willy O'Neill actuó rápidamente para volver a contratar al personal estable que, previamente, habían dejado ir los Hartwick.

—Es bueno empezar a operar con todas las fuerzas. ¿No es cierto, señor O'Neill? —preguntó Jeremiah.

—No aún —contestó Willy, con cierta aspereza en su voz mientras caminaban juntos hacia el establo. A pesar de que aún era de noche, el clima estaba caluroso prometiendo un día sofocante, de altas temperaturas y mucha humedad. Willy levantó su gorra, deslizó su mano sobre su calvicie y, luego, volvió a colocarse su gorra verde—. Aún faltan las subastas —añadió.

Jeremiah deseaba que Willy le pidiera ir con él en el viaje a Kentucky. Su secreta ambición era convertirse en un jockey y luego en un preparador. Pero no había jockeys negros en el mundo de las carreras, y parecía un sueño imposible. Sin embargo, en el período entre 1875, el primer año del Derby de Kentucky, y 1911, jockeys negros dominaron el deporte, y hubo varios preparadores negros. Pero, por alguna razón, eso no había sucedido nunca más.

En todos los eventos, así como en las subastas, era habitual que los preparadores fueran acompañados por los muchachos que ejercitaban a los caballos. Además, Jeremiah sabía que podía aprender mucho de Willy.

Como si hubiera leído sus pensamientos, Willy dijo:

—Tú debes ocuparte de las cosas por aquí mientras yo no estoy.

Jeremiah asintió orgulloso de la confianza que en él depositaba Willy.

—Señor O'Neill—. Una culta voz femenina se oyó en la oscuridad, tomando desprevenidos a los dos hombres. Willy apuró sus pasos para ver a Devon vestida con ropa de montar que caminaba a paso ligero detrás de ellos y tratando de darles alcance. Él hubiera deseado seguir caminando, pero sabía que la joven mujer no había hecho nada para merecer semejante rudeza. De algún modo, sin embargo, ella irritaba a Willy. Lo desafiaba, en realidad. No era que temiera su autoridad sobre él. Él, simplemente, no quería que su meticulosa rutina fuera interrumpida. Y estaba claro que la señora Alexander, quien pensaba que sabía mucho sobre caballos, quería involucrarse en el manejo de las caballerizas. Oh, ella no hacía nada para violar las reglas de Willy; cuidadosamente, preguntaba más que daba órdenes. Siempre estaba quieta, observando los ejercicios más que hablando sobre sandeces. En suma, ella se conducía como una perfecta dueña. Pero, en el curso de la semana, desde que había vuelto de la luna de miel, daba la impresión de estar *siempre* allí.

Por el contrario, a Jeremiah le gustaba la joven señora Alexander. Ella era hermosa y, de algún modo, hacía derretir el corazón del joven de dieciséis años. Ella lo trataba con respeto y, a menudo, le hacía preguntas sobre su trabajo. Parecía apreciar su habilidad con los caballos, una habilidad que ella también poseía.

Cortésmente el adolescente le dijo:

—Buen día, señorita Devon.

—Buenos días, Jeremiah —dijo Devon con una cálida sonrisa. Le gustaba el hecho de que él la llamara señorita Devon y no señora Alexander. Él usaba el término más familiar porque la había conocido antes, cuando ella era amiga de Brent Hartwick, pero le hacía sentir que ella era aceptada tal como era. Willy O'Neill era otra historia. Estaba claro que a él no le agradaba su presencia.

—Señor O'Neill, me gustaría acompañarle en sus rondas esta mañana —dijo Devon casualmente.

—Usted es la dueña —respondió el preparador con un encogimiento de hombros. Él, entonces, se dio media vuelta y caminó rápidamente hacia el establo. Devon y Jeremiah lo seguían rápidamente por detrás.

El primer caballo al que se acercaron se llamaba Winning Spurs. Éste tenía tres años y había conseguido el cuarto lugar en el Derby de Kentucky, un importante desaliento para Willy.

—Si hubiéramos conseguido contratar a Kurtsinger para montarlo él hubiera conseguido mejor posición —le dijo Willy a Jeremiah. Pero el hábil jockey había sido previamente contratado por otro preparador y había montado el caballo ganador, Twenty Grand, en un tiempo de dos minutos y cuatro segundos. La recompensa fue de 48.725 dólares. El dueño era una mujer, Helen Hay Whitney. Poseer caballos era bien visto para una mujer, pero el manejo cotidiano de una caballeriza era trabajo de hombres.

—Yo entiendo que usted decidiese no hacerlo correr en el Preakness —comentó Devon.

—No pude conseguir un buen jockey. Su esposo estaba fuera y no tenía autoridad para ofrecer el tipo de pago que necesitaba para conseguir a Kurtsinger, o a Sande, o a cualquiera de los grandes.

—Bueno, ése no será un problema para usted de ahora en adelante —prometió Devon.

—Así dijo su marido —dijo O'Neill. Su tono de voz le recordaba que el acuerdo había sido con el *señor* Alexander.

—¿Va a hacer correr a Winning Spurs otra vez este año? —preguntó Devon, apoyándose contra el pesebre del establo del lado opuesto al del potrillo.

Willy gruñó, asintiendo a medida que se inclinaba para examinar la pata izquierda del caballo, dándole a Devon la espalda durante el proceso.

Los ojos de Devon se encontraron con los de Jeremiah, mientras él sostenía el cabestro del caballo. Ella leyó allí una mezcla de simpatía y diversión y le dio una retorcida sonrisa como respuesta.

—¿Le van a hacer ejercicios hoy? —preguntó a nadie en especial.

—No, señora —contestó Jeremiah—. Bertie lo hará.

—Bueno, me gustaría hacerlo yo misma —dijo Devon con firmeza. Podría hacer que sus deseos fueran visibles para O'Neill porque no importaba cuán diplomática tratara de ser, él se comportaba como si estuviera ofendido por su presencia.

Devon casi suelta una carcajada ante la cara de Willy. Sus cejas, cual orugas peludas, se juntaron en un gesto de perplejidad, y su fina y móvil boca se convirtió en una ceñuda línea. Devon observó que estaba confuso sobre cómo responder. Ella se alegró al ver que había provocado confusión en él por primera vez.

—Tenemos reglas para eso —respondió Willy.

—¿Cuáles son las cualificaciones? —preguntó Devon fríamente.

—Peso. Habilidad para montar. Conocimiento de los purasangre —ladró Willy.

—Bien. Entonces yo estoy perfectamente cualificada para ello. Peso menos de cincuenta kilos. He montado durante veinte años y he criado y preparado caballos purasangre para la caza. Dudo que tenga usted a un preparador tan experimentado como yo —dijo Devon, desafiante.

Al igual que un observador en un partido de tenis, Jeremiah volvió su cabeza hacia Willy para ver cómo reaccionaba.

—¿Usted quiere ser un preparador? —preguntó Willy con una incredulidad burlona en su tono de voz.

—No como carrera, no —dijo Devon. No iba a decir más. ¿Por qué debía hacerlo? Él nunca le otorgaba a ella más que un mínimo de respuestas.

—Bien, demonios —dijo Willy queriendo impresionar a Devon y desafiándola a que ella lo reprobara por su lenguaje. Dejaba que ella lo reprobase. Se iba a enfrentar con ella directamente. Aquí y ahora. Una mujer interfiriendo era una discapacidad que él no necesitaba. Pero Devon no respondió, como él esperaba.

—Realmente —dijo Devon con un brillo divertido en sus ojos—. Por favor, no se retrase por mí. Continúe sus rondas. Les seguiré unos pasos más atrás. —Había conquistado su victoria. Ahora, era tiempo de dejarle que restablezca su dominio sobre los establos. Devon sabía que si continuaba con su rutina la ayudaría para conseguirlo.

Willy se dio media vuelta y señaló impacientemente para que Winning Spurs fuera devuelto a su pesebre.

Luego, sin mirar a Devon, caminó hasta el siguiente pesebre, con Jeremiah que la seguía detrás. A medida que Willy se daba la vuelta para observar el próximo caballo, el joven negro le ofreció a Devon un pequeño gesto de asentimiento. Parecía decir, felicitaciones.

17

❧❧

—Lo primero que debemos hacer es instalar un teléfono. No voy a continuar con esta ridícula y antigua oposición a un instrumento tan conveniente —dijo John colocando su servilleta sobre la larga mesa del comedor y empujando hacia atrás su silla.

—Yo nunca me arrepentí de no tener uno —dijo Devon sin querer protestar realmente. Tomó el último sorbo de su café matutino y se levantó de la mesa. Con su rayado vestido azul y blanco de algodón parecía tan fresca como la refrescante mañana. A través de las puertas de estilo francés abiertas el aroma de las rosas flotaba dentro de la habitación.

—Bueno, necesito estar en contacto con mi oficina. ¿Y qué pasará cuando estemos en Nueva York? ¿No querrás saber cómo van las cosas aquí?

Devon esperó hasta que estuvieran en el luminoso invernadero para contestar. No habló hasta que cerró el par de puertas de vidrio que separaban al verde y blanco cuarto del resto de la casa.

—Yo tengo confianza en el personal que deberá cuidar de Willowbrook —dijo Devon suavemente—, pero me imagino que un teléfono vendrá bien cuando estés en Nueva York sin mí. Vamos a apreciar el poder hablarnos por teléfono.

—¿En Nueva York sin ti? —John parecía confuso y se detuvo en medio del piso de mármol y pizarra color rojo y negro, al estilo tablero de ajedrez—. Eso no suena prometedor.

—Ni tampoco para mí, querido —dijo Devon, sentándose en una silla—, pero con tus negocios allá y mis intereses acá parece que algunos días de separación resultarán inevitables.

—¿Por qué? ¿Por qué no podemos dividir nuestro tiempo entre ambos lugares? ¿Por qué no me puedes acompañar adonde yo vaya?

—Bueno, estoy tratando de aprender el negocio de criar y entrenar caballos purasangre. Habrá momentos en que no pueda acompañarte. Por ejemplo, cuando una carrera importante vaya a tener lugar.

—Pero para eso tienes a O'Neill —dijo John, impacientemente, pasando por delante y por detrás de Devon.

—Quiero estar más involucrada. No quiero dejar que O'Neill tome todas las decisiones. Me gustaría ayudarlo a entrenar un par de caballos. Aprender de él.

—Él dijo que no quería interferencias. No me voy a arriesgar a perderlo —la voz de John sonaba como una advertencia—. Esto es, después de todo, un negocio.

—Estuve ejercitando a los caballos durante dos semanas hasta ahora y aún no se ha ido —dijo Devon, defendiéndose—. ¿Piensas que soy tan ofensiva que no va a poder soportar mi presencia?

—¡De por sí, no tiene nada que ver contigo! Y sé que parece tonto el hecho de que un preparador deba dar órdenes a sus patronos, pero estos hombres son una raza aparte. Los buenos son difíciles de encontrar. Tú sabes eso —dijo John tratando de asumir un tono que pudiera convencer a Devon.

—Bueno, si aprendo lo suficiente de él tal vez no pueda darme órdenes. ¡Quizá no lo necesite para nada!
—dijo Devon con un aire de bravata.

—¡No seas absurda! —respondió John a medida que su voz se tornaba más ardiente—. Aun los dueños más conocedores tienen preparadores.

Las cejas de Devon se endurecieron ante el reproche. Luchaba por reprimir su creciente enojo. Entonces, con una voz quieta pero inestable, dijo:

—No me propongo despedir al señor O'Neill. Reconozco su valor. Por otro lado, no me gusta que nadie me sermonee. Soy extremadamente cuidadosa de no meterme en su camino. Pero insisto en hacerme cargo de tareas para las que estoy cualificada. Y lo he hecho muy bien hasta ahora. Ayer, hice el mejor tiempo con Firefly. ¡Ella está lista para Saratoga!

—¿O'Neill dice eso? —John permaneció quieto delante de Devon mientras la curiosidad se sobreponía a su enojo.

—Lo dijo —respondió Devon levantando su mentón—. ¡Y me voy con ella!

—¡Ambos iremos! —dijo John excitadísimo y contento con las noticias que Devon le estaba dando—. No puedo dejar de ver cómo se las arregla.

—También vamos a llevar a Winning Spurs. ¡Y a Home Run! —dijo Devon contagiada por la excitación de John y aliviada de que la tensión entre ambos hubiera cesado.

—¡Ésas son maravillosas noticias! —John tendió las manos hacia Devon y la levantó hacia su lado, mientras sus brazos la envolvían en forma de un abrazo de oso.

—¿Ves? ¡Todo está bien! —exclamó Devon.

—Mejor que bien —murmuró John dándole un largo beso. Devon devolvió su abrazo cálidamente, pero, luego, se echó hacia atrás—. Ven al establo conmigo —lo invitó—. Debo estar allí dentro de una media hora.

John estaba desilusionado. El abrazo le había encendido el deseo de volver a su cama.

—¿No te puedo divertir durante una media hora? —preguntó con una maliciosa mueca.

—Bueno... —Devon no podía negarse a su ofrecimiento. Ella nunca antes lo había hecho y no pensaba que fuera una buena idea el hacerlo. Por otro lado, entrenaba a Firefly más de lo debido cada día. Pero hoy era el día en que iba a correr con ella en una carrera contra los demás potrillos del establo para ver cómo iba a responder a la competencia después de semanas de intenso entrenamiento.

John podía ver el conflicto en el semblante de Devon.

—Vete, veo que te estás muriendo de ansias por ir allí —dijo con una bienintencionada sonrisa.

—Tú eres el esposo más comprensivo del mundo, querido. Pero quiero el derecho de pedir luego —dijo Devon levantándose de puntillas para besarlo una vez más.

18

❦

—¿Quién es esa bella mujer? —le murmuró Devon a Sydney Howell-Jones.

El esposo de Sydney, Bart, era un amigo cercano de John, y las dos mujeres se sintieron igualmente atraídas entre sí. Ambas parejas tenían caballos corriendo en Saratoga ese día, así como también sus otros amigos, los Whitney, los Vanderbilt, los Astor y los Duke.

Estaban sentadas en la refinada sección para dueños, cada mujer elegantemente ataviada de lino y coquetos sombreros. Pero, aun entre los pulidos y esmerados personajes de la elite estadounidense, la mujer que Devon señalaba se diferenciaba del resto.

—¿Nunca la habías visto antes? —Sydney rió con conocimiento de causa; su áspera voz era rica en melodías—. Es Marion Davies.

No había necesidad de explicar quién era la actriz de cine. Su fama en las películas había sido eclipsada hacía varios años por su notoria relación como amante de William Randolph Hearst.

—Por supuesto... Me pareció familiar. Y ése debe ser el señor Hearst, el que está a su lado. No lo he visto durante años. Él y mi padre hicieron algún negocio juntos y nos visitó en Evergreen, pero eso debe haber sido hace unos diez años. No lo reconocí inmediatamente, a pesar de que debo decir que no parece más viejo.

—Bueno... el tener una novia joven ayuda, estoy segura de ello —se rió Sydney—. Sabes, él debe andar por los setenta años.

—Y ella tiene sólo alrededor de los treinta. ¿No es cierto?

—Correcto —dijo Sydney con una sonrisa maliciosa. Sydney no era maligna, pero adoraba los rumores escandalosos y no podía resistirse a escucharlos ni repetirlos. Sydney era una atractiva rubia color frutilla, con frescos labios en forma de bóveda que exhalaba un áurea de sexualidad, con la que actuaba como un irresistible desafío hacia el sexo opuesto. En realidad, ella era extremadamente fiel a su esposo, Bart, que parecía no notar los flirteos inocentes con los que ella gozaba tanto.

Devon miró nuevamente hacia la rubia mujer, Marion Davies, que estaba discretamente vestida con un traje de lino blanco con guantes blancos bordeados por un vivo azul marino y un sombrero de paja de color azul marino que resaltaba maravillosamente sus ojos azules.

—No parece ser la amante de alguien —notó Devon.

Sydney levantó una de sus cejas castañas expresivamente, sonrió de forma afectada y dijo:

—En realidad, no.

Devon estalló en una carcajada ante la expresión de su amiga.

—Oh, ya sé que es verdad. Es sólo que tiene un aspecto tan hermoso y... no sé... cuidadosa, supongo. —Devon, de alguna manera algo inocente, esperaba que las amantes se proclamaran a sí mismas luciendo mucho maquillaje, muchas joyas y colores vivos.

—Bueno, las parejas de amantes son a veces más fieles entre sí que muchas parejas casadas que conozco —dijo Sydney pensativa—. Supongo que has visto las fotografías de ese lugar que construyó en California. —Sydney se estaba refiriendo a La Cuesta Encantada, conocido generalmente como el castillo de Hearst.

—Es increíble. ¿No es cierto? —dijo Devon asombrada. Ella, como todos los de su grupo, estaba acostumbrada a las propiedades de los ricos, pero nadie había visto jamás algo como el castillo Hearst, o el rancho, como el magnate de los periódicos lo llamaba.

—El lugar tiene las piscinas de natación más increíbles —dijo Sydney—. Una dentro y otra fuera. La piscina de fuera está circundada por columnas y parece un templo romano. La llama la piscina de Neptuno. En realidad, tiene parte de un templo romano justo ahí, al lado del agua. Debe tener alrededor de mil quinientos años de antigüedad.

Devon sacudió su cabeza con admiración ante tal extravagancia. Sus padres eran ricos, pero no eran tan extravagantes.

Sydney continuó:

—La piscina de dentro está hecha enteramente de mosaicos pequeños traídos de Venecia. Están parcialmente cubiertos por trozos de oro en forma de diamante haciendo que el cuarto entero brille.

—¡Parece que te quita el aliento! —dijo Devon mirando nuevamente hacia el mundialmente conocido general en jefe de los periódicos.

—Todo el lugar te maravilla —aseguró Sydney—. Pero tú, probablemente, lo visites algún día. Él y John se conocen bien. Tú sabes que John solía invertir en películas de cine —y no sólo en ésas que producía el estudio del señor Hearst.

Devon miró de repente a Sydney, sorprendida por las noticias sobre su marido.

—¿Películas de cine? Nunca me ha mencionado ningún interés por ello.

Sydney se rió roncamente, indicando a Devon que el tópico tenía algo que ver con el sexo.

—Muchos hombres invierten en películas o producciones de escenario, tú lo sabes —dijo Sydney—. John, aparentemente, dejó eso cuando se enamoró de ti. Y eso es bueno. —Sydney miró directamente a los ojos de Devon, tratando de ver si su amiga entendía su insinuación.

Devon se puso colorada de furia cuando se dio cuenta de lo que Sydney insinuaba.

—Ah, ya veo a lo que te refieres —murmuró, evitando los ojos de su amiga.

Sydney estaba medio divertida, medio desconcertada por la amargura de su amiga.

—Eso ya ha pasado —le aseguró.

—Por supuesto —dijo Devon volviendo a mantener su compostura. Levantó su mentón y sonrió como si fuera la sonrisa de una mujer de mundo.

—De cualquier modo —dijo Sydney, ansiosa por evitar adentrarse más en este tema tan espinoso—, el señor Hearst invita hordas de gente a su rancho cada fin de semana. Sé que John ha estado allí antes y estoy segura de que te invitará pronto.

Como si hubiera estado advertido, el señor William Randolph Hearst ladeó su sombrero a los ocupantes del palco y levantó su copa de champán a modo de saludo. John devolvió el gesto, y luego, le pidió a Devon que lo acompañara para ir a saludar al viejo hombre.

—¡Cómo estás, John! —el gran hombre se movió bruscamente tratando de hacer que su voz se oyera por encima de la multitud que estaba a su alrededor—. Ha pasado mucho tiempo. Te acordarás de Marion, por supuesto.

—Cómo me podría olvidar de la hermosa señorita Davies —sonrió John tomando la mano de la joven mujer brevemente antes de presentar a Devon—. Y usted no ha conocido aún a mi esposa. —John miró con alegría y orgulloso hacia Devon a medida que hacía las presentaciones.

Devon y Marion Davies se dieron las manos y se sonrieron. Luego, Devon se dirigió hacia Hearst, cuyas amplias manos se tragaron a las suyas, que eran pequeñas, en un apretón. Estudió a Devon con aprobación, obviamente gozando de la vista que ella presentaba, luciendo un vestido blanco y rosa de organdí y un sombrero haciendo juego. Hearst era un hombre que apreciaba la belleza clásica y la reconoció de inmediato en Devon.

—Eres un hombre afortunado, John —dijo Hearst tranquilamente. El tono de sinceridad en su voz transformó la frase común en un cumplido sincero—. ¿Nos acompañan con una copa de champán? —continuó diciendo.

—Oh, por favor —dijo Marion con una hospitalaria sonrisa.

Devon tomó el asiento que Hearst dejaba vacante al lado de su amante y saludó al resto de los que ocupaban el palco. Se sintió excitada de poder conocer a Gloria Swanson, a la que encontró radiante, y a Clark Gable, que parecía que había seducido a todas las mujeres de su alrededor. Además, ella reconoció a dos de sus conocidos de Nueva York y al editor del diario de Boston, que había sido compañero de colegio de su padre.

—Creo entender que tienes un caballo que va a correr en la próxima carrera —le comentó Marion a Devon.

Devon la miró sorprendida, dándose cuenta de que ella y John habían sido tema de conversación. Se preguntaba qué habían dicho de ellos.

—He estado tratando de aprender algo más acerca de las carreras de caballos —dijo Devon—, y tengo muchas esperanzas puestas en mi potranca Firefly. Pero, tú sabes, las potrancas no se desenvuelven generalmente bien.

—Bueno, siempre hay una primera vez. Y tengo las esperanzas puestas en ti. Incluso he apostado por ti —dijo Marion sonriendo ante nada en particular.

Devon encontró que la risa de la joven mujer era contagiosa y se rió con ella, sin saber por qué. Marion Davies parecía ser la clase de persona que tenía una perpetua mirada sonriente ante la vida. A Devon le gustó inmediatamente.

Devon nunca antes había conocido a gente del espectáculo y descubrió que constituían un grupo enloquecido y llamativo. Se sentía un poco reservada y dura en comparación con ellos. Eran todos tan animados y atractivos.

A pesar de la jovialidad del grupo ninguna de las enloquecidas o llamativas personas parecía dirigirse a Hearst, a quien Marion llamaba W.R. Los presentes en la fiesta daban la impresión de tenerle respeto y parecían tenerle incluso un poco de miedo, como si él fuera un padre en medio de un grupo de adolescentes. Sólo Marion lo trataba con el mismo modo alegre con que trataba a todo el mundo.

Había mucha excitación en el palco cuando le tocaba correr a Firefly. Devon estaba gratificada por el apoyo del grupo, especialmente cuando los Whitney, que estaban en el palco vecino, hacían correr un potrillo en la misma carrera. Los Whitney constituían realmente la primera familia del hipódromo norteamericano, altamente considerados por sus caballerizas, sus preparadores, sus jinetes y su dominio del deporte. La caballeriza de Willowbrook, sólo tres años antes, se había enfrentado a la de Greentree de los Whitney, por lo que Devon intentaba restaurar la caballeriza y darle su anterior fama. Devon recordaba que era, en efecto, un caballo de los Whitney, una potranca, la que había ganado el Derby de Kentucky. Hany Payne Whitney Regret, que corrió en 1915, había demostrado que, en efecto, una potranca podía ganar el mayor premio de los hipódromos de Norteamérica.

Como leyendo los pensamientos de Devon, Marion se reclinó sobre ella, puso suavemente su enguantada mano sobre la de Devon y le dijo:

—Me gustaría ver ganar una potranca.

Devon apretó su pequeña mano en la suya y le sonrió nerviosamente, contenta de tener el apoyo de esta hermosa mujer. No estaba muy satisfecha con el jinete que había encontrado Willy O'Neill para competir con el gran Linus "Pony" McAtee, que trabajaba para los Whitney. Miraba hacia la posición número seis de la línea de comienzo, la posición de Firefly, tratando de convencerse de que el menos experimentado, Slim Bocaso, le serviría también. Willy lo había contratado tan sólo dos semanas antes, pero con reservas ante su falta de experiencia. Lo estaba comparando con McAtee, que había trabajado para Willowbrook antes de ser contratado por los Whitney.

Mirando a Bocaso por entre la multitud, se sentía feliz de haber rediseñado la vestimenta de Willowbrook; de este modo, era ahora su propia elección de colores. Había pensado en la imagen respetuosa, aunque decaída de Willowbrook, pero había decidido finalmente otorgarle una señal de cambio y progreso como para enviar al mundo de las carreras de caballos. Como resultado, había descartado los colores azul y verde, que habían sido de los Hartwick y diseñado un uniforme nuevo, torso y mangas color escarlata con un diamante negro en el frente y en la espalda, como un naipe. La gorra del jinete tenía cuadrantes color negro y escarlata.

El comienzo de la carrera vino de golpe, a pesar de la impaciencia de Devon. Como herida de un golpe se levantó de su silla, rezando en silencio mientras observaba con los binoculares pegados a su cara. Se abstrajo de John cuando éste se colocó detrás de ella y puso sus manos en sus hombros. Se abstrajo de la multitud. Por un momento, no pudo encontrar a Firefly; luego, la vio.

La potranca había empezado con gran rapidez, como era el caso generalmente con las potrancas. La pregunta era ahora si ella podría mantener su delantera una vez que los potrillos la alcanzaran. Iba contra todo instinto de una potranca el hacer eso, pero había excepciones a la regla.

Firefly estaba manteniendo su avance, observó Devon excitada. Ahora era Firefly y el potrillo de los Whitney, Dance With Me. Bocaso estaba maniobrando a Firefly hacia la parte interior de la pista, deslizándose hacia la izquierda y lejos de Dance With Me. Ése era un buen movimiento, pensó Devon con aprobación, pero se aterrorizó al ver al caballo de los Vanderbilt, Hip Hip Hurrah, alcanzando a la potranca desde atrás.

De pronto, Dance With Me se colocó adelante y alcanzó a Firefly. McAtee trató de mover su caballo más cerca de Firefly en un intento perfectamente legal de intimidar a la potranca y causar que aminore el paso. Entretanto, el cuarto caballo, uno de color gris llamado Court Order, había pasado a Hip Hip Hurrah y parecía estar juntando fuerzas para un surgimiento final hacia la delantera. Su jinete también estaba tratando de acercarse a Firefly.

Con júbilo Devon vio que Firefly se negaba a ser intimidada. ¡Todo lo contrario!

—¡Mira, está empujando hacia adelante! —dijo Devon a nadie en particular. Podía oír el rugir de la multitud, ahora impresionados por la posibilidad de que una potranca poco conocida de Willowbrook pudiera ganar una carrera que ofrecía un premio, que aunque no impresionante, era de un montante considerable.

Con tan sólo un octavo de milla para recorrer, Firefly estaba consiguiendo mantener su posición en la delantera. La mantenía, aunque no por una distancia significativa. Luego, en un segundo, Dance With Me tomó la delantera. Iba por delante con un largo de una nariz. Devon oía a John que gruñía detrás de ella a la vez que le apretaba con fuerza sus hombros. Pero Firefly, de manera testaruda, se negaba a dejarse vencer; con sólo un largo para ganar, ella apuró sus patas lo más que pudo y consiguió superar al potrillo.

Como en una nube, Devon vio que la potranca cruzaba la línea final. La cruzó en primer lugar.

—¡Conseguimos ganar! —John abrazó a Devon desde atrás y la levantó en alto. Como en una vertiginosa sacudida, Devon sintió que la sacaban del palco. Le daban a gritos la enhorabuena, a ella y a John, a medida que se abrían camino para salir de la multitud. Sintió que su corazón latía de orgullo; su mente parecía asombrarse con el desconcierto. ¡Había sido tan fácil! ¡Su primera carrera! ¡Y una potranca! Devon le daba las gracias a la interminable cadena de saludos que encontraba a su paso.

Finalmente, vio a Willy. Estaba sosteniendo las riendas de Firefly; Slim permanecía a horcajadas. Un periodista estaba gritando preguntas al preparador, quien contestaba en su habitual modo monosilábico. Devon apuró sus pasos hacia el grupo, ignorando las solicitudes de los fotógrafos. Quería abrazar a Willy y celebrar juntos la victoria, pero, a medida que se acercaba, su habitual seca expresión la inhibió.

Devon se acercó a Willy tranquilamente y se enfrentó a él.

—¿Bien? —dijo, incapaz de ocultar una jubilosa sonrisa.

—¿Bien qué? —preguntó él bruscamente, ignorando las preguntas que le gritaban los periodistas.

—¿Bien, qué piensa? —preguntó Devon con una amplia sonrisa aún en su semblante.

Willy levantó su gorra Brooklyn Dodgers de su cabeza y, luego, la volvió a colocar. Miró hacia el suelo y, rascándose la mejilla, murmuró:

—Es un comienzo.

Devon extendió su mano hacia Willy, con miedo de que pudiera ignorarla. Pero él no lo hizo. Levantó sus ojos hacia ella y sacudió su mano con firmeza, mientras los aparatos de los fotógrafos registraban el hecho.

—Lo hemos hecho muy bien —añadió.

Devon quería inclinarse y besar su mejilla bronceada por el sol.

Pensó seriamente en ello, luego decidió que Willy había hecho suficientes concesiones por ese día. En cambio, se dio media vuelta para felicitar a Slim Bocaso, aliviada de saber que había encontrado un jinete para la caballeriza de Willowbrook.

19

❧

La Cuesta Encantada se levantaba como un castillo de cuento de hadas en las colinas soleadas de California; su estuco blanco y las pizarras del techo mostraban una gran variación de textura en los interminables campos de césped reseco que la circundaban. Era tan impresionante la aparición, que lo que siempre hipnotizaba a Devon era la vista maravillosa que ofrecía del océano Pacífico que se veía desde la posición ventajosa del rancho.

A pesar de que era la quinta visita de John y Devon al rancho, y muchos de los otros invitados que formaban parte del convoy que los llevaba hasta la cima de la colina estaban tan cansados o tan entretenidos en la conversación como para mirar el paisaje, Devon se dio una vuelta completa en su silla para ver por la ventana trasera del Packard de Hearst conducido por el chófer hacia la luz del amanecer que se reflejaba en el mar.

El grupo entero, compuesto por treinta y seis personas, incluyendo a Marion Davies y a Hearst, había abandonado Los Angeles en el tren privado de este último, a las 8:15 horas, la tarde anterior. El tren había llegado a San Luis Obispo alrededor de las 4h de la madrugada, donde una flotilla de autos los esperaba para la subida al rancho. Desde San Luis Obispo hasta San Simeón, el pequeño pueblo donde estaba el rancho de Hearst, había un recorrido de por lo menos dos horas. Pero, para viajar desde la entrada del rancho hasta la cima de la colina, donde estaban las casas, había otra media hora. A veces más tiempo, dependiendo de si los animales salvajes estaban bloqueando la carretera.

Devon pensó que uno de los más fascinantes rasgos del rancho eran los exóticos animales que Hearst había importado de los lejanos rincones de la tierra. A muchos de los animales que andaban en manadas, como las cebras, se les permitía que estuviesen libres. Los monos y los grandes felinos, en cambio, estaban en el zoológico privado de Hearst. Devon siempre sentía lástima por los magníficos felinos que caminaban dentro de los pequeños espacios mientras sus colas permanecían quietas en el confinamiento.

Devon y John gozaban en sus visitas a la Cuesta Encantada. Eran tiempos de inusual abandono, donde parecía que cualquier fantasía podía realizarse. El grupo alegre de Hollywood, que conformaba la mayoría de los invitados, parecía que perdían las inhibiciones propias de la sociedad de personas y políticos de la costa este. Devon y John se encontraban bailando más, bebiendo más y relajándose más que lo acostumbrado en reuniones más cercanas a su hogar. No era el estilo de vida que Devon prefiriera, pero ella apreciaba los interludios. John, por otro lado, parecía más relajado en California y siempre hablaba de comprar una casa allí.

Las limusinas descargaron a los pasajeros al pie de una serie de escaleras curvas de mármol que circundaban la piscina de Neptuno hacia la casa principal y a las tres casas de huéspedes.

—Devon y John, vosotros vais a compartir la Casa del Mar con Sydney y Bart —anunció Marion con una cálida sonrisa, refiriéndose a una de las casas de huéspedes más elaboradas que estaban separadas de la casa principal—. Yo sé cómo te gusta admirar el océano —murmuró aparte a Devon. El hecho de que tratara de acomodar a sus invitados más destacados según sus gustos, sin ser para nada pesada, era uno de los rasgos más atractivos de Marion Davies.

A los amantes ilícitos, sin embargo, nunca se les asignaba el mismo dormitorio, ya que Hearst era prudente, a pesar de su propia situación.

—El desayuno se servirá en media hora —les dijo Marion a sus invitados.

—Pienso que deberíamos olvidarnos del desayuno y hacer una buena siesta —dijo John a Devon con un bostezo y estirándose. Como la mayoría de los otros invitados, él y Devon se habían pasado la velada tomando champán y jugando a los naipes en su viaje en tren.

Devon dudó, tentada de aceptar.

—Bueno... W.R. me quiere mostrar su nuevo potrillo después del desayuno —dijo. Devon era una de las pocas mujeres invitadas a las que Hearst buscaba. Encontraba que su inteligencia producía un agradable contraste con la frivolidad de la mayoría de los demás invitados y mostraba respeto por su conocimiento acerca de los caballos.

—¿Vas a tomar el desayuno o a hacer la siesta? —preguntó Devon abriendo la puerta de su magnífica casa amueblada. Casa del Mar era la casa favorita de Hearst y la más adornada. A Devon y a John les había dado una de las suites de arriba, adornada en el techo con hojas de oro importadas de un palacio de Venecia, con paredes de seda roja y columnas de mármol italiano en cada entrada.

A medida que subían a su suite, Devon pudo sentir que el cansancio se apoderaba de su cuerpo. Una siesta sería maravillosa, pensó, entrando en el cuarto.

La cama había sido abierta con anticipación de tales necesidades, y Devon miró, con gusto, hacia las sábanas de lino.

—¿Somnolienta? —dijo John siguiendo su mirada. Devon asintió.

—¿Más somnolienta que hambrienta?

—Bueno... siempre tienen las mejores tortillas...

John cerró con llave la puerta y comenzó a desnudarse. A pesar de su fatiga, Devon no pudo dejar de admirar el juego de los músculos en el cuerpo de su esposo a medida que se quitaba la ropa. "Mi esposo es deliciosamente atractivo", pensó. Como seguida por su propio deseo, sus manos se movieron hacia el cuello y comenzaron a desabotonar los botones de su traje de viaje.

John, desnudo, se deslizó entre las frías sábanas, pero dejó un rincón de la cama doblado como en señal de invitación.

—¡Ahhh! —suspiró, al introducirse en la suave cama—, ¡esto es maravilloso! —Sus ojos llenos de malicia se encontraron con los de Devon—. ¿Estás segura de que no quieres hacer una siesta?

Devon se sintió irresistiblemente atraída por la cama, por su marido, y hacia la idea de lino fresco en su cuerpo. Quitándose su ropa interior caminó hacia la cama y se deslizó en el cálido hueco que John le había fabricado. El confortante sentir de sus brazos a su alrededor, combinado con el limpio aroma a lavanda de las sábanas frescas, la adormeció en un profundo sueño sin recuerdos.

Devon se despertó con el sol que entraba plenamente a través de la amplia ventana que miraba hacia el océano. Se estiró lánguidamente, luego miró a John, y restregó su cuerpo contra el de él de modo gatuno. Lo miró y vio que aún estaba completamente dormido. Sus largas pestañas estaban curvadas contra sus mejillas bronceadas de modo atractivo. Su fuerte perfil, marcado en las blancas almohadas, incitó en ella admiración, ternura, deseo, todos los ingredientes que, sumados, conformaban el amor. Se sintió con mucha suerte de estar tan enamorada de su esposo —y tan segura de su amor por ella— a medida que consideraba la cantidad de personas divorciadas que conocía.

Con una sonrisa, se deslizó suavemente fuera de la cama para no despertar a John. Usó la campana para señalarle a Alice que quería que le preparase su baño. Alice siempre viajaba con ella al rancho Hearst, ya que una dama de compañía era necesaria para hacerse cargo de la ropa y de los cambios de peinado requeridos para aquellos que residían allí.

Para cuando Devon se hubo bañado y vestido con ropas de montar, ya era el mediodía. El almuerzo no estaría servido hasta las dos y media, así que Devon decidió ir a cabalgar.

Hearst siempre tenía una fina selección de monturas y Devon encontró que su favorito, un gran y blanco animal capado llamado Eskimo, estaba disponible. Eskimo era mucho más tranquilo y gentil que los demás a los que ella estaba acostumbrada en casa, pero era habitual que los caballos se asustaran debido a los rugidos y chillidos de los animales salvajes de Hearst; así que Devon prefería, cuando cabalgaba sola, al sólido Eskimo antes que a otros, que saltaban de repente ante semejantes ruidos. A pesar de que cabalgar estaba prohibido en el área donde los animales salvajes vagaban libres, los rugidos que provenían del zoológico podían oírse a millas de distancia. En una ocasión, mientras cabalgaban Devon y Sydney, se encontraron con una culebra durmiendo en el calor de una tarde de sol. Eskimo iba por delante y se detuvo; luego, retrocedió despacio fuera del alcance de la mortal criatura, pero no se asustó.

Desde entonces, Devon siempre cabalgaba con un revólver en la cintura. Hubiera preferido una escopeta, pero decidió llevarse un revólver; a pesar de que era menos letal, sería más fácil de manejar en una emergencia.

Como lo había previsto, Devon podía oír el chillido de los grandes monos de Hearst que se alojaban no muy lejos de las residencias para los humanos. Los animales enjaulados eran accesibles a caballo y a pie, y el pequeño zoológico era un lugar preferido por los invitados de Hearst. En esa mañana particular, los monos parecían estar gritando más de lo habitual y Devon encontró que el ruido la perturbaba. A medida que se acercaba, ella también oyó el sonido de una risa humana, pero una curva en el camino le permitió ver lo que estaba ocurriendo.

Entonces, otra ronda de chillidos punzantes, que procedían de los monos, cruzó el aire, seguido de un sonido a metal. Las personas se reían aún más fuertemente. Devon se preguntaba qué produciría ese ruido. Cuando dobló por la curva del camino pudo ver las jaulas. Frente a una familia de chimpancés, macho, hembra y bebé, vio a varias personas que había visto en el tren la tarde anterior: cuatro hombres, dos de ellos actores; uno de ellos era el jefe de los estudios, y el otro un director. Con ellos estaba una seductora joven a la que Devon no recordaba haber visto. Mostraba su maravillosa figura, ya que vestía un par de pantalones cortos blancos y un top igualmente blanco. Todos sus compañeros parecían dominados por ella. Ninguno del grupo era consciente de la presencia de Devon, que se acercaba detrás de ellos.

Los cinco juerguistas estaban detenidos directamente frente a la jaula del chimpancé, lo suficientemente cerca como para perturbar a los animales, pero demasiado lejos como para ponerse en peligro. En el suelo había dos botellas de champán vacías y un cubo de hielo que contenía una tercera botella.

—¿Más champán, Bebe? —gritó uno de los actores alcanzando la botella del cubo de hielo.

La joven recogió su copa con el fin de que se la llenaran de nuevo. El otro actor deslizó su mano alrededor de la cintura de la mujer y, luego, hacia abajo hasta sus firmes nalgas. Ella no rechazó el contacto, sino que siguió señalando hacia los animales y hablando.

Bebe. El apodo le era familiar a Devon. Se preguntaba si la muchacha sería Bebe Hanley. Si era así, Devon conocía algo a su familia de Nueva York, y se acordaba del debut de la muchacha dos años antes. Desde entonces, sabía que la muchacha había sido clasificada como "salvaje" por la sociedad de Nueva York. Como para confirmar la idea, Bebe se dio la vuelta hacia el director y le dio un largo beso, restregando su cuerpo sobre el de él a modo de invitación. El actor que la había estado sosteniendo no mostró enojo, sino que, simplemente, se inclinó sobre su parte trasera, reclinando su cabeza sobre su espalda y restregando la parte trasera de sus muslos y nalgas.

Devon apuró su caballo hacia adelante, no quería entrometerse en la desenfrenada escena. De pronto, el sonido de los chillidos agonizantes de los chimpancés detuvo a Eskimo. Devon se dio media vuelta para enfrentarse al grupo. El director de los estudios, probablemente enojado por verse ignorado por Bebe, acababa de recoger del suelo una piedra y se preparaba para tirársela a la jaula. Aparentemente una piedra anterior, la causa de los gritos, había dado en el blanco, porque el bebé chimpancé tenía un corte sobre su oreja izquierda y la madre estaba gritando frenéticamente mientras que el padre golpeaba la jaula con sus poderosos brazos.

Bebe señaló hacia una pancarta fijada en la jaula que decía NO MOLESTAR A LOS ANIMALES. Se rió y tiró su copa de champán hacia la pancarta, pero no dio en el blanco y se incrustó en los barrotes de hierro. La mayoría del vidrio cayó fuera de la jaula sin lastimar a nadie, pero algunos trozos cayeron dentro. El furioso chimpancé macho tomó una cantidad del vidrio y se lo tiró a sus atormentadores, quienes levantaron sus brazos para guarecerse. Ahora el mono gritaba de pánico ante los cortes en la palma de su mano, y saltaba a la vez que lanzaba sus gritos.

Al principio, el grupo entero, no lastimado por el cristal, miró estupefacto al mono; luego, Bebe dejó caer una carcajada que pareció actuar como una señal para los demás. Azorada, Devon observó cómo uno de los actores imitaba los movimientos del animal herido. El otro actor se aproximó a la jaula y la pateó, retrocediendo rápidamente cuando el chimpancé se dirigió hacia él.

Furia y disgusto se apoderaron de Devon. Llevó a Eskimo al medio del grupo de borrachos y gritó:

—¡Deténganse!

El grupo se detuvo, asombrado, ante la visión de la mujer advenediza, con su pelo negro brillando sobre sus hombros al ver que se dirigía hacia ellos en su gran caballo blanco. Devon hizo que el animal se detuviera de forma tan brusca que levantó un ciclón de polvo con sus patas traseras antes de detenerse.

—¡Ustedes son unas personas desagradables! —gritó Devon a ninguno en particular—. Cómo se atreven a atormentar a un animal inocente.

El grupo, asombrado, permaneció en silencio durante unos segundos. Bebe volvió a su habitual compostura y, mirando a Devon, dijo desafiante:

—¿Cómo te atreves a decirnos lo que debemos hacer?

Devon se dirigió hacia ella, con una alegría que se reflejaba en sus ojos color aguamarina.

—¡Yo me atrevo a ello porque tengo razón! ¡Deberían tener vergüenza de atormentar a algo que no se puede defender por sí mismo! —Devon hizo que sus ojos miraran a cada persona del grupo a medida que iba diciendo esto, forzándoles a encontrarse con sus ojos. Uno por uno, los hombres bajaron sus miradas ante la implacable mirada de Devon. Ella podía ver que estaban avergonzados de su conducta, o por lo menos avergonzados de haber sido vistos.

Bebe, por otro lado, rehusó dejar de mirarla.

—Yo no tengo por qué hacer lo que tú dices —dijo, de manera infantil. Recogió del suelo otra piedra y se dio vuelta hacia la jaula del animal.

Devon se dirigió hacia los hombres, cada uno de los cuales estaba mirando hacia el suelo.

—Señores —ordenó con un tono que no daba lugar a ser contradicho—: o controlan a su compañera o lo haré yo.

Los hombres miraron a Devon. Vieron su revólver. Vieron su látigo de cabalgar. Devon no hizo movimiento alguno para usar alguno de ellos; pero algo en su actitud los convenció de que haría cualquier cosa que fuera necesaria para detener a la muchacha destructiva. No cabía duda alguna de que ganaría esta batalla, de una manera o de otra.

El director del estudio tomó gentilmente el brazo de Bebe.

—Vamos, querida, vamos a enfriarnos en la piscina. —La joven muchacha comenzó a sacudirlo, irritada, pero el director vino por el otro lado y la tomó del codo con fuerza, llevándola hacia el camino de tierra.

Devon se detuvo delante de la jaula de los chimpancés, contemplando cómo se retiraba el grupo. Justo cuando Bebe alcanzó el camino, se dio la vuelta y miró a Devon. No dijo nada; sino que más bien, parecía estar tratando de recordar la cara de Devon. Entonces, con un alegre meneo de su cabeza se dio vuelta hacia sus compañeros y se fue por el camino.

John se estiró y abrió sus ojos. Durante un momento, el panorama del brocado dorado y carmesí del dosel por encima de la cama le desorientó, y tardó varios segundos en recordar que estaba en el rancho Hearst. A su lado, las sábanas estaban arrugadas, pero el lugar estaba vacío. Devon debe haberse ido a cabalgar, concluyó John. Se dio media vuelta para observar su reloj de bolsillo que estaba en la mesita de noche y vio que era la una y media de la tarde.

—Bien, es casi la hora de almorzar —se dijo a sí mismo.

Decidió no ducharse, ya que tenía la intención de ir a nadar. Tomó un par de pantalones de lino color crema y una camisa azul y se dirigió a la piscina de Neptuno. En la cabina eligió un nuevo traje de baño de la selección que Hearst siempre tenía a mano para sus invitados, se colocó una bata encima y entregó su ropa al valet que llevaba todo lo relacionado con el vestuario.

Al aparecer en la piscina de natación miró furtivamente hacia la brillante luz y a su alrededor para ver si veía a alguien conocido. Divisó a Sydney y a Bart, quienes, aparentemente, estaban durmiendo en las tumbonas y caminó hacia ellos. En silencio, para no despertarlos, se acomodó en otra tumbona cerca de Bart; se quitó la bata y cerró sus ojos. Pero unos segundos después, los ruidos de una pelea llamaron su atención.

Entrando al área de la piscina estaba una de las mujeres más magníficas que jamás había visto. Estaba acompañada por cuatro hombres, uno de cada lado, y dos que iban más retrasados detrás de ella. Era más alta que los hombres que la acompañaban; tenía unas largas piernas, que la hacían aparecer aún más alta. Sus rubios y gruesos cabellos ondulados caían sobre sus hombros casi hasta su cintura en un estilo que no era precisamente la moda, pero que le sentaba a la perfección. Sus blancos pantalones cortos y el alto cuello de su delantero revelaban una figura con curvas, pero no demasiado rolliza como para ser voluptuosa.

La mujer estaba regañando duramente a los hombres que tenía a su lado.

—Vosotros me tendríais que haber defendido.

Un hombre bajo, que John reconoció como el director de los estudios Crown, le contestó en un tono exasperante:

—Mira, olvídate de todo. No es importante.

John vio que uno de los querellantes iba hasta el bar situado en la propia piscina y ordenaba un pedido. Entretanto, el grupo se sentó a una mesa debajo de una sombrilla blanca y azul.

La mujer, sin ganas de abandonar la disputa, continuó aún después de que el barman llenase cinco copas de champán con vino fresco y se las llevase a la mesa.

—Nosotros éramos cinco y ella estaba sola. ¡Pero todos vosotros os habéis replegado como una pandilla de niños pequeños! ¡Qué clase de hombres sois! —dijo, reprendiéndolos nuevamente.

John se colocó sus gafas de sol; así, podía observar al grupo sin que ellos se diesen cuenta. Estaba generalmente intrigado por los dramas que tenían lugar en el rancho Hearst. Los invitados, aislados del mundo real, parecían perder todas sus inhibiciones. Parecían un grupo de adolescentes en un campamento: ansiosos de experimentar todo, de jugar, de actuar salvajemente, y de no sufrir las consecuencias por realizar todo esto.

La mujer le era vagamente familiar a John, pero no la podía recordar. Se sonrió a sí mismo a medida que se daba cuenta de que había cambiado desde sus días de soltero. Como soltero hubiera recordado los detalles de un encuentro con alguien tan atractivo como esa rubia.

De pronto, ella echó la silla hacia atrás, se levantó, caminó hasta el borde del agua y saltó a la piscina. Nadando nerviosamente crawl fue hasta el otro lado de la piscina hacia donde estaban John y sus amigos. Cuando llegó al final, puso sus manos en el borde y se deslizó fuera de la piscina. Estuvo parada durante un momento enfrente de John con la delgada tela de su pantaloncito y su top, tan húmedos que revelaban cada detalle de su firme cuerpo. Sus atrevidos y rosados pechos se transparentaban a través de la delgada tela y estaban erectos debido a la frialdad del agua. La muchacha levantó sus brazos para retirar su largo cabello de su cara, cerró los ojos y volvió su cara hacia el sol. Se dio la vuelta hacia la piscina manteniendo su pelo por encima del agua y estrujándolo. Él tenía un perfecto panorama de sus firmes nalgas, visibles a través del material húmedo.

De nuevo se dio media vuelta para dirigirse a John. Buen mozo, pensó.

—Hola —le dijo.

—Hola. —John miró hacia Bart y Sydney. Bart estaba roncando, dormido bajo el sol del mediodía. Sydney no se había movido desde que John llegó. Observar a sus amigos le hizo rápidamente recordar a Devon y, con sentido de culpabilidad, retiró sus ojos del cuerpo de la joven mujer.

—Bebe Hanley —dijo ella caminando hacia él con la mano extendida.

—¿Bebe Hanley? —John, asombrado, se levantó cortésmente—. ¡Pero yo recuerdo que eras una niña pequeña! —Sonrió, tomó su mano y la sacudió calurosamente—. Soy John Alexander. Tu padre y yo hicimos buenos negocios hace algunos años. Tú, probablemente, no me recuerdas.

—¡John Alexander! —dijo Bebe con una sonrisa—. No lo voy a creer hasta que te quites esas horribles gafas de sol. Recuerdo que tenías los más devastadores ojos azules. A mí me encantabas, quiero que lo sepas.

John, obedientemente, se quitó las gafas. Bebe se acercó más hacia John no soltando su mano. Él era totalmente consciente de su cuerpo desnudo por debajo del delgado material.

—Sí, eres realmente tú. Y tus ojos son aún más devastadores que antes —dijo ella ronroneando.

John se debatía entre flirtear con ella y no hacerlo. La última vez que la había visto ella era sólo una adolescente extraña demasiado alta para la edad y con acné en su cara. Cinco años la habían cambiado.

Antes de que pudiera responder, Bebe preguntó:

—¿Puedo sentarme junto a usted?

—Qué descortés he sido por no habértelo ofrecido. Será un placer —dijo John, sintiéndose extraño y nervioso. Se daba cuenta de que no había realmente flirteado con una mujer desde su casamiento con Devon. No había estado particularmente interesado en hacerlo. Pero había algo excitante en la idea de que esta mujer, muchacha, se recordó a sí mismo, lo encontrara a él atractivo. Sabía que era un juego que debía detener, pero gozaba de ello. No estoy realmente *haciendo* nada, después de todo, se dijo a sí mismo.

Graciosamente, al igual que un gato, Bebe se reclinó en la silla estirando sus brazos sobre su cabeza. John se sentó a su lado.

—¿Cómo está tu padre? —preguntó John, sintiéndose obligado a llevar la conversación hacia temas más serios.

—Enojado conmigo todo el tiempo, me temo. —Bebe suspiró.

—¿Oh? —contestó John evasivamente.

—Me acusan de arruinar el nombre de la familia con mis extravagancias —dijo ella sarcásticamente.

John, vagamente, recordó haber oído rumores acerca de la hija de su viejo conocido, pero no pudo recordar el contenido.

—No puedo creer que tú hagas semejante cosa —dijo, con una risa que mostró sus blancos dientes contra su piel bronceada.

—Oh, soy culpable de los cargos —admitió, juguetonamente. Se dio media vuelta hacia un lado, ofreciéndole a él una completa visión de su cuerpo.

John no contestó. Se daba cuenta de que el juego había ido demasiado lejos.

Se colocó nuevamente sus gafas de sol, a pesar de que sabía que era descortés el hacerlo. Ella es sólo una niña, se dijo a sí mismo, temeraria de su poder sobre los hombres. Y has visto demasiadas como ella para tomarla en serio.

—Si me perdonas, creo que me voy a cambiar para el almuerzo —dijo John formalmente, a la vez que recogía su bata de la mesa que separaba su silla de aquélla en la que Bart aún roncaba.

Bebe, inmediatamente, sintió el cambio de estado de ánimo de John y, apenas ofendida, se levantó como para irse.

—Voy a reunirme con mis amigos —dijo, y extendió fríamente su mano para estrechar la de John.

John se levantó y tomó su mano, sacudiéndola más calurosamente que lo necesario debido a que se sentía culpable por su cambio repentino de tono. Después de todo, se dijo a sí mismo, no necesito ser descortés. Antes de que pudiera completar su pensamiento, Bebe se había retirado.

John se puso su bata y la ató. De alguna manera estaba contento de que sus amigos no hubieran sido testigos de su encuentro con Bebe.

Cuando pasó cerca de la silla de Sydney, una voz suave y sugerente le siguió.

—Cuidado, cariño, esa pequeña gatita tiene garras muy grandes.

John se dio la vuelta, sorprendido, y miró a Sydney. Ella no se movió de su posición en la tumbona.

John abrazó a Devon, admirando su reflejo en el espejo. Como era costumbre, Marion Davies había decidido organizar un baile temático de disfraces, y Devon y John estaban encantados con la idea. El tema del baile era la época antigua. Demasiado fácil para los hombres, quienes habían decidido usar togas que se asemejaban a aquellas de la antigua Grecia. Un poco más difícil fue para las mujeres, quienes se habían dividido entre disfraces que recordaban el antiguo Egipto y otros a la antigua Grecia.

Devon había elegido el antiguo Egipto y lucía el maquillaje en sus ojos al estilo de Cleopatra. Alice le había diseñado un estilo de peinado que circundaba su cabeza con un lazo dorado, y, desde el lazo, colgaba lamé dorado tan fino que flameaba por detrás de ella como un velo al caminar. Su vestido, sin tirantes y sin mangas, era del mismo material, y la envolvía de un modo que mostraba su pequeña cintura y amplios pechos. Sandalias doradas completaban el conjunto. Debido a su cabello negro brillante y su bronceado ligeramente dorado Devon tenía un aire exótico.

—Me siento absolutamente ridículo con esta vestimenta, pero tú tienes un aspecto espléndido —dijo John. Bajó su cabeza hasta su hombro y la pellizcó—. Hoy te he echado mucho de menos —le murmuró, a la vez que deslizaba sus manos por encima de sus pechos, tomando uno en cada mano. Toqueteó ligeramente los pezones de Devon hasta que se pusieron erectos y claramente visibles a través de la dorada tela.

—¡Deténte! —dijo ella ahogadamente, pero no hizo ningún movimiento para desembarazarse. Podía sentir la dureza de su miembro contra sus nalgas y se apretó contra él.

—Por favor —mumuró John—. No estoy seguro de lo que revelará esta toga, pero me siento bastante vulnerable dentro de ella.

Devon se dio media vuelta para ponerse frente a él. Le puso las manos sobre la cabeza a la vez que le daba un largo beso. El movimiento de su lengua dentro de ella le enviaba temblores eróticos a través de todo su cuerpo.

—Es un verdadero tormento pensar que estás casi desnudo debajo de eso —dijo ella casi sin aliento—. Todo lo que tengo que hacer es alcanzar y... —A medida que hablaba, hizo correr sus uñas suavemente a lo largo de sus muslos musculosos, luego se arrodilló frente a él.

John hablaba entrecortado a medida que ella lo envolvía con su ardiente lengua.

—No tenemos demasiado tiempo... —dijo él en un tono poco convincente.

Devon se retiró por un momento.

—No se necesita demasiado tiempo —dijo con una sonrisa tonta. Ella encontraba que el fácil acceso, otorgado por la toga, era excitante. Arremolinó su lengua alrededor de su miembro, gozando de que él estuviera indefenso ante su seducción.

Él cerró sus ojos y se abandonó totalmente al placer que ella le brindaba. Tomó sus nalgas con sus manos y le empujaba hacia dentro de ella. A medida que su excitación llegaba al clímax, él entreabrió sus ojos. En el espejo vio cómo sus formas se reflejaban. La imagen lo llevó al límite del placer hasta que tuvo que doblar sus rodillas mientras el cálido jugo brotaba hacia fuera.

Devon lo sostuvo en sus manos hasta que sintió que su respiración se volvía normal. Luego se levantó y se arregló su vestido. John la tomó tiernamente.

—Te quiero tanto —le dijo.

—Yo también te quiero—. Devon lo besó suavemente; luego se retiró hacia el cuarto de baño—. Pero mejor será que nos terminemos de vestir.

Un golpe en la puerta les interrumpió.

—Entre —dijo Devon.

Alice entró con un ramo de hojas de eucalipto.

—Traje éstas para el señor John —dijo con una sonrisa—. Pienso que adornarían su vestimenta.

—Alice, tú eres un demonio —la acusó John riendo.

—¿Yo? —respondió Alice en un tono de completa inocencia.

—Pienso que me voy a negar a usar eso.

—Como usted desee, señor —dijo Alice, inclinándose con cortesía—. No preste atención a las labores de aquéllos que le sirven con devoción.

—Levántate, mujer, y envía a mi mayordomo para que me ayude con este ridículo artificio.

Devon los miraba complaciente. A los dos los quería de verdad y se alegraba de ver cómo el uno se divertía con el sentido del humor del otro. Suspiró llena de felicidad.

Cuando salió del baño, Devon vio que John estaba solo en la habitación con la guirnalda sobre la cabeza y mirándose al espejo con gesto de desaprobación.

—No tardes demasiado en arreglarte —dijo Devon de broma—, o llegaremos tarde al baile.

—Mejor aún, esfumémonos de aquí mientras Alice va por Wilkes. Así no tendré que ponerme esta condenada cosa. —De este modo, Devon y John se escabulleron entre risillas de Casa del Mar, como si se tratara de dos niños.

La luz y la música se escapaban por la ventana del gran salón de la Casa Grande. La enorme estancia de estilo medieval estaba iluminada con antorchas gigantes cuyas llamas añadían encanto y misterio a todo alrededor. El inmenso techo de madera tallada contrastaba fuertemente con la brillante tapicería que revestía las paredes. El efecto era de grandiosidad, que se veía realzada además por las preciosas pinturas, esculturas y otros tesoros que llenaban la sala.

—Por el día esta sala parece sombría, pero de noche brilla de verdad —dijo Devon con aire de soñadora. John hizo un gesto de asentimiento y le cogió la mano al tiempo que se unían al grupo de invitados. Por lo visto habían llegado más invitados a lo largo del día ya que en el salón, aunque no podría decirse que estuviera abarrotado, sí que había bullicio por el baile y la fiesta.

—Hasta Gary Cooper se ve ridículo con una toga —comentó John con sarcasmo.

—Bueno… —dijo Devon con vacilación burlona—. De acuerdo… Admito que sí.

Un camarero que pasaba por allí les ofreció unas copas de champán que ambos cogieron.

—¿Comemos alguna cosilla? —preguntó John a Devon, a lo que ella dijo que sí. Seguidamente, los dos se dirigieron a la sala contigua. Varias veces tuvieron que pararse a saludar a algunos de los invitados de la fiesta antes de llegar al enorme comedor, que tenía tres largas mesas casi ocultas por la gran cantidad de manjares y otros platos más corrientes que se habían dispuesto. William Randolph Hearst disfrutaba de la diversión y se complacía en ofrecer los más exóticos platos a sus invitados, aunque él prefiriera otro tipo de comida más simple. A ello se debía que hubiese codornices ahumadas y medallones de venado con trufas y salsa de vino de Oporto juntó con rollo de carne y ensalada de patata. Y, como de costumbre, se habían repartido a lo largo de la mesa algunos botes de ketchup.

—Devon, John, ¿qué tal estáis? —los saludó el anfitrión, que llevaba en la mano un plato lleno de carne cubierta de ketchup, ensalada de col y frijoles.

—Una fiesta estupenda, W.R. —dijo John. ¿Dónde está la encantadora señorita Davies?

—¡Oh! anda por aquí cerca. Va de esclava romana, búscala.

Después de saludar a algunas otras personas y de probar algunas cosas del delicioso buffet, Devon y John volvieron al gran salón atraídos por la música de la orquesta. El "lindy hop" les dejó sin aliento, pero el ritmo de su corazón volvió a la normalidad después de un suave vals. Como hubo una pausa entre pieza y pieza, John y Devon aprovecharon para hacerse con otra copa de champán que les ofrecían. Devon hablaba con John cuando éste oyó una voz que le llegaba desde detrás.

—¿John? Casi no te reconocía.

Devon le devolvió una sonrisa, pero se le apagó la expresión cuando se dio cuenta de quién hablaba. Era la chica rubia y alta que había estado molestando a los chimpancés. A diferencia de su grosero comportamiento de antes, el hermoso rostro de la rubia estaba radiante, con una sonrisa encantadora. Llevaba una toga de raso que realzaba su piel morena y el sedoso cabello rubio. El único adorno que llevaba era un cinturón dorado ceñido a la cintura que era lo único que necesitaba; de este modo, nada le deslucía la perfecta forma de sus pechos y caderas. Devon se percató de que, al igual que muchas de las mujeres que estaban allí, la chica no llevaba sostén y que el brillo del vestido blanco destacaba sus erectos pezones.

La mirada de Devon iba de la chica a John. Se dio cuenta de que John disfrutaba con la visión que tenía delante y que la chica le miraba a él con una expresión entre el respeto y la afectada timidez.

—Devon, ¿conoces a...?

—Nos conocemos —cortó Devon a John con fría entonación. John miró a su mujer, extrañado.

La muchacha, con la máscara de la inocencia, los miró con expresión interrogativa:

—¿He interrumpido algo?

—En absoluto —dijo vivamente John, esperando con ello contrarrestar la inexplicable hostilidad de

Devon—. Permítame que le presente a mi esposa, Devon.

—Su... —La chica alzó una ceja y, después de una pausa, pronunció la palabra—. ¿esposa? Bueno —dijo, como recobrándose de su sorpresa—. Encantada de conocerla. Me llamo Bebe Hanley —y le extendió la mano a Devon.

Por un instante, Devon pensó en rechazar aquel gesto, pero eso iba en contra de su innata educación. Tomó la mano de la joven y la saludó de la forma más rápida que pudo.

—¿Qué tal? —dijo, sin más.

—Estupendamente, gracias —dijo Bebe con dulce voz.

John se dirigió a Devon:

—El padre de Bebe es un viejo amigo mío. —Se sentía terriblemente incómodo, aunque no sabía muy bien por qué.

Cuando la orquesta comenzó a tocar una romántica pieza de Cole Porter, Bebe se volvió a Devon y le dijo:

—Le importaría mucho que le robase su marido... sólo por este baile.

—¿Qué debía hacer? ¿Negarme a bailar con ella? —preguntó John cerrando bruscamente la puerta de la habitación que tenía en Casa del Mar.

—No des portazos. Hay otras personas aquí —dijo Devon con frialdad.

—¡Que se fastidie la puerta! —prorrumpió John a propósito para ofender a su esposa, que, según él, se estaba comportando de forma irracional—. ¡Y contéstame!

235

—No fue el baile lo que me molestó. Fue el hecho de que la dejaras que se te pegara cuando bailabais.

Devon se odiaba a sí misma por demostrar los celos que sentía de Bebe Hanley. De todos modos, había algo inquietante en la reacción de John. Desde que se casaron, otras mujeres habían coqueteado con su marido, pero él nunca las tomó en serio. Sin embargo, no mostraba la misma actitud hacia Bebe. Obviamente, a él le había gustado, y se había sentido estimulado por la admiración que le demostraba la joven. Devon sabía que a John le tenía sin cuidado aquella muchacha. No obstante, todos estos elementos contribuyeron a enfurecerla.

Tras el primer baile, la orquesta había seguido con un vals y, luego, con un tango. En total, John y Bebe habían bailado cuatro veces, mientras Devon los miraba, irritada. Había disimulado su enfado delante de los amigos, aunque el resto de la velada evitó a John todo lo que pudo. Y cada vez que miraba, le parecía que Bebe estaba junto a él. Fue de regreso a Casa del Mar cuando Devon vio la oportunidad de explicarle a John la razón por la que le desagradaba aquella muchacha, desagrado que, en pocas horas, se había convertido en algo semejante al odio. La vehemencia de su enfado la perturbó y le hizo sentirse sin fuerzas.

—Mira —dijo John en tono conciliador—, puedo comprender que estés indignada por el comportamiento de Bebe. Yo también lo estaría. Pero no puedes juzgar a alguien por un único incidente. A lo mejor había bebido una copa de más.

—¿Cómo puedes decir eso? ¿Qué circunstancias pueden justificar la crueldad con los animales? Tú siempre te has declarado en contra de eso. ¿La estás disculpando porque se trata de Bebe Hanley?

—No la estoy disculpando. Únicamente trato de decir que puede que haya una explicación. Parecía comportarse perfectamente esta tarde.

Para Devon, aquel tono de sensatez forzada que utilizaba John aparecía particularmente irritante:

—Por favor, no me hables como si fuera una enferma mental a la que hay que seguir la corriente —dijo Devon con frialdad.

—Yo no he dicho nada...

—Me refiero al tono —dijo bruscamente.

Tras aspirar profundamente, continuó hablando, lenta y con tranquilidad:

—Tu comportamiento con esa mujer me parece ofensivo, porque es diferente a cómo has tratado a otras mujeres que han coqueteado contigo. No soy idiota, John; me di cuenta de cómo te gustaba la atención que ella te brindaba. Pero, sobre todo, no comprendo que disculpes un comportamiento que condenarías en cualquier otra persona.

—¡Eso es ridículo! —John volvía a perder el control y a subir el tono de su voz—. Ella no significa nada para mí ni le disculpo nada. Es sólo que no tengo tantos prejuicios como tú.

Devon le dio su espalda intentando ocultar su enfado. Le pesaba haberse puesto celosa de alguien que sabía que no tenía importancia. Probablemente, fuera más sabio dejar el asunto o mostrarse indiferente ante aquel coqueteo de nada. Al fin y al cabo, era un coqueteo de nada. De todas formas, le resultaba muy desagradable ver cómo ella y John podían discrepar con tal vehemencia acerca del comportamiento de una tercera persona.

—Supuse que compartirías mi opinión sobre ella al decirte lo que hizo —dijo Devon con amargura.

—Estoy de acuerdo en que lo que hizo fue terrible, pero eso no significa que toda ella sea así.

—Bueno, pero no veo cómo puedes separar lo uno de lo otro, aunque supongo que no vale la pena discutir más, ya que es evidente que no nos ponemos de acuerdo. —Devon tomó su bata de seda y se metió en el cuarto de baño, cerrando la puerta tras de sí.

John se quedó mirando la puerta, con ganas de llamar y exigir a Devon que saliera y que le diera la oportunidad de responder. Pero, ¿qué podría decir?, se preguntó. En realidad, coqueteé con Bebe. Me gustó bailar con ella. Es una mujer atractiva. Quiero a Devon, pero eso no quiere decir que nunca me fije en otras mujeres. De todas formas, se dijo a sí mismo, será mejor que evite a Bebe en el futuro.

Pero aquello resultaría ser más difícil de lo que pudiera haber imaginado.

20

❧❧

Como todo purasangre de competición, el cumpleaños de Firefly era oficialmente el uno de enero. Tendría tres años, lo que le permitiría participar en el Derby de Kentucky.

—Fillies no gana el Derby —insistió Willy. En su pequeña oficina se encontraba Devon, y ambos, de pie, discutían casi frente con frente. En la habitación hacía fresco, pero como estaban demasiado concentrados en controlar los nervios, ninguno de los dos se preocupaba de la temperatura.

—Firefly fue con la que más dinero ganamos en el pasado año —señaló Devon. Willy tenía razón y ella lo reconocía. Las yeguas jóvenes, normalmente, no estaban entre los potros campeones. Tenían tendencia a reducir la marcha deliberadamente cuando los potros las desafiaban; se trataba de un remoto instinto que tuvo su origen en la vida salvaje, cuando los sementales siempre tenían a su cargo un harén de yeguas. Pero ése no era el caso de todas las yeguas jóvenes; y Firefly era la prueba; eso pensaba Devon.

—Sí, ganó mucho, pero en su mayoría en carreras para yeguas jóvenes.

—Pero no siempre. Ganó una carrera de potros en Saratoga el año pasado, y otra en Pimlico.

—Eso fue distinto y tú lo sabes. No la estábamos poniendo a prueba, sino que sólo estábamos comprobando qué tal lo hacía.

239

—¡Y lo hizo a las mil maravillas! —dijo Devon triunfante.

—Mire, Miz Alexander —dijo Willy lanzándole una mirada amenazadora—, sólo una potranca ha ganado alguna vez un Derby en todos estos años.

—Bien, este año serán dos —declaró Devon.

—Se me ocurre que Fearless Leader tendría más posibilidades, pero quizá no le importe lo que yo piense.

Devon lo miró con enojo. Estaba exasperada, pero tenía miedo de decir algo que pudiera contrariarlo aún más. Era consciente de que, en el pasado, había sobrepasado los límites de su tolerancia. Cuando compraron la granja, Willy dejó bien claro que no admitiría interferencias por parte de los propietarios en el manejo diario de los caballos. Pues bien, tal y como la propia Devon lo reconocía, había aguantado más injerencias de ella de las que habrían aguantado muchos otros preparadores. Pero también, las opiniones de Devon habían sido valiosas. Se había portado bien como ayudante del preparador y como jinete de entrenamiento, y Willy lo sabía, aunque nunca lo admitiría en voz alta. Sin embargo, Devon era consciente de que él lo sabía y de que, a regañadientes, él le tenía cierto respeto.

—¿Sabe lo que le digo? —dijo Devon en tono más conciliador—, que veamos qué tal lo hacen esta primavera. El Derby de Blue Grass será la fecha tope. Después, decidiremos. Tan sólo estamos en el mes de febrero, por lo que aún hay tiempo. Pero ambos serán tratados como si fueran a ir al Derby de Kentucky.

—No hay ningún problema —concedió Willy, con tono todavía brusco—, pero sólo quiero llevar un caballo al Derby. El asunto está yendo muy deprisa otra vez, y no quiero que pasemos un mal rato.

Devon sabía que muchas de las mejores cuadras llevaban a menudo más de un caballo a una misma carrera. En tales casos, el que apostaba a uno de los caballos, aunque éste perdiera, ganaba la apuesta si el otro caballo de la misma caballeriza llegaba de los primeros. Esto elevaba las posibilidades del propietario de ganar dinero. A veces, dos o más caballos de un mismo propietario se situaban entre las posiciones ganadoras, con lo que el dueño no sólo ganaba la cantidad del primer premio, sino también la del segundo y la del tercero. Por otra parte, muchos propietarios consideraban que la participación de dos caballos de una misma cuadra era un derroche de energía y de dinero, porque sólo un caballo puede llegar en primer lugar.

Aunque había sus pros y sus contras, con respecto a la inscripción de los dos caballos para la misma carrera, Devon entendía, en esta ocasión, el punto de vista de Willy. Iba a ser el primer Derby para la renovada cuadra de Willowbrook, y era importante que el mundo de la competición hípica recobrara la fe en el nombre. Sólo con esa fe, la cuadra podría convertirse de nuevo en un negocio de crianza viable, porque era la crianza, y no las carreras, lo que aportaba los ingresos fijos y necesarios para una cuadra rentable.

—Acepto esas condiciones —dijo Devon—, y, además, tengo otra propuesta. —Por primera vez desde que se iniciara la conversación, se dibujó una sonrisa en los labios de Devon—. Yo prepararé a Firefly, y usted preparará a Fearless Leader.

Willy volvió a alterarse y gritó:

—¡No puedo aceptar eso!

—¿Por qué no? —preguntó Devon, inocentemente.

—¡Porque yo soy el preparador! —casi le gritó.

—¿Quiere decir que no estoy capacitada? —La voz de Devon se elevó.

—¡Yo no estoy diciendo nada de eso! Es una cuestión de jerarquía en el campo del entrenamiento.

—¿Cree que eso provocaría problemas con los hombres de aquí? —preguntó Devon con un tono que revelaba lo ridículo de la idea.

Willy se tranquilizó inmediatamente. Con gran energía se acopló la gorra de béisbol de tal manera que las orejas se le echaron hacia adelante de forma realmente graciosa; pero la brusca reacción de Willy impidió absolutamente cualquier comentario divertido. Con extrema seriedad, dijo:

—Creo que provocaría división de lealtades, y así yo no puedo trabajar.

Por un momento, Devon lo miró fijamente, tratando de pensar en una respuesta. Otra vez entendía el razonamiento de Willy.

—Entiendo lo que quiere decir —reconoció ella. Entonces, tuvo una idea—: Mire, suponga que me quedo con un jockey de entrenamiento. Hasta el Derby de Kentucky, trabajaré sólo con Firefly y algunos otros caballos, pero no con Fearless Leader. Así, no recibirá órdenes de dos personas diferentes.

—Sigo pensando que eso sólo traerá complicaciones. Hace que parezca como si alguien que tenga problemas con algo que se le diga, pueda acudir a usted. Usted me dijo que aquí yo era el jefe en lo referente al trabajo de cada día. No veo cómo los hombres pueden pensar eso si va por ahí haciendo un entrenamiento aparte.

Devon reflexionó sobre aquello durante un momento. Ella necesitaba a Willy. Empezaba a darse cuenta de que cualquier día podría haber un enfrentamiento entre ellos dos; pero eso sería desastroso si ocurriera ahora, antes del Derby.

Por fin, dijo:

—Entonces, tengo otra idea. Si decidimos que corra Fearless Leader, yo desaparezco durante algunas semanas. Me voy a Nueva York. Tendrá a su hombre a plena disposición y quedará claro que ya no tengo nada que ver con el entrenamiento para el Derby.

—¿Y qué pasaría si fuera Firefly la que corriera en el Derby?

—Los dos trabajaríamos juntos en su preparación.

El desafío intrigó a Willy. Aunque había muchos otros factores, además del entrenamiento, que influían en la preparación de un buen caballo de carreras, el ejercicio sería, ante todo, una oportunidad para medir sus habilidades de entrenador con las de Devon. Comprendía que ella tenía talento para entrenar. Sentía más respeto por su capacidad de lo que ella misma suponía, lo que constituía la única razón por la que toleraba su presencia diaria en los establos. Al mismo tiempo, estaba ansioso por demostrar que su caballo era el mejor, ya que así, Devon se vería obligada a reconocer una vez por todas o su superior dominio de los caballos, o su superior opinión; a Willy le daba igual lo uno que lo otro. Lo único que sabía era que la quería situar a la misma cómoda distancia a la que se mantenía la mayoría de los propietarios con respecto a la labor diaria de sus negocios en las carreras.

Ahora, ella le estaba ofreciendo la oportunidad de demostrar fuera de dudas que él era la autoridad en el asunto de las carreras. Ella tenía menos experiencia que él y, además, tenía en contra el hecho de que quisiera apoyar a una potranca. Sólo se le ocurría un único reparo al acuerdo y, en cambio, veía muchas ventajas si su caballo resultaba ser, tal y como lo pensaba, el mejor.

Expuso el punto que le preocupaba:

—Lo haré con una condición —dijo Willy, indicando que la condición en sí no era negociable.

Devon puso expresión expectante.

—Yo elijo qué caballo ha de correr —dijo con el tono de quien anticipa problemas.

Devon recapacitó durante un momento. Sería una prueba de gran confianza el permitir que Willy eligiera entre el caballo que ella entrenaba y el de él; pero esa concesión de autoridad mitigaría las dudas que él tenía sobre la participación de Devon en el asunto de las carreras. Además, no creía que él iba a permitir que su ego controlara su responsabilidad profesional. Él deseaba que la caballeriza de Willowbrook ganara el Derby y no importaba con qué caballo lo consiguiera.

—Muy bien, de acuerdo —dijo Devon, por fin—; y elijo a Jeremiah como mi jockey entrenador.

—¡Jeremiah! ¡Pero si es mi mejor hombre! —objetó Willy.

—Y lo seguirá teniendo para cualquier caballo, menos para Fearless Leader. Mire —añadió Devon—, tengo en mi contra el hecho de haber elegido a una potranca. Usted ya ha reconocido eso. Sé que cree en el juego limpio, por lo que debería darme la posibilidad de equilibrar la balanza prestándome a Jeremiah.

—No puedo hacer eso. De todos modos, hasta ahora, usted ha sido su propio jockey. ¿Por qué no continuar así?

—He sido su jockey —le corrigió Devon—. Sabe perfectamente que no puedo ser el entrenador jefe de Firefly y jockey al mismo tiempo. ¿Cómo voy a ver lo que está haciendo si estoy montada encima?

—Muy bien. —Willy hizo un gesto de desesperación con las manos—. ¡Llévese a Jeremiah! Utilizaré a Henry para Fearless Leader.

—Bien —dijo Devon con tranquilidad.

—Estupendo —dijo Willy con voz de frustración.

—Hasta luego —dijo Devon cuando ya tenía la mano en el pomo de la puerta. Salió y, a continuación, cerró la puerta suavemente.

—Ése es el problema —masculló él por sus adentros.

John se sentía orgulloso de la buena mano de Devon con los caballos; pero le molestaba que muchas veces se negara a ir con él a Manhattan, porque no quería abandonar sus actividades en Willowbrook. Eso era causa de frecuentes peleas entre ellos, y John empezaba ya casi a sentir celos de Firefly y de otros aspectos de la vida de Devon en Virginia, aunque él mismo se dijera que era estúpido sentirse así.

—Es sólo hasta el Derby —le aseguraba Devon frecuentemente. Pero él sabía que estaba enganchada a las carreras y que siempre encontraría más satisfacciones en la vida que llevaba en Willowbrook que en Nueva York.

—¿No echas de menos la ópera, ni el teatro, ni a nuestros amigos? —solía preguntarle a Devon con melancolía.

La verdad era que Devon no echaba de menos esas cosas. A ella le encantaba el campo, y a John la ciudad. Tenía muchos amigos en el condado de Fauquier, pero a John le parecían demasiado apacibles en comparación con el más dinámico grupo de Nueva York. De hecho, muchos de sus amigos de Nueva York tenían granjas en

Virginia, pero ninguno de ellos se empeñaba, como hacía Devon, en pasar allí más de unas pocas semanas.

—Si no echas de menos Nueva York, al menos espero que me eches de menos a mí —le dijo John una noche, durante una conferencia telefónica desde su oficina.

—Por supuesto que te echo de menos —le aseguró Devon. Y era verdad que sí. Mucho. Pero tenía mucho trabajo durante el día, y la noche la dedicaba a su familia y amigos. Echaba de menos el cálido roce de John cuando estaba junto a ella en la cama. Echaba de menos sus consejos y su compañía. Pero estaba demasiado ocupada para reparar en sus ausencias; y John lo percibía.

—Devon, me siento solo —decía John.

—Yo también. ¿Cuándo vas a poder venir a casa?

—Ésta es también nuestra casa. Nuestra casa está allí donde estamos los dos juntos.

Devon no supo qué responder.

—Sí... —Devon pensó, por un momento, en sus padres, en sus amigos. En Grace y en Philip. Por lo visto, en todo matrimonio feliz, las esposas siguen a sus maridos y centran toda su vida en ellos. La independencia de Devon se parecía mucho más a la de sus amigas actrices, cuyos matrimonios solían acabar en divorcio. Pensó en las pocas amigas de Nueva York que vivían separadas de sus maridos. Eran sólo un puñado las que llevaban una relación así, aunque eran matrimonios sin amor que también acababan en el divorcio la mayoría de las veces. Devon no quería eso para ellos dos. Sin embargo, no conocía a ninguna mujer que llevara una vida independiente de su marido y que, a la vez, se las apañara para mantener un matrimonio feliz. Devon se dio cuenta de que debía tomar una decisión: ajustarse al papel que la sociedad le había encomendado o, por negarse a ello, arriesgarse a perder a su marido.

—John, comprendo tu decepción y pienso que tienes razón al sentirte así —suspiró Devon.

John notó la desilusión con la que se expresaba su esposa, y eso le dolió. ¿Por qué no era él razón suficiente para ella? ¿Cómo podían ser sus intereses en Virginia más importantes que él? Se dio cuenta de que Devon se rendiría a sus deseos, pero también se percató de que sería un vano triunfo si ella no lo hacía con gusto.

—Cariño, no estés triste. No voy a insistir para que vengas a verme antes del Derby. Lo único que pido es que, después, te olvides de todo durante algún tiempo y te vengas durante una temporada conmigo y con nuestros amigos.

—¿No quieres pasar todo el verano en la ciudad, verdad? —preguntó Devon con incredulidad. Ninguno de sus amigos pasaba el verano en Nueva York. La mayoría se iba a Newport en junio y en julio, y después a Saratoga para la temporada hípica de agosto. Algunos de ellos viajaban a Europa, y tan sólo unos pocos se marchaban a su finca de Virginia, pero ¡no a Nueva York en verano!

—Por supuesto que no. Me gustaría que vinieras en mayo a Nueva York, después del Derby. Los Vanderbilt nos han invitado a que pasemos las dos últimas semanas de junio con ellos, y Sydney y Bart quieren que vayamos en julio. ¿Hay algún problema si aceptamos esas invitaciones?

—No... —dijo Devon como dudando—, pero, ¿no vamos a estar nada en Willowbrook este verano? Tengo tanto que hacer aquí...

—Cariño, no tengo ninguna intención de renunciar a Willowbrook y en ningún momento he querido que pensaras en eso. Es simplemente que me gusta estar con nuestros amigos y no quiero perderme toda la temporada de Newport a causa de Willowbrook.

—¡Oh!... —suspiró Devon de alivio. ¿Podríamos pasar las dos primeras semanas de junio aquí?

—Claro que sí —dijo John cariñosamente, y feliz de que Devon se mostrase de acuerdo con sus planes. Deseaba, de verdad, un verano de largos días, con salidas al mar, tenis y golf, y de noches con suntuosas fiestas y cenas. Era un hombre gregario al que le gustaba estar con los amigos. A menudo, se había sentido con desasosiego cuando Devon y él pasaban las tranquilas tardes en casa, dado que Devon se podía tirar semanas enteras sin socializar con nadie excepto con la familia y los amigos más íntimos. Ahora, su idea era que Devon tuviera el verano más divertido de su vida.

Devon sabía que Firefly tenía la casta, el porte y la destreza para poder ganar carreras. Estos factores estaban ya establecidos y, por tanto, no dependían de Devon, pero había dos factores muy importantes que Devon podía controlar en gran medida: el entrenamiento y la supervisión de la salud de Firefly. Por último, Firefly tenía en su contra el ser una potranca; elemento éste que Devon no podía controlar, pero sí manipular.

Ya que Devon carecía de creencias rígidas en lo referente a la crianza de los purasangre, se sentía libre de imaginar las posibilidades que se apartaban de lo convencional. Decidió, pues, preparar a Firefly para ganar haciendo que se acostumbrara a ello.

Tal y como Devon señaló a Willy, Firefly había ganado varias carreras el año anterior, aunque Willy nunca la había inscrito en ninguna competición de alto rango, ya que era más importante para su orgullo volver a hacer de Willowbrook una empresa rentable. Por eso la inscribió en carreras en las que él creía que tenía buenas posibilidades de ganar, y no en aquéllas en las que se le podían poner difícil.

Pero la preparación de los purasangre suponía ponerlos a prueba al máximo. Willy, y la mayoría de los expertos, preparaban a sus caballos combinando la carrera en solitario con la competición en grupo. Sin embargo, la teoría de Devon sobre el entrenamiento se basaba en su conocimiento de los caballos en estado salvaje. Sabía que los caballos aseguraban su supervivencia manteniéndose cerca de la manada. Así, el ganador de una carrera era, la mayoría de las veces, el que se había mantenido en medio del grupo o cerca de él hasta el final, en el momento en que la fusta del jockey lo azuzaba. En cambio, el líder natural de la manada trataba de estar por delante de los otros caballos, ya que su instinto lo impulsaba a hacerlo así. Por eso, en el medio salvaje, los sementales se erigían en líderes del grupo. El instinto de una potranca era todo lo contrario. Devon concluyó que Firefly sólo podría llegar a ganar el Derby mediante una cuidadosa reeducación; es decir, haciéndole que compitiera y ganara a los potros periódicamente. Devon esperaba que las victorias de Firefly del año anterior sirvieran de buena base para asentar la preparación futura. Por ello, en vez de poner a Firefly a competir con los potros en velocidad, la pondría en un campo rodeada de tres potros y mandaría a los jockeys que los mantuvieran por detrás de Firefly, de forma que, aunque formando parte del grupo, ella se mantuviese en cabeza.

Mientras que a Firefly la dejaban en su establo casi todo el día, como a todos los caballos de carreras, para que no perdiera energías, a sus competidores se los dejaba que corrieran libres por toda la extensa finca de Willowbrook. Firefly salía todos los días del establo rebosante de energía y dispuesta a darle rienda suelta. En cambio, a los potros se los dejaba que lo hicieran durante todo el día. Casi desde el principio, la estrategia funcionó bien. El tiempo que realizaba era mejor que el de Fearless Leader, fuera cual fuera la distancia que debieran recorrer, tanto así que Willy no sabía cómo tomarse el hecho.

—Fearless Leader corre bien en pista embarrada —comentó Jeremiah a Devon un día, mientras paseaba a Firefly por uno de los recintos, con el fin de refrescarla. Normalmente, este trabajo lo hacían los mozos de cuadra jóvenes, pero ambos preferían hacerse cargo de ello y de todo lo concerniente al entrenamiento de Firefly, para evitar que, en consecuencia, la dejaran entumecida y con molestias.

—Eso estaba bien en el otoño pasado, cuando llovió tanto. Pero la mayor parte de este invierno no ha llovido y a Firefly le gusta la pista seca.

—Pero, ¿qué vamos a hacer cuando lleguen las lluvias de primavera? —preguntó Devon.

—No lo sé, señora. El problema no es que Firefly no pueda correr en pista con barro, sino que a Fearless Leader le encanta.

—Después de todo —dijo Devon—, Fearless Leader es también mi caballo. En realidad, mientras uno de los dos tenga madera para el Derby, no me importa si Fearless Leader es mejor que Firefly.

Jeremiah la miró de reojo con sus inteligentes ojos castaños. Sonrió con simpatía y dijo:

—Sí, señora.

Devon no pudo aguantar una sonora carcajada por aquella muestra de exquisita diplomacia, y el joven respondió con una amplia y blanca sonrisa que contrastaba con la piel color chocolate.

—Jeremiah, quiero que sepas que estoy muy agradecida por el empeño que has puesto en ayudarme con Firefly —dijo Devon en tono más serio.

—Firefly es una apuesta arriesgada, señora. Siempre es bueno ver cómo se ganan tales apuestas —dijo Jeremiah con igual serenidad—. Si gana, la recompensa sería dos veces buena —añadió con aire reflexivo—, incluso con dos puntos en contra, las posibilidades son elevadas.

—¿Dos puntos? —preguntó Devon desconcertada.

Jeremiah, bastante nervioso, dejó de mirarla y fingió estar concentrado en tomarle el pulso a Firefly.

—¿Dos puntos? —repitió Devon, obligando al joven a volverse y encontrarse con sus penetrantes ojos glaucos.

—Bueno, es una potranca, y...

—¿Y?

—Y su entrenador es una... una... —Jeremiah se agachó para examinar detenidamente la pezuña delantera de Firefly.

Devon se llevó las manos a la cadera y dijo en un tono mitad burlón, mitad imperioso:

—Jovencito, enderézate y mírame, y dime lo que quieres decir.

—Bueno... usted es una mujer... Quiero decir una mujer entrenadora —dijo Jeremiah bruscamente.

Devon frunció el entrecejo y, en su frente, de suave alabastro, se dibujó una sonrisa de enfado. Jeremiah agachó la cabeza en espera del arrebato de ira.

—Jeremiah, ¿crees que montas como cualquier otro hombre de por aquí?

—¿Señora? —el joven alzó la vista sorprendido por el aparente cambio de tema.

—Ya me has oído.

—Supongo que monto tan bien como cualquiera —dijo Jeremiah como para ver qué pasaba.

—Entonces, ¿por qué no te preparas para ser jockey? —preguntó Devon.

Jeremiah miró a su jefa con perplejidad:

—Bueno, señora, hace años que no hay jockeys de color.

—¿Por qué no?

Jeremiah trató de buscar una respuesta que no ofendiera a Devon.

Como estaba impacientándose, Devon dijo sin rodeos:

—Sólo porque eres negro, ¿verdad?

—Sí... supongo que sí. No lo sé con certeza, señora.

—Bien, haré un trato contigo, Jeremiah —dijo Devon. Esperó algunos segundos a que los ojos castaños del joven se encontraran con su decidida mirada.

—¿Señora?

—Tú me ayudas a llevar a Firefly al Derby y yo te ayudaré a que seas jockey.

Una intensa sonrisa, como el amanecer, se dibujó en el rostro de Jeremiah.

—Sí, señora —dijo con emoción.

Devon, a su vez, le devolvió una amplia sonrisa y, a continuación, hizo un gesto que indicaba el camino hacia el potrero.

—Otra cosa, Jeremiah.

—Sí, señora Devon.

Devon detuvo el paso y, otra vez, se volvió para mirar fijamente a Jeremiah.

—No es nada malo que tú seas negro, ni que yo sea mujer. Sólo los tontos piensan así. Y mucho mejor para nosotros si lo piensan, porque eso hace que nuestra victoria sea más dulce, y hace que se sientan más tontos todavía cuando ganamos.

21

❦

Parecía que millones de tintineantes luces brillaban desde las ventanas de estilo Paladio de la gran mansión de los Alexander situada en la Quinta Avenida. El
aire era cálido, haciendo recordar a los visitantes que la
primavera iba a empezar pronto, a pesar de que había
nevado hacía tan sólo dos semanas.

—¿No es una tarde perfecta? —dijo Devon a su
suegra, quien estaba inspeccionando cuidadosamente
cada fuente que iba a colocar en el gran buffet que se
serviría esa noche.

—Tenemos suerte —dijo la señora Alexander sonriendo a su nuera—. Pero el regalo más importante para
el cumpleaños de John es tu presencia aquí.

Devon miró hacia otro lado, como sintiéndose
culpable. La serena voz de su suegra no evidenciaba ninguna crítica, ni siquiera su expresión, pero la propia
incomodidad de Devon con respecto a dicho tema la
llevó a pensar si no había en sus palabras una gentil
crítica. Devon se arregló su vestido Schiaparelli color
carmesí. La absoluta serenidad de Victoria Alexander, a
veces, la ponía nerviosa. Era difícil decir qué se escondía debajo de esa dulce expresión. Había demostrado
siempre mucha amabilidad hacia Devon y ésta sabía
que los Alexander estaban complacidos de la elección
de su hijo. Pero últimamente parecía como si ellos también pensaran que era incorrecto que ella no acompañara a su esposo en sus viajes.

Devon se mordió la lengua antes de explicarle el pacto que tenían ella y John. Después del Derby de Kentucky, se lo había recordado a él.

Suavemente, Victoria Alexander cambió de tema a medida que se deslizaba por el blanco suelo de pizarra de la enorme cocina sosteniendo delicadamente la falda de su vestido gris de seda en una mano.

—¿Piensas que John ha adivinado que sea otra cosa que una cena de familia?

—No estoy segura. Parecía querer obtener alguna información al respecto esta tarde —dijo Devon—, pero no le di ninguna.

—Nunca hemos hecho nada como esto para él anteriormente. Probablemente piense que esto no es habitual en nosotros.

Devon reprimió una risita. En realidad, no era costumbre de los Alexander dar una fiesta sorpresa para el cumpleaños de John. Sus entretenimientos consistían en cenas para no más de doce personas; cocktails a las siete de la tarde, la cena a las ocho y en casa antes de las once de la noche.

Incluso el menú para el cumpleaños de John era diferente de aquello que, generalmente, se servía en casa de los Alexander. ¡Bien!, se dijo Devon a sí misma, Victoria *realmente* me ha preguntado cuáles eran los platos favoritos de John.

Era verdaderamente extraño, pensó Devon, que una madre hiciera semejante pregunta, algo que demostraba la distancia que había en la relación entre ellos y su hijo. Era claro que sus padres amaban a John, pero se sentían muy alejados de su vida y no sabían cómo comunicarse con su hijo. John no había vivido con ellos, salvo durante las vacaciones, desde que había sido enviado a la escuela a la edad de doce años. Como resultado de ello, sus padres lo trataban como a un pariente querido pero distante.

Devon inspeccionó la langosta a la crema de brandy, la pata de cordero, y el salmón. Nunca había visto que se sirvieran estos platos en el transcurso de la vida de los Alexander. Sus cenas consistían invariablemente en carne o jamón de Virginia. Devon estaba impresionada ante el esfuerzo de su suegra para llevar a cabo este cumpleaños.

—Estoy absolutamente segura de que John va a sentirse realmente encantado —dijo Devon con una sonrisa.

Victoria la miró y encontró una mirada de claro afecto en los ojos de Devon. Le sonrió a su nuera, una sonrisa temblorosa, sólo por unos segundos, que parecía agradecer su ayuda cuando se trataba de complacer a su hijo. Pero la mirada de vulnerabilidad se desvaneció en seguida, ya que Victoria había aprendido a ocultar sus debilidades.

—¿Qué razón le diste a John al decirle que os encontraríais aquí en lugar de acompañarlo y llegar con él?—preguntó Victoria, a la vez que indicaba con un gesto que ya era el momento de abandonar la cocina.

El mayordomo abrió la puerta para ellas, y luego acompañó a ambas damas a través de la curvada escalera hasta el salón del tercer piso.

—Le dije que iba a tomar unos aperitivos con Sydney. ¿Sabe usted que se va a París pasado mañana? —Ante un gesto de asentimiento de Victoria, Devon continuó—. Ella es mi mejor amiga, así que John sabe que quería estar con ella antes de que partiera.

—¡Qué lástima que sólo estés aquí durante una semana, querida. Recibimos tantas preguntas acerca de ti! —dijo Victoria, y nuevamente sin indicio de reprimenda.

Esta vez, Devon se sintió obligada a dar explicaciones.

—Le prometí a John que lo acompañaría a todos lados este verano después del Derby de Kentucky, pero, por supuesto, es muy desagradable estar separados tan a menudo.

Victoria no contestó, como era su costumbre. El roce de sus faldas al ir subiendo las escaleras le sonó a Devon como algo demasiado fuerte. Pero ella también había sido preparada para mantener una aparente calma y se sobrepuso al silencio, no mostrando incomodidad.

Las dos mujeres se detuvieron automáticamente ante las puertas dobles que marcaban una de las dos entradas al salón, esperando que el mayordomo las abriera.

—Gracias, Parker —dijo la señora Alexander a medida que entraban en el salón, que estaba vacío, pero lleno de sillas, colocadas en fila contra las tres paredes, y cuatro largas mesas cubiertas de blanco lino. En cada esquina de las mesas había candelabros. El suelo, de madera de roble, brillaba como un espejo, reflejando la luminosidad de las lámparas del salón. Habían sido colocados jazmines en todo el salón, lo que daba al ambiente una fragancia especial.

—¡Está absolutamente espléndido! —dijo Devon oliendo el aroma.

Victoria se dirigió hacia ella mostrando una alegría que daba un tono rosado a sus pálidas mejillas.

—¿Piensas que se va a sentir complacido?

De forma impulsiva, Devon tomó la mano de su suegra y le dio un suave apretón.

—¡Por supuesto que sí! —ella soltó la mano en seguida, no segura de que a Victoria le gustara semejante contacto. Nunca se habían tocado, salvo para darse corteses besos de saludo. Pero Devon sabía que esto no era por ella, sino porque los Alexander nunca se tocaban.

Esta vez, sin embargo, Devon se sorprendió al sentir que Victoria le tendía su mano y la apretaba.

—Gracias —dijo suavemente, a pesar de que Devon no sabía por qué estaba tan agradecida.

—¡Ah!, estás ahí, Victoria—. La voz culta del padre de John se sintió en el enorme salón. Las dos mujeres se dieron media vuelta y caminaron hacia el hombre maduro de cabello gris, un hombre tan atractivo como John, pero sin su carismática sexualidad—. ¿No deberían estar llegando ya los invitados? —preguntó él, tomando un fino reloj de oro del bolsillo de su chaleco.

—Así espero —dijo la señora Alexander—. Espero que a John no se le ocurra llegar antes de que los invitados estén aquí, porque si no va a arruinar la sorpresa.

Como si lo adivinaran, las campanas de la entrada sonaron y los tres Alexander se dirigieron hacia la galería, al final de la escalera que daba a la puerta principal. Allí esperarían a sus invitados. Parker, entretanto, se había colocado ante la entrada; así podía indicarle al personal y a los invitados hacia dónde dirigirse. Tres miembros del personal estaban dedicadas a recoger las suntuosas pieles a las damas y las americanas a los hombres.

Otra de las rutinas de los sirvientes, vestidos de blanco y negro, consistía en circular por entre los invitados con bandejas de entremeses fríos y champán. El salón de la familia serviría como el lugar para los aperitivos calientes previos a la cena. Estaban destinados a que ningún invitado sufriera desmayo antes de que se sirviese la cena, a media noche.

Devon y sus suegros saludaron a todos los invitados. Muchos eran jóvenes, así que Devon sabía que eran los amigos de John, a pesar de que jamás había conocido a ninguno. Se sintió aliviada cuando vio las caras familiares de Sydney y Bart.

—¿Quiénes son estas personas? —preguntó Devon a sus amigos.

—Los amigos de tu marido —respondió Sydney.

Incluso Sydney, la moderna Sydney, también criticaba sus separaciones de John.

—Gracias por tu ayuda, querida —dijo Victoria a la amiga de Devon. Devon se dio cuenta de que Sydney había realizado la lista de invitados puesto que ella, que también había contribuido, no conocía a la mayoría de las personas.

De pronto, Devon vio una cara familiar, una mujer rubia acompañada de un caballero distinguido.

—Horace, ¿cómo estás? —dijo el padre de John estrechando afectuosamente la mano del otro hombre. Devon pensó que esta persona había sido invitada por los Alexander. Cuando el hombre se dirigió hacia ella, Devon pudo contemplar a la joven. Era Bebe Hanley.

El caballero le estaba ahora hablando a Devon.

—Horace Hanley, querida. Es un placer verte de nuevo. Eras una niña la última vez que te vi a ti y a tus padres.

Devon concentró rápidamente su atención en él. Era un hombre alto, con cabello rubio, que se estaba volviendo gris. En su estatura y buena complexión, Devon podía ver la semejanza con su hija.

Ahora era el turno de Bebe. Devon se dio cuenta de por qué no la había reconocido en seguida. Su cabello largo y rubio estaba recogido en su nuca con una hebilla de diamantes. El peinado hacía que pareciese más vieja, aunque más elegante. El suntuoso peinado contrastaba con un sencillo vestido de seda color marfil, de mangas largas, y perfectamente recto. Era obvio que Bebe Hanley era una persona más controlada cuando su padre estaba presente, pensó Devon.

—¿Cómo está señora Alexander? —la voz de Bebe Hanley sonó fuerte. La pregunta era socialmente correcta, pero los ojos de Bebe eran desafiantes, como diciendo sé que odias mi presencia aquí pero no hay nada que puedas hacer al respecto.

Devon se negó a dejarse llevar por su mirada y la saludó como a los demás invitados.

—Le agradezco que haya venido —respondió fríamente, esperando los apropiados segundos para encarar al próximo invitado. No le daría a Bebe ninguna satisfacción, puesto que evidenciaría que se sentía alterada por ella.

—¡Marion! —exclamó Devon, sorprendida, unos minutos después, reconociendo a su anfitriona de La Cuesta Encantada—. No pensé que pudieran venir.

—¿Cómo puedes pensar que nos íbamos a perder la fiesta sorpresa de John? —dijo Marion, mostrando sus brillantes ojos azules.

—¡Qué amables! —contestó Devon, abrazando a su amiga.

Cuando parecía que todos los invitados habían llegado, Parker vino a decirle al señor Alexander que John no tardaría en aparecer. Devon le pidió a Sydney y a Bart que la ayudaran a aquietar a los invitados y dirigirlos al salón principal. Entonces, Parker cerró las puertas dobles para que John no estuviera alertado de la presencia de las doscientas personas.

Devon, entretanto, bajó las escaleras hacia la entrada de mármol blanco para esperar a su marido. Como siempre que Devon esperaba ver a su esposo, sintió una excitación en su corazón. Se preguntaba si todas sus amigas sentían lo mismo acerca de sus maridos, o si el sentimiento era debido a las largas separaciones que eran tema de tantas críticas.

—El señor Alexander ha llegado, señora —dijo Parker con voz áspera. La corrección de Parker tentaba a veces a Devon a realizar deliberadamente cosas que no siempre eran correctas.

—Yo abriré la puerta, Parker —dijo Devon. Y luego lo besaré justo enfrente de él, en la entrada, añadió en silencio con una sonrisa maliciosa.

Apurándose hacia la puerta, la abrió, y la brisa nocturna levantó su vestido como en una nube alrededor de sus rodillas.

—¡Qué hermosa vista! —exclamó su marido.

Devon lo abrazó con sus brazos desnudos alrededor de su cuello y lo besó. John la besó hasta que un movimiento en el rabillo de su ojo lo alertó de la presencia de Parker. Gentilmente se quitó a Devon de encima, entró, y cerró la puerta. Parker le vino a recoger la americana y el sombrero.

—Bien, ¿estás listo para una deliciosa cena de cumpleaños? —preguntó Devon.

—Déjame adivinar —murmuró—, carne, budín de Yorkshire y, de postre, crema inglesa.

—No has andado lejos —dijo Devon riéndose—, casi has adivinado.

—Por lo menos siempre puedo contar con un buen vino blanco —dijo John, con una sonrisa de resignación.

—Ahora compórtate. Tus padres quieren que te diviertas esta noche.

—¿A quién más han invitado?

—Bueno, déjame ver, están los Whitney, el señor Stanhope-Carruthers, Sydney y Bart.

—Parece bien hasta ahora.

—Está Helen y Mark Carrington.

—Bien.

—Y... —Ahora habían llegado hasta la puerta doble que llevaba al salón. Parker, siempre cerca de ambos, la abrió con ninguna otra expresión en su cara que la que siempre llevaba.

—Por qué no están las luces prendidas... —empezó a decir John, pero apenas empezó a hablar un grito vino de la multitud—: ¡Sorpresa!

John se dio media vuelta hacia Devon con una mirada sorprendida en su semblante, a medida que sus amigos lo rodeaban para desearle un feliz cumpleaños. Luego, los invitados abandonaron el lugar con el fin de dejar a John con sus padres.

A la manera peculiar de los Alexander, el padre de John estrechó las manos de su hijo cálidamente y le dijo:

—Felicidades.

Su madre, con su habitual sonrisa, siempre igual, le dijo:

—Feliz cumpleaños, querido —y le dio un beso cortés en la mejilla.

Devon miraba a sus suegros y a John. Era extraño, pensó; Victoria le había demostrado a ella mucha más emoción sobre este evento de lo que ahora le estaba demostrando a su hijo.

—Gracias, madre, padre —dijo, con el tono formal que usaba para dirigirse a sus padres.

Ellos se retiraron humildemente, dejando que sus amigos se volvieran para saludarlo. Las mujeres lo rodeaban, cada una besándolo siguiendo su turno. De pronto, de la multitud surgió Bebe Hanley, quien apareció directamente frente a John. Lo atrajo hacia ella y lo besó en los labios, un beso que duró más que los demás.

—Es agradable verte de nuevo, John —murmuró, con una familiaridad que no dejaron de notar los que estaban cerca.

John le dirigió a Devon una mirada de preocupación y luego contestó, con el mismo tono formal que había usado con sus padres:

—Gracias por haber venido.

Devon notó el corto diálogo sin cambiar su expresión. No dejaría que esta mujer creara problemas entre ella y su marido, y arruinara la velada. No iba a dejar que su imaginación la pusiera celosa.

Después de todo, yo confío plenamente en John, se dijo a sí misma.

Al amanecer, después de que Devon y John hubieran bailado toda la noche; después de que hubieran abierto la multitud de regalos; después de que hubieran hecho el amor, todos los celos o preocupaciones ya habían desaparecido completamente de la mente de Devon.

Mientras John acariciaba el brazo de Devon, que yacía sobre las sábanas de lino y ella tenía apoyada su cabeza sobre su desnudo pecho, la pareja conocía unos de los momentos de armonía, calma y amor realmente dignos de un matrimonio felizmente casado.

—Estoy contento de que seas mi esposa —dijo John a Devon dándole un largo beso.

—Lo has probado realmente la noche pasada... digo, esta madrugada —dijo Devon con una sonrisa. Se dio media vuelta para yacer sobre su cuerpo, sus pechos presionados contra su amplio torso. Puso sus piernas entre las de él, y su cabeza sobre su hombro.

—Entonces, debes estar contenta, pero muy contenta de que yo sea tu marido —dijo burlonamente haciendo correr sus dedos por sus muslos.

Devon murmuró:

—Te he echado mucho de menos, mucho estas pasadas semanas.

John giró, de modo que Devon quedó debajo de él. Levantó los brazos de su mujer por encima de su cabeza, los mantuvo allí y, luego pasó su lengua por sus pechos. Devon se arqueaba, ya que apreciaba la sensación que esa actuación incitaba en ella. Sentía humedad entre las piernas, debido a su relación anterior, y no necesitaba demasiado juego para estar lista para él. Lo empujó para que él estuviera debajo de ella; luego se puso encima, con sus piernas a cada lado de su cuerpo. Meneaba sus caderas hacia adelante y hacia atrás, agarrándolo dentro de ella. Él alcanzó sus pechos, tocando sus pezones suavemente. Luego tomó su cintura con sus manos, moviéndose dentro de ella más rápidamente. Devon tiró su cabeza hacia atrás y cerró sus ojos, soñando con la sensualidad del momento de hacer el amor. Ahora, alteró su ritmo y cayó sobre él. La humedad dentro de ella caía sobre él a medida que ella concretaba el clímax. Un espasmo tras otro la hicieron terminar en el torso de John con un salvaje temblor que hizo vibrar todo su cuerpo.

Se despertaron suavemente unas cuantas horas después; ninguno era capaz de tener las energías suficientes para salir de la cama. Devon se sonrió a sí misma a medida que pensaba en su apasionada relación a la luz del amanecer. Era tremendamente decadente haber hecho el amor en la casa de sus suegros, estando apenas ebrios, salvajemente desinhibidos. Y justo en el momento en que sus suegros solían levantarse habitualmente.

Era también la hora en que ella se levantaba para ir a los establos. Pero a John le gustaba dormir hasta las ocho y media, y no llegaba a su oficina hasta las diez. Era una lechuza nocturna, mientras que Devon era lo opuesto. Cerró los ojos ante la luminosidad que traspasaba las ventanas. Puso su cabeza en el pecho de John y le preguntó:

—¿Te sorprendió la fiesta? Dime la verdad.

—¿La verdad? —John hizo una pausa—. Bueno... sí, bastante.

—¿Bastante?

—Estaba sorprendido de que mis padres la hubieran pensado, pero sospechaba que algo iba a tener lugar.

—¿Quién nos delató? —preguntó Devon, en un tono de furia burlona, levantándose para ver la expresión en el semblante de John.

—No estoy seguro de acordarme...

—¿Quién? —insistió Devon.

—Alguien en la cena de la semana pasada.

—¿Qué dijeron?

—Solamente te veo la semana que viene.

—¿Por qué te podría haber hecho sospechar esa frase?

—Fue Bebe Hanley —dijo John casualmente—, y yo, obviamente, sabía que no tenía nada en mi agenda que causaría que nos viéramos la semana siguiente. —John no era mentiroso. Y diciéndole a Devon la verdad, le daba pruebas de que nada ocultaba.

Hubo un momento de silencio durante el cual John esperó que Devon contestara con odio. Sabía que su mujer despreciaba a Bebe, y el hecho de que el secreto hubiera sido revelado por ella probablemente la pusiera furiosa.

Por el contrario, Devon respondió:

—¡Ah! Bueno, al menos te sorprendimos un poco. —Cerró sus ojos para que John no pudiera leer su mirada. Se negaba completamente a permitir que John pensara que ella sufría de celos. Y estaba contenta de que él le hubiese dicho la verdad, antes que mentirle como para no mencionar el nombre de Bebe. Dejaría que el asunto pasara sin hacer más comentarios.

Pero, con el instinto de una mujer, sabía que Bebe Hanley intentaba crear problemas.

22

El dolor de cabeza no le desaparecía a Devon. Había tomado, como siempre, un frugal desayuno. Había bebido una taza extra de Rosalie, el fuerte café criollo hecho por la cocinera. Pero incluso con eso, el dolor no se iba.

—Simplemente lo ignoraré —se dijo Devon a sí misma, levantándose de la mesa y dirigiéndose hacia la dehesa a través de las puertas de estilo francés.

Aún no era de día, pero el frío de la noche se había disipado. El cielo azul estaba sin nubes, la luna era aún una visión plateada. Sería una hermosa mañana de abril, como Jeremiah le había dicho el día anterior.

Devon sonrió mientras pensaba en su asistente. Ellos trabajaban bien juntos y se habían hecho amigos. Parecía que tenían la misma fe en Firefly. Una vez que Jeremiah se había acostumbrado a las técnicas de Devon, había desarrollado su confianza en la habilidad de Devon y de Firefly para ganar.

Devon sabía que, a pesar de sí misma, había cometido el mayor error de un dueño de caballos de carreras: tenía un afecto especial por su caballo. Willy le había advertido de no desarrollar emociones el primer día que empezó a entrenar a Firefly.

—Yo sé que todos ustedes que cabalgan por placer piensan que sus caballos son mascotas. No se hace correr a una mascota herida. No se mantiene a una mascota encerrada en su establo todo el día. Las carreras son un negocio, y yo trato de sacar el máximo rendimiento de ésta —había declarado.

Devon entendió, en teoría. Los caballos de carreras eran máquinas de hacer dinero, y como todo lo que se llevaba hasta sus límites, tenían una tendencia a lastimarse, o incluso a morir, debido a sus esfuerzos. La mayoría de los preparadores trataban de hacer lo posible para evitar que el personal desarrollara ternura hacia los animales que estaban bajo su jurisdicción, pero generalmente ocurría que alguno tenía semejante corazón, semejante coraje y semejante buena disposición que creaba afecto aun en el más frío de los preparadores. Firefly tenía todos los rasgos de un ganador y algo más, una personalidad deliciosa, más dominio de sí que cualquiera de los caballos de Willowbrook, y era lo suficientemente fuerte como para garantizar buenos reflejos. Firefly tenía confianza en Jeremiah y en Devon, y la potranca desplegaba hacia ellos el afecto de un perrito, así como hacían los demás caballos de placer de Devon.

Sin embargo, Devon estaba segura de que no era sólo su afecto por este caballo lo que la hacía creer que ella podría ganar. Firefly era impresionante, y Devon pensaba que Willy lo tendría que admitir. El Blue Grass Stakes tendría lugar dentro de dos semanas. Era la carrera más importante antes del Derby de Kentucky. Era elegida por muchos para predecir quién sería el ganador del Derby. Y era la última fecha para que Willy decidiera quién correría el Derby.

A medida que Devon se acercaba a la pista, vio cómo Jeremiah entraba por la puerta cercana al establo de Firefly. Como siempre, tenían que desatar las vendas de las patas de la potranca para ver si sufría algún daño.

—Buenos días, Jeremiah —dijo Devon al encontrarse con él fuera del establo.

—Señorita Devon —dijo con una sonrisa.

—Creo que debemos entrenarla hoy de una forma más tranquila. La hicimos correr mucho ayer —dijo Devon, inclinándose para examinar la pata delantera izquierda. De pronto, justo cuando iba a levantarse, un sentimiento de mareo le hizo perder el equilibrio. Tembló un poco, apoyándose en el costado caliente de Firefly. Justo cuando acababa de pensar que la sensación de mareo desaparecía, le vino a su boca el gusto de la salchicha picante que había comido en el desayuno.

—¡Oh! Creo que debo de estar algo enferma. —Devon se inclinó, sosteniendo su estómago—. Ayúdame... ayúdame a salir —dijo, apoyándose en el brazo de Jeremiah.

Alarmado, tomó a su patrona por su estrecha cintura y se apuró para llevarla afuera. El olor del estiércol del caballo, olor que Devon no despreciaba en absoluto, le causaba náuseas y, antes de que pudiera evitarlo, sintió que su desayuno ya estaba en su garganta.

—¡Déjame! —le gritó a Jeremiah, mientras se arrodillaba en el suelo y vaciaba el contenido de su estómago en una de las cubetas usadas para los caballos.

Después de que pasó el espasmo, hundió el trasero en el lodo, apoyando su espalda contra la pared del pajar, y sus piernas, con sus blancos pantalones de montar, estiradas ante ella.

Jeremiah reapareció con un trapo limpio. Se arrodilló frente a ella y presionó con el trapo su frente.

—Señorita Devon...

—¡Ya sé! —gruñó ella, con voz llena de desesperación.

—Es la tercera vez esta semana. Que yo sepa —dijo, tratando de encontrar su mirada.

Estaba demasiado débil para hacer algo más que asentir.

—Usted tiene que decírselo al señor Alexander. Un hombre tiene el derecho de saber que su hijo está en camino —dijo Jeremiah, convencido.

—¿Entonces ...tú sabes?

—Cualquier tonto podría adivinar, señora. Cualquiera que esté toda la mañana con usted, como yo.

—Supongo —dijo Devon en un tono de derrota—. Pero puede... que quiera que deje de cabalgar. Puede que quiera que pare de entrenar. —Se desesperaba ante semejante pensamiento.

Jeremiah reflexionó un momento. Los hombres blancos eran así: pensaban que una mujer embarazada era una enferma. Todas las mujeres que él había conocido habían trabajado hasta el momento del nacimiento de sus hijos. Su propia abuela había nacido mientras su madre estaba recogiendo tabaco en un campo de Virginia.

—Usted tiene que hacer lo que diga su marido, señorita Devon. Es su bebé también.

—¡No! —gritó—. No con el Blue Grass Stakes tan cerca. Y luego, ¿qué pasará si entramos en el Derby?

La expresión de Jeremiah le dijo que él no estaba de acuerdo con ella, pero no habló. Devon comprendió. Es extraño, pensó ella. Estoy discutiendo un asunto tan íntimo con un muchacho de color de diecisiete años que trabaja para mí. Y su opinión me importa.

—Tienes razón. —Suspiró con resignación—. Debo decir algo.

Lo que no podía decirle a Jeremiah, por supuesto, era que se preguntaba si John estaría contento con la noticia. Al mismo tiempo, ella estaba segura que usaría su embarazo como pretexto para convencerla de que se retirase de la operación de las carreras.

De pronto, se dio cuenta. Estaba pensando en él como si fuera su enemigo. Alguien a quien tengo el derecho de decepcionar. Alguien que no quiere para mí lo que yo quiero. ¿Por qué pienso que iba a usar el embarazo como un "pretexto" para algo? Si quiere que deje de entrenar, será porque está preocupado por mi salud, se insistió a sí misma. ¿Cuándo empecé a pensar de otra manera? ¿Cuándo ha sucedido que lo que yo quiero se opone a lo que él quiere?

Devon se retiró hacia su casa, pensando en un baño caliente y una fría limonada. Sus ropas estaban sucias, no sólo por haberse tumbado en el barro a causa de su indisposición, sino por una caída que había tenido más tarde, cuando a Firefly la había asustado una víbora que estaba en medio de la pista. Aparte de un rasguño en el codo, no estaba herida, aunque sí dolorida.

—¡Está sucia! —exclamó Alice, cuando su ama entró en el dormitorio.

—Sí, lo estoy —afirmó Devon con una cansada sonrisa.

—No sé cómo ensucia tanto por ahí fuera, como cuando era una chiquilla —dijo Alice, recogiendo las ropas que Devon le entregaba.

—He tenido una caída hoy. Es por eso que estoy tan sucia.

—¡Una caída! —dijo Alice con tono de alarma—. ¡En su estado!

Los ojos de Devon la miraron sorprendida.

—¿Qué quieres decir?

—Usted sabe exactamente lo que quiero decir, señorita, así que no actúe como si no lo supiera —dijo Alice, con su tono de obviedad.

—¿Cómo lo sabes? —preguntó Devon intrigada.

—¿Cómo iba a dejar de saberlo? Usted, de pronto, empieza a dormir siestas, cuando generalmente protesta diciendo que debería haber más horas en el día para hacer lo que uno quiere. Y luego están los cambios en usted...

—¿Lo has notado?

—La conozco desde hace veintisiete años, señorita Devon. Tendría que ser una tonta para no darme cuenta.

—Pensé que todos pensarían que sólo había engordado un poco.

—Bueno, no se distribuye su peso en forma pareja, si sabe a qué me refiero —dijo Alice, con una sonrisa maliciosa.

Devon se rió fuerte al ver su expresión.

—Sé a lo que te refieres; casi no puedo entrar en mi ropa interior.

—Sí, señorita, lo he notado.

—Bueno, creo que si no tomo mi baño enseguida voy a poner mi sucio cuerpo en esas limpias sábanas sin haberme bañado —dijo Devon con un bostezo. Se fue desnuda al cuarto de baño y se hundió en el agua caliente de la bañera.

—¿Va a necesitar algo más, señorita Devon?

—No, gracias, Alice —contestó, cerrando los ojos.

Minutos después, salió, rosada y radiante; se envolvió en una gruesa toalla blanca y se secó rápidamente.

Atravesó el suelo de mármol blanco para mirar los establos por la ventana. Inspeccionaba la actividad con un sentimiento de orgullo. Sintiéndose contenta, se fue a la cama y se deslizó entre las frescas sábanas blancas. Se quedó dormida pensando en el Blue Grass Stakes.

—Bella durmiente. —La voz familiar la despertó justo cuando John se inclinaba para besarla.

—¡John! —exclamó Devon, excitada, tiró las sábanas y saltó en sus rodillas para abrazar a su esposo.

—Querida —dijo él dándole un fuerte y cálido beso.

—¡Qué sorpresa! ¿Acabas de llegar?

—Hace media hora, pero Alice me ordenó que te dejara dormir la siesta.

—¡La voy a matar! —declaró Devon con odio—. Imagínate, no dejarme verte enseguida.

—Estoy bromeando. Pero ella, realmente, me dijo que te habías recostado y que estabas exhausta, pobre chiquilla.

—Bien, estoy descansada ahora, pero quisiera volver a la cama, si quieres —dijo Devon sugerentemente.

—Buena idea. Podré hacer una siesta.

—¡Oh, tú! —dijo Devon tirándole una almohada.

John se rió y se desnudó enseguida; se deslizó en la cama con su esposa.

—Mmmm... delicioso —dijo atrayéndola hacia sí.

—Tú también.

Las manos de John tocaron sus pechos. Durante un momento, Devon contuvo su respiración para ver si él notaba alguna diferencia, pero simplemente siguió acariciándola. Devon se relajó y devolvió las caricias gozando del sentimiento de sus fuertes brazos.

Hicieron el amor un poco apuradamente, ambos ansiosos por la separación de diez días. Después de terminar, Devon cerró los ojos y se quedó nuevamente dormida. John la recostó sobre un hueco formado por su cuerpo doblado. Su brazo abrazaba su cintura. Durmieron en esa posición durante alrededor de dos horas, despertándose poco después del anochecer.

John se dio vuelta para alcanzar el pequeño despertador de porcelana de la mesita de noche.

—¡Siete de la tarde! —murmuró sorprendido. Volvió a colocar el despertador en su lugar y se dirigió a su esposa, escondiendo su cara en el hueco formado por el cuello y los hombros—. Despierta, querida —murmuró, besando su caliente piel rosada. Devon murmuró y se dio media vuelta, acercándose a su marido y besándolo.

—Estoy dormida —protestó.

—Lo sé, pero es hora de vestirse para la cena.

Devon se apoyó en su hombro y dijo:

—¿Ya?

—¡Ya! Por lo que sé, te has pasado el día en la cama. ¿Cuánto más necesitas dormir? —dijo John bromeando. Saltó de la mullida cama, apartó las sábanas que cubrían a Devon con gentileza y la levantó.

Ésta era la perfecta oportunidad para contarle a John las noticias, pensó. ¿Pero cómo reaccionaría?

—En realidad, John, en lo que respecta al dormir...

John empujó la puerta del baño con el pie y colocó a Devon en un área blanca encima de una alfombrita junto a la bañera. Se inclinó seguidamente por encima de la bañera para abrir los grifos y mezclar el agua fría con la caliente.

—¿Sí? —dijo John—. En lo referente al dormir, decías...

Devon se sentó en un asiento cubierto de tela de algodón a rayas, negro y blanco. Hizo un rodete con sus largas trenzas con una hebilla que estaba cerca de la bañera.

—Tienes un aspecto precioso, con el cabello de esa manera —dijo John suavemente, mirando a su esposa—. De hecho, estás particularmente hermosa hoy —a la vez la examinaba por primera vez desde que había llegado.

Devon sonrió, pero sintió la urgente necesidad de cubrirse; así que se dirigió hasta el armario de ropa con espejado y se colocó una de las batas de baño con monogramas que encontró allí.

Se dio media vuelta bruscamente hacia John y le dijo:

—John, te quiero.

—Y yo te amo a ti —dijo él automáticamente, inclinándose para probar el agua de la bañera. Se sentó en el borde y removió el agua para mezclarla—. Está casi llena.

Devon se dirigió hacia él y se detuvo justo enfrente. Puso una mano en su hombro, obligándolo a que la mirara.

—¿Qué pasa? —preguntó, ante la expresión seria del rostro de Devon.

—Tengo buenas noticias —dijo Devon, en una voz tan queda que era difícil de oír a causa del agua que estaba cayendo en la bañera.

John cerró los grifos y se metió en la bañera, pidiéndole a Devon que lo acompañara. En cambio, ella se sentó en el borde. Poniendo una mano dentro del agua, al lado de John, lo miró a los ojos. Era tan querido para ella. Y sabía que él sentía lo mismo por ella. Pero se había sentido tan contrariado ante la idea de su embarazo dos años atrás... Desde entonces, ella había usado el dispositivo que su doctor de Nueva York le había dado. Excepto en algunas ocasiones; la más reciente había sido la noche del cumpleaños de John. Algunas veces, su pasión había sido tan grande; en otras ocasiones, el momento había sido muy precioso para que Devon interrumpiera el acto.

Ahora, se preguntaba si John la reñiría por su descuido, o no se perdonaría su impaciencia. Tal vez se arrepintiera de dichas uniones.

John estaba mirando intrigado a Devon. Se estaba preguntando cuáles serían sus noticias. Su primer pensamiento fue acerca del adiestramiento de los caballos. Devon había estado trabajando duro en ello durante los pasados meses. Seguramente sus noticias se debían a ello.

—¿Qué pasa? —urgió.

Devon levantó su cabeza y lo miró directamente a los ojos. Trató de esperar cualquier reacción, deseando lo mejor, pero esperando lo peor. Pero no se le ocurrió nada para evitarle la sorpresa.

—John, vamos a tener un bebé. —Dijo las palabras a bocajarro, pero en un tono de desafío. Quería este niño. Y, a pesar de que se podía sentir desilusionada si John no sentía igual ilusión, no dejaría que su actitud arruinara su alegría.

La cara de John se transformó. Con una sonrisa de alegría y sorpresa, se levantó, y, a pesar de que estaba mojado, la abrazó.

—¡Qué hermosa sorpresa! Su voz resonó en el amplio cuarto de baño.

Devon, aliviada, abrazó el resbaladizo cuerpo de John. Ninguna respuesta la hubiera puesto más contenta. Un flujo de amor por él llenó su corazón.

—¿Entonces, estás contento? —preguntó sin aliento.

—Contento. Orgulloso. Sobrecogido. ¡Oh, Devon, esto es maravilloso! —La apretó aún más hacia sí; luego la apartó para desatar su bata. Se la quitó y la empujó en la bañera con él.

Había sucedido tal como él lo había previsto. Ella estaba ya convencida. Ahora, yaciendo al lado de su esposa en la oscuridad, escuchando su profunda y regular respiración, podía permitirse por primera vez reflexionar ante su verdadera reacción con respecto a la noticia.

No había sido tan inesperado. Cada vez que él y Devon habían hecho el amor, sin preocuparse por las consecuencias, él ya se había hecho a la idea de que ése podía ser el resultado. E, inevitablemente, había sucedido, debido a su descuido. Y él sabía que así iba a ocurrir.

Podía recordar una ocasión, cuando él había estado solo en su casa de Nueva York, en una tranquila tarde de lunes. No había nada interesante en su agenda social. Había estado pensando en la posibilidad de que Devon estuviera embarazada. Sabía que no podía, realmente no podía, actuar como la primera vez. Dos reacciones como ésas podrían dañar seriamente su matrimonio. Por lo tanto, había dejado la agenda a un lado, había entrado en su habitación y colocándose frente a un espejo ensayó preparándose para el hecho de que debía asumir una postura de sorpresa y de alegría ante semejante noticia.

Podía, primero, abrazarla, para recomponer su semblante. Luego, podía sonreír ampliamente. Así preparó el encuentro. No, demasiado obvio, mejor de esta otra manera. Sí, justo así, con una deliciosa sonrisa alrededor de su boca. Debía levantar las cejas, abrir mucho los ojos y luego sonreír. La abrazaría y aparentaría estar lleno de gozo. De esta manera, lo hacía frente al espejo.

Preparó ese encuentro durante cierto tiempo porque sabía que era vital para su matrimonio el hacerlo. Sabía que Devon tendría cierto temor para decirle que estaba embarazada y no podía soportar el sentimiento de herirla otra vez. Era aún mucho más temido el sentimiento de perderla.

Pero, se dijo a sí mismo, en efecto, la había perdido ahora, en cierta medida.

—Ella no será igual. —Se sorprendió al oír las palabras que venían a su boca. Rápidamente, observó a Devon para ver si se movía en su sueño. No, dormía profundamente, el sueño profundo de una futura madre.

Ella no sería en absoluto igual que antes. Se pondría pesada y cada vez más pesada. Podía sentir que su atracción física hacia ella se desvanecía. Se dio vuelta para observarla una vez más. Sus ojos, bien abiertos después de dos horas de no dormir, podían ver claramente sus rasgos. Ella era hermosa. Aún era hermosa.

Estoy siendo ridículo, se dijo a sí mismo. Ella siempre será hermosa. ¿Por qué iba a cambiar? Podía pensar en muchas esposas de sus amigos que habían permanecido atractivas después de dar a luz.

Nuestro hijo. Suyo y mío. Un producto de nuestro amor. Debería estar contento. Es perfectamente normal. ¿Todos quieren tener un hijo, no es cierto?

Retiró las sábanas de seda para poder ver sus pechos.

—Hermosos —murmuró sin voz. Se inclinó hacia ella y puso la punta de su cálida lengua en uno de los pezones rosados de Devon. A pesar de que ella estaba inconsciente, el pezón se endureció al contacto. Puso más de su pecho en su boca. Se sintió a la vez reconfortado y estimulado.

Pronto, de sus pezones iba a fluir leche, pensó. Pronto no iba a haber lugar para él ahí. Pertenecerían al niño.

Se sintió avergonzado como si estuviera haciendo algo mal. Como si estuviera pecando. Su miembro endurecido perdió su rigidez y se retiró de su esposa.

Pensó si su deseo por ella se reavivaría algún día.

23

❧❦❧

—Ven conmigo a Kentucky —le rogó Devon—, es sólo durante unas semanas.

—Querida, no puedo. Estoy negociando la venta de los edificios de la calle Treinta y Seis en Nueva York.

Devon se paseaba frente al escritorio Chippendale de la oficina de John. A veces pensaba que este cuarto era el único en que John se sentía realmente bien en su casa de Willowbrook. Era un cuarto típicamente masculino, con muebles de cuero verde oscuro y estanterías llenas de libros.

—Pero Firefly y Fearless Leader van a correr en el Blue Grass Stakes. Y vamos a las subastas de Keeneland. Esta caballeriza es también tu negocio.

Devon se detuvo directamente frente a John, y se enfrentó a él con las manos en sus caderas, en una completa pose de frustración.

—Todos van a estar en Kentucky para el Derby. Los Whitney, los Cooper... todos.

John sonrió, indulgente.

—Algunas personas van a estar allí, te puedo asegurar. Los que se ocupan de caballos.

—Ésos son todos los que conocemos —dijo Devon enfáticamente.

—Siéntate, querida. Me distraes cuando te estás moviendo como un pato de madera en un juego de cacería.

Devon y John rieron ante la comparación, aliviando la tensión que había crecido entre ambos.

—A veces dices las cosas más graciosas —dijo Devon, sentándose en un sillón de cuero frente a su esposo.

John tomó un cigarrillo y lo puso en su boca.

—Desearía que no hicieras eso aquí, John. Es un hábito muy desagradable y deja mucho olor en el cuarto —dijo Devon con exasperación.

—No voy a fumar en otro cuarto, Devon, pero éste es mi estudio y elijo fumar aquí —dijo John con firmeza.

—¡Oh! Bien. No importa. Lo que estamos discutiendo es más importante que fumar. No puedo entender cómo tienes siempre tiempo para ir a visitar a nuestros amigos en Oyster Bay o algún otro lugar, pero cuando se trata de dedicarle algún rato a la operación de los caballos parece que nunca tienes tiempo.

—Sabes que el tema de los caballos es realmente tuyo.

—¡Por accidente! Tú no muestras interés —contestó Devon, inclinándose hacia John y sentada en el borde del sillón.

—Para ser franco, mi interés no es tan grande como el tuyo —dijo John, reclinándose en su sillón y tomando una larga bocanada de humo azul. Devon observaba el humo haciendo remolinos y escapando por una ventana abierta.

Con los ojos de nuevo fijos en John, dijo una vez más:

—Estaré en Kentucky casi seis semanas si Firefly corre bien en el Blue Grass Stakes.

—Entonces, estarás ocupada entrenándola cada día y mi presencia será una carga.

—¿Cómo puedes decir eso? —gritó Devon, levantándose y sentándose en el regazo de John. Una vez allí, puso sus brazos alrededor de su cuello y murmuró—: Tu presencia nunca puede ser una carga. Te echo mucho de menos cuando estamos separados. —Se retiró un poco y agregó—: Además, sabes todo sobre carreras. Puedo seguir tu consejo.

John echó su cabeza hacia atrás y dijo:

—¡Qué argumento tan romántico!

Devon estudió a John. Había algo que andaba mal entre ellos, y ella no sabía qué era. Él estaba alejado, preocupado la mayoría del tiempo. A veces, era tan afectuoso como siempre, pero no había reiniciado las relaciones sexuales desde que ella le contara lo del bebé. Sin embargo, había parecido estar muy contento cuando ella se lo dijera.

Devon quería preguntarle sobre el asunto, pero tenía miedo de encarar el tema. Miedo de descubrir algo que la situara en una mala posición. Era más fácil dejar correr el asunto y esperar que pasara.

24

❦

John examinó a Devon, que estaba sentada a su lado en el palco asignado a los dueños. Para el Blue Grass Stakes, ella se había vestido cuidadosamente, y John se daba cuenta de que desde hacía un tiempo no se vestía tan formalmente. Generalmente, usaba ropa de montar. La concesión que ella hacía para la cena era ponerse un par de pantalones o un simple traje. Ahora, sin embargo, lucía un espléndido vestido de holanda blanco que fluía graciosamente alrededor de sus piernas. Un corpiño azul marino realzaba su aún pequeña cintura y sus amplios pechos, mientras que un trozo de gruesa organza blanca formaba como un cuello en la espalda y terminaba en el delantero. Usaba medias blanco pálido y sandalias de cabritilla blanca con tacones tan altos que la hacían parecer tres pulgadas más alta. Un sombrero extravagante de paja color azul bordeado con organza blanca daba a sus ojos aguamarinas una intensidad azul celeste.

—¿Qué estás mirando? —preguntó Devon con una sonrisa.

—Tienes un aspecto radiante y maravilloso —murmuró John, despacio.

Devon, alegre, retornó a su conversación con Marion Davies. Los otros invitados del palco eran W. R. Hearst, Sydney, Bart y los padres de Devon y los de John.

John estudió a su madre. Tenía el aspecto de siempre. Serena. Pose erecta. Matrona. Completamente asexuada. Miró a su padre. Estricto. Juicioso. No afectivo. También extremadamente asexuado. Miró al padre de Devon, a Chase. Con porte. Amable, pero un poco pomposo. Aburrido.

John se dio cuenta de que, probablemente, siempre había tenido miedo de lo que pudiera traer la edad y la madurez. Tal vez por esa razón no se había casado hasta la década de los treinta, y tampoco quiso aceptar que quería casarse con Devon. Volverse adulto significaba un compromiso y una responsabilidad hacia otros. ¿Habían borrado dichas cargas la vitalidad en sus padres?

¿Es esto lo que me está preocupando acerca del embarazo?, se preguntó a sí mismo. ¿La idea de un estorbo? Un niño era una responsabilidad. Más aún que una esposa. Con una esposa, los errores podían suavizarse. Muchos de sus amigos estaban divorciados, pero su familia se horrorizaría si John así lo hiciese.

No quiero un divorcio, por supuesto, se enfatizó a sí mismo. Al mismo tiempo, la opción estaba ahí. Ésa era la diferencia. Aun si el divorcio no era una opción, sabía que muchos matrimonios vivían vidas totalmente independientes. Tenían amantes. Permanecían juntos por conveniencia. O por los niños.

Eso era. Un niño era una carga inamovible, inevitable, irrevocable. Y, a pesar de sí mismo, John no podía dejar de culpar a Devon por habérsela impuesto.

Justo en ese momento en que John sentía una fuerte carga de resentimiento en relación con Devon, ella le tomó de la mano y se la apretó con fuerza,

—Vamos a la dehesa, John, para ver a los caballos —murmuró—. Hay varias cosas que quiero conversar con el señor McClintock.

Había sido una concesión de Devon el permitir que Fearless Leader fuera montado por el jockey principal, Slim Bocaso. Por otro lado, McClintock corría sólo en Kentucky y conocía la pista mejor que Bocaso. Era difícil decir cuál era la mejor ventaja. Pero, generalmente, ante una situación difícil, el jockey más experimentado evitaría el peligro, mientras que un jockey más joven, que aún se estaba haciendo un nombre, podría ser más apto para ganar espectacularmente o perder trágicamente. Devon sentía que, como la suerte estaba en su contra, quería que la potranca fuera conducida lo más agresivamente posible.

Devon y John se abrieron paso a través de mujeres bellamente vestidas que les deseaban suerte, y de rivales; luego fueron hacia la parte trasera, hacia el lugar donde se hace efectivamente el trabajo de una carrera. John observaba que, prácticamente, todo macho que pasaba al lado de Devon interrumpía su tarea para mirar la bella visión que ella creaba con su blanco vestido ondulando con la suave brisa alrededor de sus piernas bien formadas.

La sorpresa de Devon sacó a John de sus ensueños. John vio la causa de la angustia. Fearless Leader estaba parado delante de su establo con su pata delantera enterrada en un balde de hielo.

—¿Qué pasa? —le preguntó Devon a Willy, que permanecía mirando la pata con una mirada de disgusto en su semblante.

—No estoy seguro. El doctor dice que sus huesos no sanarán. Lo vio esta mañana.

—¡Oh, no! —gritó Devon. La cura para una pierna inflamada era mucho descanso. Forzar a Fearless Leader a correr con semejante dolencia, como harían algunos dueños, podría causar un daño severo que podría arruinar toda su carrera.

—¿Lo va a tener que retirar de la carrera? —preguntó Devon. Estaban a punto las lágrimas, pensando en todo el tiempo y el esfuerzo que habían puesto en su preparación para esta carrera. Era su primera oportunidad de mostrar la sangre azul de los caballos de Willowbrook al mundo de las carreras. Era importante para el futuro de la caballeriza mostrar la mayor cantidad de caballos posible. Firefly y Fearless Leader se habían desarrollado bien a pesar de tener dos años de edad, pero el secreto era demostrar el poder permanentemente. El potencial para permanecer en el negocio era la cabalgata y los machos que la caballeriza podía criar para vender.

—Si no lo retiro, podría no poder volver a correr esta temporada. Entonces, lo tendríamos que entrenar nuevamente durante todo el año próximo —murmuró Willy—. En estos momentos es mejor esperar.

Los hombros de Devon se movieron con un gesto de decepción. John puso su brazo a su alrededor. Pero apenas hizo esto, sintió que ella enderezaba su espalda y levantaba su cabeza.

—Es una buena decisión, Willy —dijo firmemente—. Tendremos que contar con que Firefly haga un buen papel.

Sin mirar hacia atrás caminó por el centro de la dehesa hacia la sección donde estaban las potrancas. Rick McClintock llevaba los colores escarlata y blanco de Willowbrook y estaba hablando con Jeremiah,

—Señores —dijo Devon bruscamente a la vez que hacía a cada uno un gesto con su cabeza.

—Señora —dijo Rick sacándose el gorro.

—¿Cómo está ella? —dijo, indicando a Firefly con un gesto de su mandíbula.

—Espléndida, señorita Devon —dijo Jeremiah con una amplia sonrisa.

—¿Ustedes han oído comentarios sobre Fearless Leader, supongo?

Ambos hombres miraron hacia abajo y levantaron sus pies en señal de incomodidad. Fue un golpe para todos los que trabajaban en Willowbrook que sacaran a Fearless Leader de la carrera. A pesar de que Devon y Jeremiah tenían fe en Firefly, ambos sabían que los caballos de carrera eran impredecibles. Era posible que perdiera. Era mejor tener dos posibilidades para mostrar la operación.

John caminó al lado de su esposa y observaba el intercambio. Lo divertía escuchar a Devon discutir sobre la próxima carrera en la jerga particular del hipódromo. La había aprendido rápidamente, y parecía como algo natural en ella. Sin embargo, era sorprendente escuchar la jerga vulgar de los preparadores y jockeys pronunciada en el impecable acento de Devon. El efecto sorprendente contrastaba con sus modos delicados. Pero Devon no lo usaba por estas razones. Lo usaba porque le ahorraba tiempo y porque era más efectivo para comunicarse con los hombres que trabajaban.

—Muy bien, señor McClintock —dijo Devon en tono de mando, ahora que ya se había repuesto de las noticias relacionadas con Fearless Leader—. Quiero que salga como cazando patos. —Esto significaba que Firefly iba a empezar a toda velocidad y no debía ser mantenida atrás hasta el final de la carrera.

—Sí, señora —dijo McClintock respetuosamente. No sentía resentimiento hacia los dueños y no dudaba en aceptar órdenes de Devon. La había visto en sesiones de entrenamiento con Firefly. Podía cabalgar igual que un jockey y no tenía miedo. Y tenía una relación especial con la potranca, que era impresionante.

Puso su brazo alrededor del de John; lo miró y le dijo:

—¿Vamos a nuestros sitios? —De nuevo volvía a ser la más graciosa dama de la sociedad. La carrera estaba ahora en manos de McClintock y de Firefly.

De vuelta en sus asientos, Devon, miró la ficha de las carreras. Había diez entradas en la carrera, nueve ahora que Fearless Leader había salido, y cada uno venía de caballerizas de excelente reputación. Sus caballos no eran los favoritos. Ese honor era para el caballo Rainmaker, de los Vanderbilt. Las posibilidades en contra de Firefly eran veinticuatro a uno la última vez que Devon se fijó. Las posibilidades cambiaban de un momento a otro a medida que los apostadores hacían sus apuestas. A pesar del ruido del ambiente, se escuchó por los altavoces la noticia de que Fearless Leader no estaba en la carrera. En diez minutos, las posibilidades en contra de Firefly habían subido a sesenta y seis contra uno. Esto se debía a que, si dos caballos del mismo dueño corrían en la misma carrera, las posibilidades eran idénticas por regla. El apostador ganaba la misma cantidad, sin importar cuál de ambos caballos ganara. Desde el momento en que Fearless Leader no tenía posibilidades, los apostadores no querían poner su dinero en la única potranca de Willowbrook.

Devon no podía contener su excitación cuando el revólver dio la señal de comienzo. Ella, inmediatamente, se levantó y se apuró a mirar con los binoculares. McClintock había hecho lo que ella le había dicho. Firefly estaba a la cabeza corriendo como una furia. Existía la teoría de que una potranca ganadora corría no hacia el final, sino fuera de la manada de potrillos que la perseguía. Corría presa del pánico. Pero Firefly estaba bajo control.

Rainmaker comenzó al final del grupo, pero, a medida que adelantaba a algunos, iba ganando velocidad.

Devon podía observar que el jockey de los Vanderbilt le pegaba, no frenéticamente, pero lo suficiente como para darle a entender que era hora de que se luciera.

—Y a la cabeza está la potranca de Willowbrook, Firefly, seguida de Tornado y Jungle Girl —dijeron por el altavoz—. En medio del grupo tenemos a Rainmaker nariz con nariz con Salt y Pepper; cerca, por detrás, viene Fake It, Now's the Time y Sugar n'Spice. Dos largos por detrás está Sassafras.

Apenas el altavoz acababa de enunciar esa relación, Rainmaker surgió hacia adelante. La voz, por medio del altavoz, subió el tono en estado de excitación.

—Miren la movida de Bob Vázquez en Rainmaker. Está empujando para adelantar a Salt y Pepper, ahora a Jungle Girl. Y Tornado toma la delantera, con Firefly en segundo lugar y Rainmaker detrás. ¡Ahora se mueve hacia adelante!

Devon, sin escuchar los gritos a su alrededor, se concentró en los tres caballos que iban por delante. A medida que Rainmaker se acercaba, la miró a Firefly en los ojos. Era una forma usual de confrontación en manadas de caballos salvajes. Las potrancas, generalmente, retrocedían. Con el corazón partido, Devon vio que Firefly vacilaba a medida que Rainmaker la superaba. Tornado y Rainmaker estaban ahora nariz con nariz.

—Parece que no va a ganar una potranca hoy —dijo la voz por el altavoz.

—¡No! —Devon murmuró para sí misma. Y en consonancia, Firefly, al encontrarse detrás, se apuró hacia adelante; con espíritu de competición, superó la natural sumisión al macho. Rick McClintock la estaba fustigando frenéticamente y ella respondía con todo su corazón. Ella estaba ganando, ganando...

—¡No puedo ver! —oyó decir Devon a Sydney. Pero Devon no podía dejar de mirar ni por un segundo.

—Rainmaker va por delante y se acerca al final. Firefly está luchando con Tornado. Ahora Firefly pasa a Tornado.

Devon pudo escuchar la excitación del que hablaba por el altavoz a medida que su potranca adelantaba a los demás caballos. A todos, excepto a Rainmaker.

Éste estaba manteniendo la delantera.

—¡Vamos a ganar! —gritó John con júbilo.

Devon contuvo su aliento. Lo contuvo... El anunciante gritó:

—¡Y es un increíble final con la potranca de Willowbrook como ganadora y devolviendo la gloria a este venerable nombre!

25

El día siguiente Devon apareció en la pista, impaciente por discutir con Willy la operación de entrenamiento que tenía en mente para el Derby de Kentucky.

Lo encontró arrodillado, sacándole las vendas a la potranca y estudiando las lesiones. Tenía su espalda hacia ella y no la vio acercarse, pero una amplia sonrisa se vislumbró en el semblante de Jeremiah cuando la vio.

—La señorita Whitney se ha acercado porque desea comprarla —dijo Jeremiah como preámbulo.

Willy miró hacia arriba lo suficiente para murmurar su usual saludo.

—Buen día.

—Bien, espero que le hayan dicho que no está en venta —sonrió Devon.

—Se lo dijimos —dijo Willy, levantándose y situándose frente a Devon.

Devon estaba algo divertida. A pesar de su victoria, y del porcentaje que le tocaba a Willy del premio por ser el preparador de Willowbrook, aún no sonreía. Willy la estudiaba.

—¿Cómo vamos a trabajar con Firefly? —preguntó Devon con seriedad.

—No estoy seguro de seguir con su idea.

Ante su obstinación, Devon le dijo de forma exasperada:

—Para tenerla lista para el Derby.

—No quiero que participe en el Derby —dijo Willy llanamente.

Devon lo miró incrédula.

—¿De qué está hablando?

—Fearless Leader va a estar bien para entonces. No era nada serio.

—Me alegra oír lo que está diciendo, pero Firefly ganó el Blue Grass Stakes.

—Ella vaciló.

—¡Ella ganó!

—No quiero afrontar el riesgo de que algo así suceda en una carrera tan importante como el Derby —dijo Willy. Y, con un aire de haber terminado, se arrodilló para examinar las patas traseras de la potranca.

Con voz de hielo, Devon le dijo:

—Quiero hablar con usted en privado.

Willy no interrumpió lo que estaba haciendo.

—Ahora.

El tono de voz hizo que Willy se diera media vuelta y la mirara por encima de su hombro. La expresión en su cara hizo que detuviera su trabajo.

—¡Sígame! —ordenó Devon, llevándolo hacia uno de los palcos vacíos de los dueños. Se dirigieron hacia allí en un hostil silencio.

Una vez sentados, Devon dijo con voz tranquila:

—No creo que usted esté sopesando bien las oportunidades de ganar de cada caballo.

—Cuando hicimos el trato, usted dijo que sería yo quien eligiera. Yo elijo a Fearless Leader.

—¿Por qué?

—Él corre más rápido de lo que corrió Firefly ayer. Su lesión habrá desaparecido y estará bien. Él es un potrillo. Creo que tiene la mejor posibilidad de ganar el Derby.

Firefly, por otro lado, vaciló ayer cuando Rainmaker la desafió. Ella retrocedió.

—Por un segundo. De todos modos, yo aprendí algo sobre esa situación. La próxima vez la haré correr con orejeras.

—Es una buena idea, pero las potrancas no ganan el Derby.

—Regret ganó —dijo Devon, con voz razonable.

—Ah, la única —contestó Willy, con conocimiento de causa.

—Firefly va a ganar —insistió ella enfáticamente.

—La elección será mía, me dijo usted. Yo ya hice mi elección.

—¡Pero es totalmente caprichosa! —dijo Devon—. Usted está tratando de probar algo; probar que usted tiene el poder en Willowbrook. ¡Bueno, yo no voy a aceptar su decisión! ¡Firefly puede ganar el Derby!

Willy saltó sobre sus dos pies, enojadísimo ante el desafío contra su objetividad como preparador.

—¡Si pensara que Firefly podría ganar, la haría correr a ella, y usted lo sabe perfectamente!

Devon, igual de furiosa, empujó su silla hacia atrás con tanta fuerza que se cayó. Seguidamente, se inclinó hacia Willy y miró sus ojos; sus cejas formaban una furiosa línea, al igual que oscuras y negras nubes sobre un mar azul.

—Sus razones para pensar que no va a ganar son absurdas. Están basadas en alguna regla rígida sobre potrancas y potrillos. ¡Preparadores como usted hacen que más potrancas no ganen el Derby! Ahora bien, estoy de acuerdo en que tuvo un problema momentáneo —dijo Devon, con voz temblorosa tratando de sobreponerse—; y creo que las orejeras lo van a solucionar. Además, vamos a ponerlo en práctica con ella. Pero su tiempo batió el récord de la pista. ¡Willy, por el amor de Dios, ella puede ganar! —Devon pateó con fuerza el suelo con el fin de poner énfasis en sus palabras.

—¡No estoy convencido de ello! —gritó Willy, sacándose la gorra de su cabeza y golpeándola en gesto de frustración.

—¡Bien, usted no tiene por qué estarlo! —gritó Devon a su vez.

Por un momento, estaban ambos demasiado exasperados como para emitir palabra alguna.

Devon respiró hondo y continuó con voz más tranquila:

—Respeto mucho su opinión, pero usted no ha trabajado con Firefly como yo. Lo que sucede es que yo soy la dueña, Willy. Sé que hicimos un acuerdo, pero no puedo dejar que usted haga algo con lo cual yo no estoy para nada de acuerdo. Si usted quiere hacer correr a Fearless Leader, muy bien. Él es un gran caballo. Pero yo voy a hacer correr a Firefly, y ésta es mi última palabra en cuanto a este asunto.

—Entonces, no tenemos más nada que decir. —Y sin esperar más Willy se colocó la gorra y se retiró.

La casa de invitados del señor y la señora Cooper Lyle III era tan placentera que Devon pensaba en ella como si fuera su casa, por lo menos, durante el tiempo que permanecía en Kentucky. Después de un largo día en la pista, con más cansancio de lo habitual dada su discusión con Willy, Devon estaba pensando en relajarse con John y una bebida helada en uno de los blancos sillones que estaban al lado de la piscina de natación.

Ella sintió que la tensión se desvanecía rápidamente a medida que entraba en el pasaje arbolado de la propiedad de sus amigos. Era tan vasta la propiedad de los Lyle que le llevó unos minutos conseguir llegar ante la casa. Devon cerró la puerta del Packard prestado y se apresuró hasta la acogedora sala llamando a John. Las telas florales, los accesorios de bronce y los colores pastel actuaban como un bálsamo para sus nervios.

—Por aquí, Devon —llamó John desde el dormitorio, adornado de colores rosa y blanco, de tal forma que tenía un aspecto soleado aun en días nublados.

—Hola, amor —dijo Devon dándole un beso a su esposo. Sus ojos se dirigieron inmediatamente hacia el baúl de cuero que estaba en el suelo. Estaba abierto y el valet de John estaba doblando meticulosamente la ropa de su amo dentro del baúl, cada vestimenta envuelta en papel para que no se arrugara.

Devon, asombrada, le preguntó:

—¿Qué estás haciendo?

—Preparándome para volver a casa —le dijo John con toda naturalidad.

—¿Qué quieres decir? Todavía faltan varias semanas antes del Derby.

—Sí, ya sé, pero tú dijiste que si Firefly no corría volverías a Nueva York conmigo. Le pedí a Alice que preparara igualmente tus cosas. Creo que está en la lavandería de la casa principal.

Devon arqueó sus cejas sorprendida y explicó:

—Pero si Firefly va a correr.

—No.

—¿No? —preguntó Devon, demasiado estupefacta para pensar bien.

John le dijo al valet:

—El resto puedo terminarlo yo, Wilkes. ¿Por qué no vas y preparas tus propias cosas?

—Muy bien, señor —dijo el sirviente cerrando las puertas despacio al salir.

—Hoy he recibido la visita de O'Neill —dijo John arreglando la ropa de la cómoda.

—¡Cómo se atreve! —gritó Devon, furiosa.

—¿Cómo se atreve a hablarle a su patrón? —dijo John sarcásticamente.

Devon se movió deliberadamente para hacerle frente a John. Él se vio forzado a encontrarse con sus ojos.

—¿Qué tenía que decir O'Neill? —preguntó Devon, en un tono anormalmente tranquilo. Tan tranquilo, de hecho, que John supuso que estaba tratando de aquietar su voz para no gritar.

—Me relató la conversación que habéis tenido esta mañana.

Devon levantó sus hombros y fijó la mirada en John.

—¿O' Neill te relató nuestra conversación y ahora tú has decidido que nos vamos a casa?

—Sí, lo he hecho —dijo John mirando desafiante a su esposa.

—¿En qué te basas?, si es que puedo preguntar. —Devon pronunció cada palabra en forma clara, con el fin de asegurarse de que su frase fuera coherente. Ella temía proferir un balbuceo de vituperacio-nes. Se sentía ultrajada por Willy debido al hecho de que hubiera involucrado a John en su disputa, pero estaba absolutamente sorprendida de que su esposo estuviera de su lado. ¡La humillaba! La traición hacía que se sintiese enferma.

John se enderezó y se enfrentó a Devon; su postura era rígida.

—Me baso en que concuerdo con la opinión de O'Neill de hacer correr a Fearless Leader en el Derby. Concuerdo con él en que deberíamos hacer correr un solo caballo, y en que Firefly tiene pocas posibilidades de ganar —dijo John en un tono razonable, pero sus puños metidos dentro de sus pantalones de lino estaban tensos.

—Bien —dijo Devon, subiendo el tono de voz—. Yo estoy en desacuerdo con su opinión. Y yo estoy en la pista todos los días.

—Sí, ya sé. —Hubo una pausa, durante la cual John, contundentemente, transmitió su resentimiento a Devon—. Tú estás realmente en la pista todos los días. Pero, tal vez sin quererlo, debo añadir, has tratado de usurpar la autoridad de uno de los mejores preparadores de caballos del mundo. Debemos considerarnos con suerte de que no renunciara ante esta ridícula disputa.

Las palabras eran como un golpe en el estómago de Devon. Nunca antes John había sido tan desagradable con ella. Nunca se había quejado de nada en relación con su trabajo en la operación de las carreras, salvo en decirle que la echaba de menos en Nueva York. Por el contrario, le había dado ánimos ante la demostración de su interés, Ahora, John era como un extraño para ella; revelaba un aspecto que era nuevo para Devon. Su actitud la hacía más desafiante.

Devon puso sus manos en las caderas y se adelantó hacia él.

—¿Deberíamos darle las gracias a Willy? ¿Aceptar órdenes de un empleado?

—Uno de los más competentes.

—Estoy de acuerdo. Pero eso no le convierte en el dueño de las caballerizas de Willowbrook. Si yo fuera un hombre, él quizá no querría que yo estuviera involucrada, pero no dudaría en cuestionar algo.

—Yo no sé si eso es cierto. De todos modos, tú no eres un hombre. Eres mi esposa. Y yo estoy de acuerdo con O'Neill sobre este asunto.

—¿Cómo puedes decir eso? ¡Ayer dijiste que la decisión final sobre el caballo que debía correr me correspondía a mí y no a O'Neill!

—Eso fue antes de escuchar su opinión.

—¡Pero aún no has escuchado *mi* opinión!

—O'Neill me explicó tu razonamiento.

El semblante de Devon se puso colorado, pues la sangre golpeaba sus sienes.

—Así que ahora estás permitiendo que ese hombre hable por mí, sin ni siquiera escucharme —dijo Devon.

—Está bien —dijo John tranquilamente. Se sentó en el borde de la cama y cruzó sus brazos mirando burlonamente a su esposa—. Dime todo tu razonamiento.

Devon quería golpear su cara. Su palma cosquilleaba ante el deseo de hacerlo, pero se contuvo. Finalmente decidió ignorar el sarcasmo de su expresión y procedió a explicarle por qué pensaba que Firefly podía ganar el Derby. Cuando terminó, estaba un poco más tranquila.

—Y —concluyó—, si ella lleva orejeras, creo que podremos evitar el problema que vimos en el Blue Grass Stakes.

—Lo que estás diciendo puede ser cierto —concedió John—, pero ya tengo un compromiso con O'Neill.

Con estas palabras, Devon dio un paso adelante como si la hubieran golpeado a ella misma.

—¡Así que tu compromiso con O'Neill es más importante que mi punto de vista!

—También tú hiciste un compromiso con él —señaló John.

—Eso es correcto —dijo Devon con voz firme—. No me gusta romper los compromisos Y no es algo que haga generalmente. Sin embargo, creo que él se está mostrando anticuado y supersticioso al pensar que una potranca no puede ganar el Derby. Firefly demostró ser buena, y él no lo quiere admitir. Él se está mostrando testarudo.

—Tú también —apuntó John—. Por Dios, Devon. ¿Por qué estás haciendo de esto una discusión personal?, es estrictamente una decisión de negocios. Estoy de acuerdo con la decisión del hombre a quien le pago por su buen juicio.

Levantando la voz, Devon le dijo:

—¡Pero Firefly ganó el Blue Grass Stakes! ¡Ganó! Si ella hubiera salido segunda, estaría de acuerdo con Willy, pero ella ganó. No entiendo la mentalidad comercial de alguien que no quiere hacer correr a un ganador plenamente comprobado.

¿Cómo le podría hacer entender a su esposo la razonabilidad de lo que estaba diciendo? Parecía tan distante. Arrodillada frente a la cama, golpeó el colchón cerca de John.

—¿No ves? Yo entrené a Firefly. Por mí misma. No soy la novata que era cuando empecé. Por supuesto que O'Neill es uno de los mejores y no quiero perderlo. Pero no quiero ser controlada por él. Firefly tiene todo el temple necesario. Puede ganar el Derby. Estoy segura de ello. Nunca tuvo problemas de salud.

John, de pronto, se suavizó.

—Sé que piensas eso —dijo acariciando el cabello de Devon—, y puede incluso ser cierto. Pero no puedo dejar que rebajes la autoridad de O'Neill.

—¡Tú sigues repitiendo lo mismo! —Devon saltó y se levantó de repente, exasperada—. No soy una niña a la que hay que enseñarle su lugar, pero así me estáis tratando ambos.

Lo que más le dolía en la actitud de ambos hombres era la falta de respeto que tenían con ella; y todo ello, a pesar de su probado conocimiento. Por otro lado, una parte de ella reconocía que le había dado su palabra a Willy con respecto a que era él quien debía elegir el caballo para el Derby. Pero eso había sido antes de que Fearless Leader se lesionara. Antes de la victoria de Firefly. ¿Quién hubiera pensado que los hechos iban a coincidir de esta manera?

—¿No puedes entender, John? De esta manera, tú me estás *despreciando*. Willy no debería haber venido a ti a mis espaldas. Eso estuvo mal. Él y yo hemos trabajado juntos todos los días. Tú no estás involucrado en las tareas de las caballerizas. Cada vez que te lo pido, dices que no tienes tiempo. —La voz de Devon se volvió más vehemente—. ¿Por qué ahora, de pronto, él viene a ti como si tú fueras la autoridad principal?

John aclaró su garganta mostrando incomodidad. Parecía estar buscando justo las palabras correctas, pero no había manera de suavizar el golpe de lo que dijo seguidamente.

—El hecho es que yo compré Willowbrook antes de nuestro casamiento. Willy vino a trabajar para mí con la condición de que él estaría a cargo de la operación de los caballos. Yo creo firmemente, Devon, en el principio de delegar la autoridad en aquellos que contrato y no rebajarlos ante el menor problema. Y déjame añadir algo, aunque sea poco caballeroso: que yo soy la autoridad principal en Willowbrook—. Devon abrió la boca, furiosa, con una contestación lista, pero John la interrumpió—. Y recuerda, que el primer día que te traje a Willowbrook tú y yo le dijimos a O'Neill que él tendría el completo control de la operación de las carreras.

¿Control completo? No, se dijo a sí misma. No dejaría que el desafío de Willy se le adelantara para impedir que hiciera correr a la potranca que había ganado el Blue Grass Stakes. Una potranca que había sido la mayor ganadora de la caballeriza de Willowbrook el pasado año.

Ahora más tranquila, pero llena de resolución, Devon añadió:

—Las cosas cambian, John. Yo respeto el conocimiento de Willy y su experiencia, pero él no es un dios. No ha trabajado con Firefly como yo. Yo la conozco mejor. No voy a dejar pasar la oportunidad de hacerla correr en el Derby.

—¿Qué quieres decir con que no vas a dejar pasar esa oportunidad?

Devon fijó los ojos en John.

—Quiero decir que voy a intentar hacer correr a Firefly. Como le dije a Willy, él puede hacer correr a Fearless Leader.

John se levantó. Se detuvo frente a Devon.

—¿Y si yo te digo que no?

Los ojos azules de Devon se volvieron de hielo.

—Como tú bien has dicho, tú eres el único dueño legal de Firefly. Pero mientras estamos tratando de ponernos de acuerdo, tú debes también recordar que nos pusimos de acuerdo para que yo me ocupara de la operación de las carreras. Tú puedes, por supuesto, prohibirme que haga correr a Firefly en el Derby, puesto que es tu caballo. En ese caso, tengo dos opciones. Te lo puedo comprar, o puedo establecer mi propia operación por mi cuenta. No creo que ninguno de los dos quiera este tipo de división en nuestro matrimonio, pero puede que tu compromiso con O'Neill sea más importante para ti que tu compromiso conmigo.

—¡Esto es absurdo! —dijo John, disgustado. Caminó de un lado para el otro, hacia adelante y hacia atrás, preso de un silencioso enojo. Nunca habían tenido una disputa que hiriera tan fundamentalmente el núcleo mismo de su matrimonio. Devon, por primera vez, estaba declarando que si John se mantenía en su postura ella podía, y lo haría, hacer lo que quisiera sin él.

Podía sentir la mirada de Devon en la parte trasera de su cuello a medida que miraba por la ventana. Ella no dijo nada. Había dicho sus últimas palabras. La elección era ahora suya. Finalmente se dio la vuelta y dijo:

—No sé por qué has hecho de esto una cuestión de tanta importancia, pero, obviamente, lo has hecho. Todo es absurdo y tus acciones van contra cualquier cosa que conozco en materia de negocios. Y ahora me estás forzando a hacer una elección personal, más que una decisión objetiva de negocios. No importa qué cosa decida, no me voy a sentir cómodo. Entonces, haz correr a Firefly, si tú insistes. Pero yo no voy a estar aquí para suavizar las cosas entre tú y O'Neill. Me voy a Nueva York esta noche, como lo había planeado. Y no esperes mi ayuda en persuadir a otro preparador para venir a trabajar para ti cuando O'Neill te deje. Porque, si él se va, cuando se vaya, las personas van a conocer la causa. Y entonces, ningún preparador decente querrá trabajar para la caballeriza de Willowbrook.

—O'Neill nunca va a tener la oportunidad de hacer resurgir de nuevo una caballeriza como Willowbrook. Es el desafío de su vida. No va a renunciar —añadió ella en un tono de estudiada indiferencia—; cosas peores podrían pasar.

Puso un semblante casi militar por su dureza. Se acercó hasta la puerta y se dio media vuelta para mirar a su esposo una vez más.

—Accidentalmente, ni tú ni nadie me *dice* lo que debo hacer. No vuelvas a *emplear* esa frase particular con respecto a mí otra vez.

Parecía un regalo la escritura de Willowbrook que John había enviado desde Nueva York por avión la mañana siguiente a su pelea. Pero, en un momento de tranquilidad, Devon tuvo la convicción de que eso significaba una ruptura en su matrimonio.

Sentada a su mesa de desayuno con un jugo de naranja, dio vuelta al documento que tenía en sus manos y, a pesar de sus temores con respecto a John, un sentimiento de orgullo la sobrecogió al pensar que Willowbrook le pertenecía a ella, sólo a ella. La escritura le daba carta blanca para hacer de la caballeriza lo que desease, tomar el mando con la confianza de que su palabra era la última.

Dejaré que John se tranquilice y luego viajaré a Nueva York para tratar de arreglar las cosas, se dijo a sí misma. Pero ahora tengo que lidiar con Willy. Trató de imaginar el efecto que tendría el cambio en el preparador. Tenía que decirle que Firefly correría el Derby; y, más importante aún, que Devon era ahora la única dueña de Willowbrook. ¿Renunciaría?, se preguntaba ahora Devon. ¿Qué haría ella si eso ocurría? Estaba embarazada, pero no daría a luz hasta Navidad. Intentaba seguir trabajando hasta que el bebé naciera. ¿Pero podría manejar todo el trabajo de la caballeriza? No lo creía. Está bien. ¿A quién podría contratar en el momento más álgido de la temporada de las carreras? Los mejores preparadores trabajaban para personas que conocía. No creía que la caballeriza de Willowbrook pudiera atraer a los mejores talentos, y ello por varias razones, particularmente porque ella era la dueña y era una mujer que quería participar en la operación, pero también porque su caballeriza era mucho menos prestigiosa que las de la mayoría de sus amigos. Además, porque la operación era más pequeña que otras, y el preparador ganaría menos dinero.

Tenía que tratar de mantener a Willy, se daba cuenta de ello, o arriesgarse a perder las ganancias que había obtenido para Willowbrook. Con un nuevo sentimiento de resolución, se puso rápidamente unos pantalones de montar, una simple camisa y se dirigió a la puerta tomando, de paso, su cepillo de pelo. El auto dejó un halo de tierra a medida que aceleraba; manejaba el auto usando su mano libre para cepillarse el cabello sin ni siquiera mirar por el espejo.

Una vez en Churchill Downs, buscó en seguida a Willy, ansiosa de arreglar las cosas entre ellos lo antes posible. Lo encontró apoyado con las dos manos en el cerco blanco, y mirando a Fearless Leader, que era montado por Jeremiah. Era más fácil controlar a los caballos, evitar que galoparan, si eran llevados por la pista en sentido de las agujas del reloj. Willy, y la mayoría de los otros preparadores, estaban en contra de desgastar los huesos y tendones del caballo diariamente, sino más bien a partir de ejercicios controlados.

Willy no oyó cuando Devon se estaba aproximando, así que, cuando dijo su nombre, se dio media vuelta con una expresión sorprendida en su semblante.

—Tenemos que hablar —dijo Devon fríamente.

No movió sus brazos ni sus pies del cerco, y, por unos segundos, Devon pensó que daría la vuelta y se retiraría sin contestarle; por el contrario, le hizo a Jeremiah una señal para que trajera el caballo. Cuando se dio cuenta de que el entrenador del caballo había visto su señal, se retiró del cerco y se enfrentó a Devon con sus manos en los bolsillos de los pantalones.

—No estoy seguro de que tengamos que hablar —respondió Willy con seriedad.

—Vayamos a las gradas —dijo Devon ignorando su comentario.

Una vez que estuvieron sentados, Devon inició la conversación. Habló de forma brusca, en parte porque así era su naturaleza, y, en parte, porque adoraba sorprender a Willy con las noticias.

—El señor Alexander ya no es el dueño de las caballerizas de Willowbrook. Soy yo.

Una mirada perturbadora cruzó por el semblante de Willy a medida que su mente procesaba la información. Durante unos segundos, no dijo nada. Luego se levantó.

—En ese caso, recogeré mis cosas y me iré de aquí.

Miró hacia la pista donde estaban los caballos purasangre galopando y caminando, sus pieles brillando al sol. Parecía buscar algo, pensó Devon, a medida que sus ojos detectaban figuras distantes. Luego, dándose media vuelta, miró hacia el corral donde los vareadores llevaban los caballos para que se enfriaran. Un peón estaba realizando esa tarea con Fearless Leader. Willy miró al dúo.

Devon, de pronto, sintió pena por él. Sintió pena por los malentendidos de ambos. Pena porque parecía que no eran capaces de ponerse de acuerdo en llevar adelante la caballeriza de Willowbrook.

—Willy... —dijo, de forma suave. Willy volvió sus ojos hacia ella y esperó a que hablara. Sus sentimientos de arrepentimiento se desvanecieron ante la mirada en sus ojos. Aun así, sus palabras eran más gentiles de lo que había planeado—. Desearía que no se fuera —dijo duramente.

Willy parecía considerar el hecho por unos momentos. Su respuesta fue menos ruda de lo que Devon esperaba.

—No creo que pueda trabajar para usted —dijo directamente.

Devon se dio cuenta de que era por lo menos una de las cualidades que admiraba en Willy.

—¿Por qué? ¿Porque soy una mujer?

—Tal vez. Tal vez porque nunca tuve a nadie que interfiriera tanto en lo que estaba haciendo.

—Pero, Willy —dijo Devon, exasperada ante el hecho de que él se negase a mirar las cosas de otro modo—, mi interferencia no ha dañado a Willowbrook ni a usted. Si usted pudiera pensar más en una colaboración que en...

—No puedo —la interrumpió Willy, levantando su gorra de baseball de su cabeza y pasando su mano nerviosamente por su calvicie—. Mire, usted se comporta correctamente. Tal vez se comporta bien como dueña. Pero no puedo trabajar en un lugar donde las decisiones que tomo pueden ser negadas por otra persona. El señor Alexander entendía eso. Lo que yo hice —ir a hablarle a él— no era acerca de usted. Era acerca de la promesa que me había hecho cuando empecé a trabajar para ustedes.

—Está bien. Willowbrook tiene un nuevo dueño. Usted debiera ahora dejar de lado, por un momento, su acuerdo con él y mirarme como a alguien con la que tiene que negociar nuevamente. Olvídese del señor Alexander. Dígame lo que quiere de mí. No puedo hacerme cargo de las promesas hechas por él, pero sí puedo hacerme cargo de mis promesas.

—Usted ya rompió su promesa. Dos, en realidad, si usted cuenta el hecho de que estaba con el señor Alexander cuando me prometieron el control total.

Devon se sonrojó. Sabía que Willy nunca la respetaría, nunca trabajaría con ella, si ella no admitía la verdad.

—Yo rompí mis promesas. No sabía nada de carreras de caballos cuando lo conocí, pero, a medida que me fui interesando, quería tener algo más que decir. No me puede culpar por romper una promesa hecha antes de saber lo que estaba prometiendo —insistió Devon.

—Pensé que las personas ricas como usted tenían un código de honor. Una promesa es una promesa. La palabra de un caballero.

—Quiero pensar que soy una persona de honor. Pero no soy una santa Y creo que todo lo que puedo hacer es pedirle disculpas. Por otro lado, estoy firmemente convencida de que hay circunstancias especiales que...

—No lo veo de ese modo. Con respecto a Firefly, usted me dijo que yo decidiría si correría en el Derby.

Devon se mantuvo en silencio. La conversación no estaba llegando a ninguna parte. Finalmente, ella dijo:

—Mire, dejemos el pasado. No le puedo ofrecer la autoridad final sobre qué caballos van a correr. Sólo le puedo ofrecer delegar esas decisiones en usted la mayoría de las veces. Pero si yo creo en un caballo, y si tengo razones para ello, no veo una razón suficiente para que un dueño deba darle la autoridad a usted, un preparador. Éste es el caso con Firefly. No me puede ofrecer usted ninguna buena razón para no hacerla correr en el Derby.

—Usted dio su palabra —dijo Willy testarudamente.

—Yo confié en su juicio —dijo Devon mirándolo a los ojos.

—¿Usted cree que no tengo juicio? ¿Usted cree que le haría sabotaje a una carrera por orgullo? —se sentía enojado ante la simple sugerencia.

—Si usted no creía que una potranca podía correr el Derby ¿por qué aceptó ese ofrecimiento mío?

—Pensé que podía ser nuestra mejor oportunidad, pero ahora pienso que Fearless Leader lo es. ¡Ya hemos discutido esto!

Devon no respondió inmediatamente. Después de unos segundos de silencio, le preguntó:

—¿Usted cree tan firmemente en Fearless Leader?

—¡Sí! —dijo Willy, con un fruncimiento de cejas que mostraba su convicción.

—Mmmm. Suponga... que hacemos correr a los dos caballos en el Derby.

—Yo ya dije que es una mala...

—Y —Devon lo interrumpió— suponga que yo le doy a Fearless Leader y el premio entero si él gana.

La boca de Willy se abrió con asombro. La mayoría de los preparadores trabajaban para otros durante toda su vida y siempre soñaban con que un día pudieran afrontar su propia operación. El hecho de tener un caballo, sin embargo, estaba muy por encima de las posibilidades de la mayoría de las personas. No era sólo el costo del animal, era también su cuidado, su comida y su entrenamiento. Luego, se necesitaba dinero para entrar en las carreras, para el jinete. Ser propietario de caballos de carreras era un hobby para hombres ricos. Los preparadores que trabajaban para los ricos y también tenían caballos tenían que pagar el alquiler del establo para sus caballos.

Leyendo la mente de Willy, Devon añadió persuasivamente:

—Con el dinero del premio usted podría comprarse una caballeriza.

Willy la miró, estupefacto:

—¿Qué podría hacer con un solo caballo y una caballeriza? Usted sabe lo cara que es la operación de los caballos. Pero si tuviera un macho... —Dejó que la oración se desvaneciera lentamente.

Devon pretendió considerar esa situación, pero, por dentro, estaba gozando. Él se iba a quedar, pensó. Había un solo problema.

—El macho es razonable, pero si le doy uno entonces usted tendrá que estar de acuerdo conmigo en que no le pagaré por el servicio de Fearless Leader. Y...

Willy gruñó disgustado, sentándose hacia atrás en su silla y cruzando los brazos.

—Y —añadió Devon tranquilamente— tengo la opción del tercer potrillo del macho. Eso le da a usted por lo menos tres años para empezar.

—En ese caso, quiero la opción del primer potrillo de Firefly. Usted no necesitará tres años para empezar —dijo Willy poniendo las manos en sus rodillas.

Devon y Willy estaban gozando como nunca de su mutua compañía. La operación de las carreras actuaba como un tónico para los dos.

—¿Firefly? —preguntó Devon burlonamente—. Debe pensar muy bien en relación con ella.

Willy resopló.

—Ella es la única potranca decente que tiene para ofrecer en este momento.

Devon ignoró la alusión, estaba divertida.

—Bien, después no diga que rompí mi palabra. Tengo otras condiciones que quiero discutir.

—¿Qué más? —gritó Willy, pensando en quién se llevaría la mejor tajada.

—Si usted gana, quiero que se quede un año conmigo. Para ese entonces mi bebé tendrá seis meses y estaré en condiciones de trabajar todo el tiempo.

Willy se rascó una quemadura de sol.

—Creo que me debe aumentar el sueldo.

—Un diez por ciento —ofreció Devon.

—¡Ja! Puedo tener más que eso en cualquier otro lado —dijo Willy.

—¡Nadie más le ofrecerá un caballo ganador del Derby! —respondió Devon con el mismo tono.

—Veinte por ciento —dijo Willy.

—Mucho. Un quince —dijo Devon bruscamente.

—De acuerdo. —Una sonrisa, apenas visible, se dibujaba alrededor de la boca de Willy.

—Ahora —dijo Devon, respirando hondo a medida que se acercaba al tema más difícil—, con respecto al manejo diario de la operación...

—Éste puede ser un punto delicado.

—Yo nunca voy a contrariar —y nunca lo he hecho— una orden que usted le dé a alguno de los peones.

Willy asintió con un gesto y luego esperó, sin expresión, el resto.

—Pero...

—¡Ah, sabía que había más! —Willy miró hacia otro lado, ya nervioso.

—Pero —dijo Devon ignorando la interrupción— yo soy la jefa. Su única jefa todo el tiempo que trabaje en Willowbrook. Tengo el derecho de preguntar sobre cualquier aspecto. Y estoy interesada en los caballos más importantes. Tendré una opinión en cuanto a los que correrán y cuándo los haremos correr. Usted pedirá mi opinión y hablaremos las cosas, y si estamos alguna vez en desacuerdo, mi opinión será la que deberá prevalecer. Yo, sin embargo, dejaré las decisiones sobre la crianza en sus manos. Yo querré entrenar por lo menos un caballo por temporada y usaré a Jeremiah como mi entrenador. No hay razón para que no lo usemos ambos.

—Suena como si esto fuera un arreglo permanente. Y será sólo durante un año. Luego, usted puede hacer lo que le plazca —dijo Willy encogiéndose de hombros.

Devon entrecerró sus ojos.

—Usted da la impresión de estar muy seguro de sí mismo —dijo en voz baja.

Willy, simplemente, se encogió de hombros nuevamente.

—Está bien. Entonces, a usted no le importará enseñarme todo lo que sabe sobre la compra de caballos. Estaré con usted en Keeneland y Saratoga para las ventas. Después de todo, si no va a estar por aquí...

—Seguramente va a contratar a otro hombre —declaró Willy.

—No sé —dijo Devon, pensativa—. Creo que usted ha creado más problemas de lo que vale. ¿Quién dice que el próximo va a ser mejor?

Esta vez Willy explotó de risa. Devon nunca lo había visto ni oído reír tan fuerte. Estaba tan contenta por el hecho de que se hubieran puesto de acuerdo que también se rió con él.

Willy se detuvo bruscamente. Poniendo las manos en sus rodillas nuevamente, se inclinó hacia adelante y dijo:

—Está bien, y si Firefly gana, ¿qué es lo que va a querer?

—Quiero que permanezca en Willowbrook durante el mismo espacio de tiempo. Eso es todo. Usted podrá buscarse otro trabajo después, si quiere.

—Parece interesante —dijo Willy, enderezando su cuerpo—. Bien, entonces, no hay nada más que hablar. Voy a seguir con mi trabajo.

—Yo iré con usted —le recordó Devon.

—Sí —murmuró Willy.

—Mi abogado escribirá nuestro acuerdo. Lo tendrá para nosotros la semana próxima.

Willy se volvió para enfrentarse a Devon.

—Siempre hice negocios sobre la base de un apretón de manos. No quiero que algún loco abogado que no entiende nada de esto me enrolle con su charlatanería.

—¿Usted confía en mí? ¿Aun después de lo que ha ocurrido?

—Usted no es un monstruo. Usted sabe lo que está prometiendo. Eso está bien para mí.

Devon estudió al hombre que, durante tantos meses, no había sido más que un enemigo. Estaba empezando a sentir cierto respeto por él, y lo apreciaba. Decidió dejar de lado su orgullo y decirle a Willy lo que estaba pensando.

—Aprecio que le dé a esto otra oportunidad, Willy. —Extendió su mano hacia él.

Él la tomó sin vacilación y la sacudió firmemente, tan firmemente como si hubiera sacudido la de un hombre.

26

⚜

—¿No puedes dormir? —preguntó John a Devon, quien, por quinta vez esa noche, lo había despertado tosiendo y moviéndose.

—No hay manera —suspiró Devon en la oscuridad—. Son casi las cuatro y media. Tengo que ir a la pista pronto.

John se dio la vuelta hacia su esposa y bostezó.

—No creo haber dormido más de dos horas esta noche.

—Perdón —dijo Devon palmeando su hombro—. Me voy a levantar. Tal vez puedas volver a dormirte.

—Lo intentaré —murmuró John, cerrando los ojos y poniéndose la sábana por encima de su cabeza.

Devon se deslizó fuera de la cama y se puso la bata, tembló un poco en la fría mañana debido a que la ventana estaba abierta.

Como siempre, Devon se puso los pantalones de montar y una camisa de algodón. Se tomaría una hora por la tarde para volver a la casa de los Lyle y cambiarse para el Derby. Peinó su cabello, y lo ató en una cola de caballo con un lazo de algodón. Mientras se acercaba a la puerta, entró en la cocina donde Alice le había dejado algunas galletas de la cena de la noche anterior. A Devon no le importaba que estuvieran endurecidas. La ansiedad había hecho desaparecer su apetito; comía sólo porque sabía que no tendría otra oportunidad de hacerlo durante ese horrible día.

Estaba apenas consciente de que iba conduciendo el auto hacia Churchill Downs, de devolver los saludos que recibía en medio de la púrpura oscuridad a medida que caminaba hacia el establo de Firefly.

Firefly resopló cuando la vio.

—Ahí estás, corazoncito —murmuró Devon acariciando a la potranca.

Jeremiah pareció materializarse desde algún lado.

—¿Nerviosa, señorita Devon?

—No he dormido en absoluto —dijo con una sonrisa.

—Tampoco Firefly. Presiente que algo pasa. Ha estado nerviosa.

Devon, automáticamente, miró dentro de su pesebre, donde se le había acumulado comida. Notó que Firefly se había comido todo, y sintió cierto alivio. Entrando en su establo, confirmó que el peón había puesto paja contra los bordes; así, Firefly no se podía lastimar cuando sus nervios hicieran que pateara a su alrededor. Ella le había dado esa orden.

—¿Todo está bien? —dijo Devon al entrenador.

—Bien, señora —contestó él, con una voz que la tranquilizó.

Devon se inclinó y examinó las patas de Firefly. Luego, tomándose su tiempo, comprobó el cuerpo de la potranca desde la nariz hasta la cola. Finalmente, se dirigió a Jeremiah.

—Haremos que haga sólo ciertos ejercicios esta mañana. Muy pocos. Quiero guardar toda su energía para esta tarde.

Jeremiah asintió y le indicó al peón que le pusiera la montura a Firefly.

Devon caminaba detrás de su caballo y sintió una sensación de irrealidad. ¿Estaba ella preparando su propia entrada en el Derby de Kentucky? Un año antes, sabía muy poco acerca de las carreras; ahora estaba arriesgando su caballo más valioso, Fearless Leader, y una gran cantidad de dinero apostando a su convicción de que Firefly podría ganar. ¿Cómo podría haber pensado que sabía más que Willy? ¡Oh!, había sido una tonta. ¡John y Willy tenían razón!

Su tren de pensamientos fue interrumpido por el sonido del resoplido de Firefly. La potranca levantó su cabeza y resopló, sacudiendo la brisa mañanera. ¡Qué espléndida es!, pensó Devon. El poder de sus músculos, su joven y delgado cuerpo. Nunca había estado lesionada, nunca había estado enferma, hechos extraordinarios en un caballo de carrera. ¡Ella ganaría! ¡John y Willy estaban equivocados!

Desde su pelea, hacía algunas semanas ya, él se había quedado en Nueva York y regresado sólo dos días antes del Derby. ¡Oh!, sí, la había llamado fielmente todos los días. Además, la había felicitado por sus exitosas negociaciones con Willy y había aceptado graciosamente su agradecimiento por el regalo de Willowbrook.

—Querida, tú sabes en lo profundo de tu corazón que Willowbrook debía ser tuyo. Siempre, sin importar nada —había dicho él.

—¿Qué quieres decir? —preguntó Devon alarmada.

—No quiero decir nada —dijo él suavemente—, sólo que Willowbrook es tuyo, y así es como debe ser. Fin de la discusión.

De todos modos, John se había comportado como un amante y generoso esposo. Sin embargo, Devon sabía que no la había perdonado por... ¿por qué? ¿Por insistir en que Firefly debía correr el Derby? ¿Por desobedecer a Willy? ¿Por qué esas cosas enojaban a su marido al punto de parecer haber perdido todo deseo por su compañía? ¿Y por qué no le había hecho el amor cuando se había encontrado con ella nuevamente en Kentucky? ¡Habían estado separados por lo menos durante tres semanas!

Ella le había preguntado en una de sus llamadas telefónicas si aún estaba enojado con ella.

—¿Enojado? —Se rió—. ¿Si yo hubiera estado enojado te hubiera regalado la operación de los caballos y una caballeriza de cien acres?

Sí, se dijo ella en silencio. A causa de tu orgullo. Por que me enfrenté a ti y no me achiqué. ¿Pero cómo podría decir estas cosas en voz alta? No haría más que aumentar la grieta entre ellos.

En lugar de enfrentarse a él, Devon se había mostrado contenta y afectuosa. Su conversación consistía en charlas cortas, nada más. En la superficie, todo parecía perfecto.

Tal vez si Firefly ganara, pensó Devon, él estaría tan contento que las cosas volverían a su normalidad. O quizá si Firefly perdiera, las cosas estarían aún mejor, dijo una voz maliciosa en su interior. Devon sacudió su cabeza como para arrojar los malos pensamientos.

Miraba hacia el cielo nocturno, ahora con estrías color rosa a la altura del horizonte. Devon se apuró para dar alcance a Jeremiah y le dijo:

—Vamos a terminar con esto antes de que se haga de día.

Muchos entrenadores trataban de realizar ejercicios particulares para la competencia, y Devon conocía esta práctica. No quería darle a sus rivales las pistas sobre qué esperar de Firefly. Habían aprendido bastante de ella en las carreras anteriores. El entrenador que tomaba el tiempo se sentaba en las gradas para ver los ejercicios de la mañana. Los resultados de su tarea eran impresos en la revista *Racing Form*. El trabajo más rápido del día aparecía impreso en negro en la biblia de los apostadores y era considerado importante. Devon trataba de evitar semejante publicidad ejercitando a sus caballos antes de que amaneciera. Pero ello no siempre era posible, ya que el entrenador debía tomar el tiempo de cada competidor.

Una vez terminado el entrenamiento de Firefly, el peón se la llevó; Jeremiah instruyó al mozo de la caballeriza para que le diera un baño y una cepillada. El propio Jeremiah, sin embargo, quería ver el final de la operación. Quería que Firefly brillara, literal y figurativamente.

De pronto, Devon se encontró ante sí misma, sin nada más que hacer. Se preguntó qué estaría haciendo Willy. El establo de Fearless Leader no se veía desde el de Firefly, puesto que los potrillos estaban albergados en una sección aparte. Con una palmada final a Firefly, Devon se dirigió hacia la otra sección del establo hacia el pesebre de Fearless Leader.

Observó que él también había sido alimentado, ejercitado y bañado, y ahora le era permitido descansar. Miró los magníficos ojos marrones del caballo y se acercó a acariciar su cuello.

—Espero no perderte —le susurró al oído.

—¿Diciendo los adioses? —Una voz detrás de ella la hizo dar media vuelta rápidamente.

Willy tenía una sonrisa en su semblante. Nunca le había gastado una broma, a pesar de que sus modales hacia ella habían cambiado desde que se convirtiera en la dueña de Willowbrook.

—Muy seguro de usted mismo —recalcó Devon.

—La única manera de estar —gruñó él—. ¿No lo está también usted?

Nuevamente, Willy miró a Devon. No se acordaba de que él jamás le hubiera preguntado cómo estaba ella.

—No sé —respondió Devon honestamente—. Creo que tengo las fuerzas.

—Eso es natural —dijo Willy acercándose a Fearless Leader y masajeando sus músculos. Devon notó la manera gentil con que este rudo hombre trataba al caballo.

Él les tiene afecto, no importa lo que diga, pensó Devon.

—¿No está nervioso? —preguntó ella no esperando realmente una respuesta afirmativa. Willy nunca admitiría semejante emoción; ella estaba segura de eso.

—No —dijo él mirando hacia otro lado.

—Usted pone mucho en juego en esta carrera.

—Correcto. Pero no tengo nada que perder. Usted sí.

—Créame, lo sé —murmuró Devon de forma algo ruda. Se sorprendió al ver que se estaban sonriendo el uno al otro. ¡Willy estaba sonriendo!

Como si le hubieran atrapado haciendo algo malo, Willy se retiró del lado de Devon, borrando su sonrisa.

Está incómodo por el hecho de haber observado que me estoy mostrando agradable por un momento, pensó Devon.

—Willy... —Devon vaciló. Estaba tratando de leer la cara de Willy bajo la gorra Dodgers, pero estaba en la sombra—. ¿Sería muy malo para usted perder? ¿Es decir, buscará otro puesto el año próximo?

Willy permaneció en silencio por un momento.

—No lo sé. Quiero ver cómo funciona todo en Willowbrook.

—Usted se refiere a cómo le va a ir conmigo.

—Lo que sea —murmuró él.

—Yo supongo que siempre ha soñado con tener una caballeriza propia —dijo Devon.

—Sería agradable —dijo él.

—Bien... buena suerte. —Devon le extendió la mano.

—Sí, a usted también —dijo él sacudiendo firmemente la mano.

Devon se dio la vuelta para irse.

—Señorita Alexander... —Devon se dio media vuelta sorprendida. Willy jamás se había dirigido a ella por su nombre—. Usted estará orgullosa de Firefly hoy. De eso estoy seguro.

—Lo sé —dijo ella sonriéndole a Willy—, pero gracias por decirlo.

Devon condujo el auto hacia su casa para cambiarse, sintiéndose un poco menos ansiosa que antes de su conversación con Willy. Sus palabras tranquilizadoras significaban mucho más para ella de lo que ella admitía. Después de todo, se recordó a sí misma, él conoce un buen caballo cuando lo ve. ¿Por qué no me voy a sentir bien por lo que me dijo? Pero sabía que era más que su experiencia con los caballos lo que le tranquilizaba. Su confianza en ella, también, estaba implícita en sus aclaraciones. ¿Y por qué no iba él a respetar sus habilidades? Él es uno de los mejores preparadores del mundo —y me entrenó a mí, pataleando y gritando todo el tiempo— pero él realmente me *entrenó*.

Devon volvió a su casa y encontró a John tomando el desayuno en el patio.

—¿Cómo está todo? —preguntó John separando su vista del periódico.

—Parece que está bien —contestó Devon besándolo en la cabeza.

—¿Quieres algo? —preguntó John señalando la panceta en su plato.

—No puedo comer nada —dijo Devon con una sonrisa nerviosa—. Creo que tomaré un baño caliente y comenzaré a vestirme.

—Deberías comer algo —dijo John volviendo a su lectura.

Devon se detuvo por unos segundos mirándolo. Estaba vestido con ropas de tenis y su piel bronceada contrastaba con la tela de lino blanca; estaba muy atractivo. Se preguntaba a cuántas mujeres les daría envidia por el hecho de que ella se había casado con él, y cuántas debían flirtear con él, mientras ella estaba obligada a permanecer a cientos de millas de distancia.

A partir de hoy, se dijo. A partir de hoy le había prometido pasar el verano con él. Se preguntaba si él se acordaría de la promesa, o si le importaba que ella cumpliera con esa promesa. A veces, parecían ser personas extrañas el uno al otro.

Si Firefly ganaba el Derby, Devon la haría correr en Preakness y en Belmont Stakes para buscar el más difícil de los premios: la Triple Corona. Pero sabía que, a pesar de lo mucho que quisiera entrenar a Firefly, lo debería delegar en Willy, su matrimonio dependía de eso.

—Querido —murmuró ella.

John no miró hacia arriba.

—¿Mmmm?

—Te quiero, John —dijo Devon, la vehemencia en su voz transmitía sus preocupaciones.

Él levantó los ojos, sonrió rápidamente y dijo:

—Yo también te amo, querida —luego, bajó los ojos y siguió leyendo.

—No, quiero decir...

John la miró nuevamente, con una cortés mirada.

Devon no sabía qué más decir. Quizás estaba imaginando cosas. Parecía tonta.

—Quiero decir que estoy ansiosa de pasar el verano contigo, solos, relajándonos y divirtiéndonos.

—Eso sería maravilloso —afirmó John volviendo a leer el periódico.

Devon suspiró y entró en la casa. Después del baño, se puso el maquillaje cuidadosamente y, luego, comenzó a vestirse con un atractivo conjunto que había elegido para el Derby. Usaba los mismos colores escarlata y negro de sus insignias de carreras. El vestido estaba hecho de seda negra con pliegues que comenzaban a la altura de la cintura y caían hasta las caderas. Cada pliegue era de color escarlata brillante, de modo que sus movimientos hacían que la falda se abriera en una danza de escarlata y negro. Por encima de la cintura, el corpiño del vestido era también de seda negra, pero sus largas mangas estaban realizadas con pliegues al igual que la falda. Lucía un sombrero de paja rojo bordeado de negro y con un lazo negro. Sus zapatos, que estaban abiertos en el tobillo y con tacones de leopardo rojo, habían sido hechos a mano en Nueva York para ella. En sus manos, llevaba guantes colorados de la más fina cabritilla.

John terminó de vestirse al mismo tiempo que ella, a pesar de que había empezado cuarenta y cinco minutos antes.

—Tienes un aspecto maravilloso —dijo John con genuina admiración en la voz—. Serás la mujer más hermosa.

A pesar de que John había volado hasta Kentucky, había dado instrucciones a su chófer para que llevara su auto. El largo y negro Rolls-Royce brillaba ricamente desde el capot hasta el maletero y los transportaba hasta Churchill Downs con gran apariencia. Una vez que John y Devon estuvieron en su palco, el chófer de John trajo del auto un cubo de hielo con champán y lo colocó al lado de John. También desplegó una bandeja de plata con canapés de paté y trozos de pan francés, caviar rodeado por huevos, crema y cebollas fritas y una enorme copa de langostinos.

John tomó un trozo de pan, lo untó con caviar y se lo ofreció a Devon.

—No, gracias. —Se sentó en su silla durante unos minutos, saludando a sus amigos de los otros palcos. Incapaz de permanecer sentada por más tiempo, se levantó de golpe—. Tengo que ir a ver a McClintock.

—Pero si faltan horas para la carrera —dijo John protestando.

—Ya lo sé —dijo Devon con una tímida sonrisa—, pero estoy muy nerviosa para estar sentada aquí.

—Deja que el pobre hombre se cambie tranquilamente —dijo John llenando un vaso con champán—. Toma, siéntate y bebe. —La empujó, una vez de vuelta a su silla.

Devon tomó un sorbo gozando de la fresca sensación del hielo y de las burbujas en su lengua.

—Esto es delicioso —dijo ella.

John cubrió su mano con las suyas. Devon estaba agradecida por el contacto. Hacía que se sintiese mejor. Puso su mano libre sobre la de él y la apretó.

—¡Ah!, ahí están Sydney y Bart. —John llamó a la pareja, que vino hacia ellos despacio; su paso era interrumpido por saludos y besos de amigos y conocidos. Cuando llegaron al palco, Sydney y Bart estaban acompañados por otros seis amigos más de los Alexander.

Devon abrazó a Sydney y le dio un beso a Bart. Estaba contenta de ver a Sydney. En cuanto a Bart, era otra cuestión. Devon admitía que él era buena compañía y maravilloso en las fiestas. Las mujeres pensaban que era atractivo, con su cabello marrón y sus profundos ojos negros. Al principio, a Devon le caía bien. Pero había un lado oscuro en Bart que hacía que Devon desconfiara de él. Parecía gozar hiriendo a sus amigos con sus comentarios. Muchos de sus comentarios parecían perfectamente calculados para crear disgusto en sus oyentes. Ninguno era directo.

—Muestras un aspecto hermoso, Sydney. Ése es un vestido que realza tu delgada figura —le decía Bart habitualmente a su esposa. Sydney se lo agradecería mirando todo el tiempo a los demás de la sala. ¿Temía la mujer aparentar algo gorda, o se sentía preocupada de que los demás se hubieran dado cuenta de lo sarcástico del comentario?

Siempre que Bart hacía esto, Devon defendía a su amiga.

—Es precioso, Sydney, pero, por supuesto, eres demasiado delgada para preocuparte si te hace parecer más delgada o no.

—John, viejo —dijo Bart en voz alta. Bart daba muestras de que respetaba realmente a John, pensó Devon. Nunca era blanco de sus comentarios. Pero Devon sí.

—Te echamos de menos la noche pasada —dijo Bart mirando ahora a Devon.

—Fue una cena maravillosa, Sydney —dijo John como un cumplido a la esposa de su amigo.

—Estoy seguro de que pensaste así —dijo Bart a John—. Con la hermosa Bebe admirando cada palabra que decías. —Miró a Devon—. Tú deberías cuidar de tu esposo, querida —dijo, palmeando su mano.

Forzando una sonrisa, Devon le dijo en un tono natural:

—Aparentemente, ya no lo necesito, puesto que ustedes están haciendo un buen trabajo para mí. No dejaría que su tono de voz traicionara su enojo con Bart.

En lugar de darle la espalda, como estaba tentada de hacer, se forzó a sí misma a seguir burlándose y hablando con él.

—Bien, si ustedes me permiten, debo ir a ver algunas cosas.

—¡Ah, la entrenadora amazona!

Bart observaba a John a la vez que iba diciendo eso, y John sólo dijo:

—Date prisa, querida.

Mientras Devon se dirigía a los establos, se puso a reflexionar acerca del comentario que Bart hizo de John. Si hubiera sido dicho por otra persona, lo hubiera tomado más en serio, pero sabía que Bart gozaba con ver los efectos de sus afirmaciones en ella; así que decidió no pensar en ello. John, como era muy probable, le habría confiado su enojo ante las largas ausencias de ella a su amigo, y Bart estaba poniendo el énfasis en el punto débil de la relación entre ella y John.

Devon se acercó al establo de Firefly y la acarició durante unos momentos. Le hubiera gustado darle una zanahoria, pero faltaba poco para la carrera. La mayoría de los entrenadores creían que los caballos corrían mejor con el estómago vacío. Devon había ordenado que las raciones de Firefly de esa mañana fueran reducidas en un veinte por ciento.

—¿Estás hambrienta, corazoncito? —murmuró besando a la potranca en la nariz. Puso sus brazos alrededor de ella y Firefly la empujó gentilmente en el hombro, tirando su sombrero al suelo. Devon lo dejó en el suelo mientras demostraba su devoción por el caballo. Ni siquiera le importó cuando la potranca dejó dos marcas húmedas en su vestido.

Se inclinó para recoger su sombrero y, luego, se dirigió hacia la casa blanca donde estaban los trabajadores. Los mejores jinetes no vivían en un lugar particular. Muchos ganaban gran cantidad de dinero y tenían casas muy confortables de su propiedad. Otros trabajaban a tiempo completo para un dueño; gozaban de los beneficios de una casa gratis en uno de los estados más famosos de la nación. Rick McClintock era de los primeros. Se le había asignado una habitación en Churchill Downs para el Derby; pero él, realmente, vivía en una magnífica mansión cerca del hipódromo. Tenía un auto Morgan, de color rojo, y tenía una hermosa mujer, diferente, después de cada carrera. Cuando fue conociendo mejor a Devon, había incluso comenzado a flirtear con ella, a pesar de que era cuidadoso de no sobrepasar el límite de lo estrictamente comercial.

—¡Ah! señora Alexander, qué hermosa está usted hoy —le dijo McClintock.

Devon lo miró con una sonrisa radiante. Los jinetes la divertían, debido a sus gigantescos egos encaramados en esos enjutos cuerpos. Pero debía admitir que McClintock era atractivo. Su sonrisa y sus danzarines ojos siempre se iluminaban cuando la veían a ella.

Devon caminó hasta una silla de madera y se sentó. Rick se sentó en una segunda silla que no hacía juego con la primera. Los muebles de estas casas eran rústicos.

—Está bien. —Devon fue directa al punto, sin tener en cuenta lo que sucedía a su alrededor—. ¿Hay algo que no hemos repasado? —Desde el Blue Grass Stakes, había contratado a McClintock como jinete de Firefly. Porque él no trabajaba en Willowbrook, no había conocido a la potranca antes del Blue Grass Stakes. Pero ahora ya la conocía tan bien como Jeremiah o la propia Devon.

—Ella se ha comportado bien con las orejeras puestas —comentó Rick—. Fue una gran idea. Por otro lado, es como usted ya dijo. La estrategia para trabajar con Firefly es empezar a toda velocidad y mantenerla así.

—Bueno, supongo que no hay más que decir —dijo Devon con un encogimiento de hombros y una sonrisa—, excepto desearnos buena suerte.

Extendieron sus brazos al mismo tiempo para darse un apretón de manos.

—Esté lista para el círculo de los ganadores señora Alexander. Yo lo estoy —dijo McClintock con una sonrisa.

Ella lo estaba. ¡Oh!, sí, lo estaba.

Devon sintió que las lágrimas le caían de sus ojos a medida que la multitud cantaba *"Mi viejo hogar de Kentucky"*, una tradición del Derby. Estaba sobrecogida por la emoción, no por la canción, sino por la ocasión misma.

Los nervios de Devon eran tales que no podía ni hablar. Miró con sus binoculares cuando Firefly era llevada a la línea de salida. Fearless Leader ya estaba allí. Ambos tenían posiciones determinadas, que les fueron asignadas anteriormente.

—Todo va a ir bien —la tranquilizó Sydney. Pero Sydney no sabía todo lo que estaba en juego. Nadie excepto John.

Más pronto de lo que Devon esperaba, la señal sonó y Firefly, tal como sucedió en el Blue Grass Stakes, fue la primera en salir.

—Es la potranca Firefly la que va por delante, seguida de Battering Ram, Snowbail, Sensation, One for the Money, Young Turk y Boisterous. Fearless Leader viene corriendo desde atrás, pero se recobra y pasa a Starlight y a Henry Boy's, así como a Motherlode y a Lollapalooza —dijo el anunciante por el altavoz.

Devon se levantó y se inclinó lo más que pudo hacia adelante, con sus binoculares pegados a la figura de Firefly. Focalizó su vista en McClintock, quien parecía estar controlado. ¡Firefly no estaba aún corriendo a toda velocidad! Devon estaba tan orgullosa de ella.

—McClintock está desafiando a One for the Money, tratando de mantener a Firefly por delante del resto. Fearless Leader está en la parte de adentro de la pista y pasa a One for the Money. Son Firefly, Sensation y Fearless Leader quienes están nariz con nariz, con el resto de los caballos detrás. Tratando de llegar hacia adelante está Henry Boy's.

—Fearless Leader surge ahora y pasa a One for the Money, y Firefly está aún por delante.

Devon vio que McClintock estaba cerca del cuello de Firefly y la fustigaba. Ella corrió hacia adelante como una furia. McClintock la llevó hacia el interior de la pista. Devon contuvo la respiración. La pista era más cerrada por el interior, aunque más corta. Había más peligro, pero podría ser la mejor posición en el campo si estaba bien montada.

Las orejeras parecían estar funcionando bien. Firefly no miraba ni a la derecha ni a la izquierda, a pesar de que Fearless Leader estaba a su lado.

—Y Fearless Leader pierde terreno y le adelanta One for the Money. Firefly sigue por delante del resto —dijeron por el altavoz.

El gris One for the Money se había movido entre Fearless Leader y Firefly. Empujaba hacia adelante. Slim Bocaso, el jockey de Fearless Leader, defendió la maniobra.

—Bocaso lucha desde atrás, pero se ve alcanzado por Sensation. Y One for the Money rompe a través del amontonamiento y presiona a Firefly. La potranca aún lidera. ¡Ella no se rinde! ¡Parece que va a establecer un nuevo récord!

Firefly estaba galopando, galopando con todas sus fuerzas; Devon podía ver sus venas sobresalir de su cuello. Era como un rayo; cabalgaba de forma muy rápida. Su cola era como una línea horizontal en su parte trasera.

De pronto, un grito de horror sacudió a la multitud.

—¿Qué ocurre? ¡Firefly está cayendo! ¡Ha chocado y McClintock no lo puede sostener! ¡McClintock se ha caído! Sensation lo ha golpeado. ¡Es una colisión y Sensation cae sobre McClintock! —dijeron por el altavoz; las palabras eran proferidas como un torrente.

—¡Por Dios! —gritó Devon. Empujó a sus amigos y salió del palco, pasando por encima de la gente y los bolsos con el fin de alcanzar el campo.

A cierta distancia Devon oyó:

—Y One for the Money gana la carrera con Fearless Leader en segundo lugar y Young Turk en el tercer puesto. Firefly no se puede levantar. Sensation se levanta ahora. Está renqueando, pero su pierna no parece estar rota. McClintock está aún en el suelo, pero se está moviendo. Ahora se levanta. ¡Se está acercando a Firefly! Firefly está aún inmóvil.

Como en una especie de pesadilla, Devon vio que la blanca ambulancia atravesaba la multitud hacia la pista, el ruido de su sirena era como una premonición del desastre que le esperaba en la pista.

El veterinario estaba al lado de Firefly. Estaba inclinado sobre ella, con su estetoscopio en su pecho. Devon corrió, tan rápido como pudo; era una pequeña figura en negro y rojo.

—Señora, lo siento, no puede llegar allí. —Un brazo la detuvo. Se lo sacudió como si fuera una mosca.

Fríos sudores corrían por la espalda de Devon. Estaba toda mojada. Sus medias de seda estaban hechas jirones, sus piernas heridas al golpearse con la gente y los objetos. Se quitó los zapatos debido a que los tacones se hundían en el barro y la obligaban a detenerse. Su sombrero voló de su cabeza a causa de la brisa. Durante un momento, flotó en el aire como un augurio de angustia.

—Firefly, Firefly, Firefly —repetía Devon en voz alta como en un cántico—. Por favor, Dios. ¡Por favor, Dios! Deja que ella esté bien —rogaba.

Estaba casi allí. Dos hombres de blanco le estaban pidiendo a McClintock que se pusiera en la camilla. Su uniforme escarlata y negro estaba roto; la sangre se mezclaba con los colores. Fue llevado justo cuando Devon llegó a la pista.

Devon vio un grupo de cuerpos que rodeaban a la potranca. Abriéndose paso, se arrodilló en la tierra al lado de la potranca.

—¡Firefly! —gritó Devon. Los ojos marrones y hermosos de la potranca la miraron sin reconocerla.

—Lo siento, señora Alexander —dijo un hombre vestido de negro guardando su estetoscopio en la valija—. Me temo que...

—¡No! —gritó Devon.

—Fue un ataque al corazón, señora —insistió gentilmente. Se levantó, y ayudó a Devon a levantarse. La quería llevar a otro lado, lejos de Firefly.

Devon se negó. Extendió un brazo para tocarla.

—Sólo quiero tocarla.

—No creo que... —empezó a decir el hombre de negro.

—¡Al diablo! Tiene que darle su último adiós —la voz de Willy echó al veterinario.

Devon puso su mano en el cuello de la potranca. Willy se arrodilló a su lado.

—Ella le dio todo lo que tenía. Ha hecho una buena carrera. Hubiera ganado —dijo él.

—Me dio su corazón. ¡Tenía tanto corazón! —Devon puso su cabeza contra la camisa de Willy y lloró. Su brazo la rodeó y la palmeó con el fin de tranquilizarla.

—Tenía corazón —estuvo de acuerdo Willy—. Y ése es el mejor cumplido que se le puede hacer a un caballo de carrera: tenía corazón.

27

❦

Nunca antes Devon había sentido tanto dolor; pero cuando el doctor puso la pequeña criatura caliente sobre su pecho, todo el dolor desapareció como por encanto.

—¿John? —llamó Devon débilmente, ansiosa de compartir el momento con su esposo.

—Aquí estoy, querida. —Él vino hacia ellas, madre e hija, y las abrazó.

Devon estaba llena de un sentimiento de amor perfecto, de renovación, de alegría tan sobrecogedora que pensó que iba a salir fuera de su cuerpo como una catarata. Ella suspiró, acunando a su hija en sus brazos.

—Un bebé de Navidad... el mejor regalo de todos.

—¿Has decidido, finalmente, cuál será su nombre? —preguntó John. Habían discutido sobre varios nombres, y los habían decidido, pero Devon cambiaba de opinión.

Devon sonrió tímidamente:

—Morgan, creo. Y su nombre del medio será Victoria, por tu madre.

—Morgan Victoria Alexander. Me gusta. ¿Pero qué pasará con tu madre?

—Guardaré ése para nuestra próxima hija —dijo Devon sonriendo.

John miró al arrugado y pequeño bebé que estaba entre los brazos de Devon y se sorprendió por el sentimiento de protección que le sobrevino. El bebé indefenso había dependido nueve meses de Devon; ahora constituía también para él una responsabilidad.

—¿Puedo sostenerla? —preguntó tímidamente.

Devon miró a su esposo y se rió.

—¡Por supuesto! Ella es tu hija, sabes.

Gentilmente, John alzó a la arrugada criatura en sus brazos. Sus manos, tan pequeñas, eran visibles por encima del pañal. Pequeños penachos de cabello negro, color ébano, igual que el de Devon, permanecían derechos en su cabeza. Su pequeña boca parecía como una jugosa frambuesa, redonda, roja y dulce. John acarició sus mejillas y se enamoró de ella.

—Morgan —murmuró—, te prometo que siempre cuidaré de ti.

28

❧❧❧

—¡Es una sorpresa para ti! —dijo John poniendo una gran caja con lazo de satén sobre el tocador de Devon.

—¿Con ocasión de qué? —Ella rió.

—El día de san Valentín, y tú estás recuperando tu figura —dijo John con una mueca de excitación como si fuera un niño pequeño; sus ojos azules brillaban.

—Bueno... casi... —dijo Devon tristemente, pellizcando pulgadas extras alrededor de su cintura. Desató el enorme lazo rosa de la caja y levantó la lustrosa tapa de cartón. Dentro había un vestido de terciopelo rojo, sin adornos, excepto por trozos de visón negros.

—¡Es espléndido! —dijo Devon respirando hondo.

—¿Lo vas a estrenar para la fiesta de esta noche? —John lo mantuvo contra Devon, admirando el reflejo que la tela roja hacía en sus mejillas.

—¿Esta noche? —preguntó Devon a su esposo.

John parecía abatido.

—¡No te habrás olvidado!

Devon miró hacia abajo con cierto embarazo.

—Bueno, no estaba segura de si íbamos a ir. Sabes que Morgan ha estado hoy con algo de mal humor. Ella...

—Ahora escucha, Devon —declaró John caminando todo el tiempo a lo largo de la alfombra Aubusson en señal de frustración—, tenemos personas que pueden cuidar de Morgan. No hemos salido juntos desde antes de Navidad.

—¡Eso no es verdad! —protestó Devon—. La otra noche fuimos a casa de tus padres a cenar. Y la semana pasada fuimos a Delmonico con Sydney y Bart.

—Eso no es a lo que me refiero y tú lo sabes. Estoy hablando de eventos sociales. Por supuesto, eso era natural antes, pero no hay razón para seguir comportándose como si viviéramos en una isla.

—John, yo sé que tú gozas de las fiestas. Por qué no vas sin mí —se aventuró Devon a decir. Había perdido el gusto por tales eventos. Primero, en el verano, había tenido lugar la muerte de Firefly. Le había quitado algo, se había sentido desolada. A pesar de ello, había sido obediente atendiendo todos los aspectos sociales que le había prometido a John. Habían navegado a Newport; se habían desplazado a fiestas en Saratoga Springs, y fueron a cazar a la propiedad de los Whitney en Thomasville, Georgia. Había esperado los últimos días de su embarazo con ansiedad a fin de que se terminaran los eventos sociales. Ahora, John quería que se reanudara su vida anterior como si no tuvieran una hija en casa.

—¡No quiero ir a ningún lado sin ti! —explotó John—. Quiero que recuerdes que tienes un esposo y que le debes algo de atención y tiempo también.

Devon miró hacia otro lado sintiéndose algo culpable. No era el único que se lamentaba. Grace, de vuelta en casa para una visita de fin de año, le había advertido que no descuidara a su esposo. Grace volvió a Europa la primera semana de febrero, pero sus palabras aún Devon las estaba oyendo.

—Recuerda, tienes un esposo extremadamente atractivo. Y lo estás descuidando. No, no discutas, cierra la boca y escucha —le dijo Grace con su usual tono brusco—. Tú debes recordar que te advertí al principio de tu casamiento que tu primer deber es para con tu esposo, ni para con tus padres, o tus niños, sino hacia tu esposo. Resulta que has tenido largas separaciones mientras sigues con el asunto de las carreras de caballos.

Devon protestó.

—Pero John me dio Willowbrook para que le devolviera su nombre.

—Y entiendo que tienes a un preparador capaz de hacer eso...

—Pero...

—¡Silencio! Escucha a tu hermana mayor. Algo anda mal entre tú y John. Lo veo. No diría nada si no te quisiera, pero no me puedo quedar sentada y ver cómo tiras por el desagüe un matrimonio perfecto.

—¡Él me ama y está loco por Morgan! —dijo Devon negando las acusaciones de la hermana, aunque en lo profundo de su ser sabía que eran verdad.

Sintiendo que había golpeado en la cuerda, Grace disminuyó la intensidad de sus acusaciones.

—Está bien. Ahora tienes la oportunidad de recomponer todo entre vosotros. ¡No lo arruines o te vas a lamentar toda tu vida!

—Yo no lamento las cosas —dijo Devon fríamente—; no he lamentado un solo momento de los que pasé en las carreras y, seguramente, ni uno de los que pasé con Morgan.

—Tú eres estúpidamente testaruda —continuó Grace con igual frialdad—, y puedes no lamentarlo aún, pero lo harás algún día si esto continúa así. John es admirado por las mujeres. Sólo he estado aquí un mes y ya he oído rumores...

—¡No seas ridícula! Sólo porque estuvimos separados mucho esta primavera. John nunca ha sido infiel...

—Probablemente no —dijo Grace con voz escéptica.

—No pensarás que... —explotó Devon irritada.

—No —admitió Grace—, pero pienso que él está al borde y creo que, si lo hace, no debes culpar a nadie más que a ti.

Resentida, Devon argumentó:

—Cada persona es responsable de su propio comportamiento, y no hay excusa para el adulterio.

—Puede no haber excusa, pero siempre hay una razón. Y, a veces, es muy buena.

—Bien, nunca pensé que te iba a oír decir cosas tan anticuadas —dijo Devon enojada—. Tú siempre mencionaste la libertad de las francesas. ¿Qué pasa conmigo? ¿Qué pasa con las cosas que me interesan? ¿Por qué no puedo tener la libertad de hacerlas? ¿Y por qué debo dejar todo lo que me gusta por miedo a perder a mi esposo?

Grace miró llanamente a los ojos de su hermana.

—No soy anticuada. Soy realista. Por supuesto que eres libre de hacer lo que te plazca. Y puede ser que Willowbrook sea más importante para ti que tu esposo. O que Morgan lo sea. Si es así, entonces, ésa es tu elección. Pero no te sorprendas si esa elección ofende a John. Y no te sorprendas si lo pierdes por otra mujer.

—¡Pero eso no es justo! —protestó Devon como una niña remando contra lo inevitable.

—No —dijo Grace.

—¡No puedes pensar que está bien!

—No —dijo Grace encogiéndose de hombros.

—Entonces, por qué debo seguirlo. John trabaja. Se pasa el día en la oficina. Podría pasar más tiempo en Willowbrook, pero en cambio trata de persuadirme para ir a Nueva York. Bien, aquí estoy y aún dices que no es suficiente. —Devon se detuvo bruscamente, sorprendida ante su propio resentimiento y hostilidad. ¿Era menos importante su marido que sus propios intereses?, se preguntó a sí misma. ¿Cómo había sucedido esto? Debía haber un modo de resolver esta situación.

Como leyendo en sus pensamientos, Grace le dijo:

—Estoy sorprendida de que te preocupe tan poco su felicidad. La felicidad de vosotros como pareja. Pareces estar completamente absorbida en tu propio mundo.

—¡Morgan es su hija también!

—Morgan no te necesita a su lado en cada instante —dijo Grace firmemente—. Creo que usas estas cosas como excusa para mantener a John a cierta distancia. Y por mi vida, no puedo entender por qué. Pero pensando retrospectivamente, desde tu compromiso, veo que jamás estuviste decidida a hacer las concesiones que hace una esposa. Recuerda que no querías pasar las Navidades en Nueva York con él ese año.

—Eso no tiene nada que ver con...

—Eres demasiado testaruda —dijo Grace finalmente—. Está bien, por supuesto, si tú quieres pasarte la vida sola, pero si la quieres compartir con un hombre...

—¡Pero estamos en 1935! Las mujeres trabajan. Votamos. ¡No se supone que seamos satélites de los hombres!

Grace se rió, con una carcajada cínica, sin alegría.

—¡Oh, pobre niña ingenua! ¿De dónde sacaste estas ideas? Por eso eres una infeliz. No has aceptado la verdad.

—¿Cuál es la verdad? —preguntó Devon enojada.

—Que no importa lo moderna que sea nuestra sociedad; el deseo de un hombre es ser la prioridad de su mujer. Prueba de otra manera y estás condenada al fracaso. No puedes luchar contra ello. Si no renuncias a eso, pierdes al hombre. Es tan simple como eso.

—Bueno, me resistiré. Tengo cosas que quiero hacer con mi vida, *mi* vida, independiente de la de John, e intento hacerlo —dijo Devon desafiante. Ella podía hacer que funcionara, se dijo a sí misma. Pasaría más tiempo con John. Saldrían más. Le mostraría que le amaba. Pero no dejaría las carreras. No dejaría que los sirvientes críen a Morgan. Y no se privaría del placer de hacer algo que le guste aparte de su familia.

Grace exhaló un suspiro de resignación.

—Espero que te gusten mucho tus otros intereses. Tienes que estar segura de que valen lo que pagas por ellos. Si lo valen, entonces, habrás hecho una buena elección. Pero debes darte cuenta, querida, de que estás haciendo una elección, y debes estar preparada para aceptar las consecuencias.

Ésa era la conversación que venía a la mente de Devon en este instante, a la vez que miraba el vestido de terciopelo rojo sobre la cama. John lo había hecho diseñar especialmente con los colores de las carreras para que a ella le agradase. Ahora le correspondía a ella agradar a su esposo.

—Tienes razón, John. Y, de cualquier modo, con semejante vestido sé que me va a gustar salir —dijo Devon de forma tan entusiasta como pudo. Sonó la campana para llamar a Alice.

—Puedes preparar mi baño. Saldremos esta noche —le dijo Devon a su niñera. La mirada de aprobación en el semblante de Alice la hizo sentirse mejor. Parecía que todo el mundo estaba en su contra.

29

❧❧

La primera vez que Devon puso a Morgan sobre la montura, la niña gritó tanto que sus padres tuvieron miedo de que se hubiera lesionado.

—¡Por el amor de dios, Devon, date por vencida! —dijo John acercándose a la niña.

—No entiendo por qué está tan asustada. La estoy sosteniendo. —Devon cabalgaba en un caballo manso, empleado adrede para salidas de placer.

—¡Sólo tiene dos años! No importa que tenga miedo. Lo va a superar o no, pero no hay razón para forzarla a quedarse.

—Ya sé —dijo Devon sufriendo por las implicaciones de las palabras de su esposo. Ella estaba satisfaciendo un deseo propio y permitiendo que, por ello, la niña sufriera. A veces parecía que siempre estaba defendiéndose de John. Le pasó la chillona niña a su padre y, luego, desmontó ella misma.

—Montar a caballo no está hecho para todos —dijo John.

—Bueno, ella se recuperará de lo que ahora le está molestando, es sólo cuestión de tiempo —dijo Devon segura de sí misma.

—Puede ser —dijo John con una nota de escepticismo en su voz.

—¿No quieres que ella monte a caballo? —preguntó Devon, tirándole las riendas a un mozo de la caballeriza y caminando hacia la casa principal.

—No me importa realmente —dijo John con tono apacible.

Devon tomó a Morgan y le cantó hasta que se tranquilizó. Después de que la niña se calmara, Devon le dijo a John:

—A ti te gusta cabalgar. A mí también. ¿Por qué a Morgan no le puede gustar?

—Devon —dijo John deteniéndose a la vez que su esposa—, eso carece de importancia. Ésa es la razón.

Devon se separó de su esposo y caminó lo mejor que pudo con el peso.

John y Devon tenían frecuentes desacuerdos en cómo criar a Morgan. John, a pesar de que la amaba, quería que fuera criada en Willowbrook; así él y Devon podían pasarse semanas enteras solos en Nueva York. No quería el peso de ser padre todo el tiempo. Quería vivir libremente y como una pareja por lo menos varios meses al año. Devon, por otra parte, creía que la niña debía viajar con ellos.

Era una fuente constante de discusiones.

Había entonces momentos en que sabían que estaban poniendo en peligro su relación y hacían un esfuerzo real para mostrarse amables el uno con el otro, ya que, entre ellos, existía un amor verdadero.

Ahora, sintiéndose culpable, John preguntó:

—¿Quieres que vigile a Morgan durante un rato? Mientras tanto, tú puedes trabajar en el invernadero.

Devon apreció el esfuerzo de John y dijo:

—Gracias, me encantaría. Es la hora de su siesta, así que la puedes dejar con Penny.

Devon los observó cómo se retiraban, la pequeña agarrada al pecho amplio de su padre. Ella sentía mucho amor por ambos, un sentimiento que estaba vinculado con tristeza, aunque no podía decir por qué.

30

Devon y Morgan buscaron en la huerta las calabazas más selectas.

—¿Puedo dibujar caras encima?

Morgan tenía cuatro años y estaba excitada. Devon sonrió a su hija.

—Tú puedes dibujar caras encima, pero papi debe cortarlas.

La cara de Morgan se puso triste.

—¡Pero papi no está aquí!

—Viene a casa esta tarde —dijo Devon tranquilizándola.

—¡Viva! —dijo Morgan bailando de contenta. Deseaba que su padre estuviera *siempre* aquí, pero mami decía que tenía mucho trabajo en Nueva York. Sus visitas eran muy especiales. A veces parecía que debían empezar a conocerse nuevamente cada vez que volvía a Willowbrook. Por lo menos, mami estaba siempre aquí. ¡Y hacían tantas cosas juntas! Morgan amaba a su padre, también, pero no era tan acogedor como su madre. Nunca se ensuciaba o iba al bosque como hacía su madre. Su padre, sin embargo, podía lanzarla al aire y tomarla de la cintura sin causarle ningún daño. Eso era también importante.

—Papi podrá... —vaciló Morgan.

—¿Qué pasa, corazoncito? —Devon se arrodilló para mirar a su hija en los ojos.

—¿Leerme una historia esta noche?

Devon acarició el pelo de su hija.

—Creo que eso le va a gustar mucho.

Pero cuando fue el momento de acostarla, sólo Penny vino. Cuando Morgan preguntó por sus padres, Penny le dijo que estaban hablando. Morgan los podía oír. Hablaban muy fuerte. Hablaban fuerte todo el tiempo, pero no cuando Morgan estaba en la habitación.

Unos minutos más tarde, Morgan recibió una agradable sorpresa. Su madre vino a decirle buenas noches y parecía un hada dentro de un vestido rosa.

En lugar de oler como el heno, como le era habitual, ahora olía como las flores. Tenía aros blancos que colgaban de sus orejas, como gotas de lluvia.

—¿Eso es hielo? —preguntó Morgan tocándolos.

Devon se rió.

—Supongo que eso es así según cómo lo mires. —Viendo la cara de confusión en los ojos de su hija, le dijo—: No, no es hielo. Son diamantes.

—¡Parecen mágicos! —dijo Morgan.

—Mucha gente piensa que lo son —dijo Devon con una sonrisa—. Pero no lo son.

—¿Cuándo viene papi a leerme una historia?

Devon la miró, era casi una réplica de ella cuando era chiquita. Parecía muy tranquila; su cabello negro resplandecía.

—Pronto. Está preparándose para ir a una fiesta —explicó Devon suavemente.

—¿Tú vas también?

—Sí.

—¿Juntos?

Devon estudió la cara de su hija sorprendida ante la cuestión. ¿Podía una niña ver el desacuerdo entre ella y John? Trataban de ocultárselo a ella.

—Por supuesto que vamos juntos, tontita. ¿Por qué preguntas eso?

La niña no contestó directamente. En vez de eso, preguntó:

—¿Estás enojada con papi?

—¡Por supuesto que no!

—¿Por qué habláis tan fuerte?

Devon pensó por un momento.

—Sabes que a veces tú también enojas a mami, como cuando le pegaste a Lesli o cuando no quieres comer las verduras.

—Pero a papi le gustan las verduras —declaró Morgan, segura del tema, aun cuando apenas podía pronunciar la palabra.

Devon se rió ante semejante ocurrencia.

—Sí, a él le gustan las verduras, pero, a veces, las personas adultas están en desacuerdo con respecto a otras cosas.

—¿En desacuerdo? —La niña repetía esa palabra nueva.

—Estar en desacuerdo significa lo mismo que cuando yo digo que me gustan los guisantes y tú dices que a ti no. No es lo mismo que una pelea. No es tan vil como una pelea. Se llama desacuerdo. Significa que no pensamos igual.

—Tú y papi... estáis bastante en desacuerdo.

—No, en absoluto —dijo Devon. Cuando pensó en ello, no estaban en desacuerdo sobre muchas cosas. Era que aquello en lo que no estaban de acuerdo era importante y afectaba sus vidas.

—¿Entonces por qué habláis tan fuerte?

Ahora, Devon se sentía confusa. Ella y John habían evitado discutir delante de su hija, pero Morgan los había escuchado. Y la pequeña estaba preocupada.

343

—¿Te molesta cuando hablamos fuerte? —dijo Devon acariciando su frente.

Su hija le contestó tímidamente:

—A veces.

Devon se inclinó y abrazó a su hija.

—No quiero que te preocupes para nada, hija mía. Yo quiero mucho a tu papá y él me quiere a mí, pero más que todo te queremos a ti, más que a nada en el mundo. —Le acarició la mejilla—. Tu papi vendrá a leerte la historia en cualquier momento.

Cuando John entró, Morgan se había quedado dormida.

31

John besó a Grace en la mejilla, mientras se anunciaba el vuelo de Pan American Airways hacia Chicago. Era la primera etapa de su viaje desde Nueva York hasta el rancho Hearst donde se debía celebrar el cumpleaños de Devon. Un viaje que John tendría que haber realizado con ella, si no hubiera sido porque los negocios lo retenían en Nueva York.

—Espero que Devon comprenda —dijo mirando a Grace a los ojos en busca de comprensión—. Ésta es una de las inversiones más importantes que he llevado a cabo jamás.

—No tienes la culpa de que Hanley haya caído enfermo.

—Sí, pero ahora que ha mejorado supongo que podría haber dejado el asunto en sus manos... seguramente él habría comprendido.

—Has invertido una gran cantidad de tiempo y dinero en este negocio, según tengo entendido —dijo Grace en tono tranquilizador—, y los otros inversores han venido a Nueva York especialmente para las negociaciones. De todas maneras tan sólo llegarás con un día de retraso.

—Sí, pero no estaré allí para la fiesta.

—¡Ah, bueno! Marion da una fiesta cada noche. Tal vez pueda persuadirla de que postergue la fiesta de Devon hasta el día siguiente.

John sabía que Marion había planeado especialmente para un sábado la fiesta de Devon a fin de que sus amigos de Hollywood, quienes estaban haciendo una película, pudieran asistir. Si la fiesta se realizaba el domingo, día del cumpleaños de Devon, sería una celebración mucho más reducida en invitados.

Como si pudiera leer los pensamientos de su cuñado, Grace dijo:

—El cumpleaños de Devon es el domingo. Estarás allí el domingo por la tarde. Eso es lo más importante.

—En fin, supongo qué de todos modos, no hay nada que pueda hacer al respecto; Por lo tanto, no hay razón para preocuparse.

—Tienes razón —dijo Grace sonriendo. Le conmovía que John se sintiese tan apenado por no asistir al cumpleaños de Devon.

Grace, sin embargo, no comprendía la verdadera razón de la preocupación de John. Él temía que Devon se ofendiese, no porque su relación fuese muy armoniosa, sino precisamente porque estaban pasando un período de inestabilidad.

John agitó la mano saludando a su cuñada, luego salió del aeropuerto y se dirigió al lugar donde le esperaba su chófer con el automóvil.

—¿Adónde lo llevo, señor? —preguntó el chófer.

—"21". —John pensaba comerse un filete, tomaría tal vez un trago o dos y, más tarde, se dirigiría a su oficina para preparar la reunión del día siguiente.

El maître del conocido restaurante saludó efusivamente a John y lo condujo a la mesa que ocupaba habitualmente. No tuvo necesidad de pedir su whisky con soda que, inmediatamente, le sirvieron. El restaurante trataba muy bien a sus clientes habituales.

—Comeré lo de siempre —anunció al camarero; sabía que prepararían perfectamente su filete a medio cocer y que las patatas tendrían manteca y queso crema. A John le agradaba la comida sofisticada, pero en ocasiones sólo deseaba un buen filete y una patata asada.

Cuando la comida llegó, John cortó ansiosamente la carne y tomó un trozo. El jugoso filete actuó como un bálsamo en el ánimo de John. Se relajó, disfrutando de la comida.

—¡Buenas noches! —Una animada voz femenina interrumpió la soledad de John.

Bebe Hanley, espléndida con un vestido sin tirantes, de lentejuelas doradas, observaba a John.

John se puso de pie rápidamente.

—¡Qué agradable volver a verte! —dijo, deslumbrado por el juego de luces que emanaba del vestido de Bebe.

Bebe dio un paso hacia él antes de decir:

—¿Puedo hacerte compañía durante un momento?

—Por supuesto —dijo John con una amplia sonrisa. Miró a su alrededor para ver quién la acompañaba; pero ella, aparentemente, estaba sola.

Leyendo su mirada, Bebe dijo:

—Me temo que me han dejado sola. Papá acaba de irse. Aún no se siente del todo repuesto. Dijo que se iría temprano para estar bien mañana, en la reunión contigo. De todas maneras, es *demasiado* temprano para mí —dijo en tono de conspiración, mientras se deslizaba con elegancia en la mullida silla.

Por un instante, John sintió cierta inquietud. Una cosa era que lo viesen con Bebe y otra persona, y otra, muy diferente, era que lo vieran en un *vis a vis* con ella sola. Sabía que, desde su encuentro en San Simeon, se había casado. Pero ella no mencionó marido alguno. John sentía curiosidad al respecto. Su incomodidad creció cuando Bebe cruzó una de sus largas piernas sobre la otra y el moderno corte en el frente del vestido se abrió dejando claramente al descubierto una visión extremadamente seductora.

Bebe, como si no percibiera el efecto que estaba creando, buscó de un modo indiferente un cigarrillo, en su bolso de malla dorada.

—Permíteme —dijo John, tomando de su mano con cortesía el encendedor Cartier negro esmaltado y sosteniendo la llama sobre el extremo del cigarrillo.

—Gracias —dijo Bebe, relajándose en la silla.

John sabía que no tenía más opción que la de invitarla a tomar un trago con él.

—Me encantaría un Courvoisier —dijo Bebe, dejando salir un hilo de humo a través de sus labios de coral perfectamente formados.

Se tomó un Courvoisier mientras John terminaba su cena, y luego otro con John cuando éste hubo terminado de comer. Él sintió que se relajaba y reía mientras Bebe relataba anécdotas sobre ella y su padre. Instó a Bebe a que lo acompañara con una botella de champán, una sugerencia a la que ella accedió sin titubear.

No sabía sobre qué habían hablado durante tres horas. Sólo sabía que, al final de ese tiempo, y después de dos botellas de champán, no sentía ningún deseo de irse a su casa. Por un momento, puso atención a las palabras de Bebe y permitió que sus ojos recorrieran largamente el hermoso cuerpo. El cabello, color champán, caía sobre sus hombros y descansaba delicadamente en la piel satinada de sus abundantes senos, firmemente sostenidos por el corpiño ajustado del vestido. Sus brazos y piernas, esbeltos y tersos, brillaban en la tenue luz del restaurante. John sentía un deseo irresistible de despojar el cuerpo exuberante de Bebe de su resplandeciente vestido para comprobar si la realidad era fiel al recuerdo de aquel día lejano junto a la piscina en San Simeon.

Sin embargo, el hecho de pensar en San Simeon lo trajo bruscamente al presente. Cerró los ojos por un segundo y trató de recordar a su esposa. En lugar de verla en toda su belleza, la imagen que llegó a su mente fue la de la última discusión.

—¿En qué estás pensando? —la voz susurrante de Bebe se insinuó en sus pensamientos.

John miró fijamente a Bebe durante un momento. La atmósfera entre ellos estaba electrificada. Y el mensaje en sus ojos era claro. Incómodo por la intensidad de su atracción, John desvió la mirada.

—Creo que es mejor que nos vayamos.

Se sorprendió cuando Bebe dijo:

—Sí, es tarde.

Por alguna razón, John esperaba que ella tratase de retenerlo en el restaurante. Bebe se había comportado seductoramente con John durante varios años, pero él nunca había estado solo con ella durante mucho tiempo y jamás había buscado su compañía. Pero ahora, mientras seguía con la mirada el fascinante meneo de sus caderas al salir del restaurante, la hallaba increíblemente tentadora. La vida con Devon era muy complicada, muy llena de tensiones. Qué maravilloso habría sido simplemente disfrutar de la sexualidad felina de esta joven.

—¿Me dejas en casa? —preguntó Bebe en su forma de hablar habitual, mientras el chófer de John sostenía la puerta del Rolls abierta.

Entonces comprendió su ansiedad por irse de allí.

—Por supuesto —murmuró. Sabía que estaba tomando una decisión crucial, pero estaba demasiado ebrio de champán y deseo sexual como para preocuparse.

Una vez en el automóvil, toda la seriedad de lo que estaba ocurriendo se le hizo evidente. Había estado casado durante ocho años. Nunca había sido infiel. Y no justificaba ese comportamiento en otros. ¿Cómo, entonces, podía estar pensando en llevar a cabo una vieja fantasía recurrente, que había borrado de su mente en muchas ocasiones para preservar su matrimonio?

Cuando el automóvil se detuvo frente a la casa de Bebe, a unas pocas manzanas de su propia casa, oyó que decía de forma suave:

—¿Te apetecería subir a tomar una copa antes de dormir? Mi esposo está fuera de la ciudad. —Se volvió hacia él, la estola de piel blanca hacía resaltar el hermoso color miel de su piel. En el tenue resplandor de las luces de la calle, que se filtraban dentro del automóvil, parecía la tentación corporizada.

Con dificultad, John respondió:

—Creo... creo que no, gracias.

Bebe frunció los labios en un mohín risueño. Luego, se apartó de él reclinándose en el asiento del automóvil.

—¿Te he malinterpretado? —susurró.

John, enfrentado a su franqueza, no hallaba las palabras apropiadas. Se alegró de que la oscuridad impidiese a Bebe percibir que se ruborizaba.

—Yo... no estoy seguro de lo que quieres decir —dijo finalmente.

Sin mover el cuerpo, Bebe volvió la cabeza y lo miró fijamente a los ojos. Su mirada era aguda e inteligente.

—Es posible que me haya equivocado al pensar que estabas preparado para esto, John, pero no cometas el error de pensar que soy una tonta.

—De ninguna manera, yo no...

Bebe le interrumpió.

—Llámame cuando estés preparado. Tal vez aún esté disponible.

No esperó que el chófer le abriese la puerta; por el contrario, desapareció en un torbellino de luz dorada.

32

Morgan, inmensamente agitada, se inclinó hacia adelante y sopló las cinco velitas rosadas mientras la gente reunida cantaba:

—¡Feliz, feliz cumpleaños! —Bajo la mirada atenta de Laurel y Devon, tomó firmemente el cuchillo y, con sus manitas regordetas, cortó torpemente el pastel de chocolate.

—¡Abuela, mira! ¡Es mi pastel favorito! —Una crema de chocolate helada cubría la tentadora tarta de chocolate rellena con capas de crocante praliné de almendras chocolateadas.

—Chocolate, chocolate y más chocolate. Eres como tu madre —se rió Laurel.

Morgan miró feliz a su alrededor. El soleado salón comedor de Willowbrook estaba repleto de gente que amaba. El lustroso aparador de caoba estaba cubierto de obsequios con alegres envoltorios. No podía esperar para abrirlos.

—¿Puedo ver los regalos ahora? —preguntó a Devon.

—Por supuesto que no, jovencita —respondió Devon con fingida severidad—. Estoy segura de que nuestros huéspedes querrán disfrutar del pastel y, tal vez, tomar un poco de jugo de manzanas caliente.

A pesar del tono jocoso de Devon, Morgan supo que había dicho algo inapropiado. Su madre se lo explicaría más tarde, de ello estaba segura. Pero a Morgan no le importaba. Penny y Alice siempre le decían lo maravillosa dama que era su madre. Morgan deseaba aprender a ser como ella.

Finalmente, sin embargo, llegó el momento emocionante en que le permitieron abrir los obsequios.

—¡Papi, es muy bonita! —gritó Morgan cuando abrió una caja que contenía una muñeca de porcelana hermosamente vestida. La muñeca tenía el cabello negro y sedoso como el de su madre y vestía un traje de fiesta color lavanda que se abría en la base como una campana.

La niña corrió hacia su padre y se subió a sus rodillas.

—Lánzame por el aire y recógeme —suplicó.

—¡Oh, no! —gritó John—. Eres demasiado grande para eso ahora. ¡No creo que pueda levantarte!

Morgan rió ante esa broma. Su padre era el hombre más fuerte del mundo, estaba convencida de ello.

—¡Por favor, papi!

—¡Te dejaré caer si lo hago! —Pero John obedeció, se puso de pie y la lanzó al aire. Luego, la atrapó manteniéndola contra su pecho, de manera que ella se sintió completamente rodeada por él. Amaba la sensación cálida y segura de sus brazos rodeándola.

Morgan levantó la mirada y vio a su madre, pero su madre estaba mirando a su padre. Ambos se sonreían. Aquello hizo que Morgan se sintiese aún más feliz.

Luego su madre se volvió hacia ella.

—Tu padre y yo tenemos otro regalo para ti. Un regalo muy especial —dijo Devon a su hija.

—¿Dónde? —preguntó Morgan con excitación.

—Ven fuera —dijo Devon alegremente.

—Ponte el abrigo primero. —Su padre se inclinó y le acercó el pequeño abrigo rojo.

Morgan abotonó el cuello de terciopelo sin que tuvieran que decírselo, pero dejó el resto de los botones sin abrochar, mientras corría impaciente hacia la puerta de la fachada y la abría.

La escena que le esperaba hizo que se detuviese súbitamente. Allí estaba Jeremiah llevando de las riendas a un lustroso pony castaño de crines y cola color crema. El pony tenía un gran lazo rojo en la cola.

—Es... es... gracias —tartamudeó la pequeña. Estaba tan alterada que apenas podía hablar. Era su peor pesadilla hecha realidad. Sabía que debía mostrarse feliz. CeCe Hartwick se había sentido extasiado cuando sus padres le regalaron un pony. ¡Pero CeCe sabía montar! Morgan tenía miedo de montar a caballo, excepto en la silla delante de su madre. ¿Acaso sus padres no lo sabían? ¡Oh, cómo deseaba llorar!

Devon y John leyeron los pensamientos de Morgan con sólo una mirada. Intercambiaron un gesto de preocupación y se inclinaron para estar a la altura de su hija.

—Querida —dijo Devon suavemente—. Si no te agrada, puedo devolverlo.

¿Pero cómo podía Morgan admitir que no le agradaba? Sus padres eran aficionados a los caballos y ella quería ser como ellos.

—Morgan, sabes que no tienes por qué montar a caballo. Puede ser sólo una mascota para ti. ¿Eso te agradaría? —preguntó John.

En fin... el pony era adorable y realmente pequeño. Morgan reunió todo su coraje:

—¿Puedo... acariciarlo?

—¡Por supuesto! —dijeron sus padres al unísono llevándola hacia el animalito.

Morgan puso cautelosamente su pequeña mano bajo el hocico del pony. El diminuto animal no era mucho más alto que ella. Rió al sentir su aliento en la piel.

—¡Me hace cosquillas!

Devon buscó en los bolsillos el omnipresente terrón de azúcar, casi toda la ropa que tenía en Willowbrook tenía terrones de azúcar escondidos en alguna parte.

—Aquí hay un regalo que puedes darle. Pero mantén los dedos juntos y la mano estirada para que no te mordisquee accidentalmente.

La niña siguió cuidadosamente las instrucciones de su madre y se sintió complacida cuando el pony puso la cabeza cerca de la suya como pidiendo más.

Después de unos momentos, su padre preguntó:

—¿Te gustaría tratar de montar encima?

Morgan vaciló. No. ¡Nunca! Ésa era la respuesta que deseaba gritar.

—Tal vez sea irremediable —le murmuró John a su esposa, por encima de la cabeza de la niña. Devon asintió con expresión de abatimiento. Devon había persuadido a John de que participase en este intento final para que Morgan superara el temor de cabalgar. John había accedido con la condición de que si el pony no despertaba el interés de la niña, Devon nunca más intentaría persuadir a su hija para que montara a caballo. Sin embargo, montar a caballo era una parte tan integral de la vida en Willowbrook, y en Virginia en general, que los Alexander habían convenido en que debían, al menos, intentar introducir a su hija en el deporte. Y Morgan había llegado a la etapa en la que se sentía deseosa de montar a caballo con su madre. Pero se negaba a montar sola. Devon había considerado que un animal pequeño e inofensivo haría que Morgan superara sus temores. John estaba de acuerdo con la lógica del argumento de Devon y coincidía en que los briosos y algo amenazadores purasangre de Willowbrook eran muy diferentes de un pony Shetland.

Ahora, parecía que el plan había funcionado, pero sólo hasta cierto punto. Morgan sentía deseos de jugar con el adorable animalito. Montar en él era otra cuestión.

33

Morgan contempló a su madre montada en el bruñido alazán purasangre; luego, volvió la mirada a su pony, Frisky, al que Devon sostenía con un largo cabestro. El pequeño pony estaba ensillado y permanecía dócil detrás del caballo grande, pero Morgan no se decidía a montar encima.

—¿Mami, no puedo montar contigo en tu caballo?

Devon suspiró. Durante un mes, desde que Morgan había recibido el pony, lo había acariciado, le había dad de comer muchas manzanas y lo había cepillado. Pero no había montado en él. Muchas veces antes, como en este día, Morgan había afirmado que montaría en el pony. Pero siempre le faltaba el coraje.

—Querida, te estás haciendo demasiado grande para montar a Skylark conmigo —respondió amablemente Devon—. No es muy cómodo y no te agrada que vaya más rápido que al paso. —Morgan miró hacia el suelo; sus sentimientos se debatían entre el temor y el deseo de agradar a su madre.

Consciente del dilema, Devon dijo cariñosamente:

—No tienes por qué montar si no lo deseas.

Morgan observó a Frisky. Era tan adorable y amistoso que sintió una pena irracional por su pequeña mascota, como si el hecho de no querer montarlo significara un rechazo. Y eso hizo que se sintiese culpable, no sólo hacia Frisky, sino también hacia sus padres, que le habían obsequiado el pony.

—Quiero a Frisky, mami —dijo Morgan al borde de las lágrimas. Se acercó al pony y acarició su cuello. Frisky relinchó suavemente y la tocó ligeramente con el hocico.

—Lo sé, querida —la tranquilizó Devon—. Frisky también te quiere.

—Siento pena por él. Siempre lo dejamos aquí, solo. —Morgan se volvió y miró al pony—. ¿Podemos llevar a Frisky con nosotras?

Devon no pudo contener una carcajada de sorpresa.

—¿Para qué? Si no vas a montar en él...

—Es sólo... que —dijo Morgan mirando a su madre con ojos suplicantes.

Devon reflexionó por un momento.

—¿Por qué no intentamos cabalgar dentro del corral, en lugar de salir al sendero? Me pondré en el centro y guiaré a Frisky con el cabestro. No lo dejaré ir más rápido que al paso. Todo lo que tienes que hacer es sentarte en la silla.

Morgan vaciló.

—Vamos —dijo Devon con determinación, saltando de Skylark y dándole las riendas a un mozo—, vamos a ponerte sobre Frisky. Verás, es tan pequeño que no sentirás ningún temor. Será mucho menos atemorizante que estar allá arriba conmigo.

Durante los días siguientes, Devon ayudó a Morgan a que se habituara a montar a Frisky en el corral. Después de un período inicial de ansiedad nerviosa, la niña parecía disfrutar del ejercicio, deleitándose en la obediencia de Frisky a sus órdenes. Sin embargo, insistía en que Devon mantuviese al pony sujeto con el cabestro. Con las riendas, éste tenía alrededor de seis metros de largo y permitía a Devon guiar a Frisky en un amplio círculo alrededor de ella.

Después de una semana de hacer esta rutina, Devon instó a Morgan a dar el siguiente paso.

—¿Por qué no intentamos en el sendero? —preguntó a su hija mientras le ayudaba a montar en el pony.

—¡No!

Devon la miró sorprendida.

—¿No te aburres de andar siempre en círculos dentro del corral?

—Bueno... Morgan *se estaba* aburriendo. ¡Pero una cabalgata en el bosque!

—Llevaré a Frisky del cabestro. —Devon tranquilizó a su hija—. Él seguirá a Skylark, no te preocupes.

—Estoy asustada —susurró Morgan, avergonzada.

Devon le palmeó la pierna para tranquilizarla.

—Está bien. Todo el mundo siente temor ante las cosas nuevas. Solamente tienes que intentarlo. Si no te agrada, puedes seguir conmigo en Skylark.

—Está bien —dijo Morgan con resignación.

Devon se sentía divertida y conmovida al mismo tiempo por la expresión afligida de su hija. Era igual a como había sido Helena Magrath, pensó Devon. Su compañera de juegos cuando niñas siempre se había sentido incómoda cabalgando; sin embargo, había perseverado para complacer a su padre. Devon recordaba sus sentimientos de lástima por Helena a medida que crecían. Devon no deseaba que Morgan sintiese que el amor de su madre dependía de que ella fuese hábil como jinete.

—Querida, no tienes por qué hacerlo. Puedes volver a la casa y pedirle a Penny que juegue contigo.

—¡No! Yo quiero estar contigo.

—Querida, sólo me iré por un par de horas. Podemos estar juntas después de eso.

—¿Por qué no podemos montar juntas, en el mismo caballo?

—Morgan —dijo Devon pacientemente—, has estado montando a Frisky tú sola toda la semana. La única diferencia es que estaremos en el sendero.

Morgan permaneció en silencio mientras pensaba en lo que su madre le decía.

—Lo intentaré —dijo por fin, pero su voz carecía de convicción.

—¡Eres una niña muy valiente! —Devon le dio ánimos. Dio el cabestro al mozo y montó sobre Skylark. Luego tomó el cabestro y condujo a los caballos hacia el sendero.

Morgan permanecía silenciosa mientras cabalgaban. Estaba completamente concentrada en los peligros que la amenazaban.

Un montón de leños caídos aparecieron inesperadamente en su camino. Del bosque surgían extraños ruidos, producidos por animales desconocidos. Ramas desnudas y negras se interponían en su paso, rozándola.

Devon se dio media vuelta en su silla para observar a su hija. Al ver la expresión de sufrimiento de su hija, se sintió desesperada. Éste debía ser un corto paseo. Sólo lo suficiente como para dar a la niña la sensación de un logro, decidió Devon.

—¿Estás bien? —le preguntó.

La pequeña asintió tensa.

A medida que avanzaban, el sendero se volvía más angosto. El espacio, más estrecho, hizo que Morgan se sintiese más segura. Comenzó a relajarse un poco.

Esta vez, cuando Devon se volvió para ver a su hija, observó un esbozo de sonrisa en el rostro de la niña. Devon le sonrió.

—Sabes, cuando llegue la primavera, podremos traer la merienda con nosotras.

—¿Podremos traer pastel de chocolate? —exclamó Morgan complacida.

—¡Qué es una merienda sin pastel de chocolate! —rió Devon alegremente, complacida por el cambio de humor de su hija. Se dio vuelta justo a tiempo para guiar a Skylark alrededor de un enorme lodazal que bloqueaba la mayor parte del camino.

—Morgan —dijo, mirando por encima del hombro—, haz que Frisky pase alrededor del charco si puedes. —Devon sostenía el largo cabestro, pero era necesario que Morgan guiara a Frisky con las riendas para sortear el obstáculo. Devon detuvo el caballo y se volvió hacia Morgan, preparada para darle instrucciones sobre cómo debía realizar la maniobra.

Morgan comenzó a tirar de las riendas del pony como su madre le indicaba. Sin embargo, estaba tan concentrada en los movimientos de las manos que olvidó prestar atención a donde se dirigía. Con horror, Devon vio que iba directamente hacia una gruesa rama que estaba a la altura del cuello.

—¡Morgan, cuidado! —gritó Devon.

La niña levantó la cabeza, alarmada, cuando la gruesa rama le golpeó en el pecho. Devon observó horrorizada cómo su hija caía hacia atrás precipitándose ruidosamente en el charco. Devon saltó de Skylark y corrió hacia Morgan, arrodillándose en el lodazal.

Morgan yacía inmóvil, aturdida por el impacto y el agua helada. Luego, abrió la boca y comenzó a dar alaridos. Devon levantó a la niña y la sostuvo contra el pecho. Percibió que los brazos de Morgan se aferraban a ella y sintió alivio al comprobar que la niña podía moverse bien. Pero Morgan estaba casi histérica.

—¡Aaaahhh! —gritó—. ¡Mami! ¡Me duele!

Devon la acunó, murmurando palabras tranquilizadoras. Mientras hacía esto, palpaba con las manos el cuerpo de la niña para detectar señales de algún daño.

Observó que el casco protector estaba en el lodo a algunos metros de ellas; la cinta de la barbilla, obviamente se había desprendido con el impacto. Preocupada, pensando que la niña podía haberse herido la cabeza, Devon levantó los lustrosos rizos negros en busca de cortaduras. Pero todo lo que vio fue lodo.

—Morgan, querida, no creo que te hayas hecho ningún daño, ¿verdad?

Ante esto, los alaridos de Morgan aumentaron en volumen.

—Ssh, ssh, estarás bien —dijo Devon, besando las mejillas y el cabello de la niña. La meció en sus brazos hasta que los sollozos comenzaron a disminuir.

—Morgan —dijo Devon suavemente—, estás toda mojada y hace frío. Tenemos que llevarte a casa. Voy a dejarte en el suelo y quiero que te levantes. —Devon retiró de su regazo a la niña lloriqueante y se puso de pie. Luego, con delicadeza, colocó a su hija en posición erguida, sin soltarle las manitas hasta que Morgan se levantó por sí misma.

—Muy bien. Ahora daremos la vuelta e iremos directamente a casa. —Devon condujo a Morgan hasta Frisky.

—¡No! —Morgan comenzó a gritar nuevamente—. ¡Quiero montar contigo!

Devon suspiró, perturbada por el temor de su hija.

—Sabes querida, no te sentirás tan asustada si te subes a Frisky ahora y cabalgas hasta la casa.

—¡No! ¡Contigo! —gritó la niña, estirando los brazos hacia su madre.

Devon no toleraba ver a su hija tan alterada. Generalmente, Morgan era una niñita muy alegre. Pero cuando se trataba de montar a caballo... En fin, abordarían el desafío otro día.

—Está bien —cedió—, tú llevas a Frisky del cabestro y montaremos juntas sobre Skylark.

Ante estas palabras, las lágrimas de Morgan se apaciguaron. Devon la ubicó sobre la silla de Skylark y montó detrás de ella.

—¿Debo usar la gorra de montar? —preguntó Morgan, detestando la idea de ponerse el sombrero mojado y pegajoso sobre el cabello aún más mojado y pegajoso.

Devon sonrió.

—Por esta vez, no. Llévalo en la mano.

Morgan suspiró, conforme, y se reclinó sobre su madre. Nuevamente, se sentía a salvo.

34

Sydney y Bart se divorciaban. A Devon le parecía imposible; habían sido siempre un apoyo real en la vida de los Alexander desde el compromiso de Devon y John.

—Pensé que lo que sentíamos era amor, pero no podía entender por qué siempre hacía que me sintiese tan mal —explicaba Sydney durante el almuerzo en el Palm Court del hotel Plaza. Miró pensativamente al vacío por encima de su taza de té.

Devon nunca la había visto más bella. Su amiga vestía un traje de corte perfecto de terciopelo color chocolate con un brillante echarpe amarillo, rojo y castaño alrededor del cuello. Un sombrero, al tono con un delicado velo de encaje de algodón, le daba un aire misterioso, dejando al descubierto el cabello ondulado que le llegaba a los hombros, pero ocultando su rostro.

Llevaba las uñas esmaltadas de un rojo vivo y los labios del mismo color.

Todo en ella era impactante, lleno de vida, intoxicante.

—Lo lamento de todos modos —dijo Devon suavemente—. Siempre se atemorizaba cuando sus amigas se divorciaban. Eso la hacía tomar conciencia de cuán frágil era su propio matrimonio.

—No sientas pena —dijo Sydney, pragmática—, a menos que sea porque perdí tantos años junto a Bart.

—Pero nunca habéis dejado entrever que algo andaba mal entre vosotros —dijo Devon, azorada. La apetitosa mousse de chocolate del Plaza, uno de sus postres favoritos, permanecía intacta frente a ella.

—¿No? —Sydney preguntó con genuina curiosidad. Siempre había sentido que Bart la criticaba permanentemente delante de los amigos de ambos: ¿Pero sería acaso que él había sido tan sutil que sólo ella percibiera sus dardos?—. ¿Jamás notaste los comentarios desagradables que Bart me hacía?

—Sí... —admitió Devon—, sólo que él siempre parecía hábil para mezclar un halago con un... —Devon vaciló, tratando de armar su frase con tacto.

—Insulto. Vamos, dilo. Lo reconozco ahora. Durante un tiempo pensé que yo era demasiado susceptible. Eso era lo que él siempre me decía.

—¿Sabes por qué se comportaba de esa forma?

—Bueno, sé que no vas a creer esto, pero él siempre tuvo problemas en... bueno, sabes a qué me refiero. —Sydney se sonrojó veladamente—. En esas ocasiones —se apresuró a decir—, solía echarme la culpa a mí.

—¡Qué desagradable!

—Es aún más desagradable. Yo le creía. Hasta que conocí a Douglas.

Los ojos de Devon se agrandaron.

Sydney continuó.

—Fue durante el verano pasado en Saratoga. Puede que lo recuerdes.

—¿El compañero de habitación de tu hermano en la universidad? —Devon recordaba vagamente a un hombre de apariencia sencilla y tranquila.

—Sí. No es exactamente la clase de hombre con quien te imaginas una relación ilícita, ¿verdad?

—Realmente no. —Devon lo recordaba como una persona formal, con el estilo de un profesor. Tenía un rostro amable.

—El hecho es que ha estado enamorado de mí desde que éramos niños.

—¿Se casó alguna vez?

—Nunca. Halagüeño, ¿no crees?

—Creo que es guapo. Muy romántico —dijo Devon con calidez, feliz de que su amiga hubiese hallado a alguien que la amara tan profundamente.

—En resumen, nos casaremos cuando yo regrese de Reno. Bart y yo queríamos dejar pasar las vacaciones antes de dar la noticia al resto de la familia.

—Douglas no vive en Nueva York, ¿verdad? —preguntó Devon, preocupada por la idea de perder contacto con su amiga. Se preguntaba si John se enojaría con Sydney por solidaridad con Bart.

—En Vermont, lugar olvidado de Dios —rió Sydney. Tomó una larga boquilla de ébano de su bolso, insertó un exótico cigarrillo de papel negro con el borde dorado y lo encendió con un encendedor Cartier con incrustaciones de gemas semipreciosas.

—Es algo difícil imaginarte allí. —Devon observó a su amiga con una mirada que denotaba su escepticismo.

—¡Oh! seré locamente feliz. Guardaré todos mis vestidos en un baúl de cedro y usaré solamente ropa de tweed y zapatos deportivos. —El rostro de Sydney revelaba una expresión sardónica, como si ella misma no creyera en lo que decía.

—La vida en el campo es más placentera de lo que crees —le aseguró Devon.

—Bueno, siempre he sido una chica de ciudad, pero estoy dispuesta a ir a cualquier parte con Douglas. —Su voz adquirió un tono soñador mientras decía—: Me siento como a los diecisiete años con mi primer novio otra vez. Sólo que tengo la edad suficiente como para saber que lo que él me ofrece es verdaderamente algo para atesorar. No es común que alguien te dé un amor total, incondicional.

Devon puso la mano sobre la de su amiga y la estrechó.

—Nos visitarás, ¿verdad? Detestaría perder contacto contigo.

—Naturalmente. —Sydney sonrió—. Eres mi mejor amiga, Devon. Y eres alguien poco común: una persona realmente buena. Nunca has sido maliciosa ni intrigante. Jamás has revelado una confidencia. Aunque estemos lejos, siempre serás especial para mí.

—¡Ya basta! Estás haciéndome llorar —dijo Devon, tomando un pañuelo con bordes de encaje de su bolso—. No sé lo que haré sin ti.

—¿Tú? —rió Sydney—. Pero tú eres una de las mujeres, *una de las personas,* más fuertes e independientes que conozco. —La expresión de Sydney se volvió más seria—. En ocasiones, pienso que demasiado independiente, para tu propio bien.

—No eres la primera en decirlo —dijo Devon con expresión de disgusto.

—Puedes observarlo por ti misma —respondió Sydney con suavidad.

Devon bajó la mirada, retorciendo el pañuelo en sus manos.

—Cambiemos de tema —dijo, levantando los ojos con una amplia sonrisa—. Fijemos una fecha para nuestra próxima cita. ¿Qué te parece en el Blue Grass Stakes? Tengo un potrillo nuevo que he estado entrenando. Correrá allí. Reservaré un lugar para ti y Douglas en mi palco.

—Es una cita —respondió Sydney feliz. Para entonces ella sería la Sra. de Douglas Silverman.

35

Morgan se reclinó sobre la barandilla del balcón del segundo piso y observó ansiosamente a su madre que montaba sobre Skylark.

—Señorita Morgan, no se apoye en la barandilla. —Penny asomó la cabeza desde el jardín de invierno y la reprendió—. Y hace demasiado frío para que esté parada ahí afuera. Entre y jugaremos a algo.

—Quiero ir con mami —dijo la niña con calma.

Penny miró a la pequeña con simpatía.

—Lo sé —murmuró.

Morgan inclinó la cabeza y caminó hacia la niñera. Penny cerró la puerta tras ella, mientras la niña se hundía en uno de los sillones con acolchado de plumas que hacían del jardín de invierno un lugar tan acogedor.

—Me gustaría ser como mami —suspiró Morgan.

—Tu madre y tu padre te quieren tal como eres. —Penny le reconfortó. Se sentó en una silla frente al sillón y tomó su costura.

—Pero todos los demás pueden montar —se lamentó Morgan.

Penny no podía discutir ese argumento, ya que todas las amigas de Morgan tenían ponys y estaban ansiosas de cabalgar.

—Quizá deberías intentarlo una vez más —sugirió Penny tentativamente—. Realmente, no te ocurrió nada la semana pasada. Sólo te asustaste. ¿Verdad?

—Miró a Morgan fijamente con sus ojos pardos y sostuvo la mirada.

Se hizo un silencio.

—Es cierto —admitió finalmente Morgan.

Tuvieron que comenzar otra vez desde el principio. Morgan, ni siquiera tenía idea de cabalgar por el sendero. Pero, por fin, reunió suficiente coraje como para montar a Frisky en el corral.

—Sabes Morgan, yo me he caído muchas veces —confesó Devon parada en el centro del corral, con el cabestro de Frisky en la mano—, y sólo me lesioné seriamente una vez. Todos los que montan a caballo se caen.

—¿En serio? —Morgan no sabía eso.

—Sí —dijo Devon con firmeza—.

—¿Papi también?

Devon rió.

—*Todos*.

Morgan rumió esto en silencio durante unos momentos.

—Yo realmente no me hice daño, ¿verdad? —interrogó finalmente, recordando las palabras de su niñera.

—¡Eres muy valiente al decir eso! —la felicitó Devon.

—Yo *quiero* ser valiente —dijo Morgan con vehemencia.

—Bueno, lo eres. El hecho de que estés ahora encima de Frisky es la prueba de ello.

—¿En serio? —Morgan abrió mucho los ojos—. Pero aún estoy asustada.

—Entonces, eres más valiente todavía. Porque cuando haces algo que te asusta, eso es más valiente que si no te asustara. —Morgan rió complacida ante esa afirmación.

Y se fue con esa idea en la mente, lo que permitió que su madre la persuadiera de salir por el sendero. Una vez que había comprendido que era normal sentir temor, logró hacer aquello que más la atemorizaba.

—Trata de evitar el lodo esta vez —sonrió Devon a su hija.

La niña dejó ver una risita mientras el mozo la colocaba sobre la silla de Frisky.

Era un típico día gélido de febrero y Devon veía salir vapor del hocico de Skylark cuando respiraba.

Mientras entraban en la galería de árboles, Devon se dio la vuelta en su silla.

—¿Estás bien abrigada? —Morgan asintió nerviosa. Sentía un cosquilleo en el estómago; sin embargo, no estaba tan atemorizada como la primera vez.

Devon, inconscientemente, meneó la cabeza de un lado para otro ante la expresión tensa en el rostro de su hija.

—Morgan, suelta las crines de Frisky y toma las riendas. —¡Si solo pudiera relajarse!— Mira, yo estoy llevando a Frisky, no puede trotar. Únicamente vamos a caminar despacio. —Unos segundos más tarde, Devon recordó otro consejo—. ¡Y no olvides inclinarte cuando veas una rama!

Continuaron en silencio durante casi media hora, en silencio excepto por la respiración de los caballos y el crujir de las hojas.

Devon se volvía cada cierto tiempo con el fin de asegurarse de que todo iba bien y, cada vez que lo hacía, veía cómo Morgan soltaba rápidamente las crines de Frisky. Devon sonreía para sí, pero no hacía comentarios sobre la subrepticia infracción de la pequeña. Era suficiente que la niña hubiese reunido valor para ir con ella por el sendero. Devon estaba orgullosa de ella por intentar sobreponerse al temor. Se preguntaba si alguna vez su hija disfrutaría de montar a caballo tanto como ella. No es que sea tan importante, se decía a sí misma con firmeza, es posible que nunca le agrade. Sin embargo, sería hermoso...

A medida que avanzaban, Devon percibió que se estaba levantando viento. Las ramas, oscuras y desnudas sobre el fondo de un cielo blanco cristalino, se mecían y lanzaban quejidos, mientras torbellinos de hojas se elevaban y flotaban en el aire. Devon miró hacia arriba. Nubes grisáceas se cernían sobre ellas anunciando nieve.

—¡Mami, tengo frío! —exclamó Morgan.

Devon se volvió.

—*Está* haciendo frío —admitió—. Tal vez deberíamos regresar. —En ese momento, minúsculos copos de nieve comenzaron a caer sobre ellas. Devon miró hacia el cielo nuevamente. Le gustaba cabalgar en la nieve y, si hubiese estado sola, habría continuado a pesar del frío, pero sabía que Morgan había cabalgado lo suficiente para un solo día.

—Querida, vamos a continuar durante cinco minutos más, pero luego tomaremos otro camino en el cruce que está más adelante. Estaremos en casa dentro de media hora. —En realidad, al paso que iban, les llevaría más tiempo, pero Devon sabía que si decía eso Morgan se iba a inquietar.

—¡Media hora! —gimió Morgan.

—Es el camino más rápido —dijo Devon con firmeza, mirando hacia adelante y haciendo avanzar a su caballo.

—Pero yo... ¡aayy! —el grito de dolor de Morgan atravesó el aire quieto.

Rápidamente, Devon se dio la vuelta y vio que Morgan tenía la mano sobre la boca.

—¿Estás bien?

—Una rama me golpeó. —Morgan comenzó a sollozar.

—¡Oh, no! ¡Querida, tienes que tener cuidado e inclinarte! —Devon saltó de la silla y ató su caballo a un árbol. Corrió junto a su hija—. Déjame ver.

—¡No, me duele! —Morgan no movía la mano de su boca.

—Morgan —dijo Devon resuelta—, quiero ver si estás sangrando.

Con reticencia, Morgan apartó su mano, pero continuaba llorando sin consuelo. Una marca roja se dibujaba en una parte de su mejilla y el labio superior estaba inflamado. Pero no había sangre, observó Devon con alivio.

—Ven aquí, querida —dijo Devon, tomando a la niña y bajándola de la silla. La pequeña rodeó a su madre con las piernas y los brazos y se aferró a ella, sollozando más intensamente.

—Morgan, ¿realmente has sufrido algún daño? —inquirió Devon suavemente.

—¡No lo sé! —dijo la niña entre lágrimas, frotándose los ojos.

—Bueno, puedes montar conmigo. Y cuando estemos de vuelta tomaremos un rico chocolate caliente.

Morgan lloriqueó, pero esto último la tranquilizó algo.

—¿Con malvaviscos? —preguntó con voz aún apesadumbrada.

—Con malvaviscos. —Devon le hizo un guiño—. Ahora vamos.

Devon subió a Morgan sobre Skylark; luego, montó detrás de ella.

Dio el cabestro de Frisky a Morgan.

—Ahora, toma esto, como la última vez.

Morgan enrolló el cabestro de Frisky a su mano y lo asió con fuerza. Se apretujó contra su madre, sintiéndose ya más segura a pesar de que el viento crecía.

—¿Estás mejor? —Devon se inclinó y besó la mejilla de Morgan.

—Hhuum —dijo Morgan, tranquila ahora que no tenía que concentrarse en montar encima de Frisky—. ¿Puedo quitarme el casco?

—No —respondió Devon firmemente.

Devon apretó las piernas contra los flancos de Skylark, instándole a retomar la marcha.

—No trotes, mami —dijo Morgan.

—¿No quieres que nos apresuremos? ¡Hace tanto frío!

—Salta demasiado —se quejó Morgan. Le costaba mucho trabajo sostener el cabestro con el movimiento hacia arriba y hacia abajo. Dio una vuelta más al lazo de cuero alrededor de la mano como medida de seguridad.

Devon, cumpliendo con los deseos de Morgan, tiró de las riendas del poderoso caballo y Skylark, inmediatamente, aminoró la marcha.

Pero el pequeño pony detrás de ellas no respondió lo suficientemente rápido al cambio de paso. Se acercó demasiado a Skylark y, de pronto, el caballo levantó los cascos lanzando una violenta coz.

Frisky emitió un agudo relincho de dolor cuando los cascos de Skylark lo golpearon en el pecho. El pony retrocedió para alejarse de su atacante y, este movimiento, provocó un fuerte tirón en el cabestro que Morgan empuñaba. Su brazo se estiró brutalmente hacia atrás, arrastrando todo el cuerpo en el impulso.

Morgan fue apartada de entre los brazos de Devon cuando el cabestro que traía enrollado en la mano le apretó con fuerza la muñeca y le arrancó de la silla. Devon, horrorizada, sintió cómo la pequeña era arrebatada de su lado.

—¡Mami! —gritó Morgan mientras Devon intentaba, en vano, sostenerla. La niña buscó desesperadamente algo para aferrarse con la mano libre —su madre, la silla, cualquier cosa— pero el corcoveo de Skylark frustró todos los intentos de ambas. Mientras Devon intentaba detener a Skylark, tuvo la fugaz impresión de que Morgan chocaba contra el suelo.

Aun antes de que el caballo se detuviera, Devon saltó de él, ansiosa por llegar hasta su hija. Al bajar, tropezó con algo. Sin pensarlo un momento, apartó con el pie el casco de montar de Morgan y corrió hacia la niña.

Pero un movimiento de Frisky inmediatamente atrajo su atención. Estaba levantado sobre las patas traseras y esto hizo que el brazo de Morgan se estirara violentamente hacia arriba. Devon dejó escapar un grito de angustia, al comprobar que el brazo de la niña aún estaba enredado en el cabestro. ¡Devon debía liberarla antes de que el pony se desbocara, arrastrando a Morgan con él! Devon corrió hacia Morgan, colocando su propio cuerpo entre el pony y su hija. Rápidamente tomó el cabestro y lo desenganchó, liberando a Morgan del pony. Luego, se arrodilló junto a su hija, que yacía sobre un montón de hojas. Levantó el brazo flácido de Morgan y, con presteza, lo liberó del lazo de cuero, maldiciéndose por no haber notado antes la peligrosa forma en que Morgan sostenía el cabestro.

Gracias a Dios que las hojas amortiguaron la caída, pensó Devon. Miró el rostro de su hija. ¿Por qué estaba tan quieta?

—Morgan, ¿te arrastró el viento, querida?

No hubo respuesta. Morgan permanecía inmóvil. Devon colocó la mano bajo la cabeza de la niña para levantarla y emitió un sonido entrecortado al sentir que tocaba algo mojado. Temiendo lo que podría ser, apartó lentamente la mano de los negros rizos revueltos de Morgan. Estaba cubierta de sangre y Devon la miró estupefacta. Le invadió un temor tan agudo, tan omnipresente, que quedó absolutamente paralizada.

Luego, instintivamente, Devon puso la cabeza sobre el pecho de Morgan, en busca de latidos. ¡Ahí estaban! Tan leves que tuvo que permanecer completamente quieta para escucharlos. ¡Eso significaba que Morgan estaba viva! Una sensación vertiginosa de alivio la envolvió.

—¿Morgan? —dijo, con la esperanza de que su hija abriera los ojos y le hablara. Pero no hubo respuesta—. ¡Morgan! —Pronunció el nombre agudamente, un dejo de histeria en la voz. Devon controló la urgencia de continuar gritando el nombre de su hija una y otra vez, en un intento irracional por despertarla.

Se sentó inmóvil, perdida en la indecisión. Luego, una milagrosa descarga de adrenalina la impulsó a moverse automáticamente. Pasó los brazos por debajo de Morgan y la sentó con suavidad. Devon dirigió la mirada al lugar donde había caído su hija. Asomando entre las hojas, se hallaban las aristas letales de una roca, la pálida superficie de cuarzo cubierta de sangre. Devon mantuvo el cuerpo de Morgan erguido y luego se arrastró sobre las rodillas hasta que estuvo detrás de ella.

Lo que vio le produjo náuseas. Con los ojos fuertemente cerrados devolvió el contenido del estómago. En alguna parte, en su interior, una voz le ordenaba recuperar el control. Se esforzó para abrir los ojos y miró la obscena imagen ante ella. La cabeza de Morgan estaba hundida, el pelo se introducía en un enorme hueco en la base del cráneo.

Devon quería gritar y gritar sin detenerse jamás. Miró a su hija, deseando que no fuese verdad. Observó impotente la herida abierta. Debía hacer algo. Si solamente pudiera detener la hemorragia. Entonces, tal vez, vería la magnitud de la herida. Quizá no fuese tan grave como parecía.

Se sacó de un tirón el echarpe de lana que llevaba en el cuello y, con manos temblorosas lo colocó en la cabeza de Morgan. Apresuradamente, hizo presión sobre la herida, con la esperanza de detener el flujo de sangre. Pero fue inútil. El echarpe se empapó con rapidez. Devon necesitaba ayuda, y pronto.

¿Cuánto tiempo le llevaría volver a los establos? Si Devon llevaba a Skylark al galope, tal vez veinte minutos. Pero el sendero era estrecho y era imposible galopar todo el camino. Y luego, una vez en casa, ¿qué clase de equipo de rescate podrían traer al sendero? Podían armar una camilla. ¿Pero cuánto tiempo llevaría hacer eso? Mientras tanto, Morgan estaría sola, desangrándose. ¿En cuánto tiempo una persona se desangra hasta morir? Devon no podía dejar a su hija sola agonizando en la nieve. Sollozó, desesperada, ante su impotencia. Pero no podía sentirse impotente, tenía que ayudar a Morgan.

Devon ató el echarpe como un vendaje a la cabeza de Morgan. Lo hizo lo más fuerte posible, esperando detener la hemorragia. Luego, con cautela, levantó a su hija. Caminó unos pocos pasos tambaleante. Miró a Morgan. Los párpados de la niña se agitaron. El corazón de Devon se llenó de esperanza. Si pudiera conseguir ayuda a tiempo.

¿Podía poner a Morgan en el caballo con ella? Por supuesto que no, se regañó a sí misma. ¿Cómo podría mantener el equilibrio de la niña en la silla y guiar el caballo al mismo tiempo? Y si trataba de apresurar a Skylark, no podía calcularse el daño que el movimiento haría a las heridas de Morgan. Lágrimas de frustración corrían por el rostro de Devon. Debía hacer algo. Morgan estaba sangrando.

Devon estrechó a su hija contra ella y comenzó a caminar hacia la casa. ¿Cuánto tiempo tardaría a pie? ¿Una hora? Quería sentarse en el suelo y llorar. Necesitaban que alguien las rescatara. Pero estaban solas.

Trató de ordenar sus pensamientos. Estaba nevando con fuerza y el viento era cortante. Emitiendo leves sonidos por el esfuerzo y la angustia, caminaba lenta y trabajosamente hacia la casa, el peso que llevaba se le hacía más grande cada vez. Su angustia era extrema al pensar que el movimiento podría agravar el estado de su hija.

Observó el pequeño rostro de la niña. La sangre había empapado la manga de la chaqueta de lana de Devon, y el suéter debajo de él. Podía sentir la humedad pegajosa en la piel. Se preguntó si Morgan seguiría sangrando tan profusamente como antes. No se atrevió a detenerse para mirar. La nieve caía sobre el rostro de Morgan. Devon se sentía furiosa por haber expuesto a Morgan a la nieve y el frío, ¿pero qué podía hacer?

Profirió un largo sollozo.

Los párpados de Morgan se abrieron. ¡Estaba consciente! ¡Había esperanza!

—¡Oh! Morgan, te pondrás bien. Te amo, querida. Voy a buscar ayuda para ti —exclamó Devon, mientras una nueva descarga de adrenalina le daba fuerzas. Devon se sentía furiosa por no poder hacer nada para aliviar el dolor de su hija—. Resiste, Morgan. Conseguiremos ayuda en un momento.

Los ojos de Morgan se cerraron lentamente.

—Muy bien. Descansa, querida. —La voz de Devon parecía un cántico funesto—. Duerme. Descansa. Te pondrás bien. Por favor, Dios mío, haz que se ponga bien. Por favor, Dios... Por favor, Dios... —No era consciente de lo que decía, ni siquiera era consciente de que hablaba en voz alta. Y continuó hablando, mientras avanzaba tambaleándose, más rápidamente de lo que hubiera creído posible, pero, no obstante, con torturante lentitud. De pronto, a la distancia, divisó los establos—. ¡Morgan, estamos allí! ¡Oh, gracias a Dios lo lograremos! —exclamó. Ignoraba de dónde provenía la fuerza, pero se vio a sí misma moviéndose más rápidamente. Adelante, adelante. Jadeaba y cada respiro era un penoso trabajo. Ya no tenía fuerzas y, sin embargo, avanzaba. Llegó al perímetro exterior de la pista de carreras que constituía el borde de la zona urbanizada de Willowbrook.

—Morgan, querida, estamos llegando —dijo en un jadeo. Devon subió trabajosamente la larga colina. Parecía que no iba a terminar nunca. Su respiración brotaba ahora en forma de roncos quejidos, pero continuó. Porque al final del camino encontraría ayuda. Ese pensamiento la hacía perseverar. Y, al aproximarse al granero, vio a dos hombres trabajando fuera. Comenzó a gritar pidiendo ayuda con toda la fuerza de sus pulmones. Lanzaba alaridos y más alaridos como una mujer poseída.

Los dos trabajadores corrieron hacia la mujer y la niña. El rostro de Devon brillaba enrojecido por el frío, y había manchas de sangre en su mejilla. De la nariz chorreaba agua. Tenía el cabello aplastado contra la cabeza y los mechones colgaban sobre sus hombros.

Pero no fue su aspecto lo que les congeló la sangre, ni la imagen de Morgan, yaciendo en los brazos de su madre. No, fue el extraño canturreo de Devon. Musitaba palabras de consuelo y esperanza, aplicando presión sobre la cabeza de la niña, haciendo algo con un echarpe teñido en sangre, retirando el pelo empapado del rostro pálido de Morgan.

Como si cualquiera de esas cosas pudiera servir de algo. Como si no se diera cuenta de que los grandes ojos verdes de Morgan tenían la mirada en blanco clavada en ella.

36

—No fue culpa tuya y debes dejar de decirte a ti misma que lo que ocurrió fue por tu culpa. —John rodeó a Devon con sus brazos.

Solamente en la oscuridad de la noche, en el refugio de su cama, Devon fue capaz, por fin, de hablar acerca de la muerte de Morgan. Durante dos días después del suceso, no pudo articular palabra. Se ahogaba en remordimientos, postración nerviosa, dolor.

Luego, el día del funeral, la presencia de sus amigos y la familia, aparentemente, le recordaron la existencia del mundo exterior a su pesadilla privada. Aunque su voz era altisonante y sus respuestas automáticas, había conversado normalmente, siguiendo las circunstancias. Pero fue tan sólo ahora, la noche después del funeral, que se sintió capaz de compartir su dolor y su culpa con alguien más. ¿Por qué estaba ella ilesa mientras Morgan yacía muerta en la tierra? ¿Por qué no había escuchado a John y abandonado la idea de que Morgan superase su temor a los caballos? ¿Por qué no había controlado que Morgan sujetara correctamente el cabestro? ¿Haber hecho *algo* diferente? Se martirizaba sin cesar.

Devon no sollozaba ni gemía de una manera que podría haber resultado una catarsis. Lloraba en silencio, permanentemente.

—Debes odiarme —insistió Devon con calma. La voz que hablaba de su dolor se le escapaba en susurros, como vapores venenosos contenidos en un manantial subterráneo.

—No seas insensata. Fue un accidente. —John no sabía cómo reconfortar a su esposa. Había una parte de él, una parte nefasta y velada, que creía que Devon tenía la culpa. Pero luchaba para mantenerla oculta, aun de sí mismo.

—Pero si no hubiera tratado de convencerla...

—Mira, si piensas así podrías fácilmente echarme la culpa a mí también. Yo estuve de acuerdo en regalarle el pony —explicó.

—No.

—Hiciste lo que creíste correcto en el momento.

—Yo la maté... —la voz de Devon se quebró—. Y debió haber sufrido tanto. Estaba tan asustada, pero confió en mi protección y yo la dejé... —Devon no pudo continuar. Se ahogaba en lágrimas, perdida, con el corazón destrozado y los remordimientos acuciantes.

—Nunca la obligaste a ir contigo. Siempre fuiste muy cuidadosa al respecto. —John intentaba tranquilizarla, él también al borde de las lágrimas—. No te sientas un monstruo porque querías que disfrutara de las cosas que a ti te gustaban. Morgan te amaba y deseaba ser como tú. Eso es normal en una niña pequeña.

La razón dictaba a Devon que las palabras de John eran verdaderas, pero en el corazón cargaba una culpa que jamás se borraría.

37

Para Devon, el único alivio a los tormentos que la acuciaban era su trabajo. Se concentró en ello hasta un grado superlativo. El tiempo que pasaba con John en Nueva York le parecía inútil en comparación. Allí tenía demasiado tiempo ocioso y muy poco en que ocupar la mente.

La atmósfera de Willowbrook la calmaba. Las tranquilas noches campestres, la cálida presencia de sus padres cerca, la multitud de cosas vivas a su alrededor, caballos, flores, mariposas, pájaros y el paisaje de la campiña, todo ello la reconfortaba.

En contraste, John sentía que las noches, repletas de risas, baile y champán, apartaban su mente del dolor. Era básicamente un animal social, Devon una solitaria.

Devon descubrió también que había cada vez más cosas que hacer en Willowbrook, ya que, en los últimos siete años, la empresa había crecido. Willowbrook era otra vez una caballeriza internacionalmente reconocida y sus mejores garañones lideraban poderosamente los precios de los servicios a los hipódromos. Willowbrook se había convertido en un negocio muy rentable, y Devon y Willy eran considerados entre los mejores expertos en caballos del país.

Antes de la muerte de Morgan, Devon había hecho esfuerzos por participar en las actividades que atraían a John, por pasar tiempo con él en Nueva York.

Ahora, estar con John constituía una gran tensión. Siempre urgía a Devon a deponer su dolor, a rencontrarse con el mundo, como él decía. Pero, en lugar de rencontrarse con el mundo de los demás, ella había creado su propio mundo y, si bien no era feliz, al menos estaba conforme.

—¿Devon, has oído?

La lejana voz de John, transmitida por teléfono, crepitaba como algo excéntrico debido a la estática.

Devon se limpió de tierra las manos y dejó a un lado la pala que había usado para cambiar de tiestos las plantas de jengibre.

—No sé a qué te refieres. —Devon elevó el tono de la voz para compensar el efecto de la estática.

—¡Alemania ha derrotado a Francia!

—¡Dios mío! ¡Grace y Philip están en Francia!

—Devon, casi no te oigo, pero quería que supieras que voy para Willowbrook. Tomo vuelo esta noche después del trabajo.

Devon tenía mil preguntas para hacerle, pero la comunicación parecía tan difícil que no tenía sentido prolongar la conversación.

—¡Te veré esta noche! —gritó por el auricular.

Inmediatamente después de colgar el teléfono, éste volvió a sonar. Era Laurel.

—¿Devon, te has enterado?

—¿Te refieres a Francia? John acaba de avisarme. Es terrible, ¿verdad?

—Sí. ¡Oh, Devon! Estoy preocupada por Grace y Philip.

Devon no quería preocupar a su madre aún más, transmitiéndole sus propios temores. En lugar de eso dijo:

—Mamá, ¡él es un diplomático norteamericano! Estoy segura de que no hay por qué preocuparse. Te diré lo que haremos. Voy a llamar a John y le diré que envíe un telegrama a Grace y Philip. Será mucho más rápido que ir a la Western Union nosotros.

—Buena idea. Y, Devon... ¿por qué no vienes a cenar esta noche? Yo... me sentiré mejor si estás aquí.

—¡Por supuesto que iré! John viene de Nueva York, pero probablemente no llegará antes de las diez de la noche. Me gustaría estar en casa para esa hora.

—En ese caso, haré que sirvan la cena a las siete y media en lugar de a las ocho.

A pesar de lo temprano de la cena, cuando Devon llegó a Willowbrook encontró a John esperándola sentado en la gran alcoba. Estaba leyendo un libro, con una copa de coñac sobre la mesa junto a él.

—¡John! ¡Pensé que llegarías más tarde! Estaba en casa de mis padres. Están histéricos por lo de Grace y Philip. ¿Tienes alguna noticia?

—No —dijo John con dureza.

Su tono helado hizo que Devon diera un paso hacia atrás.

—¿Qué ocurre? —preguntó.

—Habría sido agradable que hubieses estado en casa cuando llegué.

—Intentaba estar a tiempo. No pensé que pudieras estar aquí antes de las diez —explicó Devon. Habían convenido, desde el comienzo de su matrimonio, que cada uno estaría en casa para esperar la llegada del otro.

John no respondió, sino que volvió su atención al libro que había estado leyendo.

Devon, ansiosa por reconciliarse, se acercó al sillón acolchado donde él estaba sentado y lo besó en la cabeza.

—Mira, lo lamento. Y me alegra que estés de regreso —dijo suavemente. John no respondió—. ¡John! —dijo Devon, herida—, ¿ni siquiera me vas a dar un beso?

John colocó el libro en la mesa junto a él y se puso de pie.

—Por supuesto, querida —dijo, besándola fríamente en la mejilla. Luego se dirigió hacia el baño y cerró la puerta tras él. Devon escuchó cómo el agua corría mientras él tomaba una ducha. Pensó en reunirse con él, pero decidió no hacerlo. Tenía temor de que la rechazara.

Este tipo de incidentes ocurrían entre ellos con insistente frecuencia. Esta vez, tenía ella la culpa, en parte. Pero él debió haber comprendido la explicación y aceptarla. Ella no podía adivinar que llegaría más temprano que de costumbre. Seguramente él lo entendería, pensó Devon.

Pero, cuanto más pensaba Devon en la reacción de John, más le molestaba, de modo que cuando emergió de la ducha, Devon estaba lista para enfrentarse a él.

John entró en la habitación secándose el cabello; sólo llevaba puesta la bata de toalla con sus iniciales.

—Sabes —dijo, ya tranquilizado del enojo debido solamente al tiempo transcurrido y a la relajante ducha caliente—, he oído un rumor interesante hoy en Wall Street. La guerra está...

—John, tengo algo que decirte —le interrumpió Devon, poniéndose de pie.

Él levantó las cejas en señal de que continuara.

Devon comenzó a caminar.

—Cuando te explico por qué hice algo y me disculpo, aun si se trata de algo que no te agrada, espero de ti una respuesta un poco más comprensiva que la de esta noche.

—Bueno —dijo John, acercándose al sillón. Se sentó y cruzó las piernas, mirando fijamente la chimenea apagada—. Había intentado dejar de lado ese incidente, pero ya que insistes en revivirlo... —comenzó John mordaz.

Devon se volvió y lo miró.

—*Insisto,* porque es la clase de comportamiento que parece engendrar más de lo mismo... por parte de ambos, lo admito —dijo Devon inmutable. No era solamente esa noche. Era la falta de entendimiento que ahora parecía una gran pared de cemento entre ellos.

John se puso de pie y se sirvió otra copa de coñac del botellón de cristal tallado que estaba en la mesa. De pie frente a la chimenea, de espaldas a Devon, dijo:

—No creo ser responsable de ningún comportamiento agraviante esta noche. Aunque no supieras a qué hora iba a llegar, no te hubiera causado ningún problema quedarte aquí y esperarme. Sabes que siempre hemos intentado hacer eso el uno por el otro.

Devon apoyó la mano en su brazo y con gentileza lo volvió hacia ella.

—Y esta noche también lo intenté. Solo que tú llegaste más temprano de lo que esperaba. Comprenderás perfectamente que, con las noticias sobre la guerra y nuestra preocupación por Grace y Philip, tenía deseos de pasar un tiempo con mis padres.

—O con tu esposo, diría la mayoría de la gente. —John se liberó de la mano de Devon, alejándose de ella y sentándose nuevamente en el sillón.

Devon se sintió herida por el gesto. ¿Por qué evitaba el contacto con ella? El beso, al saludarla, había sido estrictamente formal, y cada vez que se acercaba o lo tocaba, él se alejaba. Caminó y se detuvo frente al sillón.

386

—Bueno, aquí estoy, pero, en lugar de alegrarte de verme, tuviste que comenzar una discusión.

—Devon, no hemos tenido ninguna discusión —recalcó John con una voz que intentaba mantenerse razonable, pero que, para ella, era arrogante y condescendiente—, hasta que salí del baño y tú decidiste comenzar una.

Su tono le hizo hablar en forma más cortante de lo que intentaba.

—La alternativa hubiera sido dejar que te sintieras un mártir, convencido de tener la razón, a raíz de un error perfectamente inocente por mi parte. John, a veces parece que estuvieras buscando oportunidades para ofenderte por las cosas que hago. Puedo hacer el comentario más inocente y tú siempre lo tomas como un ataque personal.

—¡Ahí está! ¿Por qué tienes que hablar de generalidades cuando estamos discutiendo un incidente aislado, específico? —La voz de John subió unos decibelios; levantó las manos en señal de frustración—. No me digas lo que hago *siempre.* Discutamos sólo lo de esta noche.

—Lo de esta noche no sería un problema si fuera un incidente aislado, ¡pero, no lo es! —respondió Devon acaloradamente—. Es la clase de cosas que *siempre* —Devon enfatizó la palabra poniendo las manos sobre las caderas e inclinándose hacia John— ocurren.

John, ahora más tranquilo, dijo:

—Si ocurren siempre, deberíamos preguntarnos por qué seguimos casados.

Devon clavó la mirada en él, demasiado impresionada para contestar. Sintió como si un cuchillo le revolviera el estómago mientras reflexionaba acerca de la amarga realidad encerrada en esa afirmación. Él tenía razón, ya no mantenían conversaciones civilizadas. Estaban de acuerdo en pocas cosas. No tenían casi nada en común, ahora que Morgan había muerto. Emocionalmente exhausta, Devon se hundió en un sillón.

Por primera vez, John se aproximó a ella. Se sentó a su lado y habló con más sinceridad de la que había sentido en toda la noche. Sus mecanismos de defensa ya no existían. Lo que expresó brotaba de su alma.

—Te quiero, Devon. Incluso ahora, a pesar de nuestros desacuerdos. Pero esto no funciona. Estoy agotado. Demasiado cansado para seguir luchando. Para seguir pidiéndote cosas que pareces no poder darme.

—Pero, John, yo también te amo —se quejó Devon.

—Lo sé —dijo John con tristeza, sacudiendo la cabeza con resignación—, pero no es suficiente. Necesito a alguien todo el tiempo junto a mí. Necesito ser lo primero para mi esposa.

—Pero tú... — Devon comenzó a protestar.

—Sabes que no es así. Te has convertido en una preparadora de caballos con mucho éxito. Casi nunca quieres dejar Willowbrook. Cuando vivía Morgan, para ti ella era más importante que yo. No digo que eso estuviera bien o mal. Todo lo que digo es que eso no es lo que quiero de una esposa.

—He tratado de...

John la interrumpió:

—No puedo obtener placer de tu infelicidad, Devon. Cuando intentas agradarme haciendo cosas que preferirías no hacer, me siento incómodo. Y, por supuesto, no puedo forzarte a que quieras lo que yo quiero. Tampoco puedes forzarte a ti misma. Creo que, simplemente, somos incompatibles.

—John —dijo Devon, observándolo cuidadosamente—. ¿Hay alguien más?

—Por supuesto que no —dijo John, como si la sola idea fuera ridícula.

—No... ya lo sé —dijo Devon, mirando sus manos. Se sorprendió al ver lágrimas cayendo sobre ellas. No se había percatado de que estaba llorando.

—Devon, por favor no te pongas triste... verás qué es lo mejor.

—¿Quieres decir un... divorcio? —Devon apenas pudo pronunciar la palabra. Su familia se sentiría demolida. Y la de John también. Y ella se sentiría lanzada a la deriva, sin un ancla.

—Creo que es lo mejor —dijo John, limpiando suavemente con el pulgar una lágrima de la mejilla de Devon—. Realmente, creo que Morgan era la razón principal para que permaneciéramos juntos estos últimos años. Sin ella, tenemos muy poco en común.

—Oh, John —respondió Devon sollozando sobre el limpio pañuelo de lino que su esposo le dio.

—Lo sé —dijo consoladoramente. La acercó hacia él y las lágrimas mojaron su bata.

Extrañamente, ahora que la ruptura era inevitable, se sentían más unidos de lo que se habían sentido en los últimos tiempos. La sombra de su amor estaba presente, un recuerdo doloroso de lo que habían perdido.

Segunda Parte

El Cairo, Egipto

1942

38

❧

Las calles de El Cairo estaban rebosantes de soldados de cada país aliado y cada rama del servicio. Pero El Cairo siempre había sido un cruce de caminos internacional y los extranjeros eran absorbidos por la multitud frenética y apretujada, como lo habían sido los extranjeros en El Cairo durante miles de años.

Devon, empujando para abrirse camino a través de la muchedumbre, con Grace, pensaba que se ahogarían en la marea humana. Lo más molesto eran las manos anónimas que se extendían para tocarla. Los nativos de la ciudad consideraban a las mujeres vestidas como occidentales, muchas de ellas egipcias cosmopolitas, Jezabels enviadas para seducirlos y pellizcaban los senos y nalgas de las paseantes. Aquéllas que visitaban El Cairo por primera vez, como Devon, se daban vuelta con furia, y sólo encontraban una masa de cuerpos sudorosos y sin rostro. Las residentes, como Grace, conocían lo suficiente como para no luchar contra lo inevitable.

—Grace —Devon tuvo que gritar para ser escuchada en semejante bullicio—, ¿cuánto más lejos?

—No mucho —Grace miró sobre su hombro y sonrió tranquilizadoramente a Devon. Se dirigían al famoso *souk*, el bazar al aire libre. Como siempre, el automóvil de la embajada las había acercado lo más posible, pero las calles que conducían al souk eran demasiado estrechas para los automóviles y las mujeres tenían que caminar el resto del trayecto.

La ansiedad de Devon se tornó excitación cuando ella y su hermana llegaron al área reservada para el souk. Embriagada por la cantidad de ropas refulgentes. joyas y bronces que la rodeaban, Devon se apresuró hacia una mesa cubierta de caftanes decorados lujosamente.

—¡Espera, Devon! —Grace corrió tras ella, tomándola de la mano—. ¡No te sueltes porque te perderás!

—¡Tienes razón! —rió Devon—. Este lugar hace que Nueva York parezca una isla desierta y deshabitada.

—Ahh, ¿la herrmosa dama está interesada en un caftán? —un hombre de tez oscura que llevaba un fez rojo con flecos negros tomó de la mesa una túnica de género rojo escarlata bordada en oro.

Devon estaba fascinada por la forma como el hombre arrastraba las *erres*. Todo lo pronunciado con ese acento le sonaba interesante.

Devon sonrió al hombre con simpatía, diciendo:

—Es hermoso. ¿Cuánto cuesta?

—Le darré muy buen prrecio. —El hombre sonrió, mostrando una hilera de dientes de oro.

Grace discretamente tocó a su hermana con el codo.

—¡Déjame a mí! —susurró.

Devon la miró sorprendida.

—¡Ésta es la mejor seda que encontrrará, le aseguro! —dijo el hombre—. Es un herrmoso vestido.

—Es posible que estemos interesadas —dijo Grace.

El macizo hombrecito se volvió e hizo una reverencia a Grace, como si percibiera su experiencia en las costumbres del souk.

—Veintisiete libras es el prrecio norrmal, pero, para damas tan bellas, lo doy por veinte libras.

—¡Son sólo alrededor de treinta dólares! —susurró Devon a Grace—. ¡Es un buen precio!

—Por favor, discúlpenos —dijo Grace al hombre, alejando a su hermana de la mesa—. Observa, escucha y mantén la boca cerrada, querida. Tú sabrás de carreras de caballos, pero yo sé de bazares.

De regreso a la mesa, Grace comenzó el regateo.

—Su oferta es muy amable, señor, pero acabamos de llegar. Hay muchas otras mesas.

—Madame no encontrrará seda más herrmosa que ésta —el hombre argumentó, levantando sus barbas orgulloso. Dejó la enorme túnica encima de todas las demás con un gesto dramático que hizo flotar la brillante seda sobre toda la mesa.

—Lo siento, pero es muy cara —Grace respondió, pasando una mano enguantada sobre el género.

El hombre parecía abatido.

—Dígame cuánto pagarrá —dijo.

—Cuatro libras —dijo Grace con firmeza.

El hombre cerró los ojos con expresión de desagradable sorpresa.

—¡Cuatrro librras! ¡Imposible! ¡No, es un rrobo! —Sin embargo, tocó el material pensativamente. Con un suspiro desesperado, dijo finalmente—: La ofrezco en dieciséis libras y media.

Grace fingió consultar a su hermana, pero en lugar de eso susurró:

—No te pongas ansiosa, tendrás tu vestido. —Volviéndose al hombre con una mirada de pena, dijo—: Es demasiado. No podemos pagar más de cuatro libras.

—Pero madame, usted empieza con cuatrro libras, yo empiezo con veinte. Yo digo dieciséis y media. Usted puede darr un poco más que cuatro, ¿no?

—No puedo darle dieciséis y media —dijo Grace en forma ambivalente.

—Usted es muy difícil, madame. Yo la ofrezco por dieciséis y media. No menos.

Ahora le tocó suspirar a Grace.

—Lo lamento —dijo moviendo la cabeza—, tendremos que buscar en otra parte.

—¡No encontrrarán mejorr! —profetizó el hombre.

Grace simplemente sonrió y tomando a Devon del brazo, lentamente se dio vuelta para irse. Devon no se atrevió a decir una palabra, pero miró a su hermana con disgusto. Un momento más tarde, sin embargo, su expresión se tornó en una sonrisa cuando escuchó:

—¡Señorras, porr favorr!

Grace y Devon se volvieron para escuchar la oferta del hombre.

—Mirren cómo cae el génerro, tan sutil, tan fino —dijo, sosteniéndolo contra su abultado vientre y dejándolo caer hasta las rodillas en forma de falda—. Y este herrmoso caftán, lo doy por quince libras. No gano dinerro declaró—, pero este caftán es para esta herrmosa dama. —Sonrió y sostuvo el género en el aire frente a Devon para que Grace pudiera admirar el color junto a la piel de su hermana.

—Bueno, es muy bello —admitió Grace. Se puso el dedo índice sobre la boca, como considerando la cuestión—. Subo mi oferta a siete libras.

—¡Sube la oferrta! Eso no es nada. ¡No puedo aceptar sólo siete libras! —El hombre parecía al borde de un ataque.

—Lo lamento, es lo mejor que puedo pagar —dijo Grace.

El hombre y la mujer se miraron fijamente en silencio, cada uno tratando de llegar al punto débil del otro. La atractiva mujer de cabello castaño tenía una mirada firme y valiente. Sabía jugar este juego, pensó el hombre y la respetaba por ello.

—Está bien —aceptó—, le doy la comida de mi boca. Le doy el frruto de mi trrabajo. Se lo llevan porr siete libras.

Grace y Devon sonrieron al hombre con tal gratitud, que él casi olvidó que les había vendido el caftán por sólo una libra más de lo que había calculado.

—Bien hecho, señoras —el inconfundible acento británico confundió a las hermanas mientras se alejaban. Miraron sorprendidas a la muchedumbre observando los rostros hasta que divisaron una figura familiar.

—¡Roland! —exclamó Grace.

Roland Somerset-Smith, apuesto con el uniforme de la Real Fuerza Aérea, se sacó la gorra y se inclinó ante las mujeres. El duque de Abersham parecía el prototipo cinematográfico de un oficial británico, con su cabello negro, chispeantes ojos pardos y rasgos clásicos.

—No sabía que habías regresado a la ciudad —Grace lo reprendió. El círculo al que pertenecían Grace y Roland en El Cairo era lo suficientemente pequeño como para que las idas y regresos de sus miembros fueran conocidos por todos. La sociedad de El Cairo era en algunos sentidos bastante democrática. Los prejuicios contra otras nacionalidades, religiones y razas se olvidaban, ya que el segmento más sofisticado de la población se congregaba en enclaves separados de la gran masa que constituía la mayoría de los egipcios. Europeos, americanos, africanos y egipcios se mezclaban libremente siempre que proviniesen de familias ricas e influyentes. Las clases privilegiadas se reunían en Groppi para tomar el té, en el Mena House para cenar y bailar y en el Gezira Sporting Club o el Turf Club para tomar copas, hacer deportes o jugar en el casino. Pasaban las vacaciones en Alejandría, se hacían ropa a medida con hábiles modistos que copiaban a la perfección las últimas modas europeas y enviaban a sus hijos a la Universidad Americana en El Cairo, a la Sorbona en París o a Oxford en Inglaterra. Hablaban francés e inglés fluidamente. El árabe casi no era necesario. La mayoría de las transacciones de negocios se realizaban en francés y ésa era la primera lengua que se enseñaba en las escuelas, aún más que el árabe. El árabe era útil, aunque ciertamente no imprescindible, para regatear en el *souk*.

—Estoy destinado aquí permanentemente —dijo Roland, los ojos puestos irresistiblemente en Devon, a pesar de estar hablando con Grace—. No más viajes de ida y vuelta a Londres. Al menos por un tiempo. —Era jefe de un escuadrón, el equivalente a un mayor en los Estados Unidos a cargo en la Fuerza Aérea del Desierto, una sección especial de la Real Fuerza Aérea asignada al Norte de África.

—Devon, él es Roland Somerset-Smith, un buen amigo nuestro. Roland, ésta es mi hermana, Devon Alexander.

—Grace, no creí que fuera posible que hubiese *otra* mujer tan atractiva como tú —dijo inclinándose sobre la mano de Devon—. Espero que se quede en El Cairo por un tiempo. —La expresión de su rostro aseguró a Devon que esto era más que un cumplido.

—¡Seguramente! —dijo Devon con entusiasmo—. Mientras Grace y Philip toleren esta imposición.

—Nos aseguraremos de que lo pase muy bien, entonces. Como usted sabe, El Cairo es una ciudad muy excitante. —Roland deslizó un dedo por su mentón. Si no tienen otros planes, señoras, ¿puedo invitarlas a almorzar conmigo en el Turf Club? —Roland miró su reloj—. Es casi la una.

Las mujeres aceptaron de buen grado la invitación.

—Iremos a despedir a nuestro chófer entonces, si tú puedes luego llevarnos a casa —dijo Grace.

El almuerzo bajo el toldo a rayas azules y blancas fue tan encantador, que se extendió hasta el té y más tarde cócteles.

—¿Por qué no envías un mensaje a Philip con mi chófer para que se reúna con nosotros? —preguntó Roland a Grace.

—¡Excelente idea! —exclamó Grace, sintiéndose un poco mareada por los cócteles con champagne.

Roland hizo señas al camarero, mientras Grace escribía una nota para el chófer, luego se reclinó tranquilamente en la silla. Observó a Roland mientras este hablaba con su hermana. Nunca lo había visto tan entusiasmado. Era obvio que Devon le gustaba.

Y percibió que Devon respondía a su admiración, coqueteando feliz. No había visto a su hermana tan animada desde la muerte de Morgan, casi tres años atrás. Se veía un rubor saludable en sus mejillas y bajo la sentadora luz rosada del crepúsculo, parecía una muchacha de veinte años.

Realmente Devon encontraba atractivo a Roland. La característica dominante en él, que impresionaba tanto a hombres como a mujeres, era su encanto. Parecía que nunca decía algo incorrecto. Remarcaba todos sus comentarios con una deslumbrante sonrisa. Era la clase de encanto que podría haber sido usado para sacar provecho, pero Roland era demasiado bondadoso para eso.

En un momento, Roland preguntó a Devon:

—A propósito, ¿estás interesada en las carreras de caballos? Las pistas de El Cairo son bastante buenas.

Devon y Grace intercambiaron sonrisas, antes de explicar la broma a Roland.

Resultó que el mismo Roland criaba caballos en la propiedad de su familia en Inglaterra.

Luego, se enteró por Grace de que Roland era viudo y sin hijos.

Las semanas siguientes, Devon pasaba casi todo el tiempo realizando paseos con Roland. Él estuvo ausente durante casi dos semanas en agosto, a raíz de la visita de Winston Churchill a los regimientos británicos cerca de El Cairo. Según Roland relató a Devon, Churchill quedó muy impresionado por lo que vio, aunque en una ocasión se había quejado bromeando de una sopa hecha con ostras enlatadas que le había servido el comandante de las fuerzas de Nueva Zelanda.

Más tarde, el 30 de agosto, poco después de la partida de Churchill, las fuerzas alemanas e italianas atacaron las posiciones británicas en Egipto. Los alemanes fueron repelidos contundentemente y por fin, cuatro días más tarde, se retiraron.

Después de la batalla, Roland regresó a El Cairo. Continuó viendo a Devon tan frecuentemente como sus deberes se lo permitían.

—¿Cuándo trabajas, exactamente? —preguntó Devon bromeando un día que había comenzado con buñuelos en el Continental Hotel, continuado con el almuerzo junto a la piscina en Mena House y luego una tarde de turf en el Club Heliopolis. En este momento, disfrutaban de unos martinis en la sombreada terraza.

—Ésta es la misión de mi vida, ¿no lo sabes? —Roland tomó la mano de Devon y la besó, sin importarle las miradas amables de los que estaban cerca. De pronto, su mirada se tornó seria—. Me gustaría que funcionase, sabes —dijo buscando una respuesta en los ojos de Devon.

Devon bajó la vista, mirando su copa confundida.

—Devon —dijo con voz grave—, no se me permite hacer demasiados planes... pero llegará el día, bastante cercano creo, en que tendré que abandonar El Cairo.

Devon se sorprendió de cuánto temía la idea.

—Estarás aquí para mi cumpleaños, ¿verdad? Falta un poco más de un mes. —Devon casi no podía creer que ya se acercaba octubre. Los días eran aún tan calurosos como en verano en Virginia.

Roland se veía triste.

—Me gustaría más que nada en el mundo, pero no creo que pueda. —Su expresión se tornó preocupada—. Y me gustaría que consideraras ir a otra parte por un tiempo.

Devon lo miró atentamente.

—¿Qué quieres decir?

—La guerra está muy cerca.

—La guerra está cerca, no importa en qué parte del mundo estés en estos días.

—No en Virginia.

—Te lo concedo —dijo Devon con una sonrisa—, pero a esta altura de mi vida, me perturban más mis fantasmas en los Estados Unidos que cualquier peligro físico aquí. —Se encogió de hombros y continuó vivamente—. Además, ¿no ordenó el Sr. Churchill que todos los empleados de oficina tuvieran un rifle? ¿Y qué hay de todos los refuerzos que rodean a la ciudad? No creo que haya nada por qué preocuparse.

Roland la miró por un momento; era obvio que sabía algo más.

—¿Qué? —preguntó Devon.

El rostro de Roland reflejaba un conflicto interior. Se inclinó sobre la mesa y tomó las manos de Devon entre las suyas.

—No tengo derecho a decirte lo que tienes que hacer, aunque ojalá pudiera —dijo Roland—. Sin embargo, si tuviera ese privilegio, insistiría en que dejes El Cairo ahora mismo.

Devon sonrió bondadosamente.

—Sé que piensas que es lo mejor, pero aún no estoy preparada para volver a casa. —Aunque Devon aún amaba Willowbrook, la muerte de Morgan había dejado un terrible vacío en el lugar. Su divorcio de John había exacerbado el sentimiento de soledad.

No era que John hubiese desaparecido para siempre de su vida. Poco después de que los Estados Unidos entraran en guerra, en 1941, John había telefoneado a Devon para decirle que había sido seleccionado para una misión especial del gobierno en el extranjero. No le dio ningún detalle acerca de la misión, dejando claro que esa clase de preguntas no eran bien recibidas. Ella supuso que su misión implicaba espionaje, pero no estaba segura.

Más tarde, en febrero de 1942, John la telefoneó para darle noticias que la perturbaron aún más: se había comprometido con Bebe Hanley. No bien lo hubo felicitado con cortesía, colgó el teléfono y corrió al baño descompuesta. No estaba segura si las náuseas se debían a los celos o simplemente al disgusto por la idea de que John se casara con una persona tan despreciable. Sólo sabía que estuvo deprimida durante días después de haberse enterado de la noticia. Y luego supo que tenía que escapar.

El amado Willowbrook, lugar en el que había luchado tanto por y contra John, simplemente no podía llenar el vacío en su corazón. Sabía que estaba en buenas manos y no se preocupaba por ello en su ausencia.

Roland meneó la cabeza con una sonrisa de resignación ante su negativa a regresar a los Estados Unidos.

—Eres una mujer obstinada, Devon Alexander.

—Sí —dijo ella secamente—, eso me han dicho.

Unas semanas más tarde, Devon descubrió la razón de la preocupación de Roland cuando las fuerzas británicas y americanas realizaron un ataque sorpresa sobre los alemanes e italianos en África del Norte. La fecha fue el 23 de octubre de 1942. Los ejércitos alemanes estaban en extrema desventaja en términos de efectivos y artillería y, tal vez más importante, debido al hecho de que su hábil comandante, el general Rommel, estaba hospitalizado en Alemania desde fines de septiembre. El general Stumme, que tomó su lugar, murió en la batalla de un ataque cardíaco el 24 de octubre, por lo que Hitler interrumpió la convalecencia de Rommel y lo envió inmediatamente al frente de batalla.

Dos días después del regreso de Rommel, el 27 de octubre, hubo un vuelco decisivo en la batalla. Los alemanes lanzaron un contrataque a gran escala sobre las tropas aliadas y la Real Fuerza Aérea respondió con un bombardeo de dos horas y media, durante el cual ochenta toneladas de bombas se concentraron en un área enemiga de tres millas por dos. El ataque enemigo fue reprimido casi antes de que pudiera comenzar. El 8 de noviembre, las tropas aliadas habían tomado treinta mil prisioneros en la batalla de El Alamein.

La batalla marcó un giro decisivo para los aliados en la segunda guerra mundial. Churchill dijo más tarde:

—Antes de El Alamein, nunca obtuvimos una victoria. Después de El Alamein nunca fuimos derrotados.

39

❧

—Después de todo, agradezco haber podido estar aquí —susurró Roland al oído de Devon con suavidad, consciente de la presencia de los demás invitados junto a ellos. Philip y Grace eran los anfitriones de la elegante fiesta en honor de Devon por su cumpleaños.

Devon levantó la copa de champagne hasta sus labios y miró a Roland mientras tomaba un trago.

—El tenerte aquí hace mi cumpleaños más feliz. —Devon bajó la copa y miró a Roland; dos hoyuelos se dibujaban a los lados de su sonrisa. Pensaba que él estaba espléndido con el uniforme de la Real Fuerza Aérea, nuevas medallas brillaban en su bolsillo superior ya cubierto de medallas.

Devon lucía un distinguido vestido negro, sin breteles y completamente liso, pero de un corte perfecto que dejaba apreciar cada curva de su cuerpo, sin ser demasiado ajustado. Con el traje llevaba puesta una gargantilla de brillantes y aros haciendo juego. El cabello, peinado hacia atrás, formaba un ajustado rodete en la nuca y resaltaba su contextura perfecta. A los treinta y siete años, estaba más hermosa que diez años atrás. Su piel, siempre sin imperfecciones, se mantenía igual, pero estaba más delgada, lo que hacía sus rasgos notablemente angulosos, y la exuberancia que la había caracterizado una década atrás había madurado tornándose una tranquila seguridad que a menudo intimidaba a otros no tan seguros de sí mismos.

—Es una suerte que tenga que permanecer aquí —dijo Roland, apretando furtivamente la mano de Devon.

Ella respondió con franqueza cuando dijo:

—Espero que podamos vernos muy a menudo.

—Intento que así sea —dijo él, con un brillo en los ojos.

El mayordomo entró para anunciar que la cena estaba servida, y los invitados se dirigieron lentamente hacia el enorme salón comedor amueblado con antigüedades francesas y alfombras orientales. La cena fue suntuosa; comenzó con una copa de frutos de mar sazonados con azafrán, continuó con costillas de carne asadas con hierbas y salsa Madeira acompañadas por timbales de brócoli y croquetas de papa. Se sirvió un magnífico Mouton Rothschild cosecha 1924. Al plato principal siguió una ensalada de lechuga de Boston, endibias y berro con mostaza avinagrada, y por fin el pastel de cumpleaños de Devon. El pastel era en realidad una torta de merengue Grand Marnier, la cual con las treinta y siete velitas parecía un sol brillando a través de una henchida nube blanca. Devon había insistido en que no le importaba que su edad estuviera representada en las velitas. Le parecía tonto ocultar esas cosas.

Después de la cena hubo un baile animado por una orquesta de diez músicos que tocaron temas populares y valses. Mientras Devon y Roland bailaban, la llevó hasta un rincón del salón.

—Me gustaría hablar contigo en privado. ¿Hay algún lugar donde podamos ir? —le preguntó.

—Por supuesto. —Lo tomó de la mano y lo condujo por el corredor de mármol blanco y negro hasta las puertas de la biblioteca. Abrió tentativamente una puerta, miró adentro para asegurarse de que no hubiera nadie y luego entraron, cerrando la puerta tras ellos.

Roland se sentó en un sillón de terciopelo azul marino y sentó a Devon a su lado.

—Tuve miedo durante la batalla de El Alamein —dijo sin preámbulos.

Devon se sorprendió ante esta confesión. Roland era una persona que siempre intentaba minimizar las cosas negativas. No le gustaba revelar emociones desagradables, si bien estaba abierto a las emociones felices. Devon, en silencio, lo dejó continuar.

—No sentía precisamente miedo de morir, si bien no me gustaría que eso ocurriera pronto —dijo Roland, con una media sonrisa.

Devon estaba fascinada ante esta revelación de su ser interior. No se atrevió a hablar por temor a interrumpir el fluir de su pensamiento.

—Sentí miedo... —respiró profundamente antes de continuar— de morir antes de tener la oportunidad de casarme contigo.

Devon levantó las cejas, sorprendida. La proposición no era completamente inesperada, pero el comienzo de su conversación no la había llevado a pensar que finalizaría así.

—Yo... no sé qué decir.

—Di que sí —dijo Roland, en un tono de orden que ella nunca le había escuchado. Aun cuando hablaba con sus subordinados, siempre lo hacía con gran cortesía, siempre con un "por favor" y un "gracias".

Devon lo miró directamente a los ojos.

—No te insultaré haciéndome la ingenua. Sé desde hace tiempo cómo te sientes, aunque no estaba segura de la magnitud de tus sentimientos.

—Bueno, ahora lo sabes. Pero la pregunta más importante es ¿qué sientes tú? —Roland tomó las manos de

Devon entre las suyas y la miró fijamente a los ojos, tratando de leer la respuesta en su expresión.

—Yo... disfruto del tiempo que pasamos juntos. Estoy triste cuando no estás aquí. Me siento feliz cuando estás... no... no sé si eso es amor. —Devon movió la cabeza confusa. ¿Dónde estaban los nervios que la consumían, el excitante cosquilleo que había sentido por John? ¿Es que ya no era capaz de sentir eso? Cuando Roland la tocaba, era agradable... terriblemente agradable. Cuando la besaba, su cuerpo se estremecía. Podía fácilmente imaginarse haciendo el amor con Roland, disfrutándolo. ¿Pero dónde estaba el deseo loco y ardiente que había sentido por John?

—¿Estás haciendo comparaciones, verdad? —preguntó Roland con tristeza.

Devon se ruborizó sintiéndose culpable.

—Estoy avergonzada, Roland. No mereces eso.

—No, no, tienes absoluta razón. Discutámoslo abiertamente, ¿quieres? —dijo, con esa fría cortesía tan británica—. Supongo que Alexander fue tu primer amor, ¿verdad?

Devon asintió con la cabeza.

—Bueno, eso es siempre algo especial, ¿no es cierto? —Roland no quería asustar a Devon confesándole que la pasión que sentía por ella era más fuerte que nada de lo que había sentido anteriormente. Continuó—: No debes sentirte avergonzada por esos sentimientos. Son normales, quizás universales.

Pero Devon pensó en Sydney, tan locamente enamorada de su nuevo esposo, Douglas. Tan enamorada que se había convertido virtualmente en una ermitaña rural. Tan enamorada que se había transformado, de una cínica, aguda y sofisticada, en una novia pudorosa. ¿Acaso Sydney no había amado a Bart tan apasionadamente en otro tiempo? Devon no lo sabía y no había forma de averiguarlo en ese momento.

Sin embargo, era tan fácil hablar con Roland que ella se encontró preguntándole aquello que la perturbaba.

—¿Entonces tú crees que la pasión, ese primer amor apasionado, sólo ocurre una vez en la vida?

Roland sintió que le resultaba imposible mentir a Devon. Miró sus manos.

—Lamento decir que no, no lo creo. Mira, Devon, no intentaba ser tan franco, pero debo confesarte que me enamoré de ti la primera vez que te vi, tratando de regatear con ese tonto hombrecillo. —No permitió que la mirada de sorpresa en los ojos de Devon lo detuviera—. Y ahora que he pasado más tiempo contigo, amo tus cualidades interiores también —dijo con una sonrisa.

Ella, a su vez, le sonrió. Como siempre, la hacía sentir maravillosa. Tentativamente, como si fuera la primera vez, lo besó, un dulce beso en los labios que, mientras pasaban los segundos se transformó en un abrazo apasionado. Y cuando por fin se separaron, Devon sintió nuevamente la llama del deseo que siempre sentía por los besos de Roland. No era el deseo sin inhibiciones, irreflexivo que había sentido por John, pero era deseo al fin.

—Devon —gimió—, no me hagas esto, a menos que pienses decirme que sí. No sé por cuánto tiempo más podré soportar tu presencia sin poder hacerte el amor.

—Roland —dijo Devon, inclinando la cabeza hacia un lado—, ¿es sólo deseo lo que sientes por mí? Porque en ese caso, no necesitas proponerme matrimonio como el único medio para... —dejó la frase interrumpida flotando entre ellos.

Roland la miró y movió la cabeza sonriendo.

—Devon, me otorgas demasiado crédito. Si las cosas fueran tan simples como eso. Créeme, aceptaría esa oferta. Sin embargo, lo que admiro de ti va más allá de algo tan... común.

Devon le devolvió la sonrisa con calidez, más aliviada de lo que hubiera imaginado. Estaba feliz de que él la amara, decidió. ¿Pero ella lo amaba tanto como para casarse con él?

Como si leyera su mente, le dijo:

—Devon, si estuviéramos en tiempos de paz, te sugeriría que estuviésemos comprometidos un buen tiempo. Pero las cosas no son así ahora. Necesito saber que eres mi esposa. Deseo eso antes de subir otra vez a ese avión. —Ahora su expresión se volvió tímida—. Me temo que la emoción del momento me está volviendo un poco melodramático... si yo muriese allá arriba y todas esas estupideces —bromeó.

—No es melodrama. Las cosas son diferentes durante una guerra —dijo Devon con seriedad—. Entiendo a lo que te refieres.

—Entonces, no me hagas esperar más. No te tomes tiempo para pensar en mi proposición, sólo di que sí. No te arrepentirás, te lo prometo. Puede que no sientas por mí la pasión que sentiste por Alexander, pero, después de todo, la pasión no es siempre la base de un buen matrimonio. Tú sabes eso, ¿verdad?

—Sí —admitió Devon pensativamente. Ella y Roland tenían en común todo aquello que les había faltado a John y ella. Ambos criaban caballos purasangre, ambos amaban la vida campestre... ambos querían hijos. Se reían de las mismas cosas, les gustaba la misma comida, los mismos pasatiempos, en resumen, eran tan compatibles como pueden serlo dos personas.

Con una excepción.

—Roland, ¿cómo se sentirá tu familia al saber que te casaste tan rápidamente y con una americana?

—Devon —respondió Roland con firmeza—, tengo casi cuarenta años. Aun si mis padres viviesen, no dejaría que sus opiniones me impidieran casarme con la mujer que amo.

—No es sólo un problema de opinión familiar, Roland. Eres un miembro de la aristocracia. ¿Querrías que un hijo que fuese mitad americano, que no descendiera de una de las grandes familias europeas, heredara tu título y tus propiedades?

La mirada de amor de Roland fue tan fuerte que el corazón de Devon se derritió.

—Sí, siempre y cuando fuese también tu hijo.

Devon retiró las manos con delicadeza y se puso de pie. Caminó hasta la enorme chimenea, casi nunca encendida, a pesar de las frescas noches de El Cairo. Había poca madera en Egipto. Roland observó su esbelta y grácil figura mientras ella colocaba los brazos sobre la chimenea y dejaba caer la cabeza entre ellos, perdida en sus pensamientos. Durante lo que pareció un largo tiempo, no dijo ni una palabra.

Finalmente, el tenso silencio fue demasiado para Roland.

—No puedes pensar en ninguna razón para rechazarme, ¿verdad?

Devon se volvió rápidamente para mirarlo.

—Oh, Roland, no estoy tratando de buscar una razón. Sólo quiero estar segura de que soy justa contigo.

Roland se puso de pie y se acercó a Devon. La tomó en sus brazos y, una vez más, le dio un largo y apasionado beso. Ella lo rodeó con los brazos, disfrutando de la tibieza de su cuerpo junto al de ella. Su beso se tornó más suave; luego, cuando parecía que la dejaría, puso los labios entre su cuello y sus hombros. Su acción hizo temblar de placer a Devon.

—Seremos compatibles en todo sentido, te prometo —murmuró Roland lascivamente en su oído.

Devon cerró los ojos y dejó caer la cabeza hacia atrás, apoyando todo su peso en el abrazo de Roland. Era maravilloso ser acariciada otra vez, pensó. Y si no sentía por Roland la misma clase de amor que había sentido por John, bueno, ¿quién podía decir que un amor era mejor que otro?

—¿Te casas conmigo? ¿Antes de que termine mi licencia? —la apremió sin soltarla.

Ella levantó la cabeza y enderezó el cuerpo, pero él no disminuyó la presión de su abrazo. Con los brazos alrededor de su cuello, lo miró a los ojos y dijo:

—Sí, Roland, me casaré contigo.

40

❧❧

Devon, Philip y Grace estaban en la oficina de él preparándose para salir a almorzar juntos al Hotel Shepheard cuando llegaron las noticias. Las trajo un secretario de aspecto aturdido, que sabía de su relación cercana con John Alexander. Si no hubiera sido por la posición de Philip en la embajada, Devon jamás se habría enterado de que John estaba herido. La explosión en Ginebra había sido titular en todos los diarios, pero los nombres de los involucrados habían sido cuidadosamente ocultados.

Según los diarios, la bomba había sido colocada en el lugar de un encuentro secreto entre diplomáticos aliados. Ninguno de los así llamados diplomáticos, sin embargo, eran miembros del servicio exterior de sus respectivos países, de ahí el secreto. Un británico había muerto junto con dos miembros de la resistencia francesa. John fue afortunado en salir herido, pero sus heridas eran severas, según el cable que el secretario entregó a Philip.

Devon, consternada, se dejó caer en el sillón de cuero de Philip; Grace la abrazó para brindarle consuelo. Philip permaneció de pie, impotente, sin saber qué decir.

El corazón de Devon latía desesperado de temor ante la idea de que John muriese. Aunque estuviesen divorciados, los recuerdos que compartían eran una parte importante de la vida de Devon. John había sido su primer amor y su primer amante. Habían tenido una hija juntos y habían compartido luego la tragedia de su muerte. La amargura y la hostilidad que precedieron a su divorcio no eran para Devon más que un recuerdo distante.

—¡Tengo que estar con él! —exclamó Devon, casi para sí misma.

Grace levantó la mirada y sus ojos se encontraron con los de Philip. Grace entendía y compartía la angustia de su hermana, pero se preguntaba cómo se sentiría Roland al pensar que Devon corría a Ginebra a ver a su primer esposo.

—Debo comunicarme con Roland... —murmuró Devon, preparando mentalmente la lista de las cosas que debía hacer para organizar su partida—. ¿Philip, alguno de tus empleados puede reservarme un vuelo?

—Querida, ¿no crees que estás apresurándote demasiado? Después de todo es muy probable que su esposa esté allí —dijo Grace, en el tono más amable posible.

—Su esposa... —Devon pareció confundida por un momento, luego su rostro se oscureció—. Oh... claro, por supuesto. —Se hicieron unos instantes de silencio mientras Devon cavilaba. De pronto, se puso de pie súbitamente con gran decisión—. No obstante, quiero ir —dijo, puntualizando la frase con un movimiento de la cabeza.

—¿Devon, no crees que herirás los sentimientos de Roland yéndote a toda prisa?

Devon emitió un pequeño gruñido de exasperación.

—¡No seas tonta! Él comprenderá.

—Bueno... está bien —dijo Grace con escepticismo en la voz.

Y, efectivamente, Roland fue comprensivo.

—Por supuesto, querida —dijo con tono cálido cuando ella le telefoneó unos minutos después—. Estaré en una misión durante algunos días de todos modos y estoy seguro de que Alexander apreciará tu preocupación. Tengo entendido que fue una explosión bastante terrible.

Devon suspiró aliviada ante la reacción comprensiva de su esposo. Miró a Grace victoriosa mientras hablaba por teléfono.

—Sabía que no te importaría que fuese.

Eso no es exacto, pensó Roland para sí mismo. Lo perturbaba que su esposa se sintiera impulsada a correr junto a John. Al mismo tiempo, Roland se avergonzaba de los sentimientos que lo movían a impedir que Devon visitara al herido. Y como sabía que detenerla era imposible, pensó que sería mejor fingir un apoyo total a la decisión.

—Me agradaría estar para despedirte —dijo Roland—; ¿ya tienes el horario de vuelo?

—Aún no, te llamaré por teléfono.

Unas horas más tarde, Roland se despedía de su esposa con un beso y observaba la esbelta figura subir por la escalera hacia el avión. Antes de entrar en el avión, Devon se volvió y saludó a Roland con la mano. Su corazón estaba henchido de orgullo y amor mientras agitaba la mano saludándola. Ella se veía espléndida, el sedoso cabello negro resplandeciente bajo el brillante sol, el vestido de seda roja ondeando con la brisa que soplaba en la escalinata. Llevaba en la mano un impermeable forrado con piel de visón, pues haría frío en Ginebra. Roland se preguntaba si John la encontraría tan atractiva como él. No entendía cómo podría ser de otro modo. Con una sensación de arrepentimiento, Roland observó a la aeromoza cerrar la puerta de metal. Roland miró atentamente la fila de ventanitas redondas, intentando captar la imagen de su esposa, pero no la vio. Sin embargo, no dejó de buscarla, hasta que el avión comenzó a moverse.

Devon se hundió en el asiento y pensó en su esposo. ¡Cómo lo amaba por haber sido tan comprensivo acerca del viaje! Tenían una relación armoniosa. Parecía que nunca dejaban de reír cuando estaban juntos. Casi nunca tenían discusiones serias; era como si aún estuviesen de novios. Por supuesto, eran recién casados, habían estado casados sólo tres meses.

Cuando pensaba en John, pocas veces lo imaginaba alegre, aunque por supuesto habían compartido momentos alegres. Pero John era más serio que Roland, o al menos sus emociones serias estaban más en la superficie. En muchos sentidos, Roland era lo que Devon consideraba un miembro típico de la aristocracia británica, control sobre las emociones, experto en conversaciones sociales, siempre agradable, aun ante lo desagradable. Devon sabía que Roland era mucho más profundo, pero pocas veces lo demostraba. Estar con Roland era un refugio de la dura realidad del mundo que los rodeaba: la pobreza de El Cairo, las tensiones de la guerra, la destructivo y demoledora infelicidad de los últimos tres años. Roland era para Devon como un puerto seguro en un mar turbulento.

El frío de Ginebra sacudió a Devon, si bien ella sabía previamente lo que la aguardaba. Los meses de ardiente sol de El Cairo eran sólo un recuerdo en el abril lluvioso y helado de Ginebra. No le pareció posible que fuese primavera al observar las siluetas delgadas y desnudas de los árboles dibujarse contra el cielo neblinoso y gris.

Devon se alojó en el lujoso hotel Le Richemond, regenteado por la familia; allí encontró, según la típica tradición suiza, un té completo aguardándola en la suite. Pidió a la camarera que le preparase el baño y se hundió en un confortable sillón a disfrutar de la merienda. Una vez que hubo terminado, se dirigió hacia el baño de mármol blanco, donde la esperaba el agua caliente y perfumada.

Cuando Devon salió de la bañera, sintió deseos de dormir una siesta, pero optó en cambio por vestirse para ir a visitar a John. El conserje del hotel le había dicho que el hospital admitía visitas hasta las ocho. Devon estaba indecisa acerca de llamar a John por teléfono antes de ir a verlo. Decidió no llamar, deseaba darle una sorpresa.

Se vistió con mucha dedicación, más cuidadosamente de lo que ella misma habría reconocido. Descartó dos vestidos antes de decidirse por un traje de lana azul pálido con cuello y puños de chinchilla. Se puso un sombrero al tono y guantes y zapatos gris perla. Examinó su imagen en el espejo. El traje azul resaltaba maravillosamente sus ojos, pero ella se preguntaba si estaría demasiado elegante para la situación. ¿Pensaría John que había hecho un esfuerzo especial por estar bien arreglada para él? Rechazó el pensamiento considerando que era tonto. Después de todo él estaba tendido en la cama de un hospital, sufriendo, sin duda. Era egocéntrico pensar que él prestaría alguna atención a su ropa, se dijo a sí misma.

Sin embargo, dudaba si debía cambiarse y ponerse algo más discreto. Luego recordó que Bebe Hanley podría estar allí. Pensó en la impactante mujer, más joven que ella, con su rubio cabello y sus vestidos a la última moda. Devon decidió dejarse el vestido azul.

El Rolls-Royce del hotel la llevó al hospital, una hermosa clínica privada, sin el típico olor que caracteriza a todos los hospitales. Una joven enfermera de aspecto saludable la condujo a la habitación de monsieur Alexander, y Devon caminó por el corredor, los tacos altos golpeando en el piso reluciente.

La puerta de la habitación de John estaba abierta, pero antes de entrar Devon se detuvo para escuchar si había voces. No oyó nada, entonces miró tentativamente hacia adentro. La habitación estaba pintada de un alegre color amarillo limón y amueblada con suntuosos muebles de palisandro. Qué típicamente suizo, pensó Devon con una sonrisa.

Entró de puntillas a la habitación, preguntándose si John estaría sentado. Tal vez dormitaba.

Nada podría haberla preparado para lo que vio. Quedó paralizada por la impresión, incapaz de moverse, incapaz de respirar.

John era prácticamente invisible en la cama blanca, tan embutido estaba en sus vendajes. Había agujeros para los ojos y la boca, pero la cabeza, los brazos y el cuello parecían los de una momia. Una de sus piernas estaba elevada por una polea. La sábana cubría la mitad de su cuerpo, pero Devon podía percibir que había más vendajes debajo. La cama estaba rodeada de artefactos de aspecto siniestro, tubos, botellas y varias cajas metálicas con números en ellas. Devon no tenía idea de para qué servían.

Era como si John fuese un objeto inanimado, tan extraño se veía. ¡Y no había señales de vida en él! Devon luchó para reprimir el pánico, pero el corazón le latía tan rápidamente que estaba sin aliento. Sintió un calor insoportable. Apoyó una mano contra la pared por temor a desmayarse. Veía puntos negros frente a ella. Él parecía... no, no podía ser... pero parecía... muerto.

No, tiene que estar vivo, se dijo a sí misma, o no estaría en esta habitación. Estaría en otro lugar. En algún lugar frío y final.

Dio un paso tambaleante hacia la cama y quedó inmóvil. Sus piernas, simplemente no la obedecían. Deseaba confirmar que él estaba vivo, pero no podía moverse. No podía emitir sonidos. Todo lo que podía hacer era observar, horrorizada, sin creer lo que veía.

Entonces los ojos de John se abrieron lentamente. Parpadeó ante la luz. Luego parpadeó nuevamente cuando vio a Devon.

Devon sintió que la invadía una ola de alivio. ¡Estaba vivo! Trató de respirar profundamente para mantenerse de pie. No puedo desmayarme, se decía. No puedo mostrarle a John lo atemorizada que estoy. Si lo hago, podría morir. Moriría porque *pensaría* que se estaba muriendo. No debe saber lo terrible que se ve. Debo actuar como si estuviera segura de que él vivirá.

Tomó coraje, Y con un esfuerzo sobrehumano se acercó al sillón de chintz floreado junto a la cama. Trató de no caer en él.

¿Estaba actuando normal? ¿O su rostro reflejaba el terror que sentía?

—¡John! —susurró, incapaz de despojar su voz de la agonía. No hubo respuesta. Los segundos pasaban. Esperaba que él respondiese. ¡Oh, Dios mío! ¡Ni siquiera puede hablar! Él sólo la miraba como si ella fuera un ser imaginario. La última vez que había visto a John, él rebosaba de vitalidad masculina. ¡Este ser destrozado que está en la cama no puede ser el mismo hombre! ¡No puede ser!

Los ojos de John seguían sus movimientos, y ella supo más que nunca que tenía que mantener la compostura, por su bien. Pero de pronto sintió que se helaba a pesar del grueso traje. Temblando de frío, cuando segundos antes había estado transpirando, se obligó a hacer algunas respiraciones profundas y relajantes. Y esos ojos azul profundo la miraban. Tenía que controlarse. Tenía que ser fuerte. Una última respiración profunda. Si pudiera al menos tocarlo, estaba segura que algo de su vitalidad entraría en él.

—¿Puedes hablar? —preguntó con voz áspera.

Después de algunos segundos él respondió con un ronquido:

—Poco.

Los ojos de Devon se llenaron de lágrimas. Pestañeó varias veces y miró hacia el techo, tratando de controlar su desesperación. Otra respiración profunda.

—Debes de estar sufriendo terribles dolores —dijo por fin.

John cerró los ojos y luego los abrió en señal de asentimiento.

—Esos vendajes... —Devon se inclinó y vacilante tocó la sábana que lo cubría—. ¿Por las quemaduras?

—No —dijo él—, huesos.

Era extraño, pero aun esos pocos monosílabos lo hacían más reconocible. El timbre de su voz, aunque estaba ronca, era familiar. No era simplemente una momia en una cama. Era John. ¡Oh, gracias a Dios que estaba vivo!

Los párpados de John se agitaron como si luchara para mantenerse despierto. Luego los cerró, rindiéndose a la fatiga.

Durante largo tiempo, Devon lo observó en silencio. Nunca antes había pensado en la muerte de John. Él parecía invulnerable. Capaz de vencer cualquier adversidad. Y ahora estaba completamente indefenso. Un intenso deseo de tierna protección la invadió. Hubiera querido poder aliviar su dolor, quitarlo de alguna manera. Pero no había nada que pudiera hacer por él. Quería llorar, gemir como una niña ante este pensamiento. Se sentía aterrada y muy sola. John era la única persona que siempre le había parecido inmortal, aunque fuese algo irracional. Ahora debía reunir coraje y ayudarlo en esta circunstancia, sabiendo todo el tiempo que no tenía control sobre el hecho de que él viviese o muriese. Como con Morgan, pensó desesperada.

Y pensar en Morgan hizo que el temor se apoderara de ella, la apresara. Voces irracionales le decían que había fracasado en salvar a Morgan. Que podía fracasar nuevamente.

—¡No! —gritó. Los ojos de John se abrieron, trayendo a Devon al presente. Tomó conciencia de que debía calmarse. Lo estaba alarmando. Le sonrió tratando de animarlo—. Descansa, John —susurró—, es lo mejor para ti. —Él obedeció, y sus párpados se cerraron casi instantáneamente.

Devon observó cuidadosamente a John y vio que su respiración, aunque muy superficial, era al menos regular. Deseaba que su médico viniese y le explicara la naturaleza de las heridas, pero no quería dejar solo a John para ir en busca del médico. Pensó en llamar a la enfermera, pero tuvo temor de que el sonido de las voces perturbase a John. No, esperaría. Calmada y racionalmente. No más pánico. No más pensamientos negativos. Tenía que ser optimista por el bien de John.

Pasaron unos momentos hasta que Devon recordó quitarse los guantes y el sombrero. Permaneció sentada sin moverse con ellos sobre el regazo, sin saber qué hacer con las manos, los nervios revolviéndose en su interior. Sacó un pañuelo de lino del bolso y lo pasó por sus ojos. Bajó las manos y observó a John, estudiando su respiración, buscando cualquier indicio de movimiento. Después de unos momentos, el pañuelo estaba tan retorcido que parecía mojado. Devon vio lo que había hecho con el pañuelo y lo alisó en su regazo.

Tratando de distraerse paseó la mirada por la habitación. Era muy espaciosa, para ser un cuarto de hospital, y estaba decorada con buenas reproducciones de tranquilos paisajes. Había una pila de telegramas en la mesa junto a la cama. Una gran canasta con frutas, sin abrir, descansaba sobre una mesa entre las amplias ventanas. Varias canastas con flores estaban distribuidas por la habitación.

Devon se puso de pie y se acercó hasta uno de los ramos de flores, un vívido arreglo de rosas rojas. Se apoyó sobre la mesa un instante para recuperar el equilibrio. Todo está bien, trató de convencerse a sí misma. Mira, ¿ves cuántas personas piensan en John? Eso es bueno. Eso lo ayudará a ponerse mejor. La actitud mental es tan importante. Estoy segura de que ahora está mucho mejor que antes. Probablemente lo peor ha pasado ya. ¿No son hermosas esas rosas?

Se inclinó para sentir el perfume de las flores, pero abruptamente se enderezó al oír un ruido. Cuando se volvió, vio que la enfermera de la noche, con aspecto de matrona, entraba en la habitación.

—Ah, madame, disculpe, no sabía que monsieur tenía visitas —dijo la mujer en un inglés perfecto, con un encantador acento.

Devon se percató de que era capaz de sonreír débilmente y conversar en tono normal.

—Espero que no haya problema si me quedo...

—Por supuesto, madame. Es maravilloso que finalmente esté usted aquí.

Devon la miró, confundida. No había dicho a nadie que vendría. Leyendo la extraña mirada en el rostro pálido de Devon, la enfermera dijo:

—Usted es madame Alexander, ¿verdad?

Devon se acercó a la enfermera, buscando su rostro.

—¿Aún no conoce a la Sra. Alexander? —Devon se había enterado del accidente de John una semana más tarde de que ocurriese. Seguramente habrían notificado a Bebe inmediatamente.

La enfermera, aturdida, no sabía cómo responder. Tornó a su trabajo e insertó un termómetro en la boca de John. John abrió lentamente los ojos.

—¿Cuáles son exactamente las heridas? —preguntó Devon.

—Enviaré al médico, madame —respondió la enfermera, dispuesta a no decir ni una palabra luego de su error—. ¿Usted es familiar, verdad?

—Bueno... —Devon no estaba segura de cómo responder.

La enfermera continuó:

—El doctor informará del estado de Mr. Alexander sólo a su familia. Pensé por la fotografía que usted era familiar.

—Sí —respondió Devon, más confundida que nunca.

Ante la expresión de la joven mujer, la enfermera movió un ramo de flores en la mesa junto a la cama. Adherida a un pequeño reloj despertador había una fotografía de Devon con el vestido de novia. Estaba desgarrada y había sangre en un extremo. Devon pudo ver que estaba reparada con cinta adhesiva. Su corazón se derritió a la vista de la fotografía. Deseaba poner la cabeza en el hombro de la mujer y llorar hasta quedarse sin lágrimas. ¡John aún llevaba su fotografía!

—Estaba entre sus efectos personales —explicó la enfermera—, y la pidió ni bien pudo hablar.

Devon se ruborizó y se volvió, evitando la mirada curiosa de la enfermera. Sus ojos se encontraron con los de John. Él la miraba, el termómetro le impedía hablar.

La intensidad de su mirada azul la perturbó y miró a la enfermera.

—¿Cuándo podrá venir el médico? —preguntó bruscamente.

—Le pediré que venga ahora mismo, madame. —La enfermera sacó el termómetro de la boca de John, movió la cabeza en señal de aprobación y luego salió del cuarto rápidamente.

—John —Devon se volvió hacia su ex esposo—. ¿Alguien se ha puesto en contacto con... con Bebe? —preguntó Devon, odiando pronunciar el despreciable nombre.

—Ella estuvo aquí —dijo él con esfuerzo.

—Pero la enfermera no parece conocerla.

John apartó sus ojos de Devon y miró la pared amarilla. En ese momento entró el médico.

—Madame. —Inclinó la cabeza, un hombre maduro de mirada recia con anteojos. Extendió la mano para saludar a Devon—. Soy el doctor Durier.

Devon le devolvió el saludo, luego preguntó:

—¿Puede darme detalles sobre las heridas del Sr. Alexander?

Al igual que la enfermera, el médico hablaba inglés. Pronunciaba con acento británico como si hubiese estudiado en Inglaterra.

—Monsieur Alexander se recuperará de sus heridas, pero quedarán cicatrices. Afortunadamente su rostro fue atendido por uno de los mejores cirujanos plásticos de Europa, un colega mío en la clínica. Se verá igual que antes. Tal vez, unas pequeñas cicatrices alrededor de los ojos y la boca, donde recibió cortes profundos. También tiene fractura de ambos brazos por el impacto de objetos que volaron. Y luego está la cuestión de la pierna.

Devon miró la polea que sostenía la pierna vendada.

—Sí, ya veo. Parece que le tomará algún tiempo curarse. —Se volvió hacia el médico.

El doctor Durier parecía incómodo y miró a John. John observó al médico sin pestañear.

Devon miró a John, luego al médico, con expresión preocupada.

—Me temo que no hay forma de hacer esto más fácil... —El médico respiró profundamente—. Fue necesario amputar la otra pierna, la pierna izquierda.

La cabeza de Devon cayó sobre la cama. Su rostro no tenía color. Los labios pálidos se movieron, pero no articuló palabra. Sintió que se ahogaba. Miró a John, pero él contemplaba la pared fijamente. La visión de Devon se tornó borrosa, volvió a ver pequeños puntos negros frente a sus ojos. Tomó al médico del brazo para no desplomarse.

—¡Madame! —El médico la sujetó del codo, convencido de que iba a desmayarse.

Devon no vio los ojos de John cerrarse de dolor. Imágenes de John, saludable y entero, aparecieron en su mente. Era el día de la boda y bailaban graciosamente juntos. Caminaban por el campo aquella primera vez en Evergreen. Montando a Sirocco, galopando, galopando. Esquiando furiosamente, a toda carrera montaña abajo. Nunca volvería a hacer esas cosas.

Luego recordó los heridos de guerra que había visto. Cojeando. Mirando con ojos vacíos. Algunos se volvían locos por la discapacidad, tratando de adaptarse a su minusvalía. Historias de suicidios, de familias destrozadas. Los ojos se le llenaron de lágrimas y éstas corrieron por su rostro.

El médico enderezó torpemente a Devon y la condujo hasta el sillón floreado. La sentó suavemente en él y le sirvió un vaso de agua de la jarra que estaba junto a la cama de John. La observó mientras tomaba unos sorbos. Cuando su rostro adquirió un poco más de color, comenzó a explicar.

—Es serio, señora, pero se recuperará. Será casi el mismo de antes. —Miró a John para ver si escuchaba. El médico lo había tranquilizado del mismo modo, pero no sabía si sus palabras habían hecho algún efecto. Llevaba semanas, incluso meses, saber realmente cómo un paciente se adaptaría a una amputación. Los ojos de John estaban nuevamente abiertos, pero fijos en la pared.

El médico continuó, incómodo por referirse a John como si éste no estuviera presente.

—Podrá hacer muchas de las cosas que le agradan. La gente imagina que es mucho peor... —La frase quedó en el vacío. El médico no hallaba las palabras. La cirugía era su especialidad, la conversación no. Siguió con dificultad. Pudimos salvar gran parte de su pierna. La amputación comienza debajo de la rodilla. —El médico hizo un último intento por amortiguar el golpe—. No será la minusvalía que usted piensa ahora.

Devon contempló a John. Él no la miraba a los ojos, pero ella sabía que estaba profundamente perturbado por sus lágrimas. Siempre había detestado verla llorar. Ella lloraba con poca facilidad y, cuando lo hacía, John sabía que el dolor era profundo.

Devon luchó para recobrar la compostura. No agregaría más a su miseria, decidió. Qué importa, si después de todo él está vivo, se consoló.

Apartó la mirada de John y miró al médico directamente.

—Bueno, doctor —dijo con la voz aún temblorosa—, si usted dice que no quedará muy incapacitado, entonces le creo. —Durante un momento, hizo una pausa, tratando de controlarse. Se volvió nuevamente hacia John. Él la observaba. Le sonrió con ojos llorosos—. Lo importante es que estás vivo. —Su voz era más fuerte y resuelta—. Y que pronto estarás bien.

El doctor Durier rara vez había visto a la gente en esas situaciones recobrar el control con tanta facilidad. Admiraba a la mujer por su fortaleza. Era hermosa y fuerte. Aquello era positivo, ya que ayudaría a acelerar la recuperación de su paciente. Y la otra mujer, la que había venido y se había ido con tanta prisa, parecía importarle poco al enfermo, ahora que la mujer de la fotografía había llegado por fin.

41

Pasó una semana antes de que John pudiera sentarse en la cama y mantener una conversación prolongada. Cuando ese día por fin llegó, relató a Devon lo que había sucedido con Bebe, sin ahorrarse un solo detalle humillante.

—¡Oh!, ella vino enseguida, hasta ahí no hubo problema. Creo que se veía a sí misma como a una hermosa heroína de guerra —dijo John con gesto de desagrado—. Pero supongo que al verme volvió a la realidad.

Devon se sintió incómoda. Le resultaba doloroso escuchar esa historia.

—En fin —continuó John—, aparentemente sabía que yo había sido seriamente herido, pero no conocía la naturaleza de las heridas. Ella y su padre entraron en la habitación cuando yo estaba despierto, de modo que antes de que llegara el médico dije algunas palabras para que comprendieran la situación. Aún estaba consternado por la noticia y por eso no pensé en el impacto que causarían mis palabras en ella.

—Supongo que no reaccionó como esperabas —dijo Devon con gentileza.

—Exactamente —dijo John entornando los ojos Se puso histérica, lo que hizo que la enfermera acudiese de inmediato—. No la que tú conociste, sino la enfermera que está de día.

Mientras aliviaba la memoria, movía la cabeza como alguien que trataba de sacarse de encima una mosca. No podía borrar de su mente el sonido de la voz de Bebe gritando: "¡No, no, no!" repetidas veces. Hanley tuvo que abofetearla para calmar su histeria.

Devon, en el sillón de chintz que se había convertido en su lugar permanente junto a John, se inclinó y puso la mano sobre la de él para reconfortarlo.

—Lo lamento tanto —murmuró.

—Cuando Bebe se calmó, el señor Hanley pidió a la enfermera que se retirara para poder estar a solas conmigo. —Los ojos de John se fijaron en la estampa de un jardín en la pared opuesta a su cama mientras revivía el fin de su segundo matrimonio—. ¿Sabes que hasta el final de la visita no me dijo una sola palabra? Ni una palabra. Y nunca volvió a mirarme. En fin, al día siguiente Hanley regresó solo.

—Eres un héroe, hijo —había dicho Hanley—. Has servido a tu patria. Sé que eso no es un gran consuelo en este momento, pero me siento muy orgulloso de llamarte hijo político.

—Trató de explicarme lo que ocurría con Bebe —continuó John—. Que no tenía madre. Que él había sido un padre demasiado indulgente. Cómo siempre la había apartado de la realidad de la vida. Esta amputación era más de lo que ella podía soportar. No podía digerirlo. Hanley me dijo que ella iniciaría el divorcio cuando llegara a Estados Unidos. Estaba tan terriblemente avergonzado. Dijo que había tratado de hacerla entrar en razón pero... casi me dio lástima el pobre hombre.

—¡Oh, John! —exclamó Devon, comprensiva.

—Bastante ruin, ¿no crees? —dijo John con un suspiro.

—No sé qué decir... —Devon movió la cabeza. John le sonrió sabiamente.

—Que es mejor que me la haya sacado de encima. —Hizo una pausa—. ¿Sabes que jamás la he amado, Devon? —dijo buscando con sus ojos los de ella.

—Me lo pregunté cuando supe que os ibais a casar... —confesó Devon.

John miró cálidamente a su ex esposa.

—¿Y qué hay de ti? ¿Es feliz Su Gracia?

Devon pensó en Roland, y una sonrisa iluminó su rostro. A diferencia de John, ella había sido afortunada. Roland era bondadoso y de espíritu generoso. Era un amante esposo que hacía que Devon, a su vez, lo amase. ¿Estaba ella enamorada de él como lo había estado de John? Su vida en común era de tranquila satisfacción más que de pasión tumultuosa. Pero sí, era feliz.

—Puedo leer la respuesta en tu rostro —dijo John con ternura. Estaba contento por Devon, pero no podía evitar sentirse celoso. Era doloroso verla como la esposa de otro hombre.

Devon no se preocupó cuando su período se atrasó dos días. Eso había sido en El Cairo. Luego, el cambio de temperatura, el viaje, los nervios, todas esas cosas podrían haberlo retrasado aún más. Pero cuando el atraso se extendió hasta mayo, decidió hacerse un análisis. Después de todo, estaba todos los días en la clínica.

—Los resultados no son concluyentes cuando el análisis se hace tan pronto, pero creo que tiene un embarazo de cuatro semanas —le dijo el doctor Huerscht, un ginecólogo suizo oriundo de Zurich. Huerscht, un famoso experto en obstetricia, era un hombre alegre y jocoso, y a Devon le resultaba fácil hablar con él.

—Doctor, deseo desesperadamente a este niño. Y quiero volver a casa para decírselo a mi esposo personalmente. ¿Es peligroso que viaje en esta etapa?

—Bueno... —al doctor Huerscht no parecía agradarle la idea—. Sería mejor si esperara hasta el segundo trimestre. ¿No sería posible que venga él por aquí?

—Me temo que no. Está en la Real Fuerza Aérea, con puesto en El Cairo.

—¡Ah!, claro. —El médico sonrió comprensivamente—. Bueno, creo que es importante que usted se establezca convenientemente para su confinamiento. Tiene treinta y siete años. No demasiado mayor para tener un bebé, por supuesto, pero lo suficiente como para no correr riesgos. Regrese a El Cairo ahora, si ése es el lugar donde piensa que se quedará durante el resto del embarazo. No le aconsejaría que hiciera viajes posteriores.

Unos minutos más tarde, Devon estaba en la habitación de John. Un instinto de propiedad la contuvo de compartir las noticias con él. Después de todo, debía decírselo a su esposo en primer lugar. Además, por alguna razón que no comprendía, sentía incomodidad de contárselo a John. Era como si él aún tuviese derecho sobre ella y admitir el embarazo era admitir que había hecho el amor con otro hombre. Era tonto. John sabía, por supuesto, que ella estaba casada con Roland. Pero un bebé era una prueba muy tangible de la relación, y ella sentía la vulnerabilidad de John ante esa noticia.

John se enderezó en la cama con una sonrisa al ver a Devon.

—¡Hola! —dijo, jovial.

Devon le sonrió y se sentó en la silla junto a la cama. Aún tenía los brazos enyesados, pero le habían

431

quitado los vendajes del rostro. Tendría una cicatriz en el mentón y otra más pequeña sobre el labio, pero Devon estaba convencida de que resaltarían su atractivo masculino.

—John. —Devon vaciló, insegura de su reacción ante la partida—, debo regresar a El Cairo.

El rostro de John se oscureció, pero rápidamente reemplazó la expresión de decepción con una amplia sonrisa.

—Por supuesto, debes de tener un millón de cosas que atender allá. Has sido muy generosa al quedarte tanto tiempo aquí.

—Tienes tantas visitas todo el tiempo —dijo Devon— que probablemente no me echarás de menos.

—Eso no es cierto —dijo John con energía—. Tú eres mi única familia. Al menos hasta que llegue mi madre. —El padre de John había muerto de un ataque cardiaco el año anterior. La madre de John, que había estado visitando amigos en Palm Beach en el momento del accidente, había sido localizada por el gobierno hacía muy poco tiempo y estaba en viaje hacia Ginebra.

El corazón de Devon se conmovió ante sus palabras. Estuvo tentada de quedarse unos días más, pero ya hacía dos semanas que estaba allí. Roland había sido generoso al dejarla viajar, pero no quería sacar ventaja de su naturaleza bondadosa. Y, además, estaba el bebé. Estaba ansiosa por compartir la buena nueva con su esposo. A diferencia de John, Roland había expresado muchas veces su deseo de tener hijos. Su primera esposa no había podido concebir, un hecho que fue descubierto durante los estudios que le diagnosticaron el cáncer.

El único heredero del título y la fortuna de Roland era un sobrino, el hijo de su hermana. Roland quería un hijo propio para que heredara sus propiedades, pero más aún, quería hijos por los hijos mismos. Se sentiría fascinado con la noticia de Devon.

Devon miró al hombre en la cama. El magnetismo que emanaba de él era fuerte. Vulnerable, incapacitado, necesitado, heroico y más apuesto que nunca, ella se sentía indiscutiblemente atraída por él, como siempre. Hasta podía admitir que aún estaba enamorada de él de muchas formas. Pero él no era el padre de su hijo.

—John, no me necesitas más. Estarás bien. El médico dice que podrás hacer todo lo que hacías antes. Incluso sin la... —se interrumpió, pues no sabía si John deseaba que le recordasen la amputación.

—Pierna no es una mala palabra, Devon —la tranquilizó John—. No puedo evitar el hecho de haberla perdido, pero no voy a rendirme. Voy a intentar hacer todo lo que me gustaba hacer. La falta de una pierna no significa el fin de la vida. Por suerte, podré continuar con mi trabajo. Puedo seguir haciendo de todo, excepto tal vez esquí. Quizá me esté engañando —continuó—, pero no creo que todas las mujeres me encuentren tan repugnante como me encontró Bebe, simplemente porque me falta parte de la pierna.

Devon se alegró de percibir una genuina confianza en su voz. No, seguramente las mujeres no lo encontrarían repugnante; eso ella lo sabía perfectamente bien.

42

❧

—Devon, me has dado el regalo más importante de mi vida —dijo Roland, tomando a su esposa tiernamente entre sus brazos. Pestañeó rápidamente para reprimir las lágrimas de alegría. ¡Iban a tener un hijo! Nunca había sido más feliz en toda su vida.

Devon abrazó a su esposo con todas sus fuerzas; involuntariamente, comparaba su reacción con la de John, aquel lejano día en París. ¡Qué maravilloso que su hijo fuera bienvenido al mundo con verdadera alegría!

—¿Te importa mucho si es varón o niña? —preguntó Devon con ansiedad.

—¡En absoluto! —Roland la levantó en sus brazos y la colocó en el mullido sillón floreado que hacía juego con los cortinajes de la alcoba. Era una habitación alegre, típicamente inglesa. Devon la había decorado como una sorpresa para Roland, basándose en fotografías del jardín de invierno de su casa de campo. Esa habitación soleada había sido la favorita de Roland, con paredes verde inglés, marcos blancos y muebles pintados con motivos floreados en amarillo, rosado y verde. El abundante sol egipcio se derramaba por las ventanas y convertía a la habitación en una explosión de colores alegres, perfectamente en armonía con los sentimientos de ese momento.

Roland rodeó a Devon con sus brazos. ¡Cómo la amaba! Nunca había imaginado que se podía ser tan feliz. Se alejó y la miró, bebiendo en la luminosidad del rostro de Devon por un momento. Luego preguntó:

—¿Cuándo tendremos a nuestro hijo?

Qué forma maravillosa de decirlo, pensó Devon. En voz alta, dijo:

—A finales de diciembre, creo. —Como Morgan, pensó con dolor.

—Navidad —dijo Roland en tono soñador, olvidando, en su felicidad, las tristes memorias que Devon asociaba con esa época del año—, ¡qué maravilloso!

Devon miró el rostro de su esposo y toda su tristeza se disipó. Nunca se había sentido tan valorada, tan unida a otra persona. El bebé era un aspecto nuevo y hermoso de su amor por Roland. Agregaba dimensiones infinitas a sus sentimientos por él.

—Me gustaría que tuvieses el bebé en casa —dijo Roland. Devon sabía que él quería decir en Abersham. Ella también hubiera querido tener al bebé en la casa ancestral de Roland. O en Willowbrook, cerca de su madre. Pero sabía que era mejor para el bebé si ella permanecía en El Cairo hasta que naciera. Le habló a Roland acerca del consejo del Dr. Huerscht.

—Entonces, deberemos permanecer aquí de cualquier modo —dijo firmemente—. Veré si puedo arreglarlo todo para permanecer aquí hasta que nazca el bebé.

—¿Qué quieres decir? —preguntó Devon, súbitamente perturbada.

—Querida —le dijo, Rolando con ternura—, no es un secreto que nuestro trabajo aquí está casi terminado. Nos necesitan en el escenario europeo.

—¡Pero no pueden trasladarte ahora! —gritó Devon.

—Sí pueden hacerlo. ¿Sabes cuántos hombres están separados de sus seres queridos? Puedo pedir prolongación de permanencia aquí, pero puede ser que me tenga que ir de todos modos.

Devon se liberó de los brazos de Roland y se puso de pie. Por supuesto, él tenía razón. Ella no podía ser egoísta. Al mismo tiempo, la idea de estar separada de su esposo cuando naciera el bebé le rompía el corazón.

Volviéndose hacia Roland, se enderezó y puso una sonrisa de valor en sus labios.

—Comprendo que, tal vez, debas irte —dijo con tranquilidad. Luego, se sentó en el sillón y tomó sus manos, agregando una súplica que no era para nada estoica—: ¡Pero, por favor, por favor, trata de quedarte!

Roland dejó la casa un poco más temprano al día siguiente. En el camino hacia el cuartel, hizo un alto en la oficina Thomas Cook para enviar un telegrama a su abogado en Londres. Una vez que lo hubo enviado, se preparó para enfrentarse a su comandante con la solicitud de permanecer en El Cairo durante los siguientes nueve meses.

Las noticias, sin embargo, no eran buenas.

—Estará aquí durante unos meses más, por supuesto, pero todo hombre valioso es necesario en Europa. Me temo que se tendrá que ir para el momento en que será más importante para su esposa que usted esté aquí —dijo el hombre mayor, con pena—. Lo que podemos hacer es arreglar algún tipo de licencia para usted en esas fechas. Sin embargo, no puedo darle garantías, amigo. —Miró a Roland con pesar, comprendiendo el deseo del duque de estar junto a su esposa para el nacimiento de su primer hijo.

Roland, siempre correcto, no reveló su desazón.

—Gracias, señor —dijo—, es todo lo que puedo pedir.

43

❦

Devon, de pie en el balcón, vio partir al jeep y lo siguió con la mirada hasta que se perdió. Había reprimido valerosamente las lágrimas en presencia de Roland, ya era demasiado difícil para él dejarla, pero ahora, caían abundantes sobre sus mejillas.

Debería estar agradecida por que le hubieran permitido quedarse tanto tiempo, se dijo. El niño nacería dentro de dos meses. Luego, ella, como Roland, irían a Inglaterra con el niño. Sabía que era mejor permanecer en El Cairo hasta entonces. Inglaterra era fría y húmeda en octubre; El Cairo, soleado y cálido. Su obstetra era un médico suizo de gran experiencia que le había recomendado el Dr. Huerscht, en tanto que en Inglaterra los mejores médicos estaban atendiendo a los heridos de guerra. Aquí seguía teniendo a su hermana. En Inglaterra, no tenía a nadie. E incluso la campiña inglesa estaba siendo bombardeada, mientras que El Cairo estaba ahora a salvo de la amenaza alemana. Sin embargo, Devon deseaba desesperadamente no estar tan lejos de Roland.

Se recostó boca abajo en el sillón floreado y sollozó por unos momentos. Luego, lentamente se tranquilizó. Se sentó nuevamente y miró el almohadón cubierto de lágrimas, avergonzada por su pena. Después de todo, se dijo, su situación no era peor que la de miles de mujeres.

Devon se levantó y llamó a Alice, que llegó momentos más tarde con una bandeja de plata con varias cartas e invitaciones.

Alice daba vueltas por el cuarto mientras Devon hojeaba el correo.

—No ha tomado el desayuno —dijo con ternura a Devon, retirando las cosas de la mesita redonda del balcón. Devon y Roland casi siempre desayunaban al sol cálido de la mañana.

—No... —dijo Devon distraídamente.

Alice la miró, preocupada. Sabía que Devon estaba angustiada por la partida de Roland. Pero las siguientes palabras de Devon tranquilizaron a Alice debido a su normalidad.

—Grace me ha invitado a un almuerzo que da para Cecile de la Montaigne. Sabes, se casa con lord Penderbrook. Creo que llevaré el vestido de seda lavanda.

Alice fue al cuarto de vestir de Devon y localizó el vestido. Revisó el bajo y los puños para asegurarse de que no hubiese hilos sueltos.

—Creo que la falda necesita un planchado —murmuró, colocándose el vestido en el brazo y dirigiéndose hacia el timbre. Unos momentos más tarde, entró una joven sirvienta árabe.

Alice le dio la falda, explicó lo que había que hacer y la despidió.

Devon la miró divertida.

—No sabía que habías aprendido árabe —dijo riendo.

—Es una buena práctica directiva hacer un esfuerzo como ése —dijo Alice, con tono ejecutivo.

—Supongo que tienes razón —dijo Devon, respetando a Alice por su perspectiva. Alice tenía alrededor de sesenta años, pero su energía no había disminuido en absoluto. Los sirvientes de la casa la respetaban y ella, a su vez, los trataba con generosidad y respeto.

Era un estilo muy parecido al que Devon usaba con los mozos de la caballeriza de Willowbrook. Una ola de nostalgia la invadió. Nunca había pensado ausentarse por tanto tiempo. Sabía que Willy era un hábil capataz, pero igualmente deseaba volver a ver la finca. Iría después de nacer el bebé, se prometió a sí misma. Y cuando Roland regresara de la guerra, todos tendrían que pasar varios meses al año en Willowbrook. Sabía que Roland deseaba vivir en Inglaterra, pero él le había dicho que le encantaría pasar un tiempo considerable en la campiña de Virginia, que se parecía tanto a Abersham. Recordó brevemente cómo se aburría John en Willowbrook. Roland estaba más preparado para la vida allí, pensó Devon con felicidad.

Súbitamente, tuvo una visión de ambos dentro de muchos años. Roland estaría canoso, su propio cabello sería blanco. Aún estarían activos, cabalgarían por los bosques, trabajarían en el jardín. Tendrían nietos para entonces. Muchos, esperaba Devon. Quizás ella y Roland pudieran tener otro hijo el año próximo.

Se preguntaba si Laurel y Chase habrían recibido la carta, enviada por Grace por correo diplomático, anunciando la noticia de su embarazo. Devon había esperado hasta el quinto mes para darles esa información, para que no se desilusionaran en caso de que ella perdiera al bebé. Devon echaba de menos a sus padres. Deseaba que Laurel estuviese a su lado cuando naciera el niño.

Luego, sacudió la cabeza para ahuyentar la nostalgia. Se obligó a pensar en otras cosas. Deliberadamente, enfocó sus pensamientos en la hermana de Roland. Devon se preguntaba cómo sería. Esperaba que fuese como Roland, amable, ingeniosa y de buen carácter. Roland no mencionaba mucho a Regina; sin embargo, cuando lo hacía, era con reticencia.

En fin, se dijo a sí misma Devon, lo importante es que Roland y yo nos tenemos el uno al otro.

44

❧❦❧

Devon estaba feliz de que Roland hubiera podido llegar a El Cairo al día siguiente del nacimiento de su hija. Como Morgan, la niña nació cerca de las Navidades, pero, en el caso de esta niña, la fecha de nacimiento fue después de Navidad. Su fecha de nacimiento era el 2 de enero de 1944.

—¿Estás desilusionado porque no es un niño? —preguntó Devon, conociendo la respuesta. Ya estaba sentada en el sillón junto a la cama, vestida con el espléndido caftán rojo que había comprado en el bazar. Era a la vez modesto y festivo, perfectamente apropiado para recibir visitas después del nacimiento de su hija.

—Imposible —rió Roland—. Mi única pena es que ella no podrá heredar Abersham. —La ley inglesa de primogenitura impedía, a menudo, que las mujeres heredaran antiguas propiedades. Un pariente masculino, no importaba lo lejano que fuera, tenía prioridad sobre una descendiente femenina directa.

—No importa —dijo Devon—, tendrá Willow-brook y —agregó— espero realmente que tengamos otro hijo. ¿Un niño, quizá?

—Eso sería grandioso, pero no importa si no es así. —Roland se sentó en una banqueta a los pies del sillón. Desde este lugar, podía permanecer lo más cerca posible de su esposa e hija—. Querida, quiero pedirte que le pongamos un nombre algo exótico —dijo, mirando a Devon con cierta aprensión.

—¿Exótico? —Devon miró a Roland y continuó alimentando a su hija.

—¿Qué pensarías del nombre Francesca? —preguntó.

—Bueno... —Devon reflexionó un momento—. No es muy británico, por cierto.

—Ése es el punto. Pensé en nombres como Penélope o Rowena, pero me parecieron... no muy vivaces, supongo.

Devon rió.

—Coincido contigo.

—Luego, están los nombres cortos, como Anne o Mary. Son aún más aburridos.

—No puedo discutir eso, pero ¿cómo llegaste a Francesca? No será el nombre de una antigua novia, ¿verdad? —preguntó, con sospecha fingida.

—¡Qué idea! —exclamó Roland riendo—. Bueno, supongo que es ridículo y totalmente alejado de la tradición, pero una vez leí una novela y la heroína se llamaba Francesca. Se quedó grabado en mi mente.

—¿Cuánto tiempo hace que leíste ese libro?

—Hace años. En la escuela.

—¿Y has estado pensando en llamar así a tu hija todos estos años?

—Bueno, una vez consideré ponerle ese nombre a una hermosa perra de caza, pero luego decidí no desperdiciarlo.

—Gracias a Dios, porque no me agradaría que mi hija llevara el nombre de una hermosa perra de caza.

—¡Precisamente! —dijo Roland, levantando el brazo con la mano extendida y el índice apuntando hacia el techo.

Devon sonrió ante la pose, luego dijo:

—Supongo que, ya que ninguno de tus animales lleva ese nombre...

Roland se puso de pie de un salto.

—¡Estupendo! ¡Entonces estás de acuerdo!

—Creo que es un nombre hermoso y estoy de acuerdo —dijo Devon, divertida por la sonrisa infantil de su esposo.

—Francesca Somerset-Smith, te he estado esperando durante mucho tiempo —dijo Roland, tomando a su hija tiernamente en sus brazos—, e intentaré hacer que seas tan feliz como tú me has hecho.

Fue un momento que Devon atesoraría en el corazón por el resto de su vida.

45

❧

Un terrible sentimiento de mal presagio se apoderó de Devon cuando, el 31 de marzo de 1944, supo que el Comando de Bombarderos Británico había enviado 795 aviones a bombardear Nuremberg, Alemania, y 94 de ellos se habían perdido.

Sabía que Roland, que actuaba como escolta de los bombarderos, había seguramente participado en la misión.

Durante dos días no pudo probar bocado. Los círculos bajo sus ojos eran tan oscuros que parecían hematomas. Su clara piel se llenó de pequeñas erupciones, algo que jamás le había ocurrido.

Luego, dos días más tarde, euforia. Recibió un telegrama de Roland asegurándole que se encontraba bien. Lo bendijo por haberse comunicado con ella.

Por alguna razón, después de esos dos días infernales, sintió que lo peor había pasado ya, y ciertamente, había algo de verdad en ello. Los aliados estaban ganando superioridad aérea sobre Alemania.

Finalmente, llegó el día, en abril, en que Roland consideró que podría llevar a su esposa e hija a Inglaterra sin temor a que una bomba alemana las matase. Estaba seguro de que el poderío aéreo de Hitler sería aniquilado pronto. Y, además, los alemanes estaban tan ocupados defendiendo sus propias ciudades que los ataques contra Londres habían disminuido considerablemente.

Aunque Roland no escribió estas cosas a Devon, por razones de seguridad, sabía que ella entendería el significado de la noticia de que, finalmente, podía ir a Abersham. Su casa de Londres, en Belgravia, estaba descartada hasta que terminase la guerra.

Devon se sintió inmensamente feliz cuando recibió la carta de Roland.

—Grace —telefoneó inmediatamente a su hermana—, ¡Francesca y yo nos vamos a Inglaterra!

La idea de volver a ver a su esposo, de estar en su casa rodeada de sus efectos personales era algo demasiado maravilloso. Se sentiría más cerca de él, aún cuando él estuviese lejos, si vivía en la casa en la que él había crecido.

Roland había organizado que ella viajara en un avión militar hasta un pequeño aeropuerto cerca de su casa, para evitar Londres. Sería un largo viaje, con muchos cambios de avión, pero era la única manera de eludir áreas que Roland pensaba que no estaban totalmente a salvo de los alemanes. No sólo sería un largo viaje, sino que, además, Devon debía aguardar hasta que hubiese lugares disponibles en un avión para ella, Francesca y Alice. Tenían prioridad los militares activos y, en segundo lugar, los soldados que regresaban a sus hogares.

Entonces aguardó, esperando cada día que hubiese una llamada telefónica o una visita de alguien de la RAF, para decirle que había llegado el momento de partir. Había empaquetado sus valijas. Estaba preparada para viajar en cuanto se lo notificaran. Cada mañana se vestía y vestía a Francesca para el viaje. Cada mañana, Alice empaquetaba un bolso de cuero con pañales y otras cosas necesarias para el viaje. Y, al fin de cada día, Devon se sentía desilusionada de que no hubiese lugar para ellas.

Una vez, sólo una vez, telefoneó a los cuarteles generales británicos para averiguar si había espacio para el pequeño grupo. Le dijeron que no con exquisita cortesía.

—Sé que la espera es tediosa, Su Gracia, y lo lamentamos, pero tenemos mucho personal que está siendo trasladado a Europa en este momento. Espero que pronto encontremos un lugar para usted.

—Por supuesto —dijo Devon, avergonzada por ser tan impaciente acerca de un asunto personal cuando los militares necesitaban desesperadamente el espacio—. No los volveré a molestar.

—No es ninguna molestia, Su Gracia. Por favor, no deje de llamar para saber si hay noticias, pero esté segura de que nosotros no la hemos olvidado.

Devon se despertó por el grito del vendedor callejero frente a su casa. Él venía cada mañana trayendo frutas y vegetales frescos. Frutas exóticas y sabrosas que sabían más dulces que el postre más exquisito. Devon tenía la costumbre de saborear un mango cada mañana con el desayuno, pues sabía que era imposible conseguirlas en Inglaterra.

Había muchas cosas de El Cairo que iba a echar de menos, pensó, mientras se estiraba en las finas sábanas de algodón egipcio. Disfrutaba de esa prematura nostalgia por El Cairo porque significaba que pronto se reuniría con Roland. Estaba aprovechando las atracciones de El Cairo más que nunca, ya que cada ocasión podría ser la última en la animada ciudad. Y, paradójicamente, aquello la llenaba de una alegre anticipación de lo que sería un nuevo capítulo de su vida.

Como ya era habitual en las pasadas tres semanas, se levantó para encontrar un vestido de viaje de lana preparado para ella. La primavera había comenzado oficialmente en Inglaterra el mes anterior, pero Devon sabía que el clima allí sería, frío y húmedo.

Pidió el desayuno, luego se sentó en el sillón floreado para esperar la llamada diaria de su hermana. Grace y Devon, más unidas que nunca, hablaban por teléfono cada mañana, aproximadamente a las nueve, para organizar si se verían más tarde ese día.

Alice entró en la habitación con una bandeja en la que traía café humeante, mediaslunas, mermelada de moras y, por supuesto, un mango.

—¿Crees que hoy será el día? —preguntó Devon, con el rostro iluminado por la idea.

—Si no nos vamos pronto, la guerra terminará antes de que lleguemos allí —bromeó Alice.

—¡Eso sería maravilloso! —suspiró Devon.

Alice sonrió y se dirigió hacia el cuarto de baño para preparar el baño de Devon. Devon, deleitándose en la soleada y ociosa mañana, tomó el desayuno somnolienta y leyó el Washington Post de dos semanas atrás que Grace le había enviado.

Cuando terminó, se bañó y se vistió. Tuvo que desempaquetar la bolsa de cosméticos para maquillarse y volverla a empaquetar por si la llamaban del aeropuerto.

Cuando se dirigía hacia el cuarto de Francesca, un distinguido árabe se acercó a ella en el fresco pasillo de mármol y le dijo en un perfecto inglés:

—Su Gracia, hay un oficial británico que desea verla.

El rostro de Devon se iluminó de alegría.

—¡Ha llegado el momento! —exclamó en voz alta—. ¿Dónde está él?

—En el vestíbulo, Su Gracia.

—Hágalo pasar al jardín de invierno, por favor —dijo Devon sin aliento—. ¡Oh! No importa, lo haré yo misma —dijo, y se alejó del sirviente casi corriendo en su impaciencia.

Mientras bajaba por las escaleras al encuentro del visitante, se sorprendió de ver que llevaba una insignia de coronel. Había esperado que la escoltara un oficial de menor rango. Cuando el hombre se volvió, reconoció en él a un amigo de Roland.

La sonrisa en el rostro de Devon era como un resplandeciente ramo de rosas.

—¡Estoy lista, Harry! —exclamó con felicidad, mientras descendía por la escalera—. Sólo necesito decirle a Alice que prepare a Francesca y nos pondremos en camino.

El canoso coronel la miró con asombro, pero no dijo nada. Luego, recobrando la compostura, se acercó a Devon con la mano extendida.

—Me alegro de verte, Devon —dijo con gesto serio. Harry siempre estaba serio, pensó Devon con una risa interior. Un hombre dulce, generoso y muy inteligente, pero tan serio, reflexionó, mientras parloteaba sobre cosas sin importancia.

—¡Es maravilloso verte! Ven al jardín de invierno. Ordenaré que te sirvan un té mientras bajan nuestro equipaje.

Devon se apresuró por el pasillo, el coronel tras ella, hasta que llegaron a una soleada habitación llena de plantas tropicales. La habitación era de vidrio, con una gran puerta que se abría a un patio según la tradición de Medio Oriente.

—Bueno, ¿cuál es nuestro horario? ¿Cuándo partimos? —preguntó Devon, una vez sentada.

El coronel respiró profundamente. No estaba sonriente. Con gravedad, comenzó:

—Devon... me... me temo que debo decirte algo bastante difícil... —dijo y se interrumpió. Hubo un momento de denso silencio. Un momento durante el cual Devon súbitamente comprendió. Harry vio cómo su rostro se transformaba de felicidad en horror; luego fue como si una máscara se dibujara en su semblante, una máscara impenetrable que no se asemejaba en nada a la agradable mujer que él conocía. El color rosado de sus mejillas se volvió blanco tiza. Los ojos relucientes, opacos de consternación.

Harry observó impotente cómo Devon se desplomaba en su sillón. Parecía estar sufriendo un agudo dolor físico. Luchaba en vano por encontrar palabras. Él tuvo que explicarle lo que había ocurrido. Cómo el avión de Roland había sido derribado por fuego enemigo en Alemania. Pero la expresión de Devon hizo que se detuviese. Parecía al borde de un colapso. Y la mirada en sus ojos estaba tan llena de agonía que no se atrevió a decir una sola palabra.

—¡No digas nada! —ordenó duramente, mirando hacia abajo. Sentía como si le arrancaran el corazón del pecho. Debía evitar que él dijese las palabras a cualquier precio. Si él no lo decía, entonces no sería real. No, todavía no. No hasta que ella fuese capaz de soportarlo. Sabía que gritaría si él decía alguna obviedad, se desplomaría y nunca dejaría de llorar si él le demostraba compasión. Se caería en pedazos. Todo lo que había que decir podía leerlo en sus ojos. En su expresión conmovida. Roland no era un prisionero, no estaba herido, no estaba desaparecido en acción. Estaba muerto. No cabían dudas, no estaban buscando su cadáver, no había ninguna esperanza. Estaba simplemente muerto. Era así de terminante.

No tengo capacidad para más dolor, pensó. No puedo soportar una sola cosa más. Esto no. ¡Dios mío! ¡Esto no!

Devon comenzó muy metódicamente a desgarrarse la uña del dedo índice. Trabajaba en ello con una concentración que el propio coronel encontró que era difícil observar. Finalmente, la uña colgaba de un hilo. Devon desgarró el hilo hasta que la uña se cortó. Pero la había cortado demasiado y comenzó a sangrar sobre el vestido de lana blanco con el que debía viajar.

—¡Oh!, mira lo que has hecho —dijo, observando cómo la sangre caía en la delicada tela—, mira lo que estás haciendo...

Harry se sentó en una otomana a sus pies y la tomó de las manos.

—Devon, yo...

—No—. Su voz era áspera, completamente diferente del agradable tono de contralto que él conocía—. No me digas que murió valientemente. No me digas que es un héroe. Eso ya lo sé —insistió con fiereza.

Harry la obedeció, asintiendo con la cabeza en reconocimiento de la verdad de sus palabras. Era, por supuesto, como ella había imaginado.

Fue como si pasaran horas antes de que alguno de los dos hablara, aunque sólo fueron unos momentos. Finalmente, Harry tuvo que continuar.

—Somos afortunados por haber podido recuperar el... él tendrá un funeral decente. Pero tienes que ir a Abersham. Hacia allí tienes que viajar ahora.

Devon miró al coronel.

—¿Ahora? —exclamó, profundamente amargada por la ironía—. Después de tanta espera, ¿sólo podré ver a mi esposo ahora?

Harry inclinó la cabeza. Vio que la sangre de la herida de Devon había manchado su camisa.

—Lo siento... lo siento tanto —dijo, sacudiendo la cabeza.

No soportaba la idea de levantar la cabeza y encontrar sus ojos; entonces continuó mirando la mancha de sangre en su camisa. Y cuando las lágrimas se sumaron a la sangre, aún continuó mirando.

—Debes... debes partir —murmuró por fin—, esta tarde.

Devon retiró sus manos de las de él y hundió la cabeza en ellas. La sangre se estaba secando ahora, pero le manchó un poco el rostro. Parecía un ser herido, pensó Harry. Y lo era.

—Finalmente, ha llegado el día en que yo vaya a Inglaterra —dijo con amargura.

—Devon —preguntó Harry, mirándola asombrado—, ¿no quieres saber más? Sobre cómo...

—Después, Harry —dijo con cansancio—, cuando tenga fuerzas. No puedo soportarlo ahora.

Harry se puso de pie y se colocó torpemente la capa.

—Tu fuerza volverá, Devon —respondió. Sabía que eso ocurriría. La profesión militar le había enseñado a distinguir a los fuertes de los débiles.

Su instinto fue confirmado por el siguiente gesto de Devon. Se puso de pie, insegura, y comenzó lentamente a caminar fuera de la habitación; luego, recordando súbitamente que él estaba allí y que era un visitante en su casa, se enderezó, se volvió hacia él y dijo:

—Gracias por haber venido a darme tú mismo la noticia.

El coronel la miró con el rostro transido de dolor.

—Volveré por ti a las tres, entonces —dijo amablemente.

—Estaré lista —dijo Devon estoicamente, como un soldado enfrentando la batalla; asustada, pero aún más asustada de admitirlo.

46

Devon llegó a Abersham con el tiempo justo para prepararse para el funeral, al día siguiente. Sabía que no tenía derecho a la propiedad; buscó una posada cercana para alojarse en caso de que la familia de Roland no la invitara a quedarse en Abersham. La decisión fue conocida porque, cuando telefoneó a la casa, una sirvienta le dijo que la hermana de Roland no podía atenderla. Devon, educadamente, dejó un mensaje, pero se sintió aliviada cuando la llamada no fue contestada. No podría soportar que le presentaran a la familia de Roland la víspera de su entierro.

Aunque aislada en su dolor, no dejó de advertir la frialdad que mostraron hacia ella los amigos y la familia de Roland. De hecho, fuera de un saludo formal, la hermana de Roland no le prestó ninguna atención. El cuñado de Roland, también el suyo, supuso, formuló una tibia invitación para que se reuniera con ellos en Abersham después del funeral. Devon percibió que no era bienvenida en la reunión y, sin fuerzas para enfrentarse con un conjunto de extraños indiferentes, fue directamente del cementerio a la estación de tren. De allí viajó a Londres, donde los herederos de Roland estaban citados para la lectura del testamento la tarde siguiente.

El rostro hostil de la hermana de Roland, Regina, fue lo primero que Devon vio al entrar en el estudio del abogado, al día siguiente. La cuñada de Devon, alta, de pelo oscuro y esbelta, como Roland, tenía la expresión de una persona que siempre conseguía lo que se proponía.

Sentado junto a Regina, había un joven de aspecto inseguro y rostro curiosamente desdibujado. Era el sobrino de Roland, Percy, el nuevo duque de Abersham. Devon sabía que Percy tenía veinticinco años, pero su rostro aún tenía la redondez de un adolescente. Una sombra de bigote sobre el labio superior era claramente un intento poco eficaz de parecer mayor. Devon tuvo la impresión de que el resto de la familia se refería a Percy como el pobre Percy.

Mientras entraba en la habitación con el abogado de Roland a sus espaldas, Devon vio que una tercera persona ocupaba un sillón estilo Regencia en una esquina de la habitación: el esposo de Regina, la única persona que se había tomado la molestia de demostrarle cierta cortesía en el funeral. El hombre, una versión avejentada de Percy, tenía una expresión resignada y descomprometida.

Regina era bastante atractiva físicamente. Aunque de cuarenta y ocho años, su piel apenas si tenía arrugas. Las pocas que tenía las disimulaba con un arsenal de costosos productos. Sus privilegios —buena apariencia, riqueza y cuna— no eran para ella dones providenciales. Más bien, consideraba que los merecía. Las pequeñas preocupaciones de la vida cotidiana eran para ella desafíos a su fortaleza. Manifestaba su fuerza discutiendo y dando órdenes de modo que, finalmente, la mayoría de sus relaciones finalizaban ya sea en agrios enfrentamientos o alejamientos emocionales. Su esposo e hijo habían optado por el segundo camino. Roland por ninguno.

A pesar de los defectos de Regina, Roland la había querido verdaderamente, y ella a él. Luego, después de la muerte de sus padres, sin embargo, ella se había sentido en la obligación de dirigir la vida de su hermano menor. Él siempre le daba la razón sobre sus consejos; luego, los ignoraba alegremente. Pero el encanto de Roland era tan grande y el amor que sentía por su hermana tan sincero que parecía que ella podía perdonarle todo.

La nueva esposa de Roland era algo totalmente diferente. Esta arribista, esta divorciada, esta rica norteamericana era una clase de mujer bien conocida, y despreciada en la sociedad británica. No podía engañar a Regina con su traje gris pizarra de corte perfecto, absolutamente apropiado. Podía parecer una mujer de clase en todos los detalles, pero no era más que otra norteamericana oportunista, como aquella mujer Simpson que profanó la corona de Inglaterra. Regina estaba armada para la batalla.

El abogado de Roland miró a una de las mujeres y luego a la otra y sintió lástima por la viuda. Oswald Lyttleton, un servidor de los ricos, algo cínico, y que se había enriquecido por sí mismo, no era propenso al sentimentalismo, pero se apenó por lo que le esperaba a la bella norteamericana.

Tomó a la joven mujer del brazo y caminó con ella a través de la antigua alfombra persa hasta que estuvieron frente a Regina.

—Su Gracia —comenzó, dirigiéndose a Devon, la mujer de más alto rango, en primer lugar—, creo que ya conoce a...

—Por favor... —lo interrumpió Devon. Volviéndose hacia Regina, extendió la mano y dijo—: Me temo que ayer no tuvimos oportunidad de hablar. ¿Cómo está usted?

Regina miró la mano por un momento. Todos en la habitación contuvieron la respiración, temerosos de que cometiera una imperdonable grosería, pero su educación, finalmente, la forzó a tomar la mano de Devon. Lo hizo con la actitud de una persona obligada a tomar un pañal sucio.

Lord Lewiston se puso de pie y, desafiando una mirada de su esposa, saludó cordialmente a su cuñada. Percy se ruborizó y tartamudeó un breve:

—¿Cómo está usted? —lanzó a su madre una mirada de preocupación y, rápidamente, se sentó en su silla.

Lyttleton se escabulló detrás de su escritorio; como si estuviera ansioso por poner una barrera entre él y los demás, inclinó la cabeza canosa y aclaró la voz.

—¿Podemos comenzar? Permítanme primero sintetizar la cuestión para ustedes aclarando que un descendiente masculino, si existe, tiene derecho a Abersham. En este caso, Percy Lewiston. —El abogado estudió la reacción de Devon, pero esto era aparentemente lo que ella esperaba, ya que sólo asintió con la cabeza.

—Los ingresos y rentas asociados a la propiedad también serán asignados a Percy Lewiston, así como una suma adicional de quince millones de libras, que estarán en custodia para el mantenimiento de Abersham. —Lyttleton hizo una pausa y observó la habitación una vez más. Lord Lewiston miraba al techo, aparentemente abstraído de los procedimientos. Percy miraba hacia abajo. Las dos mujeres, sin embargo, observaban atentamente al abogado, esperando que continuara.

—Sin embargo... —Lyttleton se movió incómodo en la silla Y miró a Devon otra vez. Temía tener que mirar a Regina. Podía sentir cómo se crispó ante las palabras. Lyttleton fijó los ojos en el documento y ajustó sus gafas—. Hay ciertos fondos, independientes de la propiedad, que Su Gracia tuvo la opinión de distribuir a su voluntad. —Apresurado, Lyttleton leyó—: Dejo el resto de mi fortuna personal a mi amada esposa, Devon, con la condición de que cinco millones de libras de esa suma sean mantenidas en custodia para mi hija, Francesca, hasta que cumpla veintiún años. La administradora de esos fondos será mi esposa, Devon. No dejo más instrucciones sobre la administración de los fondos, porque tengo plena y absoluta confianza en el juicio financiero y personal de mi esposa.

—¡El resto de su fortuna personal! —gritó Regina.

—En este momento, alrededor de nueve millones de libras —anunció el ahogado.

—¡Es indignante! ¿Por qué esta... esta... *persona* obtendrá una suma como ésa después de haber estado casada con él sólo un año?

Por primera vez, lord Lewiston intervino.

—Porque, Regina, es la voluntad de Roland.

Regina se dio la vuelta en la silla para enfrentarse a su esposo.

—Esto no tiene nada que ver contigo —dijo en un siseo.

Lord Lewiston se inclinó hacia adelante y abrió la boca para responder; luego, aparentemente, lo pensó mejor y la cerró.

—Eh,... no es exactamente así, lady Lewiston —intervino Oswald Lyttleton—. Hay un pequeño legado para lord Lewiston—. Lyttleton tosió y continuó leyendo—. A mi cuñado, sir Archibald Lewiston, le dejo mi yate Wicked Ways, con la esperanza de que pueda disfrutar algunos interludios de placer y soledad, tan necesarios para la salud mental.

—¡Ah, disculpe! —dijo Regina, tomando esto como una púa dirigida hacia ella. De pronto, pensó en

Roland, en cómo solía embromarla, hacerla reír y rompió en amargas lágrimas. La única persona a la que había realmente amado y respetado se había ido. ¡Qué alegre había sido, qué divertido! Él también la había querido, como jamás nadie la había querido. Ciertamente, no su marido o su hijo. No, esos dos débiles especímenes eran más asustadizos que afectuosos, pensó, culpando a las víctimas de su propio comportamiento.

—Y a mi querida hermana Regina, le dejo la casa de Belgravia, que compartimos durante nuestra niñez cuando era la casa de nuestros padres. Además, dejo a Regina todas las joyas de Abersham, con excepción del anillo, el collar y el brazalete de diamantes y zafiros, que ofrecí como obsequio a mi esposa, y que intento conserve hasta su muerte, cuando desearía que le fueran dados a nuestra hija, Francesca.

—¡Pero ésas son posesiones de la familia que no tienen precio! —gritó Regina. Levantando la cabeza de golpe y apartando el pañuelo de encaje de Bruselas, vio que Devon la observaba tranquila. La compostura de la joven mujer le pareció insultante. La norteamericana, ciertamente, no había amado a Roland tanto como ella. No merecía su fortuna. ¡Y menos que nada esas joyas!

—Usted —dijo violentamente—, usted sacó provecho de un héroe. Usted sabía que él iba a la guerra, que probablemente moriría. Vio una oportunidad para hacerse rica. ¡Pero voy a impugnar este testamento!

—¡Regina! —sir Archie saltó de su silla y caminó hacia su esposa—. ¡Has llegado demasiado lejos! No toleraré esto. —Se inclinó y la tomó del brazo, casi forzándola a ponerse de pie—. Creo que necesitas un momento a solas para aclarar tu mente.

—¡Cómo te atreves! —El rostro de Regina estaba rojo escarlata por la furia cuando apartó con ira el brazo de su marido. Su hijo trataba de desaparecer, en la silla adyacente, deseando estar lejos, muy lejos. Devon, pálida de rabia, se mantuvo sentada y no dijo nada, temerosa de que si hablaba caería al nivel de Regina.

—¡Regina! —ordenó Archie—. Ven.

Sorprendida por la determinación de su esposo y el tirón que dio de su brazo, que había vuelto a tomar con manos de acero, Regina lo siguió fuera del despacho.

—Lo... lo s-s-ssiento —dijo Percy, sin atreverse a mirar a Devon.

—No se disculpe —dijo Devon fríamente—, usted no ha hecho nada.

El abogado parecía muy ocupado, ordenando los papeles en su escritorio de una pila a otra. Tampoco él quería mirar a Devon a los ojos. De modo que los tres permanecieron sentados en silencio durante varios minutos, mientras Regina, supuestamente, recobraba el control.

En efecto, cuando volvió a entrar en el despacho, estaba más calmada; su esposo ya no la acompañaba. Regina no se sentó, sino que caminó hasta donde estaba Devon y se paró directamente frente a su silla.

—Usted... —la palabra explotó en su boca como un disparo— es una aventurera. Me propongo explorar todos los medios legales para que mi familia no sea despojada de lo que nos pertenece por derecho. Si fracaso, la arruinaré. Difundiré por todas partes qué clase de oportunista es usted. No será recibida por nadie aquí. Más aún, haré todos los esfuerzos para que las personas que son de lo que se llama buena sociedad en Norteamérica la rechacen por ser una mujer baja y ruin.

Devon, fríamente, se levantó de la silla, colocándose los guantes de cabritilla negra. Pasó rápidamente junto a Regina y caminó hacia la maciza puerta labrada del despacho de Lyttleton, dando la espalda a los demás. Luego se volvió.

—Usted —giró la cabeza y se enfrentó a Regina— acaba de perder una fortuna. Yo, al igual que usted, pensaba que no tenía derecho a una suma de dinero tan importante después de sólo un año de matrimonio. Más aún, contrariamente a lo que usted piensa, no la necesito. De hecho, iba a sugerir que el dinero se agregara a la suma para el mantenimiento de Abersham. Por supuesto, eso está descartado ahora. Simplemente donaré el dinero para obras de caridad. Y, además —dijo Devon, casi como algo que había olvidado—, si me entero de que ha dicho una sola palabra que manche mi reputación, ya sea aquí o en Norteamérica, la demandaré por infamias. Y esté segura de que nadie en un tribunal creerá que una mujer que dona su herencia es la aventurera que usted describe. De modo que tenga cuidado, o puede perder una segunda fortuna. —Devon permaneció un momento en el umbral para observar el efecto de su mensaje. Se sintió satisfecha al ver que Regina abría la boca, estupefacta.

—Buenos días, caballeros —dijo Devon con una leve sonrisa— y, por supuesto, buenos días a usted, lady Lewiston.

Tercera Parte

Willowbrook

1957

47

❧❧

—Soy casi tan morena como tú —dijo Francesca Somerset-Smith, poniendo el brazo junto al del niño color café.

—¡Te falta mucho para eso! ¡Por mucho que sea el tiempo en que te expongas al sol!

—Al final del verano lo seré —dijo Francesca desafiante. La hija de Devon, de trece años, tenía la piel color oliva, mucho más oscura que la de sus padres. Eso, combinado con sus espesos bucles, le daba un aspecto exótico, casi mediterráneo. No era tan hermosa como lo había sido su madre en el umbral de la juventud. No poseía nada de la delicadeza innata de su madre. Más bien, era un manojo de fuertes músculos con una esbeltez que era el resultado de una energía inagotable. Sin embargo, era una niña asombrosamente atractiva, aunque ella no lo creía. Lamentaba que, a diferencia de otras niñas de la escuela, aún no se había desarrollado su busto. Ocultaba su desazón aferrándose a pasatiempos de varón, rehusando ser absorbida por el mundo adolescente femenino que implicaba espiar y sonreír a los muchachos.

El mejor amigo de Francesca era Jesse, el hijo de catorce años de Jeremiah, principal jockey de Willowbrook. Jeremiah, ahora de cuarenta y dos años, se había retirado de su carrera estelar y volvía al mundo del entrenamiento de caballos. Trabajaba junto a Willy y Devon criando caballos de carrera, pero su tarea más importante era supervisar a los jockeys más jóvenes de Willowbrook.

Jeremiah había ganado suficiente dinero con los premios como para construir una casa grande y confortable en una parcela de tierra que Devon le había vendido. Ella había sugerido la transacción una vez que fue evidente que ninguno de los terratenientes blancos le vendería tierras a un negro, a pesar de su importancia en el mundo de los caballos.

A causa de la proximidad de sus casas, Jesse y Francesca habían crecido juntos y se sentían tan cómodos uno con el otro como si fuesen hermanos. Compartían el amor por los caballos, ambos querían ser jockeys, así como el amor por otras actividades al aire libre, como pescar y nadar.

Estaban sentados a la orilla de un arroyo que corría por el valle, separando la tierra de Jeremiah de la de Devon. Era el lugar favorito de Jesse y Francesca durante el verano. En un día normal, se levantaban temprano, se encontraban en el arroyo para pescar, y luego, sin ponerse trajes de baño, saltaban al agua con los pantalones cortos y camisas de algodón. Una vez que estaban exhaustos por los juegos que jugaban en el agua, limpiaban y cocinaban su pescado y, luego, descansaban en la orilla durante unas horas.

—Bueno, quizá no sea tan morena como tú, pero te aseguro que puedo correr más rápido que tú hasta los establos. —Francesca lanzaba el desafío como parte del ritual cotidiano, si bien nunca podía ganarle a Jesse.

Todos los días cabalgaban, por supuesto, y lo hacían por la tarde. No se les permitía montar ninguno de los purasangre que corrían para Willowbrook, pero Devon tenía varios caballos de paseo que Jesse podía montar libremente. Francesca tenía su propia yegua pequeña, Caramel, de trece años y pelaje palomino.

—¡Ja! —Jesse se puso de pie de un salto—. ¡Ese día nunca llegará! Vamos, te dejaré cierta ventaja porque eres sólo una niña.

—¡Sólo una niña! —exclamó Frankie, saltando con tanta energía como su amigo.

—Eres muy fácil de ser vencida —se burló Jesse—. ¿Por qué te enoja tanto ser una niña?

Frankie se puso roja de rabia y vergüenza. Le hubiera gustado ser varón para no preocuparse por ser bonita y desarrollar pechos. Las otras niñas hacían que se sintiese inferior, con sus faldas fruncidas, corpiños y cabellos lacios.

—Si sigues dando la lata, Jesse Washington, te pegaré tan fuerte como lo haría cualquier chaval. Ahora, ¡corramos y *no* me dejes ninguna ventaja!

Jesse se inclinó.

—En tu marca... preparada... —hizo una pausa para aumentar el suspenso—, ¡ya!

Jesse no dio ventaja a Francesca, pero la dejó ir adelante casi hasta el final. Luego, la derrotó por un pequeño margen. Quería ser amable, pero no quería perder.

48

❧

—¿Cómo crees que lo hace? —preguntó Jeremiah a Willy, señalando con la cabeza al joven jockey que cabalgaba en círculos sobre Royal Flush, en la pista de Willowbrook. Los dos hombres se reclinaron sobre la cerca blanca en poses idénticas, los codos sobre la barra más alta y los pies en la más baja.

—El caballo es mejor que el muchacho —refunfuñó Willy—. El muchacho es engreído. El caballo también. Pero el caballo puede permitirse el lujo.

Jimmy Pritchard era un jockey arriesgado. Corría riesgos que muchos otros no aceptarían. Pero no cambiaba su estrategia para adaptarse al caballo; más bien trataba de que el caballo se acomodara a su estilo de montar, muy agresivo siguiendo una modalidad de carrera impetuosa. Había ganado varias carreras para Willowbrook, pero Jeremiah estaba preocupado porque su arrojo ilimitado hacía que fuese muy indisciplinado.

—Es difícil de controlar —dijo Jeremiah con un suspiro filosófico, alejándose de la cerca.

—No funcionará —dijo Willy, parco como siempre, dando la espalda al jockey.

—No te gusta, ¿verdad? —preguntó Jeremiah, estudiando el perfil del anciano, mientras caminaban hacia el granero. Willy se estaba acercando a los ochenta años, pero su postura era erguida y su conducta tan alerta como la de un hombre mucho más joven. Jeremiah sabía que algún día heredaría el título de Willy, principal preparador de Willowbrook, pero no estaba deseoso de que el anciano se fuese. Jeremiah había aprendido que el instinto de Willy rara vez fallaba y se guiaba por sus juicios.

Willy gruñó en respuesta a la pregunta de Jeremiah.

—¿Qué importa si me gusta? —dijo en tono de sorna—. Es simple. Un muchacho que piensa que es demasiado bueno para escuchar a su jefe va a cometer un serio error un día. No se puede tener esa actitud.

Jeremiah asintió. Pritchard era bueno y no quería perderlo.

—Trataré de hablar con él... —dijo Jeremiah pensando en voz alta.

—No llegarás a ningún lado con una mula como ésa. Es la clase de hombre que no aceptará órdenes de ti y tú lo sabes. —Willy dejó de caminar y miró significativamente a Jeremiah.

—Porque soy negro, quieres decir. —Jeremiah confirmó lo que sabía que Willy estaba pensando. Entre él y Willy no ahorraban ninguna palabra. Entre ellos, la diferencia de color carecía de importancia, pero eran conscientes de la opinión de la sociedad.

—Sí —dijo Willy, metiendo las manos en los bolsillos gastados de su jean y mirando a Jeremiah directamente.

—Bueno, no quiero rendirme tan fácilmente. —Jeremiah se pasó la mano por la cara, luchando contra la indecisión—. Tiene agallas, Pritchard.

—Sí, y necesita que le den una buena patada —gruñó Willy.

Jeremiah sonrió ante las palabras del anciano. No tenía la habilidad de Willy para dar órdenes. Como jinete, Willy y Devon lo habían dirigido. Cuando había dado órdenes, había sido a un animal, no a una persona. Ahora, de pronto, se hallaba a cargo de cinco hombres jóvenes que lo trataban con diferentes grados de respeto. Sabía que, para los cuatro blancos, era difícil que fuera visto como un superior, a pesar de su celebridad en el mundo de las carreras. Era la misma vieja historia, pensó con resignación. Había atletas negros que eran estrellas, pero no había entrenadores negros. Estrellas negras del canto, pero no productores negros. Había logrado sobreponerse a esas injusticias la mayor parte de su vida, aislado como había estado del prejuicio al amparo de Willowbrook. Pero sabía que, de no haber sido por la inmensa influencia de Devon y Willy, no se le hubiese permitido convertirse en un jinete de primera línea.

Ahora, sin embargo, Jeremiah sabía que debía generar respeto como hombre, no como atleta. Y debía comenzar por Jimmy Pritchard.

—Le daré una última oportunidad —dijo Jeremiah a Willy.

—No te lo va a agradecer —advirtió Willy a Jeremiah—, y tampoco va a respetarte.

—De todos modos... —Jeremiah puso las manos palmas arriba y se encogió de hombros. Los hombres se detuvieron ante la oficina de Willy.

—¿Quieres un trago?

Jeremiah soltó una risita, maravillado ante la capacidad del anciano de tomar whisky en una tarde calurosa y continuar trabajando hasta la noche.

—No, gracias. Te veré más tarde.

Devon dejó de mirar el libro de contabilidad cuando Willy entró. Leyendo la mirada de disgusto del anciano, preguntó:

—¿Problemas?

—Pritchard. —Willy no necesitaba decir más. Él y Devon, después de más de veinte años de trabajo en colaboración, se comunicaban en un virtual código Morse de monosílabos.

El anciano abrió el cajón superior de su enorme y gastado escritorio de roble y sacó una botella de whisky.

—¿Toma?

—Una gota —dijo Devon desde un escritorio idéntico. Tomó un vaso, medio lleno de agua, y se lo dio a Willy.

Willy le sirvió whisky; luego, sacó un vaso del cajón abierto de su escritorio. Cuidadosamente lo llenó lo más que pudo sin que rebasara, cerró la botella y la guardó en el cajón. Nunca tomaba más de un vaso de whisky por la tarde, pero era un ritual que nunca dejaba de realizar.

—¿Qué hará Jeremiah al respecto? —dijo Devon, reclinándose en la vieja silla giratoria y tomándose la cabeza con las manos.

Willy se sentó sobre su escritorio, con las piernas sobre la silla que tenía delante.

—Dice que tratará de hablar con él.

Devon cruzó las piernas enfundadas en tela de jean.

—Probablemente no funcionará. —Suspiró.

—Es lo que yo digo. —Willy se quitó la vieja gorra polvorienta de los Brooklyn Dodgers y la colocó sobre el escritorio junto a él. No era la misma gorra que había usado durante veinte años, pero era idéntica.

—Supongo que un jockey tan bueno como Jeremiah sólo aparece una vez cada mucho tiempo —dijo Devon con resignación.

—Supongo —coincidió Willy.

Devon volvió a la contabilidad mientras Willy ocupaba su escritorio. Trabajaron durante unos minutos en silencio hasta que el viejo teléfono negro en el escritorio de Devon los interrumpió.

—¿Es realmente tan tarde? —oyó Willy decir a Devon—. Estaré allí enseguida, mamá.

Devon colgó el auricular, se puso de pie y se volvió hacia Willy.

—¿Viene a la fiesta de cumpleaños de Alice, verdad? Es una celebración importante.

—¿Ochenta, no? —preguntó Willy.

—Sí.

Willy dijo, pensativamente, dando la espalda a Devon:

—Linda mujer para tener ochenta.

Devon lo miró y levantó las cejas.

—¿He oído correctamente? —preguntó azorada—. ¿Dijo usted realmente un cumplido?

—No empiece a cacarear —dijo Willy gruñón—. Sí, estaré allí.

Francesca golpeó a la puerta de su abuela.

—¿Abuela? —llamó suavemente.

—¡Pasa, querida! —se oyó la voz, aún musical, de Laurel a través de la pesada puerta.

Francesca abrió la puerta y entró tímidamente.

—¡Qué hermosa estás! —exclamó su abuela.

Francesca sonrió. Su abuela siempre le decía que estaba hermosa.

—Ven aquí, así puedo verte mejor —ordenó Laurel amablemente.

La joven obedeció, cruzando el lustroso piso de madera hasta el delicado tocador de madera labrada donde su abuela estaba sentada terminando de maquillarse. Francesca adoraba a su abuela y admiraba su femineidad. Su abuela siempre olía a finos capullos de azahar —todo a su alrededor era suave, dulce y tranquilo. Incluso su habitación, decorada en tonos pastel, azul, gris y lavanda, tenía una atmósfera de paz y comodidad. Laurel llevaba un impecable vestido de seda gris, cuyo lustre reflejaba el blanco nieve de los cabellos.

—Date vuelta, despacio —le dijo Laurel a su nieta.

Francesca obedeció, desplegando la falda de su vestido de Holanda rosada.

—¡Mamá me deja que lleve medias largas y tacones altos! —exclamó, asombrada por la transformación que el nuevo privilegio había obrado en su apariencia. De pronto, en nada se sentía ya como un varón. Se sentía casi hermosa.

—Con el cabello hacia atrás, en forma de moño, pareces mayor —sonrió Laurel, tomando la mano de su nieta entre las suyas.

Francesca, fascinada por que le hubieran dicho que parecía mayor, abrazó impulsivamente a su abuela.

—¡Estoy tan feliz de que hayas venido a vivir con nosotras! —dijo, manteniéndose muy cerca de su abuela.

—También yo, querida. Hubiera estado muy sola en Evergreen sin Chase.

Francesca se alejó y estudió a su abuela.

—¿Echas de menos al abuelo todo el tiempo?

Una sonrisa triste cruzó el rostro de Laurel y, por un instante, pareció olvidar la presencia de Francesca. Con voz ansiosa, respondió finalmente:

—Estuvimos juntos sesenta años...

—¡Sesenta años! —repitió Francesca azorada—. Eso parece para siempre.

—Pasó muy rápidamente —dijo Laurel en su ensoñación.

Francesca permaneció silenciosa. Por la expresión en el rostro de su abuela, parecía que estaba reviviendo un hermoso recuerdo, Francesca no deseaba interrumpir.

De pronto, Laurel agitó la cabeza bruscamente y se puso de pie.

—A veces, olvido que se ha ido. Siento su presencia tan intensamente...

—¿Crees en los fantasmas? —preguntó Francesca sorprendida, siguiendo a su abuela hasta el vestidor.

Laurel encendió la luz y se sentó en una banqueta. Por encima de la banqueta había estantes con zapatos bien ordenados. A Laurel le llevó un momento para pensar en la pregunta de Francesca. Finalmente dijo:

—Alguna vez te hubiera dicho rotundamente que no. Pero ahora... supongo que a medida que uno envejece espera una vida espiritual después de la muerte. No exactamente fantasmas, pero...

Francesca se sentó en el suelo lustrado frente a Laurel.

—Abuela, ¿tienes miedo de morir?

—Sí, en cierta forma —respondió Laurel con sinceridad—. Por otra parte, siento con tanta fuerza el deseo de reunirme con tu abuelo. Tal vez, después de la muerte eso sea posible.

—Espero que sí —dijo Francesca con fervor—, ¡porque así podré ver a mi padre, también!

Laurel sonrió a su nieta, afectuosamente.

—Lamento que nunca lo hayas conocido. Tampoco yo lo conocí. Fue un héroe y un hombre maravilloso, sé eso muy bien. Y espero que algún día te cases con un hombre tan maravilloso como él.

—¡Oh! yo no me voy a casar —dijo Francesca en el tono más sofisticado posible—. Eso es para niñas tontas. ¡Yo, en vez de eso, voy a ser un jockey famoso!

Laurel se puso de pie y se volvió hacia el estante de los zapatos para ocultar una sonrisa. Tomó un par de zapatos de gamuza gris y se sentó en la banqueta, dirigiéndose a su nieta mientras se ponía los zapatos.

—¿Entonces, no te gustan los muchachos? —preguntó con suavidad.

—Los chicos están bien —dijo Francesca, indiferente—. Son las chicas las que son tan tontas.

—Bueno, en ese caso, me parece que serás muy feliz pasando tu vida con un chico... eh... hombre.

El rostro de Francesca se crispó en un gesto de frustración.

—Sí, pero a los muchachos no les gustan las chicas como yo. Les gustan las chicas como Melissa Parrish o Kendra Wilkes. Chicas que usan vestidos todo el tiempo y... bueno... ¡sabes a que me refiero!

Laurel rió suavemente y se puso de pie, esperando a que Francesca hiciera lo mismo.

—Eres una jovencita muy bonita, Francesca, aunque tal vez no lo sepas aún. Espera un año o dos. Habrá tantos muchachos interesados en ti, que no sabrás qué hacer.

Con esas palabras, Laurel cerró el vestidor. Francesca la siguió lentamente y, antes de apagar la luz, hizo una pausa ante la puerta de espejo y se miró en ella. Vio a una joven de largas piernas, rasgos fuertes, grueso cabello rizado y vivaces ojos verdes. Lo que hubiera deseado ver era una rubia menuda y curvilínea, de cabello lacio y brillante, nariz respingona y redondos ojos azules. ¡Qué equivocada estaba su abuela! ¡Ella no sabía lo que les gustaba a los muchachos!

49

—Mamá, éste es el hombre con el que te casaste antes de que lo hicieras con papá, ¿verdad? —preguntó Francesca, observando la vieja fotografía en blanco y negro. Francesca y Devon, que estaban en Saratoga Springs para la temporada de Carreras de agosto, en ese momento visitaban el Museo Nacional de las Carreras de Caballos, inaugurado dos años antes. El director del museo, que conocía bien a Devon por sus actividades para recaudar fondos a beneficio de la institución, le había telefoneado recientemente para pedirle ayuda en la compilación de una serie de viejas fotografías. Había seleccionado varias docenas de sus primeros años en el hipódromo y estaba sorprendida porque la mayoría de ellas se exhibían de forma destacada.

Ahora, Francesca estudiaba cuidadosamente una fotografía de John Alexander, rodeando a Devon con un brazo y sosteniendo las riendas de un caballo de carrera con el otro.

Devon recordaba muy vívidamente ese tiempo. La tensión entre ella y John, las disputas frecuentes, las peleas con Willy. Nada de ello se reflejaba en la fotografía. Parecían una pareja amante y armoniosa.

—Sí —murmuró Devon a su hija—, ése fue mi primer esposo.

—John Alexander, ¿Cómo es que no lo he conocido?

—Vive en Ginebra, querida. Hace algo muy importante para el gobierno.

—¿Nunca viene por aquí? —insistió Francesca.

Devon se encogió de hombros.

—No lo sé.

—Era muy apuesto. ¿Papá era tan apuesto?

—Diferente. Tu padre tenía un tremendo encanto. Y, por cierto, era muy apuesto. Pero, si tú has visto fotografías de él —dijo Devon suavemente.

Francesca se volvió y miró directamente a su madre.

—¿A cuál de los dos amaste más?

La pregunta sacudió a Devon. No sabía cómo responder. Alejándose, dijo:

—Amé a ambos con todo el corazón, pero de diferente forma.

—Si amabas al Sr. Alexander con todo el corazón, ¿por qué no seguiste casada con él?

Devon trató de recordar la época anterior a su divorcio. Habían discutido. ¿Por qué? ¿Qué había sido tan importante que no pudiera resolverse? ¿Cuándo fueron sus diferencias mayores que su amor?

—Yo... —Devon luchaba para responder a su hija—. No estoy segura de lo que pasó, para ser honesta. A veces, las cosas hacen que uno se aleje del otro.

—¿Era cruel contigo?

Devon rió ante la pregunta.

—No, por supuesto que no —respondió—. Era el hombre más dulce. Solamente quería cosas distintas de las mías en la vida.

—¿Las consiguió? —preguntó Francesca.

Devon reflexionó un momento. John había delegado sus negocios en Nueva York para aceptar una carrera en lo que se llamaba gobierno. Esa imagen no coincidía con la que Devon tenía de él durante su matrimonio. Siempre había trabajado duro, pero no era un hombre totalmente absorbido por su trabajo. El ocio había sido igualmente importante para él. Lo poco que sabía de su carrera desde la guerra le daban a entender que él había cambiado. Sin embargo, todavía veía su nombre en las columnas de sociedad asociado con el de mujeres hermosas mucho más jóvenes que él.

Devon respondió a su hija.

—No sé si obtuvo lo que quería de la vida, porque es como si ya hubiera dejado de conocerlo.

—¿Lo odias?

—¡Por supuesto que no! —exclamó Devon, sorprendida ante la idea. Sus pensamientos sobre John eran siempre afectuosos, sus recuerdos felices. Había relegado los recuerdos tristes al fondo de su mente.

—Entonces, ¿aún lo amas?

Francesca hizo la pregunta en un tono normal de conversación en lugar de hacerlo en voz baja, como se habla en los museos, y Devon miró rápidamente a su alrededor para asegurarse de que estaban solas. Cuando vio que lo estaban, respondió con un susurro vehemente:

—Ni siquiera lo conozco, Francesca, ¿cómo podría amarle?

—¿Y él también dejó de amarte? —preguntó Francesca, con la falta de tacto, típica de la infancia.

—Él y yo coincidimos en seguir caminos separados —respondió Devon con dignidad.

—¿Pero, por qué?

—Francesca, realmente me estás exasperando. Éste es un tema desafortunado y desearía dejar de hablar de ello —declaró Devon, volviéndose para mirar las fotografías en exhibición y fingiéndose abstraída. Pero, después de un momento, Devon se sintió avergonzada de su malhumor. Era natural que la joven sintiera curiosidad por saber más acerca de su padre y de John.

Sin embargo, Francesca, en su entusiasmo por lo que veía, había olvidado las palabras cortantes de su madre.

—¡Mamá, mira! Aquí dice que tú eres "la más famosa preparadora de caballos de carrera del mundo y casi considerada como la mejor entrenadora de ambos sexos. Devon Somerset-Smith, a partir de 1930, transformó la finca de Willowbrook, de un estado de decadencia, en una de las más altamente respetadas caballerizas de caballos de carrera con casta". ¡Y mira! ¡Hay una fotografía de Willy y otra de Jeremiah! —exclamó Francesca—. Y algún día, también yo quiero estar ahí.

Devon sonrió.

—Estarás. Serás la dueña de Willowbrook.

—¡No me refiero a eso! —dijo Francesca con sarcasmo—. Quiero decir, como jockey.

Devon se acercó a Francesca y la tomó del hombro.

—¡No!

Francesca miró a su madre y se impresionó por la palidez de su rostro.

—¿Por qué? —fue todo lo que pudo decir.

Devon, viendo la expresión de desconcierto de su hija, la soltó. Tratando de tranquilizarse, respondió con calma:

—Ser jinete es muy peligroso. El placer de cabalgar es una cosa, pero los jockeys compiten salvajemente. No les importa quién salga lesionado.

—¡Ya lo sé! —dijo Francesca, con el tono típico de un adolescente que se siente insultado por la condescendencia de sus padres.

—Yo... yo no quiero que hagas algo así. Sé que eres buena cabalgando, pero hay una gran diferencia. Y, por otro lado, el hecho de que yo esté involucrada con las carreras, no significa que tú también debas estarlo.

Puedes ser lo que tú quieras —artista, médica, modelo—, ¡cualquier cosa! —dijo Devon.

—Quiero ser jockey —dijo Francesca, levantando el mentón obstinadamente y mirando a Devon con determinación.

Devon decidió no seguir discutiendo sobre el tema. Después de todo, Francesca tenía sólo trece años. A los trece años, uno es un soñador. Crecería, se enamoraría, se olvidaría de todo eso; Devon se tranquilizó a sí misma. Oponerse a ella, sólo haría que se aferrara más a su sueño.

50

Devon era la organizadora del baile a beneficio del museo, por lo que se levantó antes del amanecer para revisar la lista de cosas que debía hacer. Francesca estaba a su lado con no muy buena disposición.

—¡No sé por qué tengo que ir! —protestó Francesca mientras caminaban por la elegante calle de casas estilo victoriano. Hacía diez años que Devon alquilaba la misma casa blanca y confortable durante el mes de agosto. Con una galería que la rodeaba y persianas rojas, parecía una casa de fantasía para niños. Lo que a Francesca no le gustaba era levantarse al alba cada día para acompañar a su madre a todos los numerosos eventos que llenaban su agenda. Hubiese preferido quedarse en la casita con su abuela.

—Mamá es demasiado mayor para cuidar de ti todo el día—insistió Devon con firmeza—, se cansa.

—Yo estoy cansada —declaró Francesca, restregándose los ojos—. ¡Y odio los bailes!

Devon suspiró. Ya le habían informado de que, a los trece años de edad, es cuando se desata la rebeldía adolescente. Ella y Francesca habían estado siempre muy unidas, tanto que le había parecido imposible, pero ahí estaba ella, protestando por el hecho de tener que acompañar a su madre.

—De todos modos, no vas a ir al baile, Francesca —dijo Devon pacientemente—, no tienes que preocuparte por ello.

Con la típica contrariedad de los adolescentes, Francesca dijo:

¿Por qué no puedo ir al baile?

Devon se detuvo en la mitad de la calle y miró a su hija.

—¿Qué crees? Tienes trece años. ¡Por supuesto que no puedes ir a un baile!

—¿Cuándo podré? —preguntó Francesca.

Devon estudió a Francesca, azorada de que hiciera una pregunta como ésa. Francesca mantenía los ojos fijos en la calle.

—Cuando tengas dieciséis años.

—Elise Whitney me contó que su madre la deja ir ahora, y sólo tiene quince.

—Su madre le permite ir al festival vespertino. Eso no es lo mismo, y tú lo sabes. Ciertamente puedes ir al festival por las tardes, si lo deseas, pero siempre has dicho que odiabas esa clase de cosas.

—¡Y las odio! ¡No quiero ir a un estúpido festival!

Exasperada, Devon se encogió de hombros y continuó caminando.

—Bueno, en ese caso...

—Pero Elise...

Devon interrumpió a Francesca.

—Querida, hay una sola manera para asegurarte de que nunca conseguirás lo que quieres y es comparando mis criterios con los de otros. No me interesa lo que hacen los demás. Yo hago las normas en mi propia casa.

—¡Eso es porque no tengo un padre! —gritó Francesca—. Si tuviese un padre tal vez las cosas serían más justas. ¡Siempre estás diciéndome lo que no puedo hacer! ¡Las otras madres les dicen a sus hijos que les pregunten a sus padres!

Si Devon no hubiese estado tan alterada, se hubiese reído ante una visión tan simplista sobre la forma que tienen las familias en su funcionamiento. Sabía que muchas de sus amigas no se ocupaban en absoluto de la crianza de sus hijos. La mayoría de ellas, además, sólo raras veces consultaban a sus esposos sobre asuntos relacionados con la crianza de los hijos, pero Devon sabía que no había forma de convencer a Francesca de ese tema.

Devon dijo, con toda tranquilidad:

—No puedo evitar el hecho de que no tengas un padre. Ojalá no fuera así.

Francesca, de pronto, estaba al borde de las lágrimas. Había herido los sentimientos de su madre. No había tenido la intención de hacerlo, pero a veces sus emociones eran tan desordenadas que simplemente estallaban.

—Mamá, yo... lo siento —dijo.

—Está bien —dijo Devon, poniendo el brazo alrededor de la joven y atrayéndola hacia ella. En los últimos tiempos, esos gestos parecían molestar a Francesca, pero ahora se acurrucó contra su madre, caminando a la par de ella.

—¿Mamá?

—¿Sí? —dijo Devon suavemente.

—¿Nunca piensas en volver a casarte? Todos los demás... —Francesca se interrumpió, bruscamente, recordando la advertencia de su madre.

—En realidad, no. No he conocido a nadie que me importe como para eso.

—¿Y el Sr. Wilder? Es tan amable. —Francesca la miró con sus verdes ojos llorosos.

Devon sonrió a su hija.

—Es sólo un buen amigo, querida.

—Por su forma de actuar, parece más que eso —dijo Francesca con seguridad.

Devon meditó por un momento. Mason Wilder, director del *Washington Telegraph*, había sido su compañero habitual durante los últimos cuatro años. Ella no estaba enamorada de él, pero él le había propuesto el matrimonio en dos ocasiones, enfatizando la compatibilidad que había entre ellos, los intereses comunes y los amigos mutuos. No había mencionado amor, sino más bien respeto y amistad. Y eso le convenía a Devon. Sentía afecto por Mason, no pasión. El sexo con él era placentero. Era bueno sentirse deseada y cuidada por un hombre y sabía que muchas mujeres de su edad no eran tan afortunadas. Pero no sentía ni el deseo ni la necesidad de volver a casarse.

—El Sr. Wilder es un hombre muy agradable, pero no quiero casarme con él —explicó Devon.

—¿Crees que alguna vez conocerás a alguien con quien quieras casarte?

—No lo sé. Tal vez.

—Eso espero —susurró Francesca.

Mason Wilder estaba de pie al final de la gran escalera de madera, esperando que Devon bajara. Vestía una levita y corbata blanca, lo que le daba un aspecto imponente. Un hombre alto de pecho fornido, hacía que los objetos cercanos a él empequeñecieran por el impacto de su tamaño. Y cuando Mason Wilder reía, la habitación parecía que se tambaleaba.

A pesar del poder de su presencia, Wilder era un hombre refinado. Un universitario que se había acercado al periodismo como si se tratara de un ejercicio académico que requería toda la fundamentación y el rigor de una tesis doctoral. Su periódico era el diario más importante de Washington, porque él insistía en que se hiciera una investigación concienzuda y detallada de cada noticia. Wilder, cuyo periódico era la realización del sueño de su vida, había invertido parte de su fortuna personal en triplicar el personal del diario que había adquirido dos décadas atrás. Como resultado, cada uno de sus reporteros tenía equipos de gente para confirmar las citas, verificar los hechos y realizar las otras tareas periodísticas que, habitualmente, deben hacer los sobrecargados escritores. El diario de Wilder relataba las noticias más destacadas y, cuando lo hacía, los lectores no dudaban de los hechos, por muy impactantes que fueran.

Wilder, con su reluciente cabello blanco y su robusto cuerpo tostado por sol, tenía el aspecto de un hombre que había logrado su meta. Era astuto y sutil, culto, pero no pomposo, un caballero y, ciertamente, nada débil. Excepto en lo que se refería a Devon.

Wilder se había esforzado considerablemente por transmitir a Devon una imagen de compañerismo afectuoso, cuando, en realidad estaba profundamente enamorado de ella. Sabía que si le revelaba sus verdaderos sentimientos la perdería, porque Devon consideraría deshonesto continuar viendo a un hombre a cuyos sentimientos no podía corresponder. Ella, con total franqueza, le informaría que no estaba enamorada de él y que no podía casarse con él. Él no podría soportar oír esas palabras, pero menos aún arriesgarse a que la relación terminase. Entonces, era cuidadoso y la dejaba sola durante semanas, para no ponerse demasiado incómodo y dejar que aflorasen sus sentimientos hacia ella.

Sin embargo, cuando vio a Devon aparecer en lo alto de la escalera, su corazón latió con fuerza. ¡Era tan encantadora! La gente decía que él parecía quince años menor de lo que era, tenía sesenta y cuatro, ¡pero Devon! Deslizándose escaleras abajo, con el vestido de terciopelo de seda blanca flotando tras ella en la suave brisa veraniega, parecía una joven diosa. Resultaba imposible pensar que tenía cincuenta y un años. Sus negros cabellos aún brillaban corno el ébano a la luz del atardecer, excepto por una hebra de cabellos blancos que la adornaba elegantemente. El ejercicio la había mantenido esbelta, mientras que los amplios sombreros que usaba habían conservado su piel rosada y tersa. Era la mujer más hermosa que había conocido.

El encantamiento se rompió por la entrada ruidosa de Francesca.

—¡Mamá dice que no puedo ir a ningún baile hasta que tenga dieciséis años! —gritó sin preámbulos, mientras bajaba corriendo por la escalera y abrazaba al hombre.

Él la levantó y la hizo girar por la habitación afectuosamente.

—¡Por Dios! Ya eres demasiado grande para esto. ¡Ya no puedo levantarte! —Fingió un gran esfuerzo para levantar a la niña y luego la colocó en el suelo, frente a él.

—Dice mamá... —comenzó Francesca sin aliento.

—¿Crees que no te oí? —bromeó Mason, inclinándose para besar a Devon castamente en la mejilla—. Creo que eso es totalmente correcto. Mis hijas tampoco asistieron a bailes hasta los dieciséis. Mason tenía dos hijas, ambas casadas hacía tiempo. —De todas formas, ¡pensé que odiabas vestirte elegantemente!

—¡Y lo odio! —dijo Francesca.

—¿Entonces, por qué te quejas?

—Bueno... —Francesca miró al vacío por un momento, tratando de encontrar las palabras que expresaran lo que sentía—. ¡Me gustaría ser mayor para poder hacer todo lo que quiera!

Mason dejó caer la cabeza para atrás y su risa llenó la habitación. Devon rió con él, pero Francesca los miró confundida, sin comprender la broma. Finalmente, Mason explicó:

—Muy pocos adultos pueden hacer exactamente lo que quieren y la mayoría se pasa la vida haciendo cosas que no les gustan.

—No estés tan apurada por crecer, querida. —Devon se inclinó en una nube de perfume y besó a su hija—. Tiene sus desventajas.

Pero Francesca, observando a la elegante pareja, ambos seguros de sí mismos, cuando cruzaban la puerta, no podía creer que la madurez no tuviese muchas ventajas sobre la adolescencia.

51

Las Navidades en Nueva York fascinaban a Francesca. La ciudad, que siempre parecía cubierta de hollín, se transformaba en un mundo de hadas, con luces, campanas y guirnaldas siempre verdes. Aunque a Francesca le gustaba la belleza vasta y tranquila de la campiña de Virginia en invierno, prefería Manhattan para las vacaciones.

Esta mañana, en particular, tres días antes de Navidad, Francesca saltó de la cama y se puso impaciente los arrugados pantalones de pana que estaban en el suelo, donde los había tirado la noche anterior. Gruesas medias de lana, un suéter, mitones, botas y ya estaba lista para su misión. Por primera vez, iría a comprar el regalo de Navidad de su madre sin un adulto que la guiara. Podía caminar desde su casa hasta Tiffany's, en la Quinta Avenida, y la Calle Cincuenta y Siete, a pesar de la nieve. Durante todo el año, había ahorrado su mensualidad. Y había ganado dinero extra, ayudando a limpiar los establos de Willowbrook después de la escuela. Su abuela le había prestado dinero hasta su cumpleaños, en enero, de modo que tenía casi cien dólares para gastar. Lo gastaría todo en su madre y haría ella misma los regalos para los demás.

Cuidadosamente, bajó la elegante escalera de mármol. Se sobresaltó cuando el armario donde estaban su saco y su sombrero crujió, y dejó la puerta abierta para no hacer ruido. Estaba casi en la puerta principal cuando oyó a Alice que la llamaba:

—Francesca, ¿eres tú?

Francesca vaciló, la mano en el picaporte. Pensó en no contestar, porque sabía que la iban a obligar a tomar el desayuno, pero no tuvo coraje.

Lentamente, caminó por el salón hacia el soleado comedor. El sol de invierno se derramaba por las puertas de vidrio que conducían a la terraza, en donde estaban el jardín y el invernadero. La larga mesa estilo Hepplewhite, con individuales y servilletas de lino, estaba tentadoramente puesta con un juego de desayuno de porcelana decorada con flores.

Alice y Laurel miraron por encima de sus respectivos periódicos cuando entró Francesca. Las dos ancianas compartían el compañerismo de aquellos que se han conocido durante toda la vida. Alice, al retirarse, fue considerada no como una sirvienta sino como una amiga de la familia. Ahora, comía con la familia y ella y Laurel pasaban la mayor parte de los días juntas, cosiendo, visitando museos o leyendo.

—Seremos viejas, pero no sordas —aclaró Alice con una sonrisita—. Sólo porque tu madre ha salido esta mañana, no creas que nadie te controla. Siéntate y toma el desayuno. Y no trates de escaparte más de la casa sin tomar el desayuno.

—Soy lo suficientemente grande como para decidir cuándo y qué quiero comer —dijo Francesca en tono impertinente.

Laurel frunció el entrecejo ante el tono de Francesca y abrió la boca para reprenderla, pero Alice fue más rápida.

—Te falta mucho, chiquita. Ahora siéntate —ordenó, poniéndose de pie con facilidad y llevando un plato hasta el aparador.

El aire de autoridad de Alice no permitía contradicción, y Francesca se sentó suspirando. Después de engullir el desayuno, que consistía en cereal, bizcochos y jugo, preguntó en tono sarcástico:

—¿Puedo irme ahora?

Alice y Laurel se miraron.

—No hasta que te disculpes por tu tono y pidas permiso educadamente —dijo Laurel, mirando con firmeza a su nieta.

Francesca miró a la distinguida anciana y de pronto se sintió torpe y grosera.

—Lo siento. Estaba apurada. Por favor, ¿pueden disculparme?

—Sí, por supuesto. ¿Adónde vas?

El rostro de Francesca se iluminó.

—A comprar un regalo de Navidad para mamá. ¿Recuerdas que te pedí dinero prestado? Tengo casi cien dólares. Voy a Tiffany's —anunció orgullosa.

Las dos ancianas se miraron con expresión de divertida condescendencia.

—Bueno, si necesitas ayuda, házmelo saber. Creo que podré arreglar otro préstamo —dijo Laurel.

—Gracias, abuela —dijo Francesca. En seguida, se levantó de la mesa, besó a ambas mujeres de forma apurada y salió de la casa corriendo.

Fuera, el aire frío le dio vigor y, a pesar de las resbaladizas aceras, corrió durante varias manzanas de casas. Se sentía a gusto por estar sola. Se sentía extremadamente adulta porque estaba desempeñando una misión. Cuando llegó a Tiffany's, entró sin vacilar, Pero se detuvo ante el vasto salón de techos altísimos, lleno de objetos que estaban en exhibición, hermosa platería, empleados, clientes, decoraciones navideñas y el ruido y la confusión típicos de las vacaciones.

Acercándose al primer mostrador que vio, miró los objetos expuestos, tratando de encontrar algo. Eran alhajas para hombre. Paseó los ojos por la habitación, sintiéndose perdida, sin saber adónde dirigirse.

—Disculpe —dijo a un empleado que pasaba apurado, pero él no la escuchó.

Abandonando el mostrador, caminó hacia el fondo de la tienda. Vio cadenas, pendientes de plata, aretes, collares de perlas, pero no tenía idea de dónde iba a buscar un regalo para Devon. Sus ojos recorrían los objetos; continuó por el pasillo.

De pronto, sintió un fuerte golpe en la pierna y chocó, el rostro primero, con la suave lana de la chaqueta de alguien.

—¡Ayyy! —gritó, tambaleándose hacia atrás. El hombre la sostuvo en pie, pero su compañera, una pelirroja alta e impactante, la regañó.

—¡Niña tonta, por qué no te fijas por dónde vas?

Francesca la miró con rabia y abrió la boca para responder, pero el hombre habló primero.

—Fue un accidente —dijo suavemente —, ella no tuvo la culpa.

La pelirroja se apretujó dentro de la piel de zorro blanco y recalcó:

—¡No entiendo cómo los padres permiten a sus hijos que anden por ahí solos!

—No es de su incumbencia —gritó Francesca—, ¡pero estoy aquí para comprarle un regalo sorpresa a mi madre, de modo que ella no podía venir conmigo!

—¡Cómo te atreves a hablarme en ese tono! —dijo agitada la joven mujer...

—Tranquilas —ordenó el hombre, haciendo un gesto con la mano. En su otra mano, Francesca vio que llevaba un delgado bastón de ébano con una figura de bronce representando un águila en el mango.

El hombre se volvió hacia Francesca y, por primera vez, ella percibió el azul profundo de sus ojos. Había algo vagamente familiar en él, pero sabía que si lo hubiese conocido lo recordaría.

—¿Buscas un regalo de Navidad para tu madre? —preguntó gentilmente.

—Así es, gracias —dijo en el estilo más adulto que pudo.

El hombre reprimió una sonrisa ante el estilo pomposo de la niña. No coincidía con sus cabellos desordenados y su capa de lana.

—Tiffany's es un lugar grande. ¿Necesitas ayuda?

—¡Oh, por favor! —la pelirroja comentó sarcástica.

El hombre se volvió hacia ella exasperado, la expresión en su rostro la hizo callar.

Francesca miró a la hermosa y joven mujer, luego al hombre. Sonrió y dijo:

—Realmente necesito ayuda.

—Bueno, entonces ven conmigo —dijo el hombre. Se volvió y dijo a la pelirroja—: ¿Por qué no te llevas el automóvil a tu casa? Yo tomaré un taxi. —Y sin dejarla responder, se alejó; ella permaneció parada en el medio del pasillo, su boca rojo coral abierta por el estupor.

—¿No se pondrá furiosa? —preguntó Francesca con una risita.

—Por poco tiempo —respondió el hombre haciendo un gesto displicente con el bastón.

—Es muy amable en ayudarme. No esperaba que este lugar fuese tan grande.

—Bueno, empecemos. ¿Cuál es tu presupuesto?

—¿Mi presupuesto?

—¿Cuánto quieres gastar?

—Tengo cien dólares —dijo Francesca orgullosa—, pero mi abuela dijo que podría prestarme más si encuentro algo que realmente me guste.

—¿Por qué no empezamos por aquí? Plumeros y cosas de escritorio. Por cien dólares, probablemente puedas comprar algo muy bonito.

—A mi madre le gustaría una pluma estilográfica. Es una mujer de negocios —dijo Francesca orgullosa.

—Bueno, entonces veamos un poco.

Francesca miró detrás del mostrador donde empleados ocupados se apuraban corriendo hacia adelante y hacia atrás. Todos parecían estar atendiendo a algún cliente. Francesca tenía miedo de ser humillada frente al hombre si otro empleado la ignoraba, pero tan pronto como él puso la mano enguantada en el mostrador, apareció milagrosamente un empleado.

—Señor, ¿puedo ayudarle? —preguntó el empleado, con una reverencia obsequiosa.

—Esta jovencita desea comprar un regalo de Navidad para su madre —dijo, señalando a Francesca con una mano en su hombro.

—¡Ah! —dijo el empleado, volviéndose a Francesca con deferencia—, ¿y qué tenemos en mente?

—¿Una pluma estilográfica? —dijo con inseguridad, mirando a su nuevo amigo.

El empleado sacó del exhibidor una caja de terciopelo gris llena de plumas estilográficas cuidadosamente alineadas sobre un fondo de raso.

—Tenemos algunas plumas estilográficas de plata. Son muy finas.

Francesca, inmediatamente, vio la que quería. Era de plata como las otras, pero estaba recubierto de nácar, lo que le añadía un delicado toque de femineidad.

—Ésta le gustará a mi madre. ¿Cuánto cuesta?

—Ésa cuesta ochenta y cinco dólares, señorita.

Francesca aplaudió de alegría.

—¡La llevo! —exclamó.

—Muy bien, señorita. Haré que se la envuelvan.

Una vez que el pago se hubo realizado, el empleado dio a Francesca su cambio, contando ceremoniosamente el dinero.

—Gracias, señorita. Y señor, estoy seguro de que su esposa estará encantada con el regalo.

Francesca abrió la boca para contestar, pero un suave apretón en el hombro la hizo callar. Y, por un momento, Francesca deseó tanto que las palabras del empleado fuesen verdad. Le hubiera gustado que este amable extraño fuese su padre y que siempre estuviese allí para ayudarla.

—Bueno, ¿puedo dejarte en algún lado? —preguntó el hombre.

Pero Francesca no quería perder a su nuevo amigo tan rápidamente. Viendo su expresión cabizbaja, el hombre miró su reloj.

—Bueno, es un poco temprano para almorzar. Pero... si caminamos despacio mirando los escaparates, podemos llegar al Plaza a las once y media. Eso es, si quieres almorzar conmigo.

—¡Oh... sí... me encantaría! —exclamó Francesca. Luego, súbitamente se interrumpió—. Pero... se supone que no debo ir a ningún lado con extraños. Mi madre me dijo que nunca...

—Y tiene absoluta razón —le interrumpió el hombre—. Bueno, en ese caso, seguiré mi camino.

—¡Oh, no, por favor! —dijo Francesca. Después de todo sabía que podía confiar en este hombre. No era la clase de personas sobre las que su madre le había advertido. Era obviamente alguien muy parecido a los amigos de su madre. Vestía una costosa chaqueta azul marino y Francesca estaba segura de que era un hombre decente. Además, cumpliría catorce años muy pronto. ¡Ya no era una niña!

Cuando salieron de Tiffany's, Francesca notó que el hombre cojeaba un poco. Deseaba preguntarle qué le había pasado, pero su madre le había dicho que esa clase de preguntas era de mala educación.

Después de un lento paseo, subieron la escalera y atravesaron las enormes puertas de bronce del Hotel Plaza. El hombre, pensando en lo que agradaría más a la jovencita, eligió para almorzar el aireado Palm Court en lugar del Oak Room, un lugar más serio en la parte trasera del hotel.

Una vez sentados, Francesca se quitó el sombrero y la chaqueta de lana de cuello alto. El hombre la estudió cuidadosamente.

—¿Hice algo incorrecto? —preguntó la niña confundida por su intensa mirada.

—No... no —dijo el hombre, sacudiendo la cabeza—. Me recuerdas a alguien. Un poco —su voz era ansiosa.

—¿A quién?

—¡Oh! —dijo el hombre mirando en la distancia—. A alguien a quien conocí hace veinte años. Alguien que significó mucho para mí.

—¿Cuando era joven?

El hombre inclinó la cabeza hacia atrás y rió, mostrando una hilera de dientes blancos.

—Sí —dijo de buen humor—, cuando era joven.

Francesca se ruborizó, sin saber bien por qué.

—¿Qué te gustaría comer? —preguntó el hombre, estudiando el menú.

—¡Oh, emparedados y ensalada de berro! —dijo Francesca casi sin mirar su menú—. Es lo que como siempre. Me gusta cómo cortan el pan de los pequeños emparedados —dijo en tono confidencial—. Y también me gustaría comer tarta de frutillas, como postre.

Una vez más, el hombre la observó detenidamente. De pronto dijo:

—No creo haberte preguntado tu nombre. ¿Me lo dirás?

—Frankie —dijo con energía.

—Un nombre extraño para una niña.

—No es mi verdadero nombre —confesó—, pero así es como me gusta que me llamen.

—Bueno, Frankie, mi nombre es John. John Alexander.

Frankie abrió la boca estupefacta.

—¡Usted es el hombre! —dijo, mirando a su compañero con nueva fascinación. El hombre enderezó la cabeza y levantó una ceja en señal de pregunta, esperando que ella continuara.

—¡Usted estuvo casado con mi madre!

John estaba pasmado. Examinó el rostro de la joven, un rostro que le parecía extrañamente familiar, pero no pudo encontrar los rasgos que le recordaban a Devon. Sin embargo, ella le hacía recordar a... no. No era el parecido con Devon sino con Morgan. Sí, eso era. Morgan. Un puño de acero le apretó el corazón, hasta que no pudo respirar. Su única hija. Y ahora, esta niña. La hija de Devon. El mismo cabello negro, el mismo rostro sonriente. Por un instante, Morgan no estaba muerta. Todo había sido una broma cruel. Cuántas veces se había despertado en la oscuridad de la noche pensando que la muerte de Morgan había sido una pesadilla. Sólo para encontrarse decepcionado por la amarga realidad. Para darse cuenta de que la pesadilla era real.

Y ahora, esto... esto era como un sueño maravilloso. Pestañeó rápidamente para suprimir la humedad en sus ojos. Morgan, todavía una niña, su hija, estaba sentada frente a él. Sus ojos bebieron en el rostro de la niña. Pero... no era el mismo rostro. La decepción se agitó dentro de él. No, no era Morgan. Una niña como Morgan. Una niña como la hija que había tenido con Devon. Sólo que ella no era hija suya. Ésa era la cruel realidad.

—Entonces, eres Francesca —murmuró. Por supuesto, había leído la noticia de su nacimiento—. Debí haberte reconocido de inmediato.

—¿Me parezco a mamá? —preguntó encantada.

—Bueno... —vio la esperanza en sus ojos y no quiso desilusionarla—. Hay un parecido familiar definitivo.

John observó sus rasgos en silencio. Sí, comenzaba a verlo. Morgan también había sido diferente a Devon y, sin embargo, se le había parecido en la misma forma que esta joven.

—Tus ojos son verdes, no color aguamarina, tu piel es más oscura, pero la forma de tu rostro, tus huesos, tu boca, todo eso es igual. Sí, definitivamente el parecido es grande.

—Pero... pero mamá es hermosa y yo no —dijo Francesca, esperando que la contradijera.

Esas palabras removieron sus emociones. Era tan vulnerable. Quería protegerla, darle ánimo. Darle toda la confianza que le hubiese dado a su propia hija.

—Espera un año, lo serás —respondió John con honestidad. Luego, viendo la desilusión pintada en su rostro, agregó—: Está ahí tu belleza, sólo tienes que verla tú misma. Una vez que tengas confianza, serás hermosa. —Y era cierto, pensó.

—Mamá es la mujer más hermosa que he conocido —dijo Francesca.

—No la he visto en tantos años —dijo John, pensando en voz alta—, me pregunto si habrá cambiado mucho. Por supuesto, he visto fotografías, pero no es lo mismo.

—¡Oh! mamá es mucho más hermosa en la realidad que en sus fotografías —dijo Francesca agitada—. Todos lo dicen.

—¿Todos?

—Bueno... —dijo Francesca, haciendo una pausa, discretamente, mientras el camarero les servía la comida. Cuando se hubo alejado, continuó—: El señor Wilder lo dice.

—¿El señor Wilder? —dijo John, tomando un trozo de carne con salsa de champiñones.

—El amigo de mamá, como ella dice. —Francesca tomó un emparedado; al ver que contenía ensalada de huevo lo dejó, tomando uno de salmón ahumado.

De pronto, Francesca vio la oportunidad de conocer cosas que su madre no le había dicho.

—¿Por qué se divorciaron, usted y mamá? —preguntó bruscamente.

John contuvo el aliento, sorprendido por la pregunta y el dolor que le causaba. Pero, por supuesto, la joven no podía saber eso. No tenía intención de causarle daño. Y él se daba cuenta de que ella necesitaba saber esas cosas. Movió la cabeza:

—No hay una respuesta simple para eso. Fueron muchas cosas.

—¿Ya no la amaba?

—¡Oh! sí... —dijo mirando hacia abajo—, sólo queríamos cosas diferentes de la vida.

Francesca asintió.

—Eso es lo que ella me dijo también.

John levantó los ojos y la miró directamente.

—¿Ella es feliz? —preguntó John suavemente.

Esta vez fue Francesca la que se sintió sorprendida. ¿Feliz? Nunca se le había ocurrido pensar que los
adultos pueden sufrir un estado general de infelicidad.
Ninguno parecía estar atravesando el torbellino de emociones que ella sentía todos los días.

—Creo... que mamá es feliz. Nunca la he visto
llorar, excepto cuando murió el abuelo.

Mirando ahora a John, Francesca preguntó:

—¿Usted, volvió a casarse?

—Sí, pero no estoy casado ahora.

—¿Tiene hijos?

John hizo una pausa. Sentía que el dolor le apretaba el cuello. Con dificultad respondió:

—Tuve una hija, pero ella murió.

Francesca lo miró con tristeza.

—Se refiere a Morgan. Ponemos flores en su tumba todas las semanas cuando estamos en Willowbrook.
Usted también ha enviado flores, ¿verdad?

—¡Oh!, sí —dijo John melancólico—, he enviado flores.

—No la conocí, pero desearía que no hubiese
muerto. —De pronto, algo se le ocurrió—. Si hubiese
vivido, usted habría sido mi padre. Muchos de los padres de mis amigas siguen casados porque tienen hijos.
A veces hablan de ello.

—Pero entonces, tú no serías tú. —John no pudo
evitar una sonrisa ante el rostro ávido frente a él. Pidió
al camarero que limpiara la mesa. Después de haber
pedido la tarta de frutillas y café para él, preguntó—:
¿Añoras mucho tener un padre?

—Mamá es maravillosa —dijo Francesca con lealtad—. Y están Mason y Willy y Jeremiah.

—¿Pero? —preguntó John.

—Pero, sí... sí... me gustaría tener un padre.

—Bueno, quizá podamos ser amigos —dijo John cálidamente.

—¡Eso sería genial! —dijo Francesca con entusiasmo. Luego, su rostro se entristeció—. Pero usted vive en el extranjero.

—Ya no. Estoy en Nueva York y aquí me voy a quedar —dijo John.

El camarero trajo la exquisita tarta de frutillas y azúcar glaseado y la colocó frente a Francesca. Luego, sirvió café a John de una cafetera de plata, que dejó en la mesa.

—Pero... —John titubeó—. ¿Crees que a tu madre le molestará que seamos amigos? —preguntó.

—¡Oh, no! —dijo Francesca en un tono natural—. Le pregunté si lo odiaba y dijo que no.

52

El profundo sueño de Devon fue interrumpido por el insistente sonar del teléfono en la mesa de noche. Devon, somnolienta, sacó la mano de debajo del grueso acolchado de plumas y tomó el auricular, no lo suficientemente despierta como para sentir inquietud.

—¿Diga? —bostezó.

—Devon, lamento despertarte, pero hemos tenido una emergencia aquí. —El acento familiar de Jeremiah en el otro extremo de la línea hizo que Devon se pusiera alerta en seguida.

—¿Qué ocurre? —preguntó alarmada. Se sentó y encendió la luz de la mesilla de noche, temblando, con el aire frío de la noche.

—Es Willy... —titubeó Jeremiah.

—¡Oh, Dios, no! —exclamó Devon, el temor le retorcía el corazón.

—Devon, no sé cómo decirlo... —El desesperado sentimiento de congoja de Jeremiah era evidente en su voz—. Me... me temo que ha tenido un ataque al corazón.

—Por favor, Jeremiah, no me digas que ha muerto —suplicó Devon.

—Lo siento, Devon. Se ha ido —dijo Jeremiah suavemente.

—No puedo creerlo. Estaba perfectamente la última vez que lo vi —dijo Devon incrédula.

—No según el médico, Devon. Me dijo anoche que había advertido a Willy que debía trabajar menos.

—¡Pero Willy jamás dijo ni una palabra! Trabajaba tanto como siempre.

—Sí —asintió Jeremiah—, ése era el problema. Su trabajo era su vida entera.

—Sí, Willowbrook lo era —la voz de Devon se quebró al decir estas palabras.

—Y también usted, Devon. La quería mucho, ya sabe.

Devon sonrió entre lágrimas y la sonrisa se volvió una mueca de dolor.

—Nunca pensé que se acostumbraría a mí, pero un día llegamos a ser los mejores amigos. No sé exactamente cuando pasó.

—Dejó una carta para usted —dijo Jeremiah—. No sé si es su testamento o qué.

Devon miró hacia arriba cuando se abrió la puerta de su habitación. Francesca, con expresión de preocupación estaba ahí, de pie, su pijama a rayas arrugado de dormir.

Instintivamente, bajando la voz y limpiando sus lágrimas, Devon dijo a Jeremiah:

—Estaré ahí en unas horas. Me levantaré enseguida. —Colgó el auricular, y se tomó unos segundos para pensar cómo darle la noticia a su hija. Francesca consideraba a Willy de la familia. Se le partiría el corazón.

—Ven aquí, Francesca —dijo Devon, señalando el lugar vacío en la cama junto a ella. Levantó las sábanas y esperó a que su hija se introdujera en la cama—. Ven cerca de mí, Frankie, tengo algo que decirte.

El hecho de que Devon usara su apodo, hizo sobresaltar a Francesca, porque sabía que a su madre no le gustaba. Devon nunca le llamaba así, si bien Francesca insistía. Pero, en vez de sentirse gratificada por ello ahora, Francesca sintió inquietud. Se acercó al calor de su madre, acurrucándose junto a ella. Devon colocó un brazo alrededor de su hija y Francesca apoyó la cabeza en su hombro.

—Estás creciendo mucho —murmuró Devon.

—¿Qué ha pasado, mamá? —preguntó Francesca.

—Querida, no sé cómo decirte esto. Es sobre Willy.

Francesca salió bruscamente de entre los brazos de su madre y se sentó en la cama mirándola.

—¿Qué le ha pasado? —repitió con pánico en la voz.

Devon, deliberadamente, usó una voz suave y tranquila.

—Ha estado enfermo.

—¡No es verdad! —gritó Francesca.

Devon tomó las manos de su hija y las cubrió con las suyas.

—Ninguno de nosotros lo sabía. No se lo dijo a nadie. Y ahora debo volver a Willowbrook esta noche.

—¡Quiero ir contigo! ¡Quiero verlo!

—Frankie, Willy tuvo un ataque cardíaco esta noche.

—¡Oh, no! ¿Va a morir? —sollozó la niña.

—¡Oh! Frankie. —Las lágrimas resbalaban por el rostro de Devon, cuando ella se inclinó y abrazó a su hija. Necesitaba el abrigo de un cuerpo cálido tanto como Francesca.

—Mami —dijo Francesca, volviendo a llamarla como cuando era pequeña—, ¿está muerto?

Devon no pudo responder, pero asintió con la cabeza apoyándose en la jovencita, y Francesca tuvo la respuesta.

Francesca estaba consternada. Recordaba el sufri-miento que había sentido cuando murió su abuelo.

Ahora, su corazón se rompía de nuevo. Willy, a quien había visto casi todos los días de su vida, más aún que a su abuelo, ya no ocuparía un lugar en su mundo. Parecía cruel que no hubiese tenido la oportunidad de decirle adiós. Un gran sollozo escapó de su boca.

—Quiero verlo una vez más. Quiero decirle adiós.

Devon estudió el rostro de su hija y vio la determinación pintada en él. Sí, pensó Devon, es lo suficientemente mayor como para esto. Devon y Laurel la habían considerado demasiado pequeña para asistir al funeral de su abuelo. Pero, para el de Willy... ella debe estar allí, decidió Devon. Ella necesita estar allí.

—Muy bien —dijo Devon—, llamaré a Ettie para que te ayude a empaquetar tus cosas. No trates de llevar muchas cosas. Tenemos que irnos enseguida.

Francesca y Devon se abrazaron una vez más; luego, Francesca salió de la cama y caminó fuera de la habitación con la espalda erguida. Devon se sorprendió al sentirse reconfortada por el hecho de que Francesca la acompañara a Willowbrook. Devon había estado sola tanto tiempo que pensó que se había acostumbrado a ello. Pero ahora, descubrió que le hacía bien el apoyo de su hija. Era una sensación nueva, entre amarga y dulce.

Querida Devon,

Creo que no tengo mucho que dejar. Déle mi ropa al que la quiera. Si no le importa, quisiera que me enterrasen en Willowbrook. En algún lugar que mire a los establos. Sé que no soy de la familia, por lo que si eso no se puede, quiero que me incineren y tiren mis cenizas en la pista de Willowbrook. No importa demasiado por cuál de las dos cosas se decida, pero creo que prefiero ser enterrado. Encontrará 25.000 dólares bajo mi colchón. Compre una lápida y done el resto para una buena causa. Ha sido una buena patrona y eso es algo que nunca creí que diría. Ha sido también una buena amiga. Gracias.

Willy O'Neill

Como lo requería la carta, Willy fue enterrado en Willowbrook. Había un cementerio familiar, pero ninguno de la familia de Devon estaba enterrado allí; sólo los miembros de la familia Hartwick, los dueños anteriores de Willowbrook.

La familia Richmond estaba enterrada en Evergreen. Entonces, Devon creó un pequeño cementerio sólo para Willy. Estaba bajo unos robles, cerca del gran granero blanco. Era un hermoso lugar sobre una colina que miraba al campo. Se sentía gratificada de que él hubiese querido ser enterrado en Willowbrook.

Pero ahora, mientras miraba las colinas ondulantes, oscuras por el frío del invierno, sintió una gran soledad. Miró a las docenas de personas a su alrededor, con las cabezas inclinadas mientras escuchaban al sacerdote recitar las plegarias por los muertos. Algunos de los rostros eran de familiares; Grace y Philip habían venido desde Washington, Laurel la había acompañado desde Nueva York. Algunos rostros pertenecían a amigos. Pero ninguno de entre ellos había sido un compañero tan constante como Willy. Devon y él habían logrado una profunda amistad que no requería de palabras. Más importante aún, había habido un tremendo respeto mutuo entre ellos, conquistado con dificultad por ambas partes. Sentía como si una parte de ella se hubiese ido.

Devon miró la cabeza inclinada de Francesca. La jovencita trataba de reprimir los sollozos, pero el cuerpo le temblaba con el esfuerzo. Devon puso el brazo alrededor de ella y luego se estremeció cuando una fría ráfaga de viento sacudió las ramas desnudas sobre ella. Sintió el fuerte brazo de Mason Wilder que la rodeaba. Era un consuelo tenerlo allí, pensó Devon, reclinándose contra él agradecida.

Cuando el sacerdote cerró el libro de las plegarias, Devon caminó hacia la tumba y tomó una pala pequeña. Metió la pala entre el montón de tierra roja al lado de la tumba y arrojó su contenido sobre el ataúd. El sonido sordo de la tierra densa golpeando el ataúd hizo estremecer a Devon una vez más. Dejó la pala y volvió al grupo de gente, deseando sólo regresar a la cálida protección de su hogar.

Entonces, detrás de la gente, como un fantasma del pasado, vio un rostro familiar.

53

—Famoso entrenador de caballos, mundialmente conocido, muere a los 79 años de edad —decía el titular de la esquela del *New York Times*. El titular llamó la atención de John Alexander, ya que conocía a los entrenadores más importantes del país. Dejando la tostada en el plato, acercó el diario hacia él con ambas manos.

—¡Oh, Dios mío! —exclamó, tirando la servilleta de lino sobre la lustrosa y larga mesa de caoba y poniéndose de pie.

—¿Qué pasa? —preguntó la pelirroja, sorprendida por el súbito movimiento.

Dejó a un lado la novela romántica que estaba leyendo y miró a su amante con ojos interrogantes.

—Alguien que trabajó para mí en épocas pasadas, acaba de morir. Un buen hombre —respondió John como ausente.

—¡Oh! Alguien que sólo trabajó para ti —dijo la pelirroja, tomando el libro con una mano y un trago de café con la otra.

John miró exasperado a la hermosa mujer con el salto de cama de raso blanco. No tenía sentido explicarle el impacto que le causaba la muerte de Willy. Ignorándola, John llamó a su valet.

—Prepáreme una maleta con ropa apropiada para un funeral —ordenó al hombre cuando éste llegó.

—¿Vas a ir al funeral de ese hombre? —preguntó la pelirroja asombrada, levantándose.

—Sí —dijo John bruscamente—, voy a mi habitación a cambiarme.

—¡Iré contigo! —anunció la pelirroja. Ya se imaginaba lo elegante que estaría con un vestido negro y un coqueto sombrero.

—No, no lo harás —respondió John con firmeza. Se volvió y salió por las puertas que daban al vestíbulo del ático de Park Avenue. Cruzó el suelo de mármol negro y continuó por un largo pasillo que conducía a la habitación principal: la pelirroja iba detrás de él como un perrito.

—¿Por qué no puedo ir? —dijo en un tono caprichoso que no conmovía a John.

Él no respondió. Entró en el dormitorio, un dormitorio estrictamente de hombre, con paredes verde inglés y sillones de cuero, y comenzó a vestirse. Rápidamente, eligió una chaqueta de tweed y pantalones de franela gris para el viaje. En un instante, estaba vestido y listo para irse.

John besó a la pelirroja levemente en la mejilla y caminó hacia la puerta.

—Te veré cuando regrese —dijo por encima de su hombro.

—¿Y cuándo regresarás? —preguntó ella con las manos en la cintura y expresión de disgusto.

John hizo una pausa.

—No lo sé. Pasado mañana probablemente.

—Te esperaré aquí—dijo la pelirroja, hundiéndose en la enorme cama que estaba detrás de ella.

—No, no te quedes aquí —dijo John cortante.

—¿Por qué no? —preguntó.

Por segunda vez esa mañana, John la ignoró. Salió rápidamente de la habitación dejándola en la cama.

—Williams —dijo, dirigiéndose al mayordomo mientras éste le ayudaba a ponerse la americana—, volveré dentro de tres días. Por favor, asegúrese de que la señorita se haya ido para entonces.

—Sí, señor —dijo el mayordomo, impasible.

Jamás hubiera esperado que ella siguiera siendo tan hermosa. Francesca se lo había dicho, pero Francesca no la había conocido en su juventud. Las fotografías de Devon que había visto lo habían llevado a pensar que aún sería muy atractiva. Mostraban que conservaba la figura esbelta, que sus hermosos ojos estaban llenos de vitalidad. Pero no estaba preparado para la atracción magnética que lo golpeó cuando la vio apoyada en el brazo del hombre alto de cabello blanco. Incluso con la chaqueta negra y el velo, incluso con el rostro lleno de dolor, John Alexander encontró a Devon fascinante.

Ella se acercó a él, con la boca entreabierta por la sorpresa, sus ojos celestes enormes, pasando entre la gente sin prestarle atención.

—John. —Su suave y distinguida voz le envolvieron, más profundamente que en su juventud—. Qué amable has sido al venir.

Una corriente eléctrica lo recorrió al tocar su mano enguantada y tomarla entre las suyas. De pronto, se sintió transportado al día en que la había visto por primera vez, en el salón de los Magrath. Parecía que los años no hubieran pasado, y, como en un sueño, la veía por primera vez. Recordaba su fascinación. Ella era fascinante aún. Más fascinante ahora, con ese aire de realeza que se había vuelto más pronunciado en la madurez. Se preguntaba si ella sentiría las mismas emociones.

Luego, percibió la forma en que el hombre de cabello blanco se apresuró a su lado y la tomó del codo. Se veía preocupado, solícito y muy dueño de la situación. John dejó la mano de Devon. Vio que el otro hombre lo observaba, esperando que él hablase.

—Sentía tanto aprecio por Willy —dijo John—. Lo siento tanto.

Devon inclinó la cabeza un momento; luego, levantó los ojos llenos de lágrimas.

—Me siento perdida sin él. Sabes, nos habíamos hecho muy amigos.

Los ojos de John miraron al vacío, recordando.

—Os peleabais continuamente al principio. Nunca pensé que ibais a arreglar vuestras diferencias.

La voz de Devon atrajo los ojos de John hacia ella.

—Nuestras diferencias parecen tan insignificantes ahora, después de todos estos años pasados juntos. Supongo que las circunstancias nos obligaron a permanecer juntos al principio. Después, estoy segura de que ninguno de los dos podría haberse imaginado que podía tomar caminos distintos. —Devon miró hacia abajo, por temor a que sus emociones la dominaran.

Viendo su angustia, el compañero de Devon comenzó gentilmente a instarla a continuar caminando. El sendero de ladrillos que conducía al lugar de la tumba era estrecho, no permitiendo el paso a más de dos personas a la vez, por lo que John caminaba detrás. El grupo se dirigió hacia un espacio cubierto de lajas, donde las limusinas negras esperaban para llevarlos a la casa principal.

Devon se volvió y vio a Francesca caminando con John; éste tenía el brazo colocado sobre su hombro. Confusa, Devon frunció el entrecejo ante la aparente familiaridad. ¿Acaso se conocían?, se preguntó.

—Francesca —la llamó suavemente, esperando a su hija—, ven, querida.

Francesca, obediente fue junto a su madre, pero luego se volvió hacia John y le preguntó:

506

—¿Se quedará? Todos los demás van a la casa.

John miró de forma inquisitoria a Devon, quien, aunque confundida por la aparente relación, jamás hubiera negado públicamente una invitación hecha por un miembro de la familia.

—Por supuesto que eres bienvenido —dijo un poco rígida. Encontraba la presencia de John muy perturbadora y estaba enojada consigo misma por sentirse así.

—Gracias, me encantaría —respondió con una sonrisa amable para Francesca.

Devon los miró, y luego se volvió y entró en el gran automóvil negro en donde estaba Laurel. Francesca y Mason la siguieron.

Devon no quiso hablar durante el viaje, pues no quería preguntarle a su hija sobre John delante de Mason. Tampoco tuvo oportunidad de hablarle a solas durante la tarde, ya que la habitación estaba llena de la gente que había asistido al funeral. Pero, a pesar de la gente, Devon percibía la presencia de John. Sus ojos se volvían involuntariamente hacia él. Lo estudiaba furtivamente. Había envejecido bien. Aunque tenía casi sesenta años, sus hombros eran amplios y no tenía las espaldas cargadas como la mayoría de los hombres de esa edad. Su presencia era distinguida, si bien conservaba ese atractivo salvaje que había tenido años atrás.

Más avanzada la tarde, cuando finalmente la casa quedó vacía, excepto por la familia y Mason, Devon golpeó suavemente la puerta de la habitación de su hija.

Encontró a Francesca leyendo en la cama; un libro sobre caballos, por supuesto. Las blancas paredes del cuarto de la niña estaban cubiertas de dibujos y fotografías de caballos, y su biblioteca adornada con estatuillas de caballos. De pronto, recordó que faltaban

pocos días para el cumpleaños de su hija. Los prepa-
rativos del funeral le habían hecho perder la noción
del tiempo.

—¿Cómo te sientes esta tarde, querida? —preguntó Devon, asomándose al borde de la cama cubierta
por un acolchado azul y blanco. Francesca había elegido la tela. Había querido algo que le recordara los pantalones de algodón que usaba para montar.

—Supongo que bien —dijo Francesca, colocando
el libro boca abajo sobre su regazo.

Devon tomó la mano de su hija entre la suya.

—Creo que las dos vamos a echar mucho de menos a Willy.

Francesca asintió y apretó la mano de su madre.

—Francesca, quisiera preguntarte sobre algo que
ocurrió hoy.

Francesca miró a su madre con curiosidad.

—¿Ya conocías al Sr. Alexander?

Francesca contempló a su madre con un poco
de nerviosismo. No sabía bien qué responder. Había
pensado contarle a su madre, después de Navidad,
en relación con su encuentro con John, ya que si lo
hacía antes, revelaría que había comprado un obsequio a Devon en Tiffany's. Pero la Navidad había
pasado casi inadvertidamente durante esos días, entre la muerte de Willy y el funeral. En el apuro por
dejar Nueva York, todos los obsequios habían quedado allí. Y no era conveniente, decidió la familia,
decorar Willowbrook para Navidad y celebrar la fiesta
como siempre.

—La verdad —insistió Devon con firmeza.

—Iba a contarte... —la voz de Francesca flaqueó
mientras buscaba una explicación.

—¿Dónde y cuándo lo conociste?

—En una tienda, cuando fui a comprar tu regalo de Navidad —dijo Francesca a borbotones—. Fue muy amable conmigo, aunque la mujer que estaba con él me llamó niña tonta. La obligó a que se fuese a su casa y, luego, almorzamos en el Palm Court.

Devon levantó las cejas, señalando la infracción a Francesca.

—¡Oh, mamá! —suspiró Francesca molesta—. Yo sabía que él no era un secuestrador o algo peor. Parecía tan... tan... bueno, tan *amable,* sabes a qué me refiero. Pero al mismo tiempo, muy respetable. En nada diferente a la gente que conocemos.

Devon se levantó del suave colchón y comenzó a caminar lentamente. Era obvio para Francesca que Devon estaba preparando un discurso para ella. Francesca se hundió en las almohadas y aguardó la reprimenda, con resignación filosófica.

Como estaba previsto, Devon comenzó:

—Bajo ninguna circunstancia, *ninguna circunstancia,* debes ir a ningún lugar con un extraño —dijo con dureza. Se volvió de golpe y miró a su hija—. Sólo tienes trece años...

—Catorce —interrumpió Francesca—, esta semana.

—Está bien, catorce. Eres demasiado joven para decidir sobre si la gente intenta hacerte daño. Créeme, algunas personas que parecen agradables pueden hacer un daño tremendo a jovencitas como tú.

—Yo, solamente...

—¡No me interrumpas! —ordenó Devon—. Hay pocas reglas en esta casa, pero las que hago explícitas *serán* obedecidas.

—¿Vas a castigarme?

—Sí. No vas a montar a caballo durante una semana.

—¡Pero mamá! —gimió Francesca—. Es lo que más me gusta de todo lo que hago cuando estoy aquí.

—Eso ya lo sé —dijo Devon con las manos en las caderas—, por eso lo he elegido como tu castigo. Y no pongas ese aire de tragedia. Te mereces esto por haber hecho algo que sabías que estaba estrictamente prohibido.

—Está bien —dijo Francesca cabizbaja. Sabía que el castigo era justo, aunque no bienvenido.

Resuelto el asunto, Devon olvidó su enojo y retomó su lugar en la cama de Francesca.

—Para hablar de temas más agradables —anunció con calma—. Para tu cumpleaños, sugiero una tranquila cena en familia, en vista de que Willy...

Francesca interrumpió:

—¡Oh! es todo lo que deseo. No podría hacer una fiesta tan pronto... —se cortó en la mitad de la frase, no queriendo hacer referencia a la muerte de Willy—. Pero, mamá, hay una cosa que desearía para mi cumpleaños.

Devon sonrió a su hija, esperando un pedido referido a caballos.

—¿De qué se trata, querida?

—¿Podríamos... podríamos invitar al Sr. Alexander a mi cena de cumpleaños?

La pregunta alcanzó a Devon desprevenida y se ruborizó terriblemente sin saber por qué. Confusa, paseó la mirada por la habitación, evitando mirar a Francesca.

—Bueno, yo... yo... —Devon titubeó, tratando de encontrar una razón para rechazar una solicitud tan simple—. Él no es realmente un amigo cercano y, ciertamente, no forma parte de la familia —dijo Devon.

—Lo sé —suspiró Francesca.

El tono ansioso de su hija atrajo la atención de Devon.

—¿Por qué? ¿Por qué alguien a quien has visto sólo dos veces causa una impresión tan fuerte en ti?

Francesca miró sus manos y tomó la sábana.

—No lo sé exactamente.

Devon pensó un momento. La niña acababa de perder una de las figuras masculinas más importantes de su vida. Realmente, no había nadie más para ella, con excepción de Mason, que era una presencia tan constante como la de Willy. ¿Por qué negarle una solicitud tan simple? Y en su cumpleaños.

—Sabes, Francesca —dijo Devon con gentileza—, no debes poner demasiada emoción en tu amistad con el señor Alexander.

—¿Por qué no? —preguntó Francesca.

¿Realmente, por qué no? se preguntó Devon. ¿Qué podía decirle a la jovencita? ¿Que el hombre no quería el peso de una familia, que amaba su libertad demasiado como para tener una relación con una jovencita? Su actitud de amistad hacia Francesca haría que Devon pareciera alguien que inventa excusas débiles. No había forma de hacerle entender a una jovencita de catorce años la cautela que había aprendido como esposa de John Alexander a los treinta y cinco.

Con reticencia, decidió conceder a Francesca lo que le pedía.

—Está bien, Francesca, puedes invitar al señor Alexander. Pero deja bien en claro que la invitación viene de ti y no de mí.

—¡Oh! —gritó alegre Francesca, aplaudiendo—. Haré lo que tú digas. ¡Gracias!

—Y una cosa más...

—¿Sí, mamá?

Mirando el rostro feliz de Francesca, decidió atemperar las palabras de advertencia. No quería estropear la alegría de su hija, pero, al mismo tiempo, deseaba protegerla del dolor que ella había conocido.

—Bueno, recuerda que el señor Alexander es un hombre muy ocupado. Y si te decepciona... me refiero a que si no pudiera venir, y no te presta la atención que tú quieres, trata de comprender... no significa que tú no le agrades.

54

❦

—Ésta es la última gota, Pritchard —dijo Jeremiah en un tono tranquilo pero amenazador—. Te he dado todas las oportunidades para que cambies tu actitud.

—Bueno, tú sí que eres noble y poderoso —dijo el hombrecito, su nariz casi tocando la de Jeremiah, las venas del cuello hinchadas—. Hace apenas seis meses que Willy ha muerto y tú te crees que ya lo sabes todo y que puedes mandarme.

Jeremiah, generalmente, tardaba en perder el control, pero ahora se enfureció. Sin embargo, no levantó la voz, aunque hablaba tenso, inclinándose hacia adelante para agregar énfasis a sus palabras.

—Siempre he sido tu jefe, Pritchard. No tiene nada que ver con Willy. Y es gracias a mí que te has quedado aquí tanto tiempo. Ahora, he decidido que te vayas y debes hacerlo antes del mediodía.

Habían discutido por un asunto aparentemente sin importancia: si era tiempo de montar uno de los potrillos premiados de Willowbrook. Pero había sido sólo la última de una larga serie de desacuerdos. Y Jeremiah había decidido, al fin, que Willy tenía razón. Jimmy Pritchard no escucharía razones. Era salvaje y descontrolado como el potro sobre el cual discutían.

Las siguientes palabras de Jimmy probaron que la impresión de Jeremiah era correcta.

—No tienes poder sobre mí. ¡La señorita Devon va a decidir si estoy o no despedido! —gritó el joven.

—Eres un tonto, chico, la señorita...

Las palabras de Jeremiah fueron interrumpidas por un sonado golpe en su mandíbula. Por un momento, se mantuvo en pie, aturdido y viendo las estrellas. Luego, se desplomó sobre el lodo, cerca del granero. Entre sueños oyó a Jimmy Pritchard gritarle:

—¡Ningún negro me llama chico! —Entonces sintió un fuerte impacto en el estómago. Y perdió la conciencia.

El desayuno de las damas de Willowbrook fue interrumpido por un fuerte portazo en la cocina. Las vibraciones se escucharon a través del vestíbulo y hasta el salón comedor donde Laurel, Alice, Francesca y Devon estaban sentadas disfrutando del sol matutino.

—¡Tengo que ver a la señorita Devon! —Se oyó a un hombre que gritaba a una de las sirvientas.

Alarmada, Devon se puso de pie rápidamente, arrojando la servilleta encima de la mesa.

—¿Qué pasa? —dijo sin dirigirse a alguien en particular, mientras las demás mujeres se miraban con desconcierto.

Oyó un murmullo de respuestas; luego, la misma voz gritó:

—¡No! ¡Ahora! ¡Fuera de mi camino!

Antes de que pudiese correr a la cocina, oyó pasos fuertes que se acercaban por el vestíbulo que separaba la cocina del comedor. Entonces, Jimmy Pritchard entró violentamente por la puerta.

—Tengo que hablar con usted —dijo el jinete mirando directamente a Devon.

Devon observó fríamente al joven. Como Willy, ella lo consideró siempre como un agitador y, muchas veces, se había visto tentada de despedirlo. Sin embargo, Jeremiah era su superior directo y ella no quería interferir. Sabía que Jeremiah estaba teniendo aún más problemas desde la muerte de Willy, al tratar de consolidar su autoridad sobre algunos de los empleados blancos. Incluso algunos de los negros parecían opinar que él no podía ocupar un puesto así. Devon sabía que si deseaba que Jeremiah triunfara en su nuevo trabajo, debía dar un paso atrás y dejar que Jeremiah manejara las cosas hasta que consiguiese establecer sólidamente su autoridad.

Pero ahora, Pritchard invadía su territorio y ella se proponía ponerlo en su lugar directamente.

Ese día, Devon vestía un traje azul marino de lino, pues tenía que ver a su banquero en Middleburg. Había decidido pedir un préstamo para comprar una granja de cría vecina que había sido puesta en venta recientemente. Si lograba concretar la operación, sería la dueña de las caballerizas más grandes de Virginia. La granja de cría era muy prestigiosa y ella ni siquiera sabía si los vendedores iban en serio, pero se deleitaba pensando en consolidar una operación como ésa. Por supuesto, podría comprar la granja directamente con su propio dinero, pero prefería usar el dinero del banco para la nueva empresa, una práctica que había adoptado para todas las inversiones después de haberse hecho cargo de Willowbrook.

Pritchard pocas veces había visto a Devon vestida en un estilo tan ejecutivo. En los establos, generalmente, vestía blue-jeans. Su aspecto autoritario, frío, tan obviamente superior a él, lo hizo vacilar durante unos momentos.

Devon permitió que pasaran unos momentos de incómodo silencio; luego, habló:

—Usted irrumpió en esta casa. ¿Por qué?

Él miró con incomodidad a las dos ancianas sentadas en la mesa detrás de Devon, luego a Francesca. Después, pareció reponerse.

—Tengo asuntos que discutir con usted —dijo desafiante.

—Eso me parece difícil de creer; sin embargo, si quiere pedir una cita...

—¡Ahora! —interrumpió, con su arrogancia habitual.

—¡Con su permiso! —dijo Devon, los ojos brillando peligrosamente. Tocó la campanilla llamando al mayordomo. Éste apareció casi de inmediato.

—Greene, por favor, acompañe al señor Pritchard a la puerta.

—¡Tengo asuntos que discutir con usted! —gritó el jinete, mientras el robusto hombre negro lo tomaba del brazo con fuerza.

Devon se volvió a las mujeres en la mesa.

—Os pido disculpas a todas por esta escena.

Furioso ante la breve despedida, Pritchard gritó:

—¡Jeremiah Washington está tirado en el suelo, cerca del granero, y yo estoy aquí para decirle por qué!

Devon se volvió para mirar al jockey. Lo estudió por un momento mientras absorbía sus palabras. Cuando comprendió, sintió que una ira tremenda se apoderaba de ella.

—¡Fuera de mi vista, señor Pritchard! ¡Si el señor Washington está en las condiciones que usted describe, él me dirá por qué!

Cuando pasaba a su lado, Pritchard la tomó del brazo:

—Tengo derecho a ser escuchado, también.

Fuera de sí, Devon se soltó con furia de él.

—¡Cómo se atreve! —espetó. Miró al mayordomo—. Greene, lleve a este hombre a mi estudio, por favor, y asegúrese de que se quede allí. —Sin mirar de nuevo a Pritchard, se marchó de la habitación.

Sin pensar en sus zapatos de tacón alto azules y blancos, Devon caminó por el lodo hasta la oficina que compartía con Jeremiah, como una vez lo había hecho con Willy. Allí encontró a casi todo el personal reunido alrededor del antiguo sillón de cuero. Jeremiah yacía en él, con una bolsa de hielo en el mentón.

—¡Qué sucedió! —exclamó Devon.

Al verla, Jeremiah trató de ponerse de pie, pero sólo pudo incorporarse sobre un codo.

—Despedí a Pritchard —dijo el entrenador, como si eso lo explicara todo.

Y de hecho explicaba mucho. Pero Devon tenía unas cuantas preguntas.

—¿Te enredaste en una pelea con él? —dijo asombrada de que este hombre tranquilo hubiera hecho algo así.

—Ojalá lo hubiese hecho —respondió mansamente—. No, me pegó sin ninguna advertencia. Lo siguiente que recuerdo es que estaba tendido en el suelo.

—También le dio una patada cuando estaba tirado en el suelo —agregó uno de los mozos.

La furia de Devon contra Pritchard se intensificó al oír eso. Tomó el teléfono de su escritorio y llamó a la casa principal. Cuando el mayordomo contestó ella le dio instrucciones:

—Greene, dígale a esa... esa... persona —espetó la palabra como si fuese una obscenidad—, que está en mi estudio que se vaya inmediatamente. No sólo de mi estudio, sino de la propiedad. Le quiero fuera de aquí en menos de una hora. Recibirá dos semanas de salario y una referencia medianamente decente si se va ahora. Puede telefonearnos para darnos su dirección. Dígale que ésas son mis órdenes. No quiero volver a verlo nunca más. ¿Ha comprendido?

—Devon movió afirmativamente la cabeza al recibir la confirmación del otro lado de la línea telefónica. Luego, colgó el auricular con energía.

—¿Jeremiah, necesitas un médico?

—No, gracias, estoy bien —dijo sentándose y haciendo señas a los demás para que se fueran—. Todos vosotros, muchachos, idos y dejadme respirar.

—Señores, por favor discúlpennos. Creo que Jeremiah está bien ahora —dijo Devon, despidiendo a los empleados con gentileza. Uno por uno, los hombres salieron de la oficina hasta que la puerta se cerró con un crujido.

Sin embargo, Devon habló en tono bajo.

—Hubo algo más aparte del hecho de que le despidieras, ¿verdad? —preguntó a Jeremiah, sentándose en su vieja silla frente a él.

—Sí, lo mismo de siempre. Ya sabe. Siempre le molestó recibir órdenes de un hombre de color. Como hoy... —Jeremiah explicó la causa de la discusión, concluyendo—: Fui un estúpido al pensar que podría cambiar su actitud. Sin embargo, era incomparable con algunos de los caballos. No quería deshacerme de él tan fácilmente.

—Puede ser reemplazado —dijo Devon bruscamente—. Nunca conserves a un agitador, Jeremiah. No vale la pena. Eres un buen entrenador. La caballeriza funciona muy bien contigo a la cabeza. Tu única debilidad es que eres demasiado amable. Estás dispuesto a dar a hombres como Pritchard demasiadas oportunidades. Es una pérdida de tiempo.

—¡Ah! Devon —suspiró Jeremiah, moviendo la cabeza—. Me gustaría ser tan bueno como Willy. Él inspiraba respeto sin ni siquiera intentarlo.

—No todos los hombres pueden olvidar tu color, Jeremiah. La mayoría lo consigue, una vez que se acostumbran a la idea. Los que no pueden, bueno, no nos sirven.

—Devon, ¿cómo es que no ha conseguido un hombre blanco para este trabajo después de la muerte de Willy?

—¡No seas ridículo! Tú conoces el trabajo en profundidad. Conoces mis métodos de entrenamiento y los de Willy. Has crecido aquí y eres mi amigo desde hace más de treinta años. Y lo más importante, estás capacitado para este trabajo. ¿Qué clase de persona sería si pusiera a alguien por encima de ti?

—Tal vez una persona más lista, Devon. Nadie tiene un entrenador negro. Todos piensan que está loca al tenerme. Me temo que esto va a causarle un mundo de problemas. —Jeremiah trató de acomodarse la bolsa de hielo, volcando agua en su camisa.

Devon rió.

—Dáme eso, yo lo llenaré de nuevo. —Se inclinó sobre él y le puso la mano sobre la mejilla para tomar la bolsa de hielo.

—¡Bueno, no es esto tierno! —una voz sarcástica entró por la puerta tejida de alambre. Devon se dio la vuelta y vio el rostro malicioso de Jimmy Pritchard mirándola a través del alambre oxidado—. Creo que lo que dicen de los negros es verdad. Tal vez por eso lo conserva.

Al oír la voz del joven, Jeremiah se puso de pie y, en dos zancadas largas llegó a la puerta. La abrió tan bruscamente que Jimmy Pritchard, desprevenido, recibió un golpe en el rostro.

Jeremiah no era más alto que Jimmy, pero era más robusto, pues al haberse retirado de correr había aumentado de peso. Sin embargo, era puro músculo. Y lo demostró, tomando a Jimmy del cuello y levantándolo en el aire hasta llegar a la pared del establo que estaba frente a la oficina. Jeremiah incrustó a Jimmy contra ella, el joven se balanceó hacia adelante. Jeremiah levantó la rodilla. ¡Pum! Directamente al mentón de Jimmy, golpeando su cabeza hacia atrás. Luego, dejó caer al jockey en la suciedad.

Devon, detenida detrás de la puerta de alambre, estaba azorada ante el comportamiento sin precedentes de Jeremiah. Se mantuvo en silencio.

—Pritchard, muévete ahora si quieres pelear. Si no quieres pelear, vete de esta propiedad. ¡Ahora!

El jockey movió la cabeza para recobrar el sentido y se limpió la sangre de la nariz con la manga de la camisa. Se sentó y miró a Jeremiah con odio.

—Pelearé contigo en cualquier lugar, negro. —Luego, se lanzó hacia las piernas de Jeremiah, tratando de hacerlo caer. Pero Jeremiah era demasiado rápido. Se movió hacia un lado y la cara de Jimmy dio contra la suciedad. Jeremiah le volvió a tomar del cuello, esta vez por la parte de atrás.

—Permíteme que te ayude —dijo tranquilamente, lanzando a Pritchard una vez más contra la pared. Esta vez, el joven gritó de dolor cuando su codo golpeó una argolla de metal. Con los puños crispados vino hacia Jeremiah—. No lo harás de nuevo —gruñó Jeremiah, golpeando a su oponente en el estómago con toda su fuerza.

Pritchard se dobló por las náuseas y fue tambaleándose hacia Jeremiah. Éste se enderezó, preparado para golpear otra vez si era necesario. Pero, antes de que Pritchard lo alcanzara, el joven cayó sobre las rodillas y vomitó en la suciedad.

Jeremiah levantó los ojos y se vio rodeado por sus hombres. La mayoría tenía miradas de aprobación, pero dos de los amigos de Pritchard se acercaron al jockey y lo ayudaron a ponerse de pie.

—Ya es suficiente por hoy, Jimmy —dijo uno, arrastrándolo fuera del granero.

Jimmy les hizo señas de que se detuvieran. Con dificultad, se volvió para mirar a Jeremiah

—Puede que por hoy sea suficiente. Pero no me rendiré. No tan fácilmente. Hay muchas maneras de vérselas con negros engreídos. Especialmente con los que ponen las manos sobre mujeres blancas —espetó—. Tú y esa perra. Tendrán su merecido —amenazó. Luego se volvió y se fue cojeando.

Devon salió de la oficina con el rostro inmóvil. Abrió la boca para hablar, pero Jeremiah se le adelantó. Dirigiéndose a sus hombres, dijo:

—Si alguno de vosotros piensa como Pritchard, es mejor que se vaya ahora. Les daremos dos semanas de paga y una recomendación. Los que se quedan, lo hacen bajo la condición de que comprendan que yo soy el jefe directo. Yo contrato, yo despido. Cualquier hombre, negro o blanco, que empiece con la clase de problemas que llevaron a la situación de hoy, será despedido más rápidamente que Pritchard. No me importa de qué color sea. Trabajen duro, se les recompensará. Cometan un error, tendrán otra oportunidad. Pero el desafío, la falta de respeto, el prejuicio, eso no lo voy a tolerar. —Jeremiah miró a cada hombre, esperando que alguno protestara o se marchara.

—Sí, señor —dijo un mozo delgado, un joven blanco de dieciséis años que soñaba con ser jockey.

—Es un trato —dijo uno de los jinetes negros.

Todos los hombres asintieron con la cabeza.

—Está bien —dijo Jeremiah con aspereza—. Entonces, vuelvan a su trabajo.

Cuando todos se fueron, Jeremiah miró a Devon. Ella, simplemente, hizo un gesto de aprobación, se dio la vuelta y se marchó a la cita con el banquero.

55

Hoy, Devon estaba animada para hacer celebraciones. Su banquero le había otorgado, complacido, el préstamo para comprar la granja vecina. ¿Y por qué no?, se preguntó. Había hecho de Willowbrook un negocio de nivel internacional. El banquero sabía que no corría riesgos.

Estaba por medio el incidente con Jimmy Pritchard. Había sido desagradable, pero Jeremiah había salido vencedor. Devon se sentía confiada de que, finalmente, él había consolidado su autoridad sobre los otros empleados. Estaba satisfecha de que Jeremiah pudiera ocuparse de cualquier insubordinación futura, rápida y completamente.

Pensando en cosas más agradables, Devon miró el vestido de fiesta color niebla que estaba sobre la cama y sonrió para sí misma. Allí había otro motivo para sentirse feliz. Tenía cincuenta y dos años; sin embargo, aún era hermosa, deseable y requerida. No todo el mundo podía decir lo mismo a su edad, y estaba orgullosa de ello, aunque jamás lo confesara.

Mason Wilder llegaría pronto para llevarla a una cena en la casa de los Hartwick. Aún vivían en la vieja propiedad Magrath, al lado de Evergreen, la casa de la infancia de Devon. Los padres de Helena Magrath Hartwick habían muerto, pero todo el mundo se refería a la casa como "la casa Magrath". Helena, Brent y sus hijos habían seguido siendo buenos amigos de

Devon, pero también de John. Devon sabía que John estaba de visita allí, porque había pasado por Willow-brook muchas veces para ver a Francesca. Devon y Mason contemplaban esta creciente amistad con escepticismo, pero hasta el momento John no había decepcionado a la jovencita. Devon resolvió advertir a John esa noche, en forma sutil, sobre la ansiedad de Francesca por sus visitas. No quería que su hija se sintiese herida, si John súbitamente decidía que estaba aburrido de la niña. Devon sabía que Francesca tenía la idea fija de que John podría haber sido su padre y por lo tanto estaba fascinada con él. También reconocía que el sentimiento estaba mezclado con una simple atracción adolescente por un apuesto hombre maduro. Eso era perfectamente normal y estaba bien, pensó Devon, mientras John manejara las frágiles emociones de la niña con cuidado.

Devon terminó de maquillarse, una sutil aplicación de rubor rosado en las mejillas y los labios, gris humo alrededor de los ojos y lápiz negro en las cejas.

Luego caminó hasta la cama y se puso el vestido gris. Estaba hecho de una seda color perla que parecía brillar con cada movimiento que ella hacía. Tenía una falda amplia y los hombros iban descubiertos, resaltando la juvenil y atractiva figura de Devon; pero tenía mangas largas. Los brazos de Devon eran musculosos, pero había decidido que era inapropiado que una mujer de más de cincuenta años descubriera sus brazos. Francesca y Grace se rieron de eso, pero Devon se mantuvo firme, rehusando seguir la furiosa moda de los vestidos sin mangas ni tirantes.

Devon oyó el sonido del timbre de la puerta cuando acababa de ponerse las sandalias plateadas. Sabía que era Mason que venía a buscarla. El golpeteo de

Francesca, corriendo por el piso de madera, lo confirmó. El sonido de sus entusiastas saludos le llegó hasta Devon y se sonrió. Antes de dejar la habitación, abrió todas las ventanas, bebiendo las fragancias nocturnas de su jardín. No estaba demasiado oscuro aún, era uno de esos atardeceres de verano en que parece que no oscurecerá nunca. El cielo tenía trazos de luz rosada y Devon respiró profundamente, relajándose y disfrutando de la vista. Una sensación de bienestar absoluto la llenó y la saboreó, sin saber que pronto la abandonaría.

Mason trató de no parecer contrariado mientras observaba a Devon hablar íntimamente con John frente a la enorme chimenea de mármol de los Hartwick. No sabía que el tema de conversación era Francesca, pero si lo hubiese sabido, no se habría sentido mejor. Parecía que estuvieran más cerca uno del otro de lo que era necesario. John tocaba el brazo de Devon a menudo mientras hablaba. Devon no coqueteaba ni reía mucho, lo que, de algún modo, reconfortaba a Mason, pero era obvio que estaba completamente absorbida por la conversación.

—Francesca te quiere mucho —decía Devon a John.

—Y yo a ella —dijo John sonriendo al pensar en la niña.

—Temo que la amistad signifique más para ella de lo que tú intentas —dijo Devon con una sonrisa suave.

—Sabes —dijo John pensativo—, al principio, Frankie me divertía. Pero ahora estoy descubriendo que su amistad agrega mucho a mi vida. Mis padres están muertos. El resto de mi familia está, bueno, distante, geográfica y emocionalmente. Frankie se ha vuelto muy importante para mí. —Tomó un trago de coñac, y continuó en tono anhelante—: no conozco a mucha gente joven.

Devon no quería ser cruel, pero no pudo dejar de señalar que John nunca había querido realmente tener hijos.

—Podrías haber tenido más hijos. Me refiero a cuando estuviste casado con Bebe. O haberte vuelto a casar.

—Buen argumento. No creo haberme sentido jamás preparado para esa responsabilidad. Seguí pensando que, eventualmente, yo podría, pero...

Devon lo interrumpió, lamentando haberlo criticado.

—Pero fuiste un buen padre para Morgan.

—Tuvimos muchas discusiones sobre eso en aquel momento, ¿recuerdas? Tú querías pasar más tiempo con ella que yo. Y tú pensabas que Willowbrook era un lugar mejor que Nueva York para que ella creciera.

Devon miró hacia abajo tímidamente.

—Parece que me tomo todo tan en serio. Supongo que no hubiera dañado su psiquis haberse quedado con Penny algunas veces más. O pasar más tiempo en Nueva York. Era una niña feliz, ¿verdad? —Devon miró a John sin buscar confirmación pero deseándola.

—Sí, lo era —dijo John con calidez—, y Frankie también lo es... —Vio que Devon daba un respingo ante el apodo—. Quiero decir Francesca. Lo lamento, pero ella insiste.

Devon sonrió moviendo la cabeza.

—Lo sé.

John sintió que su sonrisa penetraba en él. Era tan adorable. Sintiéndose culpable, miró a su alrededor para encontrar a Mason observándolos intensamente. Como si se sintiera avergonzado por haber sido descubierto, el hombre, inmediatamente, desvió los ojos. Es un buen hombre, pensó John. Me pregunto por qué él y Devon no se han casado.

—Tal vez el grado de responsabilidad que tengo hacia Francesca es el perfecto para mí. No tuve que pasar por los terribles dos años o ninguna de las otras monstruosas fases de la infancia —dijo John con una sonrisa esquiva—; pero disfruto de una relación paternal con una jovencita que, si las cosas hubiesen sido diferentes, podría haber sido mi hija.

—Sí, eso es lo que siempre dice.

—Ella también quiere mucho a Mason —dijo John involuntariamente señalando al otro hombre.

—Sí. —Devon sonrió.

John vaciló un momento antes de continuar. No tenía derecho a inmiscuirse, pero su curiosidad en relación con Devon era incontrolable. Finalmente dijo:

—¿No has pensado en volver a casarte?

Devon se ruborizó. Era obvio que John estaba tratando de entender la naturaleza de su relación con Mason.

—Lo he considerado —dijo Devon.

Una respuesta que no decía nada, pensó John.

—Mason parece estar muy enamorado de ti.

—¡Oh, y yo lo aprecio mucho también! —dijo Devon fervientemente.

Una respuesta que lo dijo todo.

De pronto, John se preguntó cómo sería besar a Devon de nuevo... o más. Recordaba su primer beso, cerca de un arroyo en los bosques de Evergreen. Recordaba la dulzura del momento, el romanticismo. Y luego el fuego en ella, esa maravillosa pasión. Durante años había tratado de alejar de su mente la imagen de Devon en la cama con otro hombre. Primero Roland, ahora Mason. Tenía que admitir que lo ponía celoso.

Como si adivinara, Mason, haciendo un movimiento aparentemente casual, se acercó a John y Devon.

—Una gran fiesta, ¿verdad? —dijo de buen humor—. Encantado de volver a verle, Alexander —agregó, palmeando a John en la espalda, de forma amistosa.

—¿Qué tal? ¿Cómo anda el negocio editorial?

—Muy bien. Muy bien. Estoy pensando en entrar en la televisión.

—Es la onda del futuro —asintió John.

Pronto, los dos hombres se pusieron a conversar animadamente y Devon se alejó de ellos. Media hora más tarde, vio que seguían hablando. Era la primera oportunidad que tenían de conocerse. Devon no estaba segura de si le agradaba la idea de que fuesen amigos, si bien no sabía por qué.

Unos momentos más tarde, Devon notó que algunos de los invitados se retiraban. Una mirada al reloj le indicó que eran las doce de la noche pasadas. Quería levantarse temprano la mañana siguiente para trabajar con su nuevo potro, de modo que se acercó a Mason y John, indicándole al primero que deseaba partir.

Devon se dio cuenta de que había dormitado en el viaje de regreso a su casa, cuando el crujido de las piedrecillas del camino de la entrada la despertó.

—¿Quieres quedarte a pasar la noche? —preguntó a Mason. Él, a menudo, pasaba la noche durmiendo con Devon hasta que ella despertaba a las cinco de la madrugada y, luego, caminaba de puntillas hasta una de las habitaciones de huéspedes. A veces se preguntaba si engañarían a alguien con este subterfugio.

Mason quería quedarse, pero algo en la actitud de ella hacia John lo perturbaba. Había percibido electricidad entre Devon y John. Sospechaba que los dos se sentían aún, o nuevamente, atraídos uno por el otro. La idea de que ella había pasado una buena parte de la noche conversando con John, la primera conversación extensa entre ellos que Mason había presenciado, lo ponía incómodo, consciente del derecho que el otro hombre había tenido sobre Devon. Se preguntaba si siempre se sentiría así cuando John y Devon se encontraran. No debo pensar esas cosas, razonaba. Pero no podía evitarlo, y decidió hacer el viaje de una hora hasta su casa en Georgetown.

Devon aceptó su decisión, murmurando que lo sentía, pero sin demostrar una real decepción. Tenía mucho sueño y deseaba acostarse en su gran cama mullida. La casa estaba quieta y tranquila; había dicho a los sirvientes que no la esperasen levantados. Para no despertar a nadie, Devon se quitó las sandalias.

Cuando comenzaba a subir por las escaleras, oyó un extraño ruido fuera. Sorprendida, Devon se dio la vuelta. ¿Los caballos? El ruido no venía del granero, sino de la verde pradera frente a la casa. Ahora el ruido era más fuerte. ¿Alguien estaba en apuros? El corazón de Devon latió agitadamente por la aprensión. Corrió escaleras abajo. Rápidamente se puso los zapatos. El ruido era más intenso. Sí, definitivamente se oían gritos. Corriendo hacia la puerta de la fachada, la abrió de golpe. Allá, en el prado, se veía una imagen de pesadilla. Figuras fantasmagóricas vestidas con túnicas blancas y sombreros puntiagudos, algunas llevando antorchas, destrozaban su jardín. Con una descarga de adrenalina, Devon cerró la puerta con fuerza y corrió a su estudio. Se movía automáticamente, impulsada por el miedo y el instinto. Con manos temblorosas, tomó su escopeta Remington y la cargó.

Volvió corriendo al vestíbulo y miró la puerta de la fachada; temía lo que pudiera encontrar del otro lado, pero sabía que no había forma de evitarlo. Un ruido, detrás de ella, hizo que se volviera con la escopeta levantada. Allí vio los rostros consternados de Francesca, Laurel y Alice. Detrás de ellas, el personal de la casa estaba contra la pared. Todos miraban el arma en las manos de Devon. Ninguno emitió un sonido. Estaban mudos de terror y también lo estaba Devon.

Fuera, el griterío aumentó. Devon se aferró al arma y se acercó a la puerta. Puso una mano en el picaporte y miró, por encima del hombro, a su familia. Se volvió hacia la puerta y miró su mano en el picaporte. Los nudillos estaban blancos. Respiró profundamente y abrió la puerta. La visión que le esperaba era peor de lo que había imaginado.

Había fuego por todas partes. Las antorchas proyectaban sombras siniestras sobre las figuras fantasmagóricas que se agolpaban en su campo visual. Dio un paso atrás, deseando correr hacia adentro.

—¡Allí está! —gritó una de las figuras.

¡No había escapatoria! Permaneció inmóvil en el lugar: una oscura silueta dibujada contra la luz procedente de la casa.

Los hombres, algunos a caballo, algunos a pie, se reunieron en el prado, directamente frente a ella.

Luego, de pronto, absurdamente, Devon notó que algunos de ellos estaban detenidos sobre sus azucenas. Esta observación la golpeó como una bofetada. Sus emociones, ya extremas, se transformaron de miedo paralizante en furia ciega.

Caminó hacia adelante y se detuvo al llegar al borde del pórtico. Estaba jadeando, estallando por las intensidad de sus emociones. Tanto, que ni siquiera podía hablar.

Como por obra de una señal invisible, el grupo hizo silencio. Se oyó una voz solitaria y áspera:

—¡El Gran Hechicero tiene una advertencia para ti!

Una voz diferente, más profunda, dijo:

—¡Las mujeres que tienen relaciones con negros, las mujeres que se dejan tocar por manos negras, merecen morir!

La voz continuó:

—Hoy favoreciste a un negro por encima de un hombre blanco. ¡Esta noche serás castigada!

Se oyó al grupo rugir.

—¡Y después de ti, iremos a visitar al negro! —gritó una voz desde la oscuridad. La voz de Jimmy. Escudriñó al grupo hasta que divisó a su miembro más pequeño.

Las entrañas de Devon se retorcieron de furia, una furia salvaje, peligrosa, imposible de controlar por ninguna emoción civilizada. Permaneció inmóvil como una estatua, la cabeza en alto, la espalda erguida. Luego levantó el arma y la apuntó directamente a Jimmy.

Sus palabras brotaron en un áspero gruñido.

—¿Castigo, dicen? Inténtenlo. ¡Porque si alguno de ustedes daña un ápice de mi propiedad o toca a cualquiera de los que trabajan para mí, morirán! ¡Quiero que me prueben si piensan que no voy a usar el arma! —Bruscamente, Devon giró noventa grados y apuntó a un área iluminada en el jardín del frente, un baño para pájaros de terracota con un pequeño gorrión esculpido. Ante los ojos de los hombres, el ave de cerámica explotó y los trozos volaron varios metros. Como en la rutina militar, Devon amartilló la escopeta y se dio la vuelta apuntando directamente al grupo de figuras encapuchadas—. Muy bien, Gran Hechicero —su voz era veneno puro—. ¡Ahora es tu turno! ¡y después de eso... —movió el arma lentamente hacia la izquierda— ¡es el tuyo, Jimmy Pritchard!

Ahora, varios de los hombres levantaron las armas y apuntaron a Devon.

—¡No lo piensen! —espetó—. Soy más rápida que ustedes y probablemente tengo mejor puntería. Pueden matarme, pero antes de que lo hagan, alcanzaré al menos a dos de vosotros. ¿Qué te parece, *Gran Hechicero?* —Usó el título con un desprecio absoluto, apuntando el arma una vez más hacia él.

—¡Estamos aquí para hacer una advertencia! —dijo la voz, menos beligerante ahora.

—¿En serio? —rió desdeñosamente—. Creí que habíais venido a castigarme. Bueno, dejarme que os dé un par de buenas ideas. ¿Cómo pensáis que va a reaccionar este condado ante el hecho de que me queráis castigar a mí? No muy benévolamente, creo. Creo que podéis olvidar la prisión, la corte y formalidades como ésas. Sé que hay muchos caballeros que vendrán por vosotros con una soga... o algo peor. Y allí estaré para guiarlos, os lo prometo. Porque sé quiénes sois vosotros. He vivido aquí toda mi vida, así que no creáis que no os reconozco debajo de esas túnicas ridículas que usáis.

—¡No nos asusta! —gritó Jimmy Pritchard desafiante.

Devon observó que todos los hombres con armas las habían bajado. Ahora era la única preparada para tirar. Giró hasta apuntar a Pritchard.

—¿Seguro? Entonces, sois más estúpidos de lo que creí —declaró Devon—. Ven aquí, Jimmy Pritchard. ¡Veamos si tienes agallas para enfrentarte conmigo sin una multitud que te apoye!

Ninguno de los hombres dijo nada y Jimmy no se movió.

—¡Ven aquí, cobarde! —dijo Devon en voz baja.

Humillado y furioso, el hombrecito se volvió hacia el grupo.

—¡Esta mujer tiene más respeto por ese negro que por mí!

—Bueno, creo que eso dice algo de ti, ¿verdad? —dijo Devon burlonamente.

—¡Se acuesta con él, ésa es la razón! —gritó Jimmy. Algunos hombres que lo rodeaban se miraron, alarmados. Uno dio un paso adelante y puso el brazo sobre el jockey.

—Tranquilo, muchacho. Estás yendo demasiado lejos.

—¡Jimmy Pritchard! —la voz de Devon cortó el aire de la noche—. Tienes tres segundos para salir de mi propiedad. Luego, tienes tres horas para irte del condado. Y a diferencia de ti, yo no hago amenazas en vano. Al amanecer, llamaré a algunos de mis amigos. ¡Si no te has ido, te encontraremos!

Jimmy comenzó a responder.

—Usted...

—¡Uno! —gritó Devon.

—Traeré...

—¡Dos!

—Vamos, Jimmy —dijo otro hombre, tomando a Pritchard del brazo y alejándole.

—¡Tres!

Jimmy se volvió para mirar a Devon. Con voz amenazadora Devon dijo:

—Jimmy, eres demasiado lento.

¡Un sonoro bum! Una explosión de tierra, pasto y flores voló por el aire a poca distancia de Jimmy.

Luego, Devon comenzó a reír, una risa fuerte que heló los huesos de los hombres. Y todavía seguía riendo, cuando desapareció el último de ellos.

Devon cumplió su palabra. Después del amanecer se apresuró hasta la oficina del comisario. El hombre conocía a la familia Richmond muy bien, conocía perfectamente el lugar que Devon ocupaba en la comunidad y, rápidamente, accedió a su solicitud.

Devon había mentido cuando dijo al grupo que los reconocía a todos, pero había reconocido a varios de ellos y dio estos nombres al comisario.

—Haré una visita a esos hombres. Para asegurarme de que no tengamos más problemas, contigo o Jeremiah —dijo el comisario.

—Gracias, Earl. Te lo agradezco —dijo Devon estrechando su mano.

—No soy comprensivo cuando se trata de hombres amenazando a mujeres indefensas —dijo Earl en tono grave.

Devon, simplemente, sonrió.

56

Jesse no podía apartar los ojos de Francesca. Era el primer baño del verano y ahora que ella tenía dieciséis parecía que los viejos shorts y las camisas se adherían a un cuerpo totalmente nuevo. Las largas piernas, desgarbadas y sin forma, tenían ahora una forma perfecta. Estaba muy guapa y, a Jesse, con sus dieciocho años, le resultaba difícil esconder sus sentimientos.

¿Por qué no había percibido el cambio antes?, se preguntaba. Ayer, habían estado cabalgando juntos, riendo y bromeando como siempre. Ahora, sentía que no tenía nada que decir.

—¡Jesse! —Francesca, de pie, con las manos en la cintura, lo miraba, exasperada—. ¿No me has oído? Vamos a comer. Estoy muerta de hambre. La joven retorció su cabello mojado sobre los hombros de Jesse, sacándolo de su estupor.

—¡Eh, basta! —gritó.

—¡Bueno, pero vamos a comer! —Francesca buscó en la cesta de las provisiones y sacó emparedados de jamón y queso, ensalada de patatas, conservas, pollo frío, galletas dulces y dos manzanas—. ¿Dónde está el termo? —Ignorando los vasos de cartón que la cocinera había puesto, Francesca sirvió jugo de manzana en la tapa del termo, tomó un trago y luego ofreció el vaso a Jesse.

Se bebió un trago, cuidando de no poner sus labios donde habían estado los de ella. Tenía el temor de que el contacto lo quemara.

Francesca tomó uno de los emparedados de jamón del mantel a cuadros y se lo dio a Jesse. Distraídamente, comenzó a comerlo.

—¿Quieres ensalada de patatas? —preguntó Francesca mientras comía su emparedado. Lo dejó en el mantel y tomó el recipiente de plástico. Sacando platos de cartón de la canasta los llenó de ensalada de patatas sin esperar la confirmación de Jesse. Después de años de conocerlo, sabía lo que le gustaba comer y cuánto comería—. Toma conservas —dijo, dejando caer algo en su plato—. Voy a hablar con mamá para que me deje entrenar enseguida —anunció Francesca.

—Eso es divertido —dijo Jesse ensimismado.

—¿A ti te gustaba, verdad?

Jesse se esforzó por concentrarse en la conversación.

—Sí, me encantaba. Hasta que crecí —dijo dando el último mordisco al emparedado de jamón. Luego tomó un trozo de pollo asado.

Francesca miró sus anchos hombros como si, por primera vez, percibiera que su cuerpo era el de un hombre.

—Sí, pues peor para ti. Medirás más de un metro noventa si sigues creciendo. Eso significa que nunca serás un jinete profesional.

—Está bien —Jesse encogió filosóficamente los hombros—. Puedo ser preparador. Mi padre me está enseñando. Voy a comenzar a trabajar para él.

—Creí que querías ir a la universidad.

—Sí, es ridículo. No se necesita ir a la universidad para la clase de trabajo que quiero hacer. ¡Mi padre no fue a ninguna universidad y mira dónde está ahora!

—Es el mejor —dijo Francesca sin pensarlo—, aparte de mi madre, por supuesto. De todos modos, yo *no* soy demasiado grande para ser una amazona profesional. Soy más alta de lo que creí, pero mi peso está bien.

—Que tengas suerte tratando de convencer a tu madre de que te deje ser lo que quieres ser —dijo Jesse con una sonrisa ambigua.

Francesca se tomó otro trago de jugo de manzana.

—Uno de estos días voy a ser eso que quiero ser, no importa lo que digan. Tío John piensa que está bien.

—¿Qué tiene que ver eso?

—Puede convencer a mi madre de que me deje hacer lo que yo quiera —sonrió Francesca—. Siempre lo hace.

—¡Eso no es cierto! ¡Tu madre quería que fueses a esa elegante escuela para niñas en Washington y allí estás! ¿No trataste de que el señor Alexander la convenciera de lo contrario?

—Sólo porque provoqué un gran escándalo y él sintió pena de mí. Pero creo que íntimamente él piensa que es una buena idea. Por eso no discutió realmente con mamá. De todos modos, al menos ella no quiere que me quede interna allí. ¡Uf! —frunció la nariz ante la idea.

—Te malcría. Él sabe que es una buena idea que vayas a esa escuela, pero no se atreve a decírtelo.

—Lo sé. —Francesca rió, contenta consigo misma—. Pero yo soy como tú. No entiendo por qué tengo que ir a la escuela, ya que voy a ser amazona profesional.

—Tal vez tu madre no lo vea de ese modo —señaló Jesse—. Después de todo, ella fue a la universidad y también tu abuela. No es como en mi familia. Si voy a la universidad, habré sido el primero de la familia.

Francesca se encogió de hombros, aburrida del tema.

—¿Quieres una galleta? —le ofreció, tomando en la mano una de las pastas doradas.

—No lo sé. Creo que estoy lleno. —Jesse se acostó y se frotó el estómago, sacándolo hacia afuera para divertir a Francesca. Era una de sus viejas diversiones: ver a quién se le había hinchado más el estómago después de las meriendas en el campo.

Francesca se rió de Jesse, como siempre, pero no imitó su acción. Para su sorpresa, se dio cuenta de que quería que Jesse pensara que era hermosa. No quería que él viera su estómago hinchado. Ese pensamiento hizo que se sintiese consciente de sí misma. Sin saber por qué, se ruborizó.

57

❧❧

—Suéltale un poco las riendas, Devon, no puede seguir siendo siempre una niña —dijo John, mirando a Mason en busca de apoyo.

Mason asintió, agregando:

—Es una buena chica. Nunca se metió en problemas. Dale una oportunidad de hacer lo que quiere.

Devon caminó por su estudio, molesta. No le gustaba cuando John y Mason apoyaban a Francesca contra ella. Ella era la madre de la niña, después de todo, ¡no tenía padre!

Los dos hombres estaban sentados en el sillón de seda color borgoña, con los pies apoyados en la mesa baja de caoba, contemplando cómo Devon caminaba frente a ellos.

Sus movimientos eran elegantes y fluidos, como los de una modelo, aun cuando caminaba dando grandes pasos. Vestida para la hora de los cócteles, lucía un vestido de seda lavanda Christian Dior que resaltaba su figura. Tenía cuello redondo y mangas largas y su corte perfecto mostraba en detalle lo bien que Devon había mantenido la figura. Su cabello, corto ahora, realzaba sus ojos celestes y sus finos rasgos. Era muy difícil creer que tuviera más de cincuenta años.

—¡Por Dios, Devon, me canso de verte caminar así! ¡Siéntate, toma un martini y deja de preocuparte! —dijo John en tono de compañerismo.

Los dos hombres se miraron y asintieron imperceptiblemente. Mason se puso de pie y caminó hacia Devon, tomando su brazo con gentileza y guiándola la empujó hasta un ancho sofá floreado. Apoyando las manos en sus hombros, suavemente para que se sentara. Mientras tanto, John había ido hasta el bar y había vaciado el contenido de la coctelera en un vaso para martinis. Agregó dos aceitunas a la mezcla y trajo la bebida a Devon.

—Toma —dijo—. No digas una palabra más hasta haber tomado hasta la última gota.

Devon miró a los dos hombres con fingida exasperación. ¡Estaban tan atontados cuando se trataba de Francesca!

John se volvió bruscamente y regresó a su lugar. Había momentos en los que su amor por Devon parecía imposible de ocultar y tenía que apartarse de ella por temor a decir algo inapropiado. Siempre la trataba de un modo amistoso y fraternal, aun cuando deseaba tomarla en sus brazos. Dos años antes, cuando había vuelto a verla, había pensado en tratar de revivir el romance. Pero su rápida amistad con Mason y el evidente amor del otro hombre por Devon le impidieron hacer tal intento. A veces pensaba, divertido, si Mason no la habría atraído hacia él deliberadamente gracias a su encanto y simpatía.

Cuando volvieron a encontrarse, John no había estado *enamorado* de Devon; más bien se había sentido profundamente atraído por ella. El amor había llegado después, debido a tantas cosas que lo habían alimentado. Su enfrentamiento con el Ku Klux Klan lo había llenado de respeto y orgullo. Admiraba su estilo audaz y autoritario para manejar los negocios, sin comprender sus objeciones anteriores. Envidiaba la habilidad para despertar lealtad en sus empleados, eran felices, algo que era muy raro en el mundo de los negocios. Lograba hacer tantas cosas, y parecía hacerlo con tan poco esfuerzo. Pero, sobre todo, cuando veía la relación cariñosa que tenía con su madre, su hija y Alice, lamentaba no formar ya parte de esa familia. Era una situación imposible; sin embargo, disfrutaba tanto de la compañía de sus dos amigos, y de Francesca, que se resignaba a ella.

—Devon —dijo Mason, su voz profunda agregaba peso a sus palabras— llegará el día en que no tendrás el poder de controlar lo que Francesca haga. ¿Por qué dejar que tus acciones de hoy empañen la relación futura? Si ella quiere ser jockey, lo será más allá de tus objeciones. Pero tal vez sea sólo una etapa. A todas las jovencitas les gustan los caballos.

Devon negó con la cabeza.

—Esta... obsesión ha durado doce años. No es sólo una etapa.

—No es una obsesión, Devon —objetó John—, es un sueño. No muchas personas tienen el talento y la oportunidad para realizar sus sueños. ¿Por qué negarle a tu hija una oportunidad que es única?

Devon miró enojada a su ex esposo.

—¡Para ti es fácil decirlo, no es tu hija!

John, herido, apartó los ojos.

Mason salió en defensa de su amigo.

—¡Devon! John quiere a Francesca como si fuese su hija. ¡Y yo también! No queremos que le ocurra ningún daño. ¡Cómo puede una mujer tan independiente como tú negarle a su propia hija una oportunidad de tener lo que tú tienes, una carrera, haciendo algo que le gusta!

—¡Bueno, las mujeres no son jockeys! —gritó Devon, golpeando el brazo del sofá con energía.

—¡Ajá! Eso es bueno viniendo de ti. —El tono de John era acusador—. Cuando te hiciste cargo de Willowbrook no había mujeres que fueran preparadoras y entrenadores profesionales. Rompiste todos los límites y las tradiciones que existían. ¡Ahora tu fotografía está en el museo del hipódromo! Pero no dejarás que Francesca tenga la misma oportunidad. Devon, ella es como tú. ¡Es una superviviente, una triunfadora! ¡No le ocurrirá nada malo!

—¡No! —protestó Devon casi llorando. Desde el fondo de su alma brotaba la causa de su posición. Como algo que estalla, brotaron los sentimientos más profundos de Devon—. ¿Qué ocurrió con Morgan? Las cosas podrían haber sido diferentes... —se ahogó en sus palabras. Por un momento, estuvo demasiado conmovida como para hablar. Los dos hombres la miraban en silencio. Casi sin aliento, continuó—: Yo... pude haberla protegido, y no lo hice. No puedo permitir que eso vuelva a ocurrir.

Mason se levantó del sillón y comenzó a caminar hacia Devon, pero en seguida se detuvo. John y Devon se miraban como hipnotizados. Era como si estuviesen solos en la habitación, como si estuviesen solos en el mundo. Estaban reviviendo una tragedia cuya profundidad nadie más que ellos podía comprender. Fue un momento de intimidad tan intensa, un dolor tan desnudo, que Mason se sintió como un intruso espiando la privacidad ajena.

Lentamente, John se levantó del sillón. Fue hasta donde estaba Devon y tomó sus manos, acariciándolas. Luego se arrodilló junto a la silla y abrazó a Devon, consolándola. Olvidando a Mason, John murmuraba cosas a Devon mientras ella sollozaba sobre su hombro.

—Lo siento —dijo casi incoherente—, me ha estado carcomiendo. ¿Y si le pasa lo mismo a Francesca?

—No sería lo mismo —dijo John suavemente—. Las circunstancias son completamente distintas. Francesca es fuerte, está acostumbrada a caerse. Es una amazona avezada.

—¡Pero los jockeys pueden matarse!

—También pueden matarse los conductores de autobuses, las sirvientas, las amas de casa, los médicos. Cualquiera puede matarse, Devon.

—No es lo mismo —dijo Devon empujando a John por un momento y mirándole con enojo—. ¡Yo puedo evitar que Francesca haga algo tan peligroso!

—No, no podrás. No para siempre. Como no podrías haber evitado lo que le pasó a Morgan. No realmente. Y eso es lo que te ha estado carcomiendo estos años. Crees que hiciste algo mal. Pero en ese momento, creías que estaba bien lo que hacías —dijo John con gentileza, tomando el pañuelo de su bolsillo y limpiando sus lágrimas—. No eres Dios y no podías saber cómo acabaría. No tienes el poder de proteger a tus hijas de la muerte, tanto como quisieras. —John recordó con vergüenza de qué modo había culpado secretamente a Devon por la muerte de Morgan. Había sido tan estúpido, ahora se daba cuenta. Estaba agradecido de no haber pronunciado nunca las palabras de culpa que estaban en su mente en ese período.

Devon tomó el pañuelo de las manos de John y se sonó la nariz, recuperando algo de su compostura.

—Tengo tanto miedo por ella, John.

—También yo. Si realmente se convierte en un jockey, tendré el corazón en la boca cada vez que corra. Pero también estaré orgulloso de ella. Y me sentiré feliz por ella. La gente tiene que correr riesgos para obtener lo que quiere, Devon. A veces hay que renunciar a cosas. Pero no tengo que decirte esto, ¿verdad? —Los ojos de John se clavaron profundamente en Devon, y, por un instante, ella vio en ellos el daño que le había causado hacía tanto tiempo. Luego, un velo cayó, y todo lo que vio fue simpatía.

—Supongo que he sido sobreprotectora—dijo Devon mirando sus manos mientras retorcía el pañuelo nerviosamente.

—Has sido una madre maravillosa —dijo John con calidez, levantando su mentón con el dedo índice y sonriéndole.

—Bueno, creo que le daré las buenas noticias a Francesca esta noche en la cena —dijo Devon arreglándose la falda y sentándose más derecha en la silla.

—Bien.

—Mason, por qué no... —Devon miró a su alrededor buscando a su amigo y luego otra vez a John—. ¿Dónde está Mason?

—No lo sé—. John miró asombrado, como si fuera a descubrir a Mason en algún rincón de la habitación—. Ni siquiera lo oí salir.

58

❧❧

—¿Te lo puedes creer? Mamá dice que puedo comenzar cuando terminen los exámenes, la próxima semana —dijo Francesca a Jesse. Sus caballos caminaban
uno detrás del otro por el sendero del bosque, Jesse
delante de Francesca. Pronto llegarían al arroyo.

—¡Es fantástico! —dijo Jesse por encima de su hombro. ¡Enhorabuena! ¿Cómo hiciste para convencerla?

—Como te dije. Tío John lo consiguió.

—¡Malcriada! —dijo Jesse bromeando. Cuando
llegaron al claro, él bajó del caballo y lo ató a un árbol.
Francesca hizo lo mismo, tomando la comida de la bolsa en la silla.

—¿Nadamos primero? —preguntó.

Jesse recordó la incomodidad que había sentido
el fin de semana anterior y el rubor tiñó sus mejillas
color café.

—Seguro. Tengo puesto un traje de baño. Mamá
me lo regaló para mi cumpleaños —dijo como al pasar.
No quería confesar que se sentía más expuesto sentado
frente a ella con las ropas mojadas que con un traje de
baño. No podía explicar por qué exactamente, pero parecía más... cuidadoso... usar un traje de baño. Se sentía
más seguro con él. Más bajo control.

Francesca estaba confusa.

—¿No querías que se mojase tu ropa? —preguntó.

—Algo así.

—Siempre nos secamos tan rápidamente, nunca fue un problema. Tal vez yo también debería usar uno.

—Tal vez. —Jesse se encogió de hombros, sin mirarla mientras extendía el mantel de picnic sobre el suelo.

—¿Te vas a poner la ropa seca cuando salgas? —preguntó Francesca.

—¡Frankie, no lo sé! —dijo Jesse irritado—. No es que tenga un plan. Sólo estoy usando un regalo que me hizo mi madre.

—¡Está bien, está bien! No te enojes —dijo Francesca devolviendo a Jesse la mirada de irritación—. Tal vez, ni siquiera me bañe hoy.

—Está bien, no te bañes. —Jesse se encogió de hombros como si no le interesara. Se volvió y caminó hasta el borde del agua. Pronto, Francesca le siguió.

—¿Está fría? —preguntó. Francesca se inclinó sobre el agua y metió la mano en ella. De pronto, Jesse sintió el impulso de empujarla dentro. Se alejó del borde y se acercó a ella. Francesca se dio la vuelta rápidamente con los ojos muy abiertos.

—¡Jessie, ni se te ocurra —gritó mientras él le daba un empujón lo suficientemente fuerte como para tirarla al agua helada del arroyo.

—¡Oh! —gritó riendo y abriendo la boca para tomar aire, cuando sacó la cabeza fuera del agua—, ¡está congelada! —Agitó la mano sobre la superficie del agua, tratando de salpicar a Jesse.

De pronto, la tensión entre ellos se disolvió. Jesse saltó al agua con fuerza. Luego, comenzaron a pelear en el agua, dos adolescentes riendo furiosamente mientras se salpicaban.

Después de unos quince minutos, Francesca, agitada, dijo:

—Tengo mucho frío. Voy a salir.

—Sí, yo también.

Francesca salió del arroyó, con el agua chorreando que enlodaba la orilla. Jesse la siguió.

—Tengo toallas —dijo, corriendo hacia su caballo.

—¿En serio? —preguntó Francesca—. Realmente, hoy has venido preparado.

—Bueno, tú siempre traes la comida.

Jesse tomó dos toallas de su bolsa y se acercó a Francesca. Ella estaba aún detenida junto a la orilla del arroyo. La ropa se pegaba a su cuerpo, pero era lo suficientemente gruesa como para no revelar nada que no se notara cuando estaba seca. Francesca llevaba una camiseta de algodón sin mangas debajo de su blusa de algodón. El atuendo era modesto, más modesto que un traje de baño. Jesse se sintió aliviado de que no llevara sólo una camiseta.

Pero, como si le leyera los pensamientos, Francesca dijo:

—Ya que tienes toallas, puedo colgar esto a secar. Se quitó la blusa, y Jesse, por un momento, vio que el corpiño se marcaba bajo la camiseta. La tela mojada se adhería a su cuerpo; ahora, era el cuerpo de una mujer, y Jesse no pudo evitar mirarla.

El rostro de Francesca se puso escarlata al ver su mirada. Arrancando la toalla de las manos de Jesse, se envolvió rápidamente en ella.

Juntos, fueron hasta el mantel de picnic y se sentaron. Para cubrir su confusión, se ocuparon en vaciar el contenido de la bolsa.

—Hmm, emparedados de ensalada de pollo, escabeche dulce, aceitunas, patatas fritas... ¡Hey! ¡Mi comida favorita! ¡Carne asada! —dijo Jesse, alegremente absorto en el festín.

—Jesse —dijo Francesca, ignorando la comida—: ¿puedo preguntarte algo?

—Adelante.

—¿Cómo es que no tienes novia?

Jesse la miró con audacia.

—¿Qué te hace pensar que no tengo?

—Bueno... nunca hablas de ello. Y pasas todos los sábados y domingos conmigo.

—Eso no significa nada —dijo Jesse misteriosamente.

Los ojos de Francesca se agrandaron.

—¿Quién es tu novia?

—Rosie Hammersmith.

Francesca sintió una puñalada de celos al pensar en Jesse pasando el tiempo con otra chica.

—¿La hija del reverendo Hammersmith?

—Sí.

—Es hermosa —admitió Francesca. Esperó un momento antes de seguir hablando—. ¿No quieres saber si yo tengo novio?

—No —dijo Jesse fingiendo indiferencia. Tomó un emparedado de carne y comenzó a comerlo.

Francesca recogió su negro cabello rizado y frunció los labios en un mohín. Estaba ofendida porque a Jesse parecía no importarle si ella era atractiva para los muchachos.

—Bueno, ¿y vas a salir con tu novia esta noche?

—Va a la escuela religiosa durante el verano. —Jesse masticaba el emparedado, deseando que Francesca no lo mirara más—. Oye, ¿por qué no dejas de hacerme preguntas y comes?

—No tengo hambre.

—¡Ja, debe ser la primera vez!

Francesca ignoró el comentario y continuó con las preguntas.

—Jesse... ¿Rosie y tú, alguna vez, lo habéis hecho?

Los ojos de Jesse se abrieron de indignación.

—¡Frankie! Eso no es asunto tuyo. —Sintiéndose culpable, pensó en las citas con Rosie detrás de la iglesia de su padre. A Jesse le preocupaba el lugar, pero ello no hacía más que excitar a Rosie—. "Nos iremos a un lugar más alejado si esto te preocupa tanto, se burlaba ella, entonces no estaremos en un lugar consagrado." Pero ella estaba tan ardiente y deseosa que él no había sido capaz de resistir, sin importarle las circunstancias. Él no sabía que las mujeres podían estar tan *ansiosas*.

Sin embargo, Rosie se había ido hacía diez días e, inmediatamente después, Jesse había descubierto la femineidad que florecía en Francesca. Los sueños que le perturbaban por las noches no eran sobre Rosie. Y la culpa que había experimentado con Rosie no era nada comparada con el tabú que se asociaba con su deseo por Francesca, que lo hacía todo más penoso.

Francesca pensó que Jesse se sentía como alguien a quien han atrapado haciendo algo malo y, una vez más, brotaron los celos. Pensó en Jesse besando a otra chica, tocándola y, de pronto, sintió la urgencia de demostrarlo que ella, Francesca, podía atraerlo si quería. Si quería.

—Bueno —dijo de forma casual—. Creo que nunca voy a secarme si sigo envuelta en esta toalla —dijo, dejando caer la toalla por debajo de su cintura. Jesse, inmediatamente, apartó la mirada, pero no antes de percibir sus pezones sobresaliendo en la ropa mojada. Contra su voluntad, sintió que tenía una erección. Dejó caer el emparedado y se acostó boca abajo, con la cabeza entre los brazos.

—Ya no tengo hambre —anunció—, voy a dormir una siesta. Y no quiero que me molestes por lo menos durante media hora.

—¡Qué bien! —dijo en tono caprichoso, enojada porque él, literalmente, le diera la espalda durante una conversación que ella consideraba muy interesante. Miró con rabia la cabeza rizada, deseando que se diera la vuelta y la mirara. Pero Jesse permaneció inmóvil, como si ya estuviera dormido. Su posición le recordaba veranos anteriores, cuando dormitaban durante horas bajo el sol caliente, sin decir una sola palabra. En aquella época, no había habido nunca la tensión que existía ahora entre ellos. *Tengo yo la culpa.* Se regañaba Francesca a sí misma. De pronto, se sintió avergonzada por su comportamiento. ¿Qué estaba tratando de hacer?, se preguntó. *Jesse es mi amigo.* ¿Acaso quería que él la besara, la tocara? ¡Por supuesto que no! *Jesse es como un hermano.* Pero no era su hermano.

59

El Jaguar sport de Devon se detuvo ante la lustrosa puerta de dos hojas de la mansión de Mason Wilder en Georgetown. La estructura neoclásica ocupaba casi media manzana en un vecindario de casas más pequeñas. La ciudad, en las afueras del distrito de Columbia, había sido en una época la zona residencial de Washington mejor cotizada; luego, había entrado en un período de decadencia y, actualmente, era otra vez una zona de propiedades de gran estilo. La familia Wilder había estado allí desde el comienzo; su casa era un lugar histórico que todos los turistas visitaban.

Devon salió de su automóvil verde, sacudiendo la gran falda de su blanco vestido de lino, en un intento vano por borrar algunas de las arrugas que se habían formado durante el viaje. Se acomodó el negro cabello con la mano mientras subía la amplia escalera de ladrillos, que ocupaba toda la fachada de la casa. Con sus imponentes columnas blancas y altísimos techos, la casa era una estructura monumental.

Antes de que llegara a la puerta principal, Mason la abrió y estrechó a Devon entre sus poderosos brazos. La besó en los labios con fervor, y no la soltó hasta escuchar los pasos del mayordomo que se estaba acercando.

—Owens, por favor, podría llevar las maletas a la habitación de marfil —dijo haciendo a Devon un guiño de complicidad. La habitación de marfil se comunicaba con la suya por medio de una puerta. Como de costumbre, no engañaban a nadie. Pero había que mantener las apariencias.

—Devon, me siento muy feliz de que hayas podido venir —dijo Mason llevándola dentro de la casa—. Será maravilloso tenerte esta noche como anfitriona. Recibir gente, siempre es mejor con una anfitriona presente, ¿no crees?

—Por supuesto —murmuró Devon, evadiendo otra de las indirectas de Mason.

—¿Quieres tomar un té, un cóctel? —preguntó Mason, conduciéndola a la terraza al fondo de la casa. Terraza era un término humilde para el espacio en varios niveles, de ladrillos, que se extendía varios metros en cada dirección. Estaba decorado con fuentes y árboles exóticos, una pérgola y un invernadero. Todo estaba construido en un estilo formal que armonizaba perfectamente con las formas palaciegas de la casa. En un extremo de la estructura había una piscina olímpica rodeada de sillas y mesas de hierro labrado y sombrillas rojas y blancas.

—Éste es el lugar perfecto para tomar un vaso de limonada —comentó Devon.

—Entonces será limonada —dijo Mason, tomando un teléfono y llamando a la cocina.

Unos momentos más tarde, una mujer con uniforme gris apareció llevando una bandeja de plata. Traía no solo una jarra de limonada, sino también una fuente de té de tres pisos con emparedados miniatura, tarteletas de fruta y otras delicadezas.

—¿Estás tratando de sobornarme? —bromeó Devon, incapaz de resistirse a una cuarta parte de pasta de limón cubierta de azúcar de repostería.

Mason rió y se sirvió tres emparedados de salmón ahumado.

—Cenamos a las nueve, por eso pensé que necesitarías algo para mantenerte hasta entonces.

—Gracias —sonrió Devon mordiendo la pasta.

—¿Por cuánto tiempo puedes quedarte?

—Sólo durante el fin de semana esta vez. Tenemos que prepararnos para Saratoga. Faltan menos de dos semanas. Casi no puedo creerlo.

—¿Alquilas la cabaña otra vez?

—Como siempre.

—¿Cómo está Francesca?

—Bien. Pero te diré que todas mis esperanzas de que este asunto de ser jockey fuera un capricho están perdidas. Jeremiah dice que ella es la mejor aprendiz. Cree que tiene verdadero talento. Y, por supuesto, ella alimenta su orgullo. Se levanta todas las mañanas a las cuatro y media. No puede esperar a llegar a los establos. ¡Solía quedarse en la cama hasta el mediodía!

—Bueno, creo que es positivo que la gente joven esté motivada.

—Lo sé —admitió Devon—, pero creo que voy a tener problemas para motivarla con sus tareas de la escuela. ¡Está completamente absorbida por los caballos!

—Creí que las chicas de esa edad estaban completamente absorbidas por los muchachos —bromeó Mason.

—Francesca no. Bueno, los muchachos han comenzado a llamar, como viste cuando estuviste en Willowbrook.

Mason asintió y sonrió, pensando con afecto en lo mucho que se había desarrollado Francesca durante el último año. ¡Ella había estado tan segura de que sería fea!

—Pero —continuó Devon—, nunca le he oído mencionar a nadie en especial. Y tú sabes cómo son los adolescentes. ¡No te dicen nada de lo que están pensando! Suspiró.

—Tienes más suerte que la mayoría. Al menos Francesca admite tener una madre —dijo Mason con un gesto cómico.

—Eso me dicen mis amigos.

—Devon —dijo Mason, moviéndose en su silla—, no te he invitado aquí sólo a causa de la fiesta de esta noche.

Devon lo miró con curiosidad.

—Siento que debo hablar sinceramente contigo, incluso si corro el riesgo de perder algo muy valioso.

—Por supuesto —murmuró Devon.

—Hemos estado saliendo juntos; Dios, odio decirlo así, tal vez debería decir "haciéndonos compañía" durante siete años.

—Podrías decir "amantes" —dijo Devon con malicia.

Mason se rió entre dientes.

—El término carece de dignidad, por lo tanto, tendrás que perdonarme si utilizo una fraseología más eufemística. De cualquier forma, creo que ha llegado el momento de casarnos o terminar esta relación.

—¡No digas eso! —protestó Devon—. ¿Por qué haces un planteamiento así?

Mason meditó por un momento, antes de responder; luego, dijo directamente:

—Porque estás enamorada de otro hombre.

Devon abrió la boca con estupor, tan impresionada estaba por sus palabras. Por un instante se sintió confusa. Algo que estaba fuertemente reprimido en su subconsciente comenzó a emerger. ¡No! Trató de poner el sentimiento a un lado. ¡No puede ser verdad! Sabes que es verdad, dijo una voz burlona dentro de ella. Pero yo me niego a dejarlo que así sea, argumentó en silencio. No tengo que actuar en consecuencia. No tengo que hacer absolutamente nada. Ya pasará. Y hasta entonces, seguiré como hasta ahora. *Pasará.*

Devon, de pronto, percibió la intensa mirada de Mason. Estaba esperando que ella respondiera. ¿Pero cómo? ¿Eran tan obvios sus sentimientos, que él se había dado cuenta aun antes que ella? ¿Qué ocurriría si John también se había dado cuenta de su amor por él? ¡Oh, qué embarazoso! Y sus amigos. ¿Se habrían dado cuenta? ¿Se habrían reído de ellos tres, atrapados en el clásico triángulo de celos, amistad y amor? No, se negaba a ello, se negaba absolutamente a admitir la verdad en voz alta. En lugar de eso, preguntó:

—Si te crees eso, y no digo que sea verdad, ¿cómo puedes querer casarte conmigo?

—Porque yo, querida, estoy enamorado de ti —admitió Mason, haciendo un gesto de impotencia con las manos. Al ver lo perturbada que estaba Devon, se apresuró a decir—: ¡Oh! no soy masoquista. Tú eres una mujer honorable. Si te casas conmigo, sé que serás fiel. Y sé que, a tu manera, tú me amas. También dudo de que alguna vez quieras casarte con el hombre del que *estás* enamorada. Por lo tanto, ya ves, podrías muy bien casarte conmigo.

La referencia al honor hizo que Devon se sintiera avergonzada. Resuelta a ser sincera con Mason, como él lo era con ella, Devon le preguntó:

—¿Pero, por qué te conformas con el segundo lugar?

—Porque tú, Devon, eres lo mejor que hay en el mundo.

Devon se ruborizó.

—Yo, no...

—Deja que te pregunte lo siguiente: ¿tienes intenciones de casarte algún día con John? —dijo Mason, inclinándose hacia adelante y tomando la mano izquierda de Devon en su mano derecha.

Devon se sobresaltó al oír su nombre en voz alta. ¡Oh, se odiaba por el estremecimiento que sentía al oír el sonido de esa sílaba! El extraño sentimiento de alivio que sentía al poder confiar en su entrañable amigo Mason. Se sentía como un volcán que había entrado en erupción. Pero como la lava que brota de un volcán, su amor tendría un efecto devastador, Devon lo sabía. Porque Mason no era sólo un amigo, era su amante, y quería ser su esposo.

Y por más que su amor por John la hacía sentirse viva, ella deseaba que no existiera. No quería cometer el mismo error dos veces. No deseaba estos sentimientos de ansias trémulas, de una batalla dentro de sí misma. Pero allí estaban. No podía evitarlo.

No es verdad, decía la parte más fuerte dentro de ella. *Puedes* evitarlo. Manténlo oculto hasta que desaparezca.

Mason observaba su rostro intensamente mientras Devon rumiaba estos pensamientos. Vio la confusión, las ansias y luego la firme resolución. Finalmente, ella habló:

—*No* intento casarme con John —dijo enfáticamente.

Mason le creyó. Devon podía ser inflexible. Podía ser obstinada. Sabía que había muchos recuerdos amargos asociados con su primer matrimonio. Pero uno de los más amargos era que representaba un fracaso para Devon. Y a Devon no le gustaba fracasar. Esto alentó a Mason a presionar un poco más.

—Entonces, repetiré la pregunta: ¿por qué no conmigo? —La voz de Mason era un susurro ansioso, mientras se inclinaba hacia Devon. La miró expectante.

La agudeza de Mason y su claro poder de percepción la perturbaron. Bruscamente, empujó su silla de hierro hacia atrás. Las patas emitieron un chirrido, al arrastrarse por el suelo enlosado, que perturbó la tranquila tarde.

Mason permaneció en su silla y sonrió, indulgente.

—Siempre caminas cuando estás frente a un problema. ¿Lo sabías?

El afecto en la voz de Mason calmó un poco la tensión de Devon.

—Lo sé —admitió entristecida—, creo que no soy muy buena escondiendo mis sentimientos.

—Depende —dijo Mason encogiéndose de hombros.

—Bueno, no trataré de esconderlos ahora. —Devon se volvió y miró a Mason directamente—. Tú te mereces más que eso.

Mason observó a Devon esperando pacientemente que ella organizara sus pensamientos.

—Mason, estoy muy contenta con las cosas tal como son. ¿Por qué quieres cambiarlas? —preguntó Devon sin ambages.

—Realmente, eso es muy simple. Quiero tener algún derecho sobre ti. Asegurarme de que siempre estarás en mi vida. Te amo y pienso que si no nos casamos, te perderé algún día.

—¡Pero no tienes por qué preocuparse por eso! Estoy feliz de estar contigo. —¡Y lo estaba! Mason era un fuego reconfortante en una noche fría, mientras que John era una hoguera. Estaba tranquila con Mason. Contenta de estar tranquila. No necesitaba más que eso ahora, se dijo a sí misma.

Mason se pasó una de sus largas manos por el rostro de una manera pensativa.

—Yo también estoy feliz. Pero no lo estaré si te pierdo por otro.

Devon se acercó a Mason y se paró detrás de él, inclinándose hasta poner la mejilla en su rostro.

—Eso no ocurrirá —susurró en su oído.

La cercanía de Devon, el embriagador aroma de su perfume, despertaron unas ansias profundas en él. Estirando las manos, cubrió con ellas los brazos de Devon.

—Me sentiría más seguro de eso, si estuvieras dispuesta a unir nuestras vidas de forma permanente —recalcó.

Devon entendía su punto de vista. ¿Cómo podía sentirse seguro de su compromiso con él si ella no deseaba formalizarlo?

Se enderezó, soltándose de su abrazo. Regresó a su silla y se sentó; la falda blanca descansaba graciosamente sobre sus piernas. Miró pensativamente el agua clara de la piscina, tratando de decidir cómo responder a Mason. No quería perderlo. Disfrutaba de su compañía y había llegado a confiar en la seguridad y la comodidad de su relación. Y Francesca lo adoraba. Entonces, ¿por qué vacilaba frente a la idea de casarse con él? ¿Era simplemente que estaba acostumbrada a su forma de vivir? ¿Debía quizá considerar seriamente su ofrecimiento? Sabía que muchas mujeres saltarían de alegría ante la oportunidad de casarse con Mason.

Pero no estoy enamorada de él, le susurraba una vocecita interior. ¿Cómo puedo casarme con un hombre del cual no estoy enamorada? El amor podía no ser el ingrediente más importante de un buen matrimonio, recordó. Después de todo, amaste a John. Por Roland, a su vez, no sentiste la misma clase de pasión. Era un tipo de amor más tranquilo. Más maduro. ¿Sería posible que sus sentimientos por Mason fueran un paso más en el mismo sentido? Después de todo, sí amaste a Roland. Tal vez si te casas con Mason, llegarás a sentir el amor del mismo modo.

Pero, por más que trataba de convencerse de esto, Devon no lo lograba. Había una diferencia entre su amor por Roland y el afecto profundo que sentía por Mason.

—Pareces indecisa. —La profunda voz de Mason interrumpió sus ensoñaciones, haciendo que se sobresaltase.

—Lo estoy —admitió.

—Eso es prometedor —dijo Mason intentando hablar en un tono ligero—. Al menos no me rechazas inmediatamente.

—Nunca haría algo así —dijo Devon con calidez—. Creo, sin embargo, que necesito más tiempo para considerar tu propuesta.

—¡He esperado siete años, Devon! —protestó Mason—. ¿No puedes al menos decirme qué estás pensando?

—Estoy pensando que no quiero estar sin ti. Al mismo tiempo, no estoy segura de querer cambiar mi vida en este punto. Y podría ser perturbador para Francesca...

—¡Tonterías! —dijo Mason con un gesto impaciente—. Si algo le vendría bien a Francesca es una figura permanente de padre. Siempre ha querido una. Por eso quiere tanto a...

Mason se interrumpió, percibiendo lo autodestructiva que podía ser su próxima afirmación. Francesca había creado un vínculo con John, diferente al que había estrechado con otros hombres, incluyendo a Willy. Mason se sentía un poco herido por esto, ya que quería mucho a Francesca. Sabía que ella lo quería, pero que se sentía más cerca de John. Tal vez podía hablar más libremente con John sabiendo que él había vuelto a sus vidas como su amigo y no como amigo de Devon. De cualquier forma, estaba claro que John era el ídolo de Francesca.

—Supongo que es ridículo preocuparse por Francesca —dijo Devon rápidamente, en un intento por disimular el lapsus de Mason—. Ella es grande. Y te quiere mucho. Estoy segura de que estaría feliz de que nos casáramos.

—Bueno, si no vas a casarte con John y no estás preocupada por Francesca y quieres continuar nuestra relación, ¿por qué dudas?

Porque no estoy enamorada de ti, repitió ella en silencio. Y Mason, consciente de cada emoción de Devon, vio la respuesta claramente escrita en su rostro.

Sintiéndose derrotado, apartó los ojos, mirando sin ver el seto de arbustos que marcaba el límite de su propiedad. El rostro endurecido como una máscara de resignación sin esperanza. ¡Que él pudiera sentir un amor tan fogoso a su edad! La vida había construido un muro alrededor de él y Devon había penetrado ese muro.

Durante años, había tenido la fuerza de ocultar su debilidad, temeroso de perderla; había mantenido la distancia entre ellos, asumido un aire de conformidad con los términos de su relación. Ella no ofrecía más, entonces él no pedía más.

Hasta ahora. Ahora había desnudado su alma ante ella. Había admitido que se casaría con ella, aunque ella no lo amara. ¡Qué indigno! Tuvo un repentino sentimiento de impotencia.

Viendo la desesperación en su rostro, Devon exclamó:

—¡Mason, no te pongas así! Sólo pido más tiempo para pensarlo.

Mason volvió sus ojos hundidos hacia ella.

—Entonces no tengo más alternativa que esperar, ¿verdad? —dijo en tono de burla—. Pero no puedo esperar para siempre, Devon. No es que no te ame lo suficiente como para esperar, pero sería un tormento demasiado grande. —Viendo la expresión en el rostro de Devon, hizo un intento por aligerar las cosas—. ¡Oh! no quise usar un lenguaje tan melodramático. Es sólo que hay una cierta cantidad de suspenso implicada y siento que he estado en suspenso durante demasiado tiempo ya.

—¿Qué sugieres? —preguntó ella suavemente.

—Bueno, soy un hombre de la prensa, de modo que me perdonarás si recurro a algo tan vulgar como una fecha límite, pero es lo único que se me ocurre. —El asentimiento de Devon fue un gesto para que Mason continuase—. ¿Qué te parece el día de Acción de Gracias? Para esa fecha, me dirás cuál es tu respuesta.

—Está bien —asintió Devon.

—Y si dices que sí, eso le dará un significado nuevo a las palabras "Acción de Gracias", te lo prometo —dijo Mason animosamente.

60

❧❧

—Estoy preocupada por el potrillo francés Carte Blanche —dijo Francesca, acalorada y agitada por el ejercicio en la pista con el mejor caballo de Willowbrook, el potrillo de dos años, Roll the Dice. Señaló con la cabeza un diminuto caballo blanco mientras Jesse y Jeremiah seguían su mirada.

—¿Por qué? —Jesse la miró—. No está acostumbrado a pistas de tierra, no está acostumbrado a correr en el sentido contrario a las agujas del reloj. ¿Cómo puedes considerarlo un adversario serio? —En Francia, como en el resto de Europa, las carreras se llevaban a cabo en pistas de césped y se corrían en el sentido de las agujas del reloj.

Francesca observó al jockey estrella de Willowbrook, Kelly Majors, para estudiar su reacción ante la advertencia. Él se sonrió ante la afirmación de la muchacha, seguro de sí mismo y de Roll the Dice.

Francesca se encogió de hombros.

—Hay algo en él. El jinete siempre está frenándolo durante el ejercicio. El caballo quiere correr. Siempre quiere correr.

—Roll the Dice también —dijeron Jesse y Kelly al unísono.

Jeremiah, sin embargo, no estaba tan complacido. Respetaba el instinto de Francesca, si bien éste era su primer verano haciendo entrenamiento. También era su primera participación oficial en las carreras de

Saratoga, de modo que estaba muy nerviosa, ansiosa por probar su capacidad. Y lo había hecho. Tenía el instinto para saber cuánto debía exigir al caballo. No era muy inteligente hacer correr al caballo de forma demasiado rápida en los ejercicios anteriores a la carrera, porque eso podría hacer que se coartara su capacidad de vencer. Por otro lado, un entrenamiento demasiado lento no proporcionaba al caballo la estimulación y el precalentamiento necesarios. Debía lograrse un equilibrio cuidadoso, y Francesca tenía talento para lograr ese equilibrio. Además, seguía al pie de la letra las instrucciones de Jeremiah, sin tomarse libertades como otros jinetes jóvenes y ambiciosos. Ahora Jeremiah la observaba con el caballo, tranquilizándolo con suaves murmullos y mano firme. No cabía duda, pensó Jeremiah, tenía talento.

Jeremiah se volvió, durante unos momentos, para observar el potrillo francés, tratando de ver cómo corría. Se sintió mal consigo mismo por no haber prestado más atención al caballo francés. En su lugar, los apostadores habían apuntado hacia Gallant Man, conducido por Willy Shoemaker, como el competidor principal de Roll the Dice. Shoemeaker era un gran jockey que sabía elegir a vencedores y Jeremiah tomó la amenaza en serio. Pero ahora comenzó a preguntarse si había cometido un error al centrarse demasiado en lo evidente.

Jeremiah se volvió hacia Francesca.

—Por qué no te vas durante un rato. Tu madre quiere desayunar contigo. Pero vuelve dentro de una hora —dijo.

Ella asintió y condujo su caballo a los establos. No necesitaba que le dijeran dónde debía encontrarse con su madre. Devon desayunaba todos los días en el club del hipódromo, como casi todos los propietarios. Laurel y Alice, aun participantes enérgicas en todas las carreras, preferían pasar las mañanas en la pequeña casa victoriana que la familia alquilaba.

Francesca usó un baño cerca de los establos para ponerse una falda y una blusa, hubiera sido poco apropiado entrar en el club con la ropa de trabajo, y salió cuando el sol comenzaba a iluminar el horizonte. Mientras caminaba por las gradas festoneadas por hierros pintados de blanco, admiró las ventanas del club llenas de geranios y petunias. Las petunias estaban abriendo sus pétalos delgados como papel, y el aroma flotaba en el aire neblinoso de la mañana.

Cuando Francesca llegaba, Gloria Vanderbilt se levantaba de la mesa de Devon, besaba el aire cercano a la mejilla de Devon, luego a Francesca y les decía adiós.

—¿Ha comido algo? —susurró Francesca mirando a la delgadísima mujer.

—Nunca lo hace —dijo Devon moviendo la cabeza. Era una vieja broma entre madre e hija. Gloria Vanderbilt, una mujer agradable, que disfrutaba de la compañía de Devon, nunca comía en público, aunque le encantaba la vida social.

Asistía a los desayunos, las cenas y los bailes, pero muy raras veces se llevaba un tenedor a la boca. En contraste, Devon continuaba disfrutando de los suculentos desayunos que habían sido su costumbre desde la niñez.

—Me pregunto cómo puede soportar estar aquí sentada y verte comer tortitas mientras ella sólo toma café negro —comentó Francesca.

—Es una mujer más fuerte que yo —rió Devon.

Francesca tomó un pastel de moras de la panera, sobre la mesa, y comenzó a mordisquearlo.

—Sabes —dijo—, Kelly Majors no me cree cuando le digo que debemos preocuparnos por Carte Blanche.

Devon levantó las cejas interrogativamente, esperando que Francesca continuara.

—Creo que ese potrillo es una amenaza.

—Kelly ha sido bueno para nosotros. Ganó muchas carreras durante el último año.

—Está muy seguro de sí mismo.

Devon soltó una alegre carcajada.

—¡Riesgo profesional!

Francesca sonrió y miró hacia abajo.

—Supongo —admitió—. Pero Jeremiah no cree que yo esté loca.

La expresión de Devon se tornó seria.

—Tal vez sea mejor que vuelva a mirar la trayectoria de Carte Blanche.

—¿No es demasiado tarde? La carrera es mañana.

—Nunca es tarde para cambiar nuestra estrategia. No hasta que los caballos están en el punto de partida. —Devon tiró la servilleta y se puso de pie bruscamente. Lucía unos pantalones de lino negro y una camisa a rayas blancas y negras, apropiada para la ocasión. Tomó una bolsa de lona y se dirigió al baño de mujeres donde se cambiaría las sandalias de cuero negro por botas de montar.

Francesca siguió a su madre, con un segundo pastel en la mano.

—¿Vas allí ahora mismo? —preguntó.

—Sí. ¿Por qué?

—Tío John se va a encontrar conmigo aquí esta mañana. ¿No quieres esperarlo?

Devon vaciló por un momento. Luego, recordó los comentarios de Mason sobre sus obvios sentimientos por John. Abrió la puerta del baño de señoras, entró y se sentó en un sillón a rayas rojo y blanco. Se cambió rápidamente los zapatos, y luego se puso de pie.

—Esta mañana no tengo tiempo, querida. Además, John viene a verte a ti y no a mí.

Francesca sonrió.

—Lo que tú digas, mamá.

61

Francesca giró frente al elegante espejo, regociján-
dose ante la imagen poco familiar que veía. ¿Era realmente ella? ¿Eran sus pómulos tan pronunciados, sus
ojos verdes tan exóticos y rasgados, su piel tan sedosa y
tostada? ¿Cuándo su delgada figura se había vuelto tan
bien formada? Aún era delgada, por supuesto, pero tenía senos turgentes y sus nalgas redondeadas y pequeñas eran provocativas, y su forma se adivinaba con el
traje de noche blanco que lucía. Sus vivaces rizos negros, elegantemente recogidos en la nuca, permitían
hacerse la idea de que tenía veinte años. ¡Iba a asistir a
su primer baile, un verdadero baile, no una verbena!

¡Pensar que había odiado el vestido cuando Laurel
se lo había mostrado por primera vez! Lo veía como
demasiado sencillo en la percha; la falda recta, de seda
blanca con un lazo verde en la cintura. Era infantil,
había discutido, y poco sofisticado. Pero eso no era
importante, ahora se daba cuenta. El corpiño ajustado
tenía un escote revelador y el lazo oscuro realzaba su
pequeña cintura. El vestido tenía un corte detrás para
facilitar el movimiento, exponiendo sus tostadas piernas a cada paso que daba. Una ola de seguridad en sí
misma la invadió y levantó apenas el mentón. ¡Se sentía
hermosa! No podía esperar a que su familia la viese.
John y Mason estarían muy sorprendidos. ¡Y Jesse! ¡Oh!,
si él pudiera verla ahora, la trataría más seriamente.
Se daría cuenta de que ella había crecido. Que era tan

atractiva como la hermosa muchacha color ébano con quien había estado en el parque el domingo anterior, la hija de la cocinera del hotel Gideon Putnam. Su nombre era Lacey.

El hecho de verlos juntos había perturbado a Francesca. Lacey estaba reclinada contra un árbol. Jesse, frente a ella, también se reclinaba contra el árbol apoyando las palmas en el tronco. Ella estaba entre sus brazos, mirándolo con una expresión tímida, sus dientes blancos brillaban en su suave rostro oscuro. Francesca se había dado la vuelta inmediatamente al verlos; pero antes, la brisa del verano trajo a sus oídos el sonido de la risa de la muchacha. En esas breves notas, Francesca había percibido un tono adulto de seducción. Seducción que hacía pensar en abrazos en la oscuridad, en cuerpos fusionados en actos de secreta intimidad. Y el sonido había despertado en Francesca el deseo y los celos.

Para hacer las cosas aún peor, Jesse casi la había ignorado desde que ella había comenzado a trabajar con Jeremiah a finales de junio. Habían salido a cabalgar algunas veces, pero Jesse nunca parecía tener tiempo para hacer una excursión o ir a nadar. Además, el horario de trabajo de Francesca le impedía tener tanto tiempo libre como en los veranos pasados.

Jesse se había vuelto aún más distante cuando llegaron a Saratoga tres semanas atrás. Al principio, Francesca se había sentido confusa. Pero, después de verlo en el parque, sospechaba que no había perdido tiempo para comenzar su romance estival con Lacey. Como resultado de ello, no pasaba nada de tiempo con Francesca. Y ella se sentía sola sin él, lo echaba de menos, como amigo y como... no estaba segura. Sólo sabía que echaba de menos el tiempo que pasaban juntos.

A veces, cuando estaba en la cama, muy tarde por las noches, se preguntaba qué sensación daría tocar los músculos de su espalda. Se preguntaba cómo sería sentir sus fuertes brazos acercándola hacia él y abrazándola. Esos pensamientos eran muy excitantes. Tan excitantes, que comenzó a sentir un cosquilleo extraño en el estómago cada vez que veía a Jesse.

Ahora, por primera vez en su vida, tenía la convicción de que ella también podía despertar esa clase de deseo. De pronto, recordó aquel día, al comienzo del verano, cuando ella y Jesse habían ido a nadar. Por un instante fugaz, había pensado que Jesse se sentía atraído hacia ella. Pero no podía estar segura. Desde entonces, no había visto esa clase de emoción por parte de él. Y, por supuesto, no podía contarle a nadie sobre sus sentimientos hacia él. De algún modo, ese conocimiento sólo agudizaba su deseo.

Con un suspiro, se apartó del espejo. Miró el chal de encaje blanco que estaba sobre la cama, cuidadosamente preparado para ella por la sirvienta de su madre. Sabía que Laurel insistiría en que lo usara. Pero cubriría su hermoso vestido. Ignorándolo, Francesca se dirigió hacia la escalera.

Francesca, por supuesto, no vio a Jesse esa noche. Pero vio a Kelly Majors, y eso fue casi igualmente gratificante.

El arrogante y joven jockey abrió la boca en un gesto de admiración cuando vio a Francesca en el vestíbulo del hotel Gideon Putnam. Rápidamente, recobró la compostura al ver que detrás de ella estaban su madre y Mason Wilder. Se acercó a ellos apresuradamente y saludó a su patrona y su acompañante, mientras enviaba miradas furtivas a Francesca. No se había dado cuenta de que ella era tan... tan... *adulta*. Se encontró tropezando con las palabras mientras trataba de charlar con el grupo. Luego, demasiado pronto, tuvo que separarse para ir al encuentro de la muchacha que había invitado. Pero recordaría el aspecto de Francesca esa noche.

Y Francesca recordaría la expresión en los ojos de Kelly. Sus ojos y los de todos los conocidos. ¡Oh, había sido emocionante estar rodeada de admiradores! Bailar cada pieza con un muchacho diferente. Que los muchachos que iban a la universidad la trataran como si tuviese su misma edad; que los muchachos de su edad se quedaran sin habla por la necesidad de agradarle. Ahora comprendía la seguridad de la felina rubia Marina Witherspoon, una compañera de clase de Washington. Pudo entender, de pronto, por qué sus amigas hablaban sólo de los chicos. Era interesante medir el poder de la sexualidad. Lo que le había faltado durante la adolescencia se presentaba ante ella como la llave de una bóveda secreta llena de riquezas.

El encantamiento no terminó esa noche. A la mañana siguiente, la actitud de Kelly hacia ella era totalmente diferente. No la ignoraba, ni se burlaba de sus comentarios. La escuchaba. La seguía con los ojos. Coqueteaba con ella. Y Francesca coqueteaba con él. Con mayor vivacidad cuando Jesse estaba cerca. Se aseguraba de que su risa tuviera esa nota que era tan perturbadora viniendo de Lacey.

—¿Qué te pasa hoy? —preguntó Jesse cuando estuvieron solos por un momento en el establo. Su voz estaba llena de irritación.

—¿A qué te refieres? —preguntó tímidamente.

Jesse la miró directamente a los ojos con las manos sobre la cintura.

—Me refiero a que estás riéndote y actuando como una... una... —Se encogió de hombros e hizo un gesto con la mano—. No lo sé.

—Bueno —dijo Francesca altanera—, tampoco yo lo sé.

—Anda, termina con estas tonterías. Y deja de bromear. Tenemos mucho trabajo hoy.

—¡Oh!, bueno, discúlpeme, señor. —El sarcasmo brotaba de su boca—. No pretendía interferir en tu importante trabajo.

Jesse la miró con disgusto y se dio la vuelta para marcharse.

—¡Espera un momento! —gritó Francesca imperiosamente—. Tengo algo que decirte.

Jesse se detuvo, su espalda tensa por el enojo. No se volvió para mirarla.

—De ahora en adelante —dijo Francesca al muchacho—, quiero que me llames Francesca. ¡Ya no seré Frankie nunca más!

62

❧❧❧

—Parece que tenías razón respecto de Carte Blanche —dijo Jeremiah a Francesca a la mañana siguiente. El potrillo francés había derrotado a Roll the Dice en una victoria sorpresiva que había sido un golpe para aquellos que apostaron por él.

Los cuatro, Jeremiah, Jesse, Kelly y Francesca, estaban parados a lo largo de la cerca blanca observando el ejercicio matutino. Tenían la mirada puesta en Devon, que montaba a Roll the Dice. Cuando una inversión grande como ésa fallaba en una prueba crucial, la dueña de Willowbrook quería conocer por sí misma la razón.

—Creí que esa carrera era mía —suspiró Kelly pasándose la mano por el mentón—. Íbamos por delante con una ventaja de dos cabezas desde el comienzo.

—Sí, y Carte Blanche, realmente, estaba quedándose atrás. En ese momento pensé que ya había perdido —Gruñó Jesse.

Jeremiah miró la revista *Racing Form* que tenía en la mano. Leyó en voz alta una vez más el artículo que describía detalladamente cómo Carte Blanche había humillado a Roll the Dice:

—Carte Blanche llevaba casi diez metros de retraso, y, cuando ya parecía que Roll the Dice ganaba la carrera, el potro francés arremetió...

—Ese caballo me pasó tan rápido que pensé que era un balazo —dijo el jockey Willy Shoemaker, que montaba a Gallant Man.

—¡Diablos! ¿Por qué tuvo que decir eso? —se quejó Kelly—. Porque sucedió así —dijo Francesca.

Kelly se puso la mano en la frente en un gesto de frustración.

—¡No sé lo que ocurrió!

Como respuesta, Jeremiah leyó en voz alta.

—En las últimas cincuenta yardas, el jockey de Carte Blanche, Benito Rodríguez, sabía que había ganado. Miró por encima de su hombro y no vio a ningún competidor. De este modo el francés desconocido galopó hacia uno de los más...

El grupo gimió al unísono, interrumpiendo a Jeremiah, en el momento en que Devon se acercaba a ellos.

—Veo que están leyendo la revista *Racing Form* —dijo, con tristeza.

—Exactamente —dijo Jeremiah moviendo la cabeza—. ¿Tienes alguna idea, ahora que lo has llevado por la pista?

—Sí, creo que puede ser un caballo bueno para carreras cortas. La carrera de ayer debe de haber sido demasiado larga.

—Eso me temía —dijo Jeremiah suspirando—, pero no quería decir nada hasta que tuvieras la oportunidad de montarlo. Por otro lado, podría ser que se acobarde cuando vea que tiene competidores. Siempre ha estado tan por delante de los otros que no hemos visto que eso sucediera en el pasado.

—Eso no se vio en los entrenamientos. Y ha corrido mucho en las prácticas —señaló Francesca.

—Los caballos parecen darse cuenta de la diferencia entre una práctica y una carrera —dijo Jeremiah.

—Bueno, son dos posibilidades distintas y podemos considerarlas ambas, pero primero tenemos que identificar el verdadero problema.

Jeremiah se volvió hacia su hijo.

—Jesse, tal vez podrías pasar los próximos dos días trabajando en esto con la ayuda de Francesca. Tengo que concentrarme en la preparación de Willow the Wisp para la carrera del sábado. —Era común entre los propietarios de caballos de carrera incluir la referencia de la caballeriza en los nombres de los caballos. Por lo tanto, para aquellos del mundo del hipódromo, ese nombre significaba que la yegua pertenecía a Willowbrook.

—Quiero ver el libro de condiciones de las carreras de la semana próxima —dijo Devon a Jeremiah—. Dada esta circunstancia, puede que tengamos que alterar el orden de intervención de nuestros caballos.

Los libros de condiciones eran escritos por los secretarios de las carreras de cada hipódromo. Describían las condiciones que debían tener los caballos para ser elegidos en cada carrera que se correría en el futuro inmediato; generalmente, una o dos semanas por anticipado. La entrada podía estar restringida a caballos de cierta edad, sexo o récord de triunfos. La extensión de cada carrera también se especificaba en los libros de condiciones. Luego, había carreras para doncellas; eso significaba para caballos que aún no habían ganado. Un caballo "perdía la doncellez" cuando ganaba su primera carrera.

Uno de los secretos del éxito de Willowbrook era que Devon y Jeremiah estudiaban cuidadosamente los libros de los hipódromos de todo el país, y luego enviaban sus caballos a competiciones apropiadas. Su récord de triunfos reflejaba la discriminación con que seleccionaban las carreras. Por lo tanto, incluso los caballos menos dotados de Willowbrook tenían plusmarcas de triunfo por encima del promedio. Los que no ganaban, pero tenían buen pedigree, podían o bien ser vendidos o usados para la crianza.

Mientras Francesca y Jesse regresaban a los establos, Devon y Jeremiah fueron hacia las oficinas del preparador a estudiar los libros de condiciones.

Cuando llegaron a la modesta casilla blanca, Jeremiah indicó a Devon que esperase fuera.

—Traeré un par de sillas. Éste puede ser el hipódromo más hermoso de América, pero las oficinas son iguales que en todas partes.

Devon rió bajito, pensando en la lujosa casa de Jeremiah en Virginia.

—No estás acostumbrado a vivir así, ¿verdad?

—Siempre voy a hipódromos lejos de casa. Pero eso no significa que me guste. Irma mantiene la casa bastante mejor que esto. Jeremiah entró en ese local; unos segundos más tarde, regresaba con dos sillas de cocina, de metal, con almohadones de plástico.

Devon se lo agradeció y se sentó.

—Hablando de tu familia, iba a felicitarte por Jesse. Está haciendo un muy buen trabajo. Tiene tu estilo con los caballos.

Jeremiah se sentó en la otra silla moviendo la cabeza.

—Me gustaría que se tomara un poco de tiempo para ir a la universidad.

—¿No quiere hacerlo?

—Piensa que es una pérdida de tiempo. Siempre menciona que yo tuve éxito y no tuve una educación universitaria. ¿Cómo puedo discutir eso?

—Me has dicho que tiene buenas notas, sin embargo. No tendría ningún problema para entrar a la universidad —aclaró Devon.

—Eso no le interesa. —Dejó caer la mano en un gesto de impotencia—. ¿Ah, para qué hacerse tanto problema con estos chicos? Hacen lo que quieren.

—Puedes negarte a darle empleo en Willowbrook a menos que termine sus estudios —dijo Devon—. Sería tu decisión, ya lo sabes.

Jeremiah la miró con aprecio, y sonrió.

—Lo sé. Y probablemente a su madre le gustaría que yo hiciera eso. Pero temo que, en ese caso, se iría a trabajar a otra parte.

La mirada de Devon se nubló y se dio la vuelta en la silla para mirar de frente a su amigo.

—No tendría las mismas oportunidades para ascender en otra parte. Ya sabes eso. Y él también.

Jeremiah comprendió el significado de las palabras de Devon.

—El mundo no ha cambiado mucho en este negocio, ¿verdad? El Consejo Nacional de los Afroamericanos no ha incidido mucho en la forma como somos tratados diariamente. Después de que ganase el Derby, recuerdas eso, todos los propietarios blancos querían que fuese a trabajar para ellos, por supuesto. Estrechaban mi mano, me palmeaban en la espalda. Enviaban champán y cosas por el estilo. Uno hasta me mandó a una mujer, ¿alguna vez te lo había contado? —Devon movió la cabeza negativamente—. De todos modos, al poco tiempo, desistieron. Sabían que yo te sería leal a ti. Empezaron a llamarme el chico de Devon. Probablemente aún me llamen así. Los blancos ni siquiera saben por qué nos consideran inferiores ¿Porque somos inferiores? Yo probé que era superior a todos los otros jockeys. ¿Realmente piensan que el color de la piel de un hombre determina lo que está en su interior? —La voz de Jeremiah estaba llena de una ira tranquila—. Tú eres blanca, tú dímelo —preguntó.

—No... no lo sé. —Devon se sentía perdida. La avergonzaba el hecho de que muchas de las personas que habían tratado a Jeremiah de esa forma fueran sus amigos. Pero si iba a eliminar amigos sobre la base de sus prejuicios raciales, no le quedaría casi ninguno. Lo más que podía hacer era dar oportunidades a la gente que trabajaba para ella, sin tener en cuenta el color. ¿Pero qué significaba ese pequeño gesto en un mundo lleno de prejuicios? No cambiaba en nada el estado de las cosas. Devon dijo, pensativamente—: Tal vez cambiarían un poco las cosas en este negocio si podemos conseguir a Jesse un trabajo como aprendiz en otra granja. Tiene tanto talento...

—¿Quieres decir para que tus amigos sepan que no soy una excepción? ¿Un negro mutante que salió inteligente? ¿Que de hecho hay dos como nosotros y probablemente más? —preguntó Jeremiah con amargura.

—¡Jeremiah! Nunca has hablado como hoy. Con tanto... cinismo.

—Devon, no hay un solo negro en América que no sea cínico. A menos que sea un completo idiota. ¿Sabes cuál es mi mayor vergüenza? —Devon movió la cabeza, indicando que podía continuar—. ¿Recuerdas esa noche, cuando tú, una mujer blanca, me salvó del Klan?

—Pero, Jeremiah, ni siquiera fueron a tu casa después de irse de la mía.

—Porque tenían miedo de ti. Me tenían en la agenda, sólo que no hubieran sido tan *civilizados* —dijo esa palabra de forma sarcástica— conmigo como lo fueron contigo. Tu nombre tiene mucho peso. Tú tienes poder. Poder para hacerles daño. Yo puedo tener dinero. Y puedo tener un arma, pero no tengo poder, y lo que más me apena es que no veo que las cosas vayan a ser diferentes para mi hijo.

—Entiendo bastante a qué te refieres. Ser mujer significa tener que demostrar constantemente que puedes.

Nunca eres tomada en serio. Nunca te dan las mismas oportunidades que a un hombre.

Jeremiah movió la cabeza negativamente.

—No es lo mismo. No para una mujer nacida en una familia como la tuya, en todo caso.

—No, no exactamente —concedió Devon—. ¿Pero crees que cualquier otro le daría a Francesca la oportunidad de ser jockey? No, la dejarían entrar en sus clubes, admito eso. ¿Pero acaso la contratarían? No lo creo.

—Está bien, comprendo a lo que te refieres —admitió Jeremiah—. Hay discriminación, aunque no es lo mismo que la humillación cotidiana a la que va a tener que enfrentarse mi hijo.

—Lo sé —dijo Devon—, pero podrías involucrarte más en el movimiento por los derechos civiles. Tratar de cambiar las cosas.

—No puedo decirte la cantidad de dinero que he dado al Consejo Nacional de los Afroamericanos.

—Pero eso no es todo lo que se puede hacer, ¿verdad?

—No —dijo Jeremiah tranquilamente—. Creo que en realidad nunca he hecho nada. Espero que Jesse sea diferente. Hasta el momento, sin embargo, no he visto ninguna señal de ello. Tal vez estemos demasiado protegidos en Willowbrook. Si leo un libro puedo hablar contigo o con Irma acerca de eso, intercambiar opiniones. A ti no te sorprende que yo sepa leer, ni te sorprende lo que leo. Me tratas con respeto. Es sólo de vez en cuando que tengo que dejar nuestro mundo. Y en el hipódromo, todos son bastante desagradables con los demás, sin importar el color.

Devon se rió.

—Eso es verdad.

—De modo que estoy ante un verdadero conflicto. Dejar que Jesse permanezca en Willowbrook, donde estará protegido, o hacer que salga al mundo real, donde pueden herirlo. En el mundo real, tal vez haya una oportunidad de que cambie las cosas un poco más de lo que yo lo he hecho.

—¡Jeremiah, no eres justo contigo mismo! —exclamó Devon—. Has hecho historia como jockey y lo estás haciendo de nuevo como preparador y entrenador.

—Eso no ha hecho cambiar las cosas —argumentó.

—Realmente, eso no lo sabes. El cambio puede ser lento. Eso no significa que nunca llegará.

—¡Ah! —abrió la boca expresando una firme incredulidad—. Siempre voy a ser el chico de Devon.

63

❧❀❧

Francesca miró con coquetería a Kelly Majors.

—Mi madre me mataría si supiera que estoy aquí contigo.

Kelly paseó la mirada por la tienda de helados decorada con listones rosado intenso y blanco. Estaban sentados a una mesa de hierro blanco labrado, con sillas del mismo estilo. Nada hubiera parecido más inocente y decoroso.

—¿Qué tiene de malo salir a tomar un helado? —preguntó el jockey, con una sonrisa maliciosa—. Estamos juntos todos los días en el hipódromo, de todos modos.

—Lo sé, pero no es lo mismo. Mi madre no me dejaría salir por la tarde con un joven de más de veinte años. Se supone que debo salir con chicos de escuela secundaria, no con mayores.

Kelly se sintió incómodo, pensando si esta salida valía la pena tanto como para arriesgar su trabajo. No había medido la importancia de lo que estaba haciendo cuando sugirió a Francesca que la llevaría a tomar un helado. Era sólo que desde la noche en que la había visto en el baile era cada vez más consciente de su seducción. No podía evitarlo. Cada vez que ella pasaba a su lado, percibía la desarrollada figura debajo de sus ajustados blue-jeans y sus camisitas de fino algodón. La veía como a una mujer, no como a una jovencita. Y actuaba como si fuese mayor de lo que era, en algunos aspectos. Era confiada y responsable en su trabajo. Sin embargo, había una inocencia en ella que él encontraba adorable. La parte trasera de un hipódromo era un lugar rudo y la mayoría de las mujeres a las que él tenía acceso eran vulgares seguidoras de los atletas profesionales. A menudo, eran mujeres sensuales y hermosas, pero eran cualquier cosa menos inocentes.

Kelly observó a Francesca. Sus grandes ojos verdes lo miraban de un modo franco e incitador. El único problema era que Kelly no estaba muy seguro de que ella supiera a qué lo estaba invitando. De pronto, la precariedad de su situación lo perturbó. Sacó los brazos de la mesa y se reclinó en el asiento con los brazos cruzados sobre el pecho.

—Escucha... —dijo—. Creo que eres una gran chica, pero no quiero tener problemas con tu madre.

—¡Oh!, está bien —dijo Francesca con vivacidad—. Salió a cenar con Mason, y, de todos modos, le dije que iba a casa de una amiga a pasar la noche.

—¿No te controla?

—Por supuesto, pero llegaré a casa antes que ella. Le diré que no me sentía bien, por lo que volví temprano a casa. Estará todo bien. Francesca se puso una cucharada de helado en la boca. Un poco de espuma quedó adherido a sus labios y se limpió con la lengua; Kelly seguía todos sus movimientos con mirada intensa.

Lo peor para él era que ella no estaba vestida con ropa de trabajo. No, como en la noche del baile, llevaba un vestido que resaltaba su belleza juvenil. El vestido de lino rosado era muy sencillo, pero por el efecto que causaba en la figura de Francesca se notaba que era una prenda muy fina. Le daba un aire de sofisticación mezclado con extrema feminidad. La falda, larga hasta el tobillo, por encima de unas enaguas de un rosado más oscuro, que, a cada movimiento de Francesca, producía un cierto sonido femenino y peculiar que indicaba la presencia de las enaguas. El corpiño del vestido aumentaba su busto, al presionar sus senos uno junto a otro y, hacia arriba, donde la línea del cuello, en forma de corazón, acentuaba sus suaves curvas. Sus oscuros rizos caían sobre la piel sedosa y tostada de los hombros. Francesca, quien recientemente había comenzado a usar maquillaje, y a quien su madre sólo le permitía utilizar lápiz labial de color natural y rubor, se había introducido en la habitación de Devon y se había puesto perfilador de ojos, lápiz labial rojo y sombra para párpados gris humo. Habiendo estudiado a Devon durante años, había logrado la misma habilidad que su madre para realzar sus encantos. Para completar su arreglo, se había colocado el preciado perfume de su madre, Joy, una exquisita esencia de gardenias, que flotaba en la noche estival. Se sentía muy madura y un poco peligrosa.

—Pareces preocupado —dijo Francesca a Kelly en tono burlón, sintiéndose algo superior a pesar de la ventaja del joven en cuanto a edad.

Él sonrió, algo tenso.

—Lo estoy —admitió.

Francesca sólo sonrió y tomó otra cucharada de helado. Todavía había luz cuando salieron del local media hora más tarde.

—Creo que lo mejor que puedo hacer es llevarte a tu casa —dijo Kelly, mirando nervioso a su alrededor para asegurarse de que no hubiese nadie conocido por allí. Se preguntó cómo había podido pensar alguna vez que era una buena idea invitar a Francesca. ¿Y cómo podría caminar con ella hasta su casa sin que nadie los viese?

Como si leyera en su mente, Francesca sugirió:

—Vayamos por el parque en lugar de ir por el camino.

—Pero ése no es el camino hacia tu casa.

—No, es el camino hacia la tuya. Pero la mía está sólo unas manzanas más allá. Si alguien me ve viniendo del hipódromo, no sospechará nada.

Kelly se sintió más cómodo cuando cayó el crepúsculo y entraron en el parque; la arboleda ocultaba aún más la poca luz. El sonido estival del cantar de los grillos era lo único que se oía en la tranquilidad del atardecer.

Francesca y Kelly caminaban uno junto al otro en silencio.

—¡Mira! —susurró Francesca—. La huella para los caballos. Si vamos por aquí, ciertamente no nos verán.

—¡Eh, ésa es una buena idea! —dijo Kelly. Su exuberancia natural volvía; tomó la mano de Francesca y la guió por el estrecho sendero.

Mientras caminaban por el sendero, Francesca estudió el rostro animado de Kelly. No era exactamente apuesto; más bien tenía una apariencia algo atrevida. A ambos lados de la boca se le formaban hoyuelos cuando hablaba. Sus ojos azules, enmarcados en largas pestañas oscuras, denotaban arrogancia, malicia y arrojo. Su grueso cabello negro, peinado hacia atrás, parecía un casco de seda. Tenía todas las características de un joven atleta agresivo. Francesca se preguntaba si realmente se sentía atraída por él, o sólo entusiasmada por la idea de que un hombre de veinticuatro años se sintiera atraído por ella.

—Ha sido agradable lo de esta tarde —dijo Kelly suavemente—, pero no creo que sea buena idea hacerlo de nuevo.

Francesca se sintió herida. De pronto se vio otra vez como la niña torpe de un año antes. Se preguntaba si Kelly la encontraba fea.

—¡Eh! —dijo él en voz baja—. No te sientas mal. Si no tuvieses dieciséis años, te buscaría sin pensarlo.

—Yo... me pregunto si alguna vez le gustaré a alguien lo suficiente como para que quiera ser mi novio —confesó Francesca.

—Por supuesto que sí —le aseguró Kelly, apretando su mano—. Eres una chica muy hermosa.

Francesca se detuvo y lo miró, los ojos llenos de duda.

—¿Realmente lo crees? —dijo en un suspiro.

—Si no lo creyera, no lo diría.

Francesca se ruborizó y se volvió hacia el camino, los ojos clavados en el suelo mohoso del bosque. Unos momentos más tarde, se encontraban junto al cerco blanco que marcaba el límite posterior de la pista; luego continuaron hasta los establos.

Cuando estuvieron en la oscuridad del granero, Kelly miró a Francesca y tomó sus manos entre las suyas.

—No te metas en problemas, hermosa —le susurró, dándole un leve beso en los labios.

Francesca sintió que una chispa la recorría al contacto con sus labios. ¡Nunca antes había besado a un muchacho tan grande! Le atraía la aventura implicada en ello. Puso los suaves brazos descubiertos alrededor del cuello del hombre y le devolvió el beso como lo había visto hacer en las películas.

—¡Espera un momento! —dijo Kelly sin aliento, sacando los brazos de la mujer de alrededor de su cuello. La empujó sobre la pared y la mantuvo allí, sus brazos más fuertes de lo que parecían—. No debes hacer cosas así a menos que quieras tener problemas —la regañó con amabilidad.

Francesca sonrió maliciosamente.

—¿Qué quieres decir?

—Quiero decir —dijo, sin soltar sus brazos—, no deberías besar a un hombre así, a menos que quieras más que un beso.

—¿Qué te hace pensar que no quiero? —preguntó sugestivamente.

Kelly rió, sus blancos dientes brillaron en la oscuridad.

—Ni siquiera sabes de qué estás hablando, pequeña. Y eso es lo más peligroso de todo.

Francesca sintió el perverso deseo de ejercer su nuevo poder de feminidad y se inclinó sobre él luchando con sus brazos.

—¡Quédate dónde estás! —advirtió Kelly, con enojo fingido.

Entonces, de repente, hubo una agitación en las sombras y una explosión de ruido. Un grito en la oscuridad y el pequeño jockey fue arrancado de sus brazos. Movimientos confusos, cuerpos oscuros y claros mezclándose; luego el sonido de cuerpo contra cuerpo.

Francesca, moviéndose instintivamente, tomó un balde que había cerca. Estaba vacío y extendió el brazo hacia atrás, preparada para golpear al intruso con el objeto de metal. En ese momento, se dio cuenta de que el intruso era Jesse.

—¡Jesse! —gritó.

—¡Corre, Frankie! ¡Corre! —gritó, mientras luchaba con el otro hombre en el suelo.

—¡Qué haces, imbécil! —gritó Kelly, tratando de liberarse del musculoso adolescente. No iba a poner en riesgo sus manos, su instrumento de trabajo, golpeando a Jesse.

—¡Jesse, suéltalo! ¡Déjalo! —Francesca se metió en la pelea, tomando a Jesse por la parte trasera de sus jeans.

Jesse se volvió y se sacudió para que lo soltara.

—¡Le enseñaré!

Francesca tomó a Jesse del brazo, separándolo de Kelly.

—¡Él no ha hecho nada, Jesse, déjalo en paz!

Kelly aprovechó la breve pausa para zafarse de Jesse. Se puso de pie tambaleándose y comenzó a sacudir su ropa.

—¡Estás loco! ¿Qué crees que estás haciendo? —preguntó Kelly con rabia.

Jesse miró a Francesca y luego a Kelly, tomando conciencia de pronto de que su rescate no había sido bienvenido.

—Yo... creí que le estabas haciendo daño —explicó.

—¡Por supuesto que no! —dijo Francesca, como si esa idea fuese lo más ridículo del mundo.

—Bueno —murmuró Jesse—, parecía que la estabas forzando.

—¡Todo lo contrario! —dijo Kelly, con una sonrisa. Su buen humor natural retornaba, y comenzó a reírse de la situación.

Jesse, curiosamente avergonzado, miró a Francesca buscando una explicación. Ella también comenzó a reír.

—Lo lamento. Parecía que él te estaba sujetando por la fuerza.

—¡Ella es más grande que yo! —gritó Kelly. Ante esto, los tres comenzaron a reír.

—Y, probablemente, también más fuerte —dijo Jesse. Cuando las risas se apagaron, miró hacia el suelo y sacudió sus pies—. Lo lamento si... interrumpí —dijo con timidez.

—No tienes por qué disculparte, me rescataste justo a tiempo —recalcó Kelly con otra sonrisa.

Jesse se volvió hacia Francesca.

—¿Sabe tu madre que has salido con él? —Francesca se ruborizó, pero levantó el mentón en forma desafiante.

—No. Tengo dieciséis años. Soy lo suficientemente grande como para hacer lo que quiero.

Jesse la miró con exasperación.

—No, no lo eres. ¡Y tu madre te sacudirá si sabe que saliste con un hombre ocho años mayor que tú!

Francesca se sintió molesta de que las palabras de Jesse fueran tan parecidas a las palabras que ella misma había dicho a Kelly esa tarde.

Puso las manos en la cintura.

—¡Eso no es asunto tuyo! —gritó.

—¡Te conozco de toda la vida! Conozco las normas de tu madre —le respondió él.

Ambos se miraron por un instante, hasta que Kelly intervino:

—Tranquilos, vosotros dos. Francesca, tú misma dijiste eso mismo hace pocos momentos, y sabes que es cierto. —Miró su reloj—. Jesse, la señora Somerset-Smith probablemente, no piense nada malo si ve a Francesca llegar a casa contigo. ¿Porqué no os vais ahora? Me sentiré más a gusto si sé que Francesca no está por ahí caminando sola.

Sin mirar a Francesca, Jesse comenzó a caminar bruscamente en dirección al sendero. Cuando había caminado unos metros, se volvió y vio a Francesca que lo miraba.

—¿Vienes? —preguntó.

—Anda, vete con él —susurró Kelly; ante lo cual, Francesca comenzó a caminar sin ganas.

Jesse volvió a dar la vuelta y continuó caminando. Enojada, Francesca le gritó:

—No voy a correr para alcanzarte.

Jesse se detuvo, pero no se dio la vuelta. Permaneció donde estaba hasta que Francesca lo alcanzó.

—¿Quieres cruzar por medio de la pista o rodearla? —miró fijamente sus sandalias de tacón alto.

Siguiendo su mirada, Francesca endureció los labios. Se inclinó y se quitó las sandalias.

—Cruzaremos —dijo con rigidez—. No tiene sentido tomar el camino más largo.

Caminaron en silencio durante unos momentos; luego, como si no pudiera contenerse, Jesse estalló:

—¡En qué demonios estabas pensando, cuando decidiste salir con un individuo de esa edad!

—¿A ti qué te importa con quién salgo? —respondió, agresiva, Francesca. No le gustaba que la regañasen.

Jesse metió las manos en los bolsillos de los pantalones y las crispó en dos puños tensos. Permaneció silencioso. ¿Cómo podía responder a Francesca? Nunca admitiría que lo enfermaban los celos al ver a otro hombre besándola.

—¡Respóndeme! —gritó Francesca, pellizcándole el brazo para atraer su atención.

—¡Ay! —Jesse apartó el brazo de ella—. ¡No hagas eso!

—¡Bueno, entonces responde! ¿Qué te importa con quién salgo?

—Porque hemos sido amigos durante mucho tiempo. Porque sé que a tu madre no le gustaría que salieses con un hombre tan mayor. Porque Majors es un *playboy*. Tiene a mujeres, mujeres mayores, cuando le da la gana, y no a niñitas como tú.

Francesca se detuvo y lo miró.

—¡Mírame bien! —exigió—. Ya no soy una niñita. ¡Soy tan hermosa como cualquiera! Jesse miró a

Francesca. La brisa nocturna jugueteaba con sus oscuros rizos y la falda se adhería a sus piernas. Sus senos jóvenes y turgentes se dibujaban debajo de la delgada tela de su vestido. Era una visión embriagadora. Y era una mujer en todos los sentidos. Sus ojos se llenaron de ansias y, al mirar a Francesca, ella, por primera vez, se dio cuenta de sus sentimientos.

Francesca dio un paso hacia él. Estaba tan cerca que podía percibir el calor que emanaba de su cuerpo. Tan cerca que, si bien estaba oscuro, podía leer el miedo en sus ojos.

Con los ojos fijos en ella, Jesse se alejó.

—No... no puedo... —dijo despacio, negando con la cabeza para subrayar sus palabras.

Pero su cuerpo era como un imán que la atraía más cerca.

—¿Por qué no?—preguntó ella con voz ronca.

Jesse podía oler su perfume intoxicante al mezclarse con el aroma de su cuerpo joven. Podía ver la sombra oscura de su escote. El sonido de las enaguas. Sus sentidos estaban invadidos y sintió que la fuerza lo abandonaba. Miró los grandes ojos verdes de Francesca y vio el deseo en ellos. Sus labios estaban húmedos y expectantes. Ella lo deseaba. Cada fibra de su cuerpo decía a Jesse que ella lo deseaba.

Jesse estiró el brazo hacia adelante como para tocarla; luego instantáneamente lo retiró. Francesca podía ver que él estaba jadeando, como un hombre que ha corrido una larga carrera. Una delgada capa de sudor cubría sus oscuras facciones. Podía oler su masculinidad y era como un afrodisíaco. No pudo evitar acercarse a él de nuevo.

Jesse estaba hipnotizado, incapaz de respirar. Sus emociones eran un caos. Terror, deseo incontrolable, amor y lealtad chocaban dentro de él. Quería correr, pero estaba clavado allí. Quería tocarla, pero no se atrevía. Estaba tan cerca ahora, mirándola directamente a los ojos. Sus labios a centímetros de los de él. Sus pechos casi rozando su torso.

Ambos jóvenes permanecieron como estatuas, congeladas en el tiempo y el espacio, abstraídos de lo que los rodeaba. Luego, lentamente, Francesca levantó una mano temblorosa y la puso sobre el pecho de Jesse.

El contacto con ella lo enloqueció. Perdió toda su voluntad, la habilidad para medir sus acciones. Y, con un gemido, se rindió al furioso deseo, tomándola en sus poderosos brazos.

Francesca rodeó con los brazos su pequeña cintura. A través de la delgada tela de su falda podía sentir los poderosos músculos de la vigorosa espalda y la dureza de su torso. Él se inclinó sobre ella, la envolvió en su abrazo. Ella estaba fusionada con él y, cuando la besó, sintió como si fuera parte de él.

—¡Oh, Dios, Frankie! —dijo, con voz áspera. Hundió la cabeza en sus cabellos—. He soñado con esto —dijo, abrazándola con más fuerza aún. Sus labios buscaron los de ella.

El deseo brotó del cuerpo de Francesca. Estaba húmeda y ardiente; sin embargo, temblaba de emoción. Sus besos eran más dulces que en sus fantasías, su cuerpo más atractivo, el sentirlo cerca más erótico. Se inclinó sobre él buscando apoyo, mareada por el sentimiento que la embargaba.

—Te amo, Jesse —susurró.

Sus palabras fueron como un disparo que lo trajo a la realidad. Alarmado, Jesse dejó caer sus brazos y se alejó de Francesca.

—¡No digas eso, Francesca, nunca más! —dijo con vehemencia.

Francesca sintió como si la hubieran golpeado, tan sorprendida estaba ante su reacción.

Jesse se cubrió el rostro con las manos. Temblaba de emoción.

—Esto es un desastre. ¡Lo lamento!

—¿Qué es lo que lamentas?

Jesse levantó la cabeza y miró a Francesca.

La joven lo miró sin comprender.

—¿Por qué me miras de esa forma tan rara? —preguntó.

—Francesca, pareces no entender. ¡No podemos hacer eso!

La voz de Jesse estaba llena de desesperación.

Francesca dio un paso hacia Jesse y tomó su mano en la de ella.

—Pero yo te amo...

—¡No! —Jesse, rápidamente, retiró la mano, frustrado porque Francesca no comprendía lo que él estaba diciendo—. ¡Nuestras familias nos matarían si supieran esto!

—Pero... podemos mantenerlo en secreto. —Los ojos verdes de Francesca estaban muy abiertos con la fe de los inocentes—. Y en cuanto tenga la edad suficiente, ¡podemos casarnos! —Quería que él comprendiese que se enfrentaría a cualquier cosa por él.

Jesse abrió la boca en un gesto de incredulidad.

—¡Casarnos! ¡Jamás podríamos casarnos! —¡Cómo podía ella hablar de algo tan descabellado! ¿No entendía que la gente los odiaría por el solo hecho de verlos juntos? Con súbito pánico, miró detrás de él, aterrado ante la idea de que los viesen.

—¡Oh, Jesse! —dijo Francesca, suplicante—. ¿No ves que el mundo está cambiando? Algún día, la gente ni se sorprenderá de ver un matrimonio formado por un hombre negro y una mujer blanca.

Pero su rostro estaba cerrado, inalcanzable.

—¡Cambiando! No está cambiando lo suficientemente rápido como para beneficiarnos —insistió con fiereza—. ¿Recuerdas la noche en que esos hombres vinieron por mi padre porque había despedido a aquel jockey blanco?

—Precisamente. No le hicieron nada. Vinieron primero a ver a mi madre. Y ella los mandó a todos a sus casas —dijo Francesca, convencida de que los finales felices realmente ocurrían.

—¡Francesca, tú no lo entiendes! Si cualquiera supiera que te he tocado, que he tenido estos pensamientos acerca de ti ¡nadie impediría que me lincharan! ¡Y tu madre podría estar al frente del grupo!

Francesca se apartó de él, molesta.

—Es muy vil de tu parte que digas eso. ¡Sabes que no es verdad!

—¡Claro que no lo sé! —argumentó Jesse, acalorado.

Pero la expresión herida en el rostro de Francesca derritió su corazón.

—Mira —explicó más amablemente—, esto no funcionará jamás. No tendríamos ningún lugar en el mundo, sabes.

Las lágrimas corrían por el rostro de Francesca cuando dijo:

—Debe de haber algún lugar...

Jesse deseaba desesperadamente tomar a Francesca en sus brazos una vez más, pero no se atrevió. Sonrió con tristeza.

—El cielo. Sólo en el cielo.

Francesca dejó caer la cabeza, tratando de controlar las lágrimas. Jesse la miraba impotente. Comenzó a levantar la mano. No, no podía. Porque si volvía a tocarla tal vez no tendría la fuerza para dejarla ir. Metió las manos en los bolsillos.

—Mírame, Frankie —dijo con la voz impregnada de amor.

Lentamente, ella levantó la cabeza. Él la miró, bebiendo cada detalle de su rostro para poder saborear el recuerdo más tarde. Sus pestañas estaban mojadas por las lágrimas, sus labios húmedos e inflamados por sus besos, y sus ojos... sus ojos brillaban de amor por él.

Viéndola así, tan vulnerable y, sin embargo, tan incitante, supo que nunca más podría permitirse estar a solas con ella. Dio un paso hacia atrás, luego otro.

Las lágrimas se agolpaban en sus párpados.

—Debo irme —dijo, tropezando con las palabras.

—¡Jesse! —exclamó Francesca, con la voz quebrada—, ¡espera!

Jesse se alejó de ella. Luego se volvió.

—¡No te vayas! —suplicó ella extendiendo los brazos hacia él. Pero abrazó el aire. Todo lo que quedaba de él era el sonido de sus pasos mientras corría en la noche.

64

❦

—Papá, tengo que hablar contigo —dijo Jesse, entrando a la precaria oficina de su padre en el hipódromo.

Jeremiah dejó de mirar el libro de condiciones que estaba estudiando en la mesa de la cocinita e indicó a su hijo que se sentara.

Jesse tomó una vieja silla de plástico y se sentó.

—He estado pensando... —dijo el joven.

Jeremiah, curioso, se inclinó hacia adelante esperando a que Jesse continuara.

—Acerca de la universidad. Si aún quieres que vaya, voy a inscribirme en la Howard University.

Jeremiah levantó las cejas. Esto era lo último que esperaba escuchar de Jesse.

—Eso haría que tu madre se sintiese muy orgullosa de ti —dijo Jeremiah con cautela—, ¿pero por qué este cambio de ideas?

Jesse bajó los ojos, incapaz de sostener la mirada inquisitiva de su padre. Temía que sus ojos lo traicionaran, dejando adivinar la historia de la noche anterior. Se encogió de hombros.

—Me gustaría graduarme lo antes posible —dijo Jesse—. Tal vez comenzar este otoño.

—Pero para eso faltan sólo dos semanas. Ni siquiera te has inscrito.

—Podría irme hoy a casa. Tal vez viajar a Washington mañana. Tratar de que me acepten. Tengo buenas notas medias. Y... bueno, no me perjudicará ser tu hijo.

—Pero creí que querías trabajar en Willowbrook —dijo Jeremiah, confuso.

—Prefiero ir a la universidad. Después de que me gradúe, tendré toda la vida para trabajar en Willowbrook —dijo Jesse.

Jeremiah se reclinó en su silla y estudió a Jesse. Sin embargo, el joven no levantó la mirada hacia su padre. Finalmente, Jeremiah habló.

—¿Qué te está preocupando, hijo?

Jesse saltó de la silla y se golpeó los muslos con las manos, exasperado.

—¿Por qué me tiene que pasar algo? Esto es lo que tú querías. Bueno, ahora lo tienes. ¡Pensé que te haría feliz!

—Siéntate, Jesse —dijo Jeremiah con calma. Cuando su hijo hubo obedecido, Jeremiah continuó—: Este repentino interés por la universidad debe significar que estás interesado en algún campo en particular. ¿En qué vas a graduarte?

Jesse miró a su padre, confuso.

—¿En qué ... ?

—Sí. Tu interés principal en la universidad. La mayoría de la gente tiene una idea de lo que quiere estudiar cuando decide inscribirse en la universidad, aunque admito que muchas personas cambian de idea.

—No estoy seguro —musitó Jesse.

—Bueno, entonces, ¿por qué Howard University? ¿Por qué no Tuskegee u otro lugar?

—No lo sé. Howard está cerca.

Jeremiah permaneció en silencio. Jesse se movía en la silla, mientras el silencio se hacía insoportablemente largo.

—Tengo la sensación... —comenzó Jeremiah; luego dejó la frase inconclusa y se perdió en sus pensamientos.

—¿Qué? —preguntó Jesse con aprensión.

—No vas a la universidad a encontrar algo, sólo estás tratando de escapar de algo. Me gustaría saber de qué se trata.

Jesse levantó la cabeza de golpe y sus labios se tensaron en una actitud de determinación. Sus ojos oscuros sostuvieron la mirada de su padre sin pestañear. De pronto, el jovencito se había transformado en un adulto.

—No puedo decir más de lo que he dicho. No dejo ningún problema tras de mí. Tienes derecho a saber eso. Si quieres ayudarme con lo de la universidad, me agradaría mucho. Haré lo mejor para que tu dinero no se desperdicie. Si no quieres pagarme, entonces... —Jesse se encogió de hombros como indicando que estaba preparado para encontrar la solución.

Jeremiah pudo comprender que Jesse hablaba en serio acerca de no dar más explicaciones. Y percibió que éste era un momento crucial en sus relaciones. ¿Confiaría en el juicio de su hijo, o se negaría a darle lo que le pedía sin comprender las razones de semejante solicitud? No, decidió, confiaba en que su hijo haría lo correcto. Y, si bien le hubiese gustado que su hijo confiara en él, admiraba su fortaleza en mantener sus problemas, si eran problemas, para sí mismo.

—Bueno, como dije, tu madre estará muy feliz de saber esto. Y creo que yo también estoy feliz. Si lo que quieres es ir a la universidad, entonces estoy orgulloso de poder enviarte allí.

65

—John, deja de sermonearme, ¡no sé lo que le pasa! —gritó Devon, exasperada.

John, perdido en sus pensamientos, removía los leños en la chimenea. Era el primer fuego de la temporada, ya que estaba fría esa noche de octubre. También era el primer fuego en la nueva casa de John en Georgetown, una hermosa casa estilo Nueva Orleáns, en una calle empedrada. Él y Mason eran vecinos ahora y, lo que era más importante, John podía estar más en contacto con Francesca, que había elegido para su primer año quedarse interna en la escuela de mujeres en Washington, en vez de viajar ida y vuelta hasta la granja. Esta determinación había sorprendido bastante a Devon, que no podía creer que Francesca, voluntariamente, renunciara a cabalgar todas las tardes. Además, la muchacha nunca antes había mostrado interés por vivir en la escuela. De hecho, era todo lo contrario. Pero Francesca había usado dos argumentos fuertes para persuadir a su madre. Primero, que viajar era muy fatigoso. Segundo, que era más fácil estudiar en la escuela, lejos de las distracciones de Willowbrook y con todos los recursos de biblioteca, maestros y compañeras de estudio cerca. Devon no pudo pensar en ninguna razón para negarse, aunque sabía que echaría mucho de menos a su hija.

—Desde Saratoga, Francesca ya no ha sido la misma —comentó Mason. A pesar de su preocupación por

Francesca, no podía evitar que sus ojos recorrieran la habitación admirando la decoración de la confortable biblioteca de John. Todo en la casa era armonioso y de más estilo de lo que uno hubiese esperado de un hombre que vivía solo. Las paredes de la habitación estaban pintadas de color crema, alegre pero suave, acentuado con molduras blancas brillantes. Cuatro estanterías inteligentemente ubicadas contenían libros y había asientos junto a las ventanas. Un gran escritorio de caoba, decorado con cuero, dominaba un extremo de la habitación, mientras que un agradable espacio con sillones ocupaba el otro extremo.

Mason y Devon estaban cómodamente sentados en un sofá de dos cuerpos con almohadones de plumas y tapizado en tonos ocre, azul marino y amarillo pálido, mientras John caminaba frente a la chimenea de mármol blanco, atizando de vez en cuando el fuego.

—¡No quiere decirme qué le pasa! ¡Sigue diciendo que no pasa nada, pero no le creo! —dijo John moviendo la cabeza.

—Tal vez esté pensando en algún chico —rió Mason.

—No se trata de un chico —dijo Devon, cortante—. Nunca antes había estado así. Parece deprimida y preocupada. Ni siquiera mamá puede lograr que le diga algo, y sabes lo unidas que están.

—Bueno, vendrá este fin de semana —dijo John—; trataré una vez más de llegar al fondo de esto.

—Si eso no funciona, no sé lo que haremos —murmuró Devon. Era sorprendente comprobar que Francesca confiaba más en John que en ningún otro adulto, incluyéndola a ella. ¿Cuándo había desarrollado John una naturaleza paternal? ¿Cómo era posible que una joven de dieciséis años se sintiera más cómoda discutiendo su vida con un hombre que no era su padre que con su propia madre? Devon suspiró y miró hacia el fuego. Después de unos segundos, volvió los ojos hacia John. Su rostro estaba pensativo y preocupado. Si alguien, veinte años antes, le hubiese dicho que John estaría tan preocupado por la depresión de una joven de dieciséis años, no lo hubiese creído. Había sido tan frívolo en aquellos tiempos, apartándose siempre de los dolores profundos de la vida. Su único propósito había sido disfrutar de la vida. ¿Qué lo había cambiado? Devon no sabía qué pensar. ¿La guerra? ¿Francesca?

Luego, de pronto, pensó en la fotografía que había visto de él la semana anterior en una columna de sociedad. John reclinado sobre una hermosa rubia, treinta años más joven, en un lugar nocturno de Nueva York. El título decía:

"Hombre de estado, John Alexander, no tan neutral con belleza suiza". El artículo hablaba sobre un romance entre John y la actriz suiza, que estaba divorciándose de su segundo esposo.

Devon comprendía por qué la belleza suiza, si bien mucho más joven que John, lo encontraba atractivo. Terriblemente atractivo. Tenía sesenta y dos años; sin embargo, era apuesto y vigoroso como siempre. Como Mason, agregó Devon rápidamente, sintiéndose desleal.

—¡Devon! ¿No me has oído? Es hora de ir a cenar —dijo Mason. El fuerte tono de su voz indicaba que no era la primera vez que se dirigía a Devon.

Devon miró hacia arriba y vio a los dos hombres de pie frente a ella, con las manos extendidas, listos para escoltarla a cenar. Eres una mujer con suerte, pensó Devon.

Recogió su falda de tafetán negra y caminó con los hombres al comedor.

—Has hecho un magnífico trabajo en esta casa, John —dijo felicitándolo.

Mientras John sostenía la silla para ella, Devon contempló el espectacular comedor. Su rasgo más prominente era el suelo, de mármol blanco y negro, formando un damero. Las paredes estaban pintadas de color gris metálico con sutiles tintes borgoña y plateado. Una sólida mesa de nogal estilo Carlos X estaba centrada bajo una exquisita araña de cristal. Las sillas estaban tapizadas en seda color borgoña. La entrada a la habitación estaba marcada por dos columnas, también pintadas de gris metálico. Sobre cada columna había dos enebros en maceteros blancos con forma de urna griega. El comedor era de forma hexagonal y los rincones estaban adornados cada uno con una pieza de arte diferente. Devon se preguntaba, con un sentimiento de celos, cuál de las mujeres en la vida de John había contribuido a la imaginativa decoración de la casa.

Volvió su atención a Mason, que decía a John:

—¿No crees que habrá una oposición seria a la nominación, verdad?

—No estoy seguro de quererla, Mason. He estado fuera de este país durante veinte años. Es tiempo de que me establezca —dijo John, mirando a Devon involuntariamente.

—¡Pero ser embajador de Estados Unidos es un gran honor y Bélgica ha sido siempre un país central en la política europea! —protestó Mason—. En cuanto a lo que concierne al periódico, estamos preparados para apoyar oficialmente la nominación. Tienes la capacidad personal y profesional para desempeñar magníficamente el cargo, John.

—Está bien, está bien, admito que es difícil rechazar un honor como éste. —John rió, levantando las manos con las palmas hacia arriba como para evitar cualquier otro comentario de Mason. Luego, poniéndose más serio dijo—: Pero no sé si puedo poner mi alma en ello. Acabo de comprar este lugar. He comenzado a disfrutar del hecho de tener otra vez una casa. Después de viajar tanto durante tantos años, es agradable no hacer nada más que ir y venir de Washington a Nueva York.

—¿Tú, cansado de viajar? —exclamó Devon—. ¡Jamás pensé que llegaría a ver ese día!

John miró a Devon a los ojos. Por un instante ambos revivieron momentos de los tensos años juntos, antes del divorcio. Años en los que John insistía en que viajar a París, Londres, Montecarlo, Newport, San Simeon, Palm Beach era esencial para su felicidad. Ahora, John sonrió a Devon, cansado.

—Aun los pasatiempos más agradables pueden volverse fatigosos si uno los realiza todos los días —dijo tranquilamente..

Mason intervino.

—Pero tienes una gran contribución que hacer. Eres uno de los mejores negociadores que ha tenido este país. Y, Dios sabe, las cosas han estado tensas con los soviéticos. Necesitamos a alguien en Europa que haya negociado antes con ellos, como lo hiciste tú durante la guerra.

—¿Estás tratando de deshacerte de mí? —preguntó John en tono de broma, tratando de hacer la conversación más liviana. Pero el comentario tuvo el efecto contrario. Hubo un momento de silencio incómodo en la habitación, cuando los tres se dieron cuenta de que la broma podría contener algo de verdad.

Devon apartó su mirada de los hombres. Mason, sentado frente a ella, lanzó una risotada para ocultar la incomodidad. John se unió a él, aliviado de que el silencio se hubiera roto. Había hablado sin pensar y se sentía avergonzado de haber acusado a su amigo de esa forma. Después de todo, aunque fuera cierto, Mason estaba involucrado con Devon, cuando él había vuelto a su vida. John sabía que no tenía derecho sobre ella.

—En serio, le he dicho al presidente que, por supuesto, aceptaré si eso es lo que él desea —continuó John para aclarar su comentario—. Lo que *realmente* desea, no lo que se siente obligado a ofrecer.

—Creo que tú cumples los requisitos necesarios, ya que eres tanto políticamente aceptable como diplomáticamente experimentado —comentó Mason.

John sonrió de forma esquiva.

—Bueno, veremos lo que dice la Comisión del Senado. Creo que este punto está fuera de mis manos.

—Está bien, ya comprendo —dijo Mason riendo—. Dejaré el tema.

En la cama, más tarde, abrazando a Devon, Mason confesó:

—De algún modo, me gustaría que desapareciera de nuestras vidas.

Devon levantó la cabeza de su hombro y se apoyó en un codo. Estaba oscuro, pero la luna dibujaba rayos de plata sobre sus cuerpos al filtrarse por la ventana. Se sentía relajada y satisfecha, como se sentía siempre después de hacer el amor con él.

—Hemos discutido esto. No es una amenaza para ti —dijo Devon, sin molestarse en fingir que no sabía de quién estaban hablando.

—Sí, lo es —dijo Mason con sencillez—. Pero, diablos, el hombre me cae muy bien. También lo respeto mucho. Los tres nos llevamos tan bien que es siempre un placer pasar una tarde con él. Y aun así...

—Lo sé —dijo Devon suavemente.

—¿Has estado considerando mi proposición? —preguntó Mason, atrayendo a Devon hacia él de modo que su cabeza descansó sobre su hombro.

—Sí. ¿Realmente te propones terminar nuestra relación si te digo que no? —preguntó con seriedad.

—Tengo que hacerlo, Devon. Es una cuestión de autopreservación. Autoestima, también. No soy un hombre joven. Quiero una esposa y, francamente, una compañía para la vejez. Quiero a la mujer que amo a mi lado, cuando muera. Pero, si tú no te casas conmigo, tendré que conformarme con otra cosa. —Permaneció en silencio por unos segundos, luego continuó, pensativo—: O tal vez no. Solía pensar que un gran amor ocurre sólo una vez. Ya no pienso así. Tal vez aún sea tiempo de que encuentre a una mujer a la que ame y que a su vez me ame.

Una vez más, Devon se incorporó para mirar directamente a Mason.

—Si realmente piensas que puedes encontrar el amor en otra parte, Mason, hazlo, te lo debes a ti mismo.

Devon vio un blanco resplandor cuando Mason sonrió.

—He encontrado el amor, Devon.

Ella miró su pecho ancho, y lo acarició.

—Sabes a qué me refiero. No creo poder ofrecerte la clase de amor que mereces.

Mason suspiró.

—Mi debilidad es que te quiero de todos modos. Porque, si bien creo que podría amar a otra mujer, no creo nunca poder admirar a nadie, hombre o mujer, como te admiro a ti, Devon.

—Me siento muy honrada de que pienses eso de mí. No estoy segura de merecerlo.

—Si no fuera así, yo ya lo sabría. Hemos estado juntos muchos años. No estoy ciego por el amor. Mi amor por ti es fruto de mi admiración y mi respeto, no al revés.

Devon se sintió inmensamente conmovida por sus palabras. Con los ojos llenos de lágrimas, lo miró, tan querido para ella.

—Mason, no puedo casarme contigo.

Devon vio que cerraba los ojos. Estuvo callado durante tanto tiempo que Devon pensó que tal vez se hubiera quedado dormido. Se preguntaba si la estaba ignorando deliberadamente, o si, simplemente, estaba demasiado herido como para hablar. De pronto se sintió extraña y fuera de lugar en su cama. Sintió la necesidad de regresar a la habitación de huéspedes y, muy despacio, como si él estuviera realmente dormido, corrió el cubrecamas y comenzó a salir de la cama. Pero la mano fuerte de Mason la tomó del brazo.

—No —susurró con tono grave—, por favor, quédate.

Devon vaciló.

—Yo...

—Por favor —dijo él, pero su tono era más de orden que de súplica.

Devon levantó las piernas, se metió de nuevo en la cama y se cubrió. Mason se movió y se puso encima de ella. Ella se sorprendió de que él estuviera una vez más deseoso de hacer el amor. Mason usó el cuerpo de Devon con un fervor que no había demostrado antes. Para Devon, fue un acto extrañamente impersonal; sin embargo, excitante por lo novedoso. Encontró que respondía con pasión. Hicieron el amor durante mucho más tiempo que de costumbre, y, cuando finalizaron, Mason sostuvo a Devon a su lado y la abrazó, con el claro deseo de que se quedara con él hasta la mañana. Ambos sabían que ésta era la última vez que estarían juntos.

66

❧

—No puedo creer que ésta sea la graduación de nuestro hijo. —Jeremiah apretó la mano de su esposa Irma cuando anunciaron el nombre de Jesse.

Jesse, que no sabía qué dirección tomar al entrar en la universidad, se había graduado con uno de los promedios más altos, asistiendo a la escuela incluso durante los veranos para acortar el ciclo de cuatro años a tres. Y entraría a la escuela de leyes en el otoño.

—*No puedo* creer que la boda sea dentro de tan solo dos semanas —dijo Irma, frotándose los ojos con un pañuelo. Porque Jesse también había encontrado el amor. Su novia, Céline Thibault, era la hija de un inmigrante haitiano, un panadero que había traído los ahorros de su vida, setecientos dólares, y los había transformado en la segunda más importante cadena de panaderías en el área de Washington.

—Escogieron una época poco conveniente para la boda —bromeó Jeremiah. El Preakness tendría lugar la semana siguiente, y un potro entrenado por Jeremiah participaría por Willowbrook.

Irma lo miró con enojo fingido.

—¡Deberías estar avergonzado! ¡Tu único hijo se gradúa y se casa, todo al mismo tiempo, y tú sólo piensas en esa carrera!

—¡Bueno, tú no piensas en nada más que en esa boda! —Jeremiah rió y movió la cabeza. Volvió los ojos al escenario y dijo—: De todos modos, me gustaría que Jesse hubiera estado aquí para el Derby. ¡Ése fue un hermoso triunfo!

Jesse no había vuelto a Willowbrook en tres años y no había asistido al Derby, alegando que estaba preparando exámenes finales. No era que tuviese miedo de ver de nuevo a Frankie, se decía a sí mismo. Ya no la amaba. Amaba a Céline, quería pasar su vida con ella. Y sólo rara vez pensaba en Francesca. Casi nunca, de hecho.

Sin embargo, sentía recelo por tener que verla la semana siguiente en el Preakness. Pero tenía que estar allí por su padre. Entonces iría. Y mantendría a Céline muy cerca de sí.

67

❧❧❧

—Estoy lista para correr y Kelly ha estado enfermo. ¿Cómo puedes pensar que él correrá mejor que yo? Francesca golpeó el suelo de la oficina con su bota.

—¡Nada de eso, jovencita! —dijo Devon, con firmeza—. Jeremiah dijo que Kelly correría en el Preakness, de modo que así será.

—¡Tú eres la dueña! ¡Puedes opinar acerca de esto también! —gritó Francesca.

—Como propietaria, sé que sería una tontería permitir que un aprendiz corriera en el Preakness. Competirás contra los jockeys más experimentados del país.

—¡Tendría la misma experiencia ahora, si alguien aquí me dejara correr alguna vez!

—Eso no es justo, Francesca —dijo Devon con calma—, te hemos dejado correr. Y lo has hecho bien.

—¡En carreras sin importancia! —gimió Francesca.

Devon miró a su hija con seriedad y cerró de un golpe el libro de balances que había estado estudiando. Cuidadosamente, colocó el lápiz en el cajón superior de su escritorio de roble. Sólo después de haber ido hasta el refrigerador y tomado de allí una botella de Coca-Cola, comenzó a hablar. Aún de pie, se volvió para mirar a su hija que estaba en el otro extremo de la habitación.

—Todas las carreras tienen importancia. No quiero escucharte decir eso nunca más. Toda carrera significa un gasto de dinero y, con suerte, una ganancia. Esto es un negocio. Un negocio que yo construí. Tú aún no tienes el juicio suficiente como para tomar las decisiones necesarias aquí. Este... este *capricho* tuyo, querer correr en el Preakness, podría costarme una fortuna. Está absolutamente fuera de discusión.

—Pero conozco la pista de Pimlico tan bien como Kelly...

—Francesca —dijo Devon, con firmeza—, es mi última palabra.

Francesca luchó para reprimir su furia, sabiendo que si perdía el control sólo demostraría su inmadurez. Con la voz temblando de rabia, pero tranquila, Francesca dijo:

—¿Cuándo piensas que estaré preparada para una carrera importante?

—El año próximo, creo.

¡Un año más! Francesca había pasado los dos últimos años de su vida trabajando para convertirse en jockey. Montaba a King of Hearts todos los días durante su entrenamiento. Abrió la boca para protestar, pero una vez más recordó que debía mantener el tono tranquilo.

—¿Me has visto montar a King of Hearts?

—Sí.

—¿Tienes alguna crítica sobre el trabajo que he estado haciendo?

Devon se sintió complacida de ver el cambio de actitud de su hija. Ya no tenía un tono de imploración. Se comportaba como una profesional: preguntando sobre aquellos aspectos en los que debía mejorar.

La frustración de la joven aún era evidente, pero su forma de encarar el tema era mucho más madura de lo que había sido momentos atrás.

Devon se sentó en el sillón de cuero e invitó a Francesca a sentarse junto a ella.

—Tienes los mismos problemas que todos los buenos jockeys jóvenes. Tu audacia es mayor que tu habilidad.

—¿Crees que no tengo talento? —exclamó Francesca, con el estómago contraído frente a la posibilidad de tal veredicto.

—No he dicho eso —dijo Devon tranquilizándola—. El talento y la habilidad no son la misma cosa. Tienes talento, tienes audacia y tienes habilidad. Pero no en medidas iguales. Debes mejorar tus habilidades. —Devon reflexionó un momento antes de continuar—. Piensa en ello, tal vez piense en algo que podamos hacer al respecto.

—¿Qué? —preguntó Francesca ansiosamente.

—Hasta ahora, has estado entrenando a los potros de dos años. Esto significa que se ha puesto más empeño en los caballos. Creo que el siguiente paso es poner el empeño en ti, como jockey. En lugar de trabajar con Jeremiah, tal vez deberías estar trabajando con Kelly. Trabajar para mejorar tú y no los caballos.

—¿Cuándo puedo comenzar? —preguntó Francesca, entusiasmada.

—Eso depende de Kelly. No quiero que interfiera con su entrenamiento para el Preakness.

—Aún está en cama, enfermo —dijo Francesca, desilusionada.

Devon se puso de pie y volvió al escritorio.

—Bueno, decididlo vosotros mismos —dijo, de forma distraída—, se lo haré saber a Jeremiah.

—¿Crees que lamentará perderme como entrenadora?

—¡Oh!, seguirás haciendo eso, querida —dijo Devon, con una sonrisa—, sólo tendrás que trabajar el doble de horas.

68

Devon se sintió atemorizada en el momento en que vio el edificio de ladrillos rojos, sede del Hospital Universitario Johns Hopkins. Era amenazador, impersonal y oscuro. Y la oficina del doctor George Donatello no era mejor. Pintada de un color verde institucional, la pequeña habitación, obviamente, había sido diseñada para una función diferente que la de proporcionar calor humano. El doctor Donatello estaba sentado detrás de un viejo escritorio de roble que ocupaba casi todo el espacio de la habitación. Devon se sentó en una incómoda silla de madera, colocada entre el escritorio y una serie de archiveros metálicos. Pero, en ese momento, el entorno le importaba poco. Toda su atención estaba concentrada en las palabras del doctor Donatello.

—El nódulo es definitivamente sospechoso —decía él, con un tono de profesionalismo—, pero me temo que la única forma de darle un diagnóstico seguro es una biopsia, señora Somerset-Smith. Podemos internarla mañana en el sanatorio y hacer la cirugía al día siguiente.

Los ojos de Devon, llenos de aprensión, se encontraron con los ojos tranquilos del joven cirujano que acababa de examinar el pequeño bulto en su pecho izquierdo. Su médico de cabecera la había enviado a él. Hablaba de él como "el mejor hombre en la zona". ¿Por qué necesitaba ella al mejor hombre en la zona?

Porque había algo terrible y siniestro invadiendo su cuerpo. Algo que no le pertenecía. Odiaba tocarlo, odiaba mirar sus senos en estos últimos tiempos. Sólo deseaba que el pequeño bulto duro desapareciera. Al principio, se levantaba cada mañana y tocaba el lugar, esperando que hubiera desaparecido milagrosamente. Pero allí estaba. Igual. ¿O estaba acaso un poco más grande? ¿Estaba creciendo? Tenía que averiguarlo. Y por último, la horrible ansiedad la había traído aquí, a ver al doctor Donatello.

Ahora, prácticamente muda por el miedo, no pudo emitir más que una palabra:

—¿Mañana?

—Creo que es lo aconsejable —dijo formalmente el doctor Donatello.

Devon miró atontada por la ventana detrás del escritorio del médico. A pesar de los vidrios sucios, el brillante sol se derramaba por el interior. Sin embargo, Devon estaba temblando. Esto es una pesadilla, pensó. Tenía la sensación de ser arrastrada por un túnel oscuro.

Finalmente, Devon dijo las palabras que revoloteaban en su mente.

—De modo que usted piensa que es... —No pudo completar la frase, aferrándose a la antigua e irracional superstición de que evitar mencionar la palabra cáncer era evitar la enfermedad misma. El cáncer, al que siempre se menciona en voz baja. ¡Dios mío! ¿Era eso lo que la esperaba? Miró al médico, negando inconscientemente con la cabeza, esperando que él disipara sus peores temores.

El médico no le respondió directamente. Dejó de mirar los papeles que estaba estudiando, tratando de verla como un ser humano por primera vez. Esta vez habló con más amabilidad.

—¿Ha venido con alguien de su familia?

Las palabras, y lo que éstas implicaban, fueron como un golpe físico para Devon. Por un momento olvidó respirar. Su rostro perdió el color. Luchando para mantener el equilibrio, respondió con voz temblorosa:

—He venido sola.

Devon había estado demasiado asustada como para discutir su problema con alguien. Si le contaba a Francesca y a Laurel, la interrogarían sin cesar, empujándola a tomar una decisión, instándola a actuar. Necesitaba tiempo para adaptarse a la posibilidad de que el terrible mal hubiera invadido su cuerpo. Una enfermedad que implicaba una agonía desgastante y corrosiva. Lenta, llena de dolor indescriptible. ¿Acaso era suficiente el tiempo de toda la eternidad para adaptarse a un golpe como ése?

La voz del doctor Donatello interrumpió sus pensamientos.

—Déjeme explicarle el procedimiento. —Devon asintió con la cabeza, desesperada por encontrar un poco de tranquilidad en sus palabras—. Nuestro primer paso es hacer una biopsia del tejido enfermo. No podemos estar seguros de que sea maligno hasta hacer eso. Llevamos un trozo congelado del tejido al laboratorio mientras usted está bajo los efectos de la anestesia. También una muestra de sus ganglios. Si es maligno, extirpamos el tumor y tal vez la musculatura y el tejido que lo rodea. Todo depende del alcance de la lesión tumoral. Si no hay ganglios comprometidos, sólo extirparemos el pecho y no el músculo que lo rodea.

—¿Está usted diciéndome que me extirpará el pecho pasado mañana? —exclamó Devon, tratando de controlar la sensación de mareo que hacía que la habitación diera vueltas alrededor de ella.

—Es un procedimiento estándar cuando descubrimos un tumor maligno, señora Somerset-Smith. De esa forma, usted pasa por una sola operación, una anestesia, una recuperación. Siempre y cuando no haya complicaciones, claro está.

Ahora, el pánico se apoderó de Devon. ¿Qué estaba diciendo este joven frío y distante? ¿Complicaciones? ¿Procedimiento estándar? ¿Que ella se levantaría con un pecho menos? Devon cerró los ojos con fuerza. Tuvo que reprimir el impulso de salir de la oficina del doctor Donatello corriendo y gritando. Incapaz de responder al médico, Devon se inclinó sobre el escritorio sosteniendo la cabeza con sus manos.

—Señora Somerset-Smith. —La voz del doctor Donatello le llegó distante, como en un sueño—. Tal vez no sepa que muchas personas que han tenido cáncer siguen haciendo una vida normal. Por eso, recomiendo tratamientos rápidos en casos como el suyo.

Devon no podía hablar. Su cuerpo parecía estar hecho de goma, débil y flojo. No tuvo fuerzas para cambiar de posición, con la cabeza entre las manos, como si la oscuridad pudiera constituir un escape de la realidad.

El médico estaba acostumbrado a reacciones como la de Devon. La gente no comprendía que se habían logrado muchos avances contra el cáncer. Se inclinó y habló lentamente, ofreciendo lo que pensaba que le daría ánimo.

—Cuando el pecho se extirpa lo suficientemente rápido, y con controles apropiados, tenemos resultados muy positivos.

Hubo un momento de silencio, mientras las palabras del médico penetraban el miedo paralizante que poseía la conciencia de Devon. Despacio, ella levantó la cabeza y lo miró.

—Qué... significa, resultados positivos —murmuró.

—Quiero decir que la enfermedad no avance.

Imposible, pensó Devon. El cáncer era una sentencia de muerte. Con la voz llena de amarga incredulidad, dijo:

—¡Pero todos los que conozco que tuvieron cáncer murieron!

—Eso ya no es así —dijo el doctor Donatello con firmeza—. Si la enfermedad se diagnostica en los primeros estadios, entonces pienso que usted tiene muchas oportunidades de tener una completa recuperación.

Devon se enderezó en la silla, y sus ojos se fijaron en los del médico. Buscaba la verdad en su rostro, preguntándose si lo que había dicho era cierto.

—¿Usted quiere decir —preguntó incrédula—, que ya no tendré cáncer nunca más?

Él sonrió levemente, y luego dijo con cautela:

—Bueno, en ocasiones la enfermedad es recurrente. A veces no por cinco o diez años. Pero, en general, la gente sigue viviendo normalmente.

Normalmente... Devon trató de digerir el significado de las palabras del doctor Donatello.

—¿Usted quiere decir —preguntó, con voz trémula de esperanza—, que hay personas que pueden hacer todo lo que hacían antes?

—Sí, en general sí.

Devon miró al médico mientras trataba de organizar sus pensamientos. Comenzaba a comprender que el tumor en el pecho no necesariamente la mataría, si confiaba en ese hombre. Sin embargo, a pesar de esto, había otro aspecto que consideraba demoledor.

—Hay algo que no entiendo —comenzó, cruzando reflexivamente los brazos sobre el pecho como si fuera a defenderse de un asalto—; si sólo tengo un nódulo, ¿por qué hay que extirpar todo el pecho?

El doctor Donatello pareció interesado en la pregunta. Golpeó la mesa con su lápiz mientras explicaba.

—Existen, lo admito, algunos que proponen remover sólo el nódulo en aquellos casos en los que no están comprometidos los ganglios. Pero es una postura arriesgada. Dentro de una década, puede que existan estudios demostrando que un procedimiento como ése da resultado con una tasa de supervivencia similar a la mastectomía. Pero, por el momento, la práctica aceptada consiste en extirpar el pecho entero como una precaución contra la posterior extensión de la enfermedad.

El rostro de Devon se nubló por la frustración. ¡Él hablaba de su cuerpo pero ella no comprendía lo que decía!

—¿Qué son esos ganglios de los que no deja de hablar, por Dios?

—Bajo su brazo, por todo su cuerpo, en realidad, los ganglios linfáticos actúan como filtros contra infecciones y otras invasiones de su sistema inmunológico —dijo el médico con calma.

—¿Pero usted extirpará los que están debajo de mí brazo si encuentra... cáncer? —La voz de Devon subió de tono, alarmada—. ¿Qué pasará entonces si contraigo otra enfermedad? ¿Cómo lucharé contra ella?

—Es verdad que el riesgo de infección de ese lado del torso será mayor —admitió el médico—. Pero debemos equilibrar ese riesgo ante el riesgo mayor del cáncer —el médico miró su reloj y se puso de pie—. De modo que ésa es mi opinión, señora Somerset-Smith. Si usted quiere tener una segunda opinión, puedo sugerirle el nombre de un buen hombre.

¿Por qué los médicos decían "un buen hombre" cuando se referían a un colega?, se preguntó Devon amargamente. El doctor Donatello parecía un autómata, no un buen hombre. Sin embargo, si su médico de cabecera pensaba que el doctor Donatello era el mejor, ¿por qué demorar todo? Tal como estaban las cosas, ella vivía cada momento con miedo y suspenso. Al menos si supiera la verdad podía buscar el remedio. Y había un remedio, el doctor Donatello lo había dicho.

—No —dijo Devon por fin, respirando profundamente para encontrar ánimos—. Hagamos lo que usted dice. Tengo sólo una pregunta: ¿si los ganglios están bien, entonces voy a seguir viviendo?

Por un instante, algo parecido a la simpatía pareció dibujarse en las facciones del doctor Donatello. Y Devon encontró esa expresión más atemorizante que todo que la había precedido.

—No lo sé —dijo con suavidad.

Devon sintió como un golpe en el estómago. ¡Pero no estaba lista para morir! ¡Tenía sólo cincuenta y siete años! ¡Había tantas cosas que quería hacer todavía!

—Señora Somerset-Smith, ¿estará usted bien? —preguntó el médico.

Devon miró hacia arriba y encontró los ojos del médico.

—Es lo que acabo de preguntarle —respondió cansada. Ya se sentía agotada. Agotada por la tensión que endurecía sus músculos y sus nervios.

—Señora Somerset-Smith, si le sirve de alivio, he practicado esta operación infinidad de veces. Si encontramos que el tumor es benigno, o que la enfermedad está restringida al nódulo mismo, entonces existen todas las posibilidades de que se recupere. O puede ser que recomendemos terapia de rayos. Sabremos más cosas después de la operación.

—Pero si es... maligno... ¿usted extirpará el pecho? —preguntó Devon, con la esperanza irracional de que esta vez la respuesta fuese diferente. No lo fue.

—Si es maligno, sí.

—Sé que es una locura, pero nunca pensé que mamá podría morir —sollozó Francesca, hundida en las almohadas con aroma a azahares de su abuela—. Siempre pareció tan fuerte. Parecía inmortal.

—Los niños siempre piensan eso de sus padres —dijo Laurel. Se sentó en la cama junto a Francesca, que estaba acostada boca abajo. Francesca sintió la mano de su abuela que acariciaba amorosamente sus rizos, y el contacto de la anciana aquietó sus lágrimas un poco. Era el atardecer, y Devon acababa de volver de un encuentro con el personal del hospital Johns Hopkins para transmitirles la noticia. De un modo que había significado para ella un acto sobrehumano de disciplina, Francesca contuvo las lágrimas de pánico, hasta que su madre se retiró diciendo que necesitaba estar sola.

Luego había llegado el torrente, y Francesca había buscado consuelo en alguien que lo necesitaba aún más, pues Laurel jamás había pensado que viviría para presenciar la muerte de su hija. Era una posibilidad demasiado dolorosa y agradecía la presencia de Francesca. Buscando palabras de alivio para su nieta, Laurel descubrió que era capaz de encontrar esperanza en su propio corazón.

—No hay razón para hablar de muerte —dijo Laurel—, hasta saber cuál es la situación. El médico dijo a tu madre que la operación puede ser el fin de la enfermedad.

—Pero la palabra es tan aterradora. Cáncer.

—Es aterradora —coincidió Laurel, reprimiendo sus propias lágrimas—, pero tu madre es fuerte. Si alguien puede luchar contra la enfermedad, es ella.

Francesca se volvió para mirar a su abuela apoyándose en los codos.

—Eso es verdad, ¿no es cierto? —preguntó, esperanzada—. Mamá es la persona más fuerte que conozco.

—Y nos tiene a ti, a Grace y a mí para darle más fuerza aún.

Francesca abrazó a su abuela, hundiendo la cabeza en la suave seda de su vestido. La anciana la rodeó con sus brazos. Francesca se aferró a ella.

—Piénsalo de esa forma —dijo su abuela suavemente—, dentro de cuarenta y ocho horas sabremos cuál es la situación. Cualquiera que sea el resultado, nos enfrentaremos juntas a él.

Francesca permaneció despierta; estaba tan preocupada que no lograba dormir. Se inclinó y encendió la lámpara en su mesita de noche. Al mirar el reloj, vio que eran las dos y media. Generalmente, se levantaba a las cuatro y media para los ejercicios matinales. Ya no tenía sentido tratar de dormir. Sin embargo, apagó la luz y cerró los ojos, intentando relajarse.

Visiones terribles de un futuro sin Devon invadieron su mente. ¿Cómo sería? Sería una huérfana. Su abuela era anciana; pronto ella también moriría. Francesca se sintió completamente sola en el mundo.

¡Cómo echaba de menos a John! Había aceptado ser embajador de Estados Unidos en Bélgica, tres años antes, cuando Eisenhower era presidente. Se esperaba que John fuese reemplazado cuando Kennedy asumiera la presidencia, en 1961, pero los mecanismos del gobierno eran lentos y el que debía reemplazar a John debía tener el consenso del Senado. Era un tributo a las excepcionales cualidades de John que el presidente Kennedy le hubiera pedido que se quedara en el cargo hasta que enviaran al nuevo hombre. En contraste, las renuncias de la mayoría del resto de los embajadores de Eisenhower habían sido aceptadas por el gobierno demócrata.

Francesca calculó la diferencia horaria entre Virginia y Bélgica. Había pasado un mes con él el verano anterior y podía verlo desayunando frente a las enormes ventanas que miraban a un verde jardín. Luego, tomando una decisión, se inclinó para alcanzar el teléfono.

Devon, en el neblinoso mundo de la semiconciencia, podía oír la voz de su padre, triste, preocupada. Su mano se extendió y le tocó el pie. Ella trató de hablar pero no le salió la voz. Luego trató de mover el pie. ¡Oh, dolía! Incluso respirar le producía un dolor agonizante. ¿Por qué le dolía tanto? Luego recordó. Se había caído mientras montaba a Sirocco. Pero le dolía algo más que el cuerpo. Era como si su corazón estuviera roto. John. Eso era. John Alexander la había abandonado. Había vuelto a Nueva York sin ni siquiera despedirse. Las lágrimas corrían por su rostro.

—¿Está consciente? —susurró John, inclinándose sobre Devon.

—¡Está llorando! —exclamó Francesca. Muy pocas veces había visto llorar a su madre. Eso la asustó. ¡Devon parecía tan delgada y vulnerable con esos tubos en los brazos y en la nariz. Debía de sufrir terriblemente, pensó Francesca. Tomó la mano de su madre pero no encontró respuesta.

—¿Cuándo se despertará? —preguntó Laurel a la enfermera privada que observaba tranquilamente.

—Eso varía de persona a persona —dijo la mujer. La enfermera, firmemente recomendada por el doctor Donatello, parecía competente y maternal, lo que era tranquilizador para la familia de Devon—. Por qué no se toman unos minutos y van a comer algo. Si hay algún cambio, los haré llamar a la cafetería.

Ellos vacilaron, resistiéndose a dejar a Devon.

—Miren, si les parece mejor, por qué no se queda la señora Richmond aquí por si la señora Somerset-Smith se despierta —sugirió la mujer, dándose cuenta, con pragmatismo, de que los demás podrían llegar más rápidamente que Laurel, si Devon se despertaba.

Laurel asintió, aprobando la sugerencia mientras John, Grace y Francesca salían de la habitación.

Al salir al vestíbulo, John rodeó con el brazo a Francesca y la estrechó.

—Ella se pondrá bien, querida. El médico lo ha dicho.

—¡Pero tiene cáncer!

—No, *tenía cáncer*. El médico ha dicho que lo ha extirpado todo. Y lo hizo a tiempo. El tumor tenía un centímetro y no había ganglios alcanzados. Él piensa que se recuperará perfectamente. —El grupo caminó hacia el ascensor.

—Cómo creen que se sentirá cuando se despierte y descubra que su... que le sacaron un... —Francesca no pudo continuar, tan alterada estaba por la operación de su madre.

—Se sentirá terriblemente afectada —predijo Grace—, pero es lo suficientemente inteligente como para saber que se hizo lo que había que hacer.

Francesca se volvió hacia John.

—¿Cómo te sentiste cuando te despertaste en el hospital y descubriste que te habían cortado una pierna?

—¡Francesca! —la reprendió Grace, avergonzada por lo directo de la pregunta.

John rió.

—Está bien. —Presionó el botón para llamar el ascensor. Decidió responder a Francesca tan directamente como ella le había preguntado—: me sentía destruido, francamente. Pero me sobrepuse. Al principio no sabía cómo iba a continuar viviendo. Parecía que la vida no valía la pena con una amputación. La reacción de la que era mi esposa en ese momento tampoco me ayudó. Pero, después de que ella se hubiese ido, tu madre vino a visitarme y me ayudó mucho. —El ascensor llegó y entraron en él—. Y resultó que me acostumbré tanto a la pierna artificial que casi no noto la diferencia. Prefiero estar vivo con una pierna menos que muerto con todo el cuerpo intacto. Tu madre sentirá lo mismo cuando se le pase la primera impresión.

Francesca esperó a que salieran del ascensor para volver a hablar. Luego hizo la pregunta que la perturbaba desesperadamente.

—¿Pero cómo podrá sentirse como mujer otra vez?

Grace miró impotente a John sin saber cómo responder. Ella se había hecho la misma pregunta. Sí, estaba agradecida porque Devon estaba viva, pero se preguntaba cómo se habría sentido ella si le hubieran amputado un pecho, se preguntaba si habría sido capaz de actuar como antes. ¿Cómo reaccionaría Philip? No podía imaginar volver a tener deseo sexual, no si eso significaba exponer el cuerpo mutilado al escrutinio de otro.

Pero la reacción de John fue completamente diferente.

—¡Como si eso importara! La feminidad de tu madre no tiene nada que ver con una parte particular de su cuerpo, y espero que se dé cuenta de ello.

—¿Pero cómo va a poder ser... atractiva? —preguntó Francesca, con lágrimas en los ojos.

John se volvió y miró a Francesca con el rostro oscurecido por el enojo.

—¡Cómo puedes sugerir que el valor de tu madre esté sujeto a algo tan superficial! ¡No quiero escucharte decir eso nunca más! ¡Y mucho menos a ella!

Grace puso una mano en su brazo.

—John —dijo de forma muy tranquilizadora—, ella está tratando de comprender.

John suspiró.

—Lo siento —dijo, a la vez que intentaba atraer a Francesca hacia él y dándole un abrazo. La dejó y continuó caminando lentamente hacia la cafetería, con una mano en el codo de cada mujer—. Tu madre tiene un hermoso rostro y una bella figura, sí. Pero eso no es lo que hace que el amor de una persona permanezca —explicó, con la voz llena de emoción.

Grace miró a John prudentemente. John la contempló y sostuvo su mirada, una secreta confesión clara como la palabra escrita.

Caminaron en silencio, pasando por los mostradores de comida que no despertaban para nada su apetito. Lo que seleccionaron cabía en una bandeja de plástico amarillo. Francesca eligió pastel de banana y crema, Grace una ensalada de aspecto cansado y John un emparedado de jamón y queso. Los tres tomaron tazas de café pequeñas, pues no podían tolerar una taza grande del rancio café del hospital; pero necesitaban la energía que la bebida proporcionaba.

Eligieron un lugar junto a una ventana, en el comedor casi vacío. El sol entraba dibujando bandas de luz sobre la alfombra oscura, recordándoles el cálido clima de primavera afuera.

—Sabéis —dijo John, pensativo—, siempre pensé que la expresión "el amor es ciego" significaba que los amantes no veían los errores del otro. Por supuesto, así es como se usa, y supongo que ése es el significado. Pero ahora que soy más viejo, le he agregado mi propia interpretación al dicho.

—¿Cuál es? —Grace dejó su tenedor y miró atentamente a John.

—Que el amor te hace ciego a los defectos de una persona, sí, en los comienzos. Pero, cuando el amor se hace más familiar, pareciera que las parejas olvidan las cualidades del otro que causaron su atracción al principio. De modo que parejas que se aman que han estado casadas durante años comienzan a dar por hecho las cualidades que encontraron tan maravillosas al principio. Fracasan al ver esas cualidades como únicas y estimulantes.

—¿Quieres decir que la familiaridad genera el desprecio? —dijo Grace.

—Odio ser tan cínico como para llamarlo desprecio; sin embargo, desgraciadamente, así parece manifestarse el sentimiento, por lo general.

—¿De qué estáis hablando vosotros dos? —preguntó Francesca.

Los dos adultos la miraron sorprendidos —casi habían olvidado su presencia— y luego se miraron uno al otro sonriendo.

—Estamos hablando de lo tontamente que se comporta la gente con las personas a las que aman más en el mundo —explicó Grace.

El rostro de Francesca mantuvo una expresión confundida. ¿Qué tenía que ver esto con la operación de su madre? Miró a su tía y luego a John. Parecía que se entendían perfectamente. Se encogió de hombros y tomó otro trozo de pastel.

John continuó como si no hubiese habido interrupción.

—¿Alguna vez aprenderemos de nuestros errores? ¿Alguien tiene la capacidad de mantener una mirada fresca sobre la persona amada? —preguntó a Grace. No era una pregunta retórica. Sinceramente esperaba una respuesta. Había estado casada durante casi cuarenta años. Seguramente, si alguien conocía el secreto de la longevidad del amor, era Grace.

—El respeto y la tolerancia desempeñan el papel más importante en la vida diaria, supongo. Ésa es una respuesta algo prosaica a tu pregunta poética, me temo —dijo Grace con una sonrisa esquiva.

John se inclinó hacia adelante y miró intensamente a su ex cuñada.

—Debe de haber más que eso. ¿Por qué hoy me encuentro atraído por las mismas cualidades a las que no di valor alguno de forma tan caballerosa en 1940?

Los oídos de Francesca prestaron atención ante la referencia al período del divorcio de John y Devon. Tomó el último trozo de pastel y apartó el plato, acomodándose en la silla para seguir el diálogo como si fuera la espectadora de un partido de tenis.

—John, la respuesta es tan simple, me sorprende que preguntes —dijo Grace, con una sonrisa indulgente.

John y Francesca miraron expectantes a Grace.
Ella fue directa.

—Ambos erais obstinados, centrados en vosotros mismos e inmaduros. Ella no era una santa. Ni tú tampoco. Y ninguno de vosotros fue lo suficientemente generoso de espíritu como para dejar pasar las ofensas que os hacíais el uno al otro. Para ser franca, cada uno se aferraba a su punto de vista y se negaba a comprometerse. —Grace se cruzó de brazos y se reclinó en su silla—. ¿Te gustaría oír algo más?

—No, gracias —dijo John rápidamente—, creo que comprendo la idea general.

—¡Suena interesante! —comentó Francesca, con un brillo en los ojos. Siempre había sentido curiosidad sobre el matrimonio de su madre y John, pero ninguno de los dos quería discutirlo en detalle. Ciertamente, ninguno divulgaba las razones de su divorcio. Las preguntas que ella hacía sobre el tema o bien eran respondidas lo más brevemente posible o se eludían completamente.

—Bueno, tengo una cosa más que decir al respecto, aunque tal vez no quieras oírla —dijo Grace a John.

—Por favor, continúa —dijo él, haciendo con la mano un gesto de cortesía.

—Parece como que estás idealizando ese período. Parece, perdona la expresión, que te estás hundiendo en el romanticismo de la juventud tonta que cree que se le está escapando el amor verdadero de sus manos. Todas esas ansias sobre oportunidades perdidas —dijo Grace agitando la mano.

—¡Eres una cínica incurable! —rió John, moviendo la cabeza.

—En absoluto. Pero soy realista. Veo las cosas como son, no como uno querría que fuesen. ¿Realmente crees que si le hubieses dado a tu matrimonio una oportunidad, aún poseerías el tesoro que es Devon? —preguntó en tono de burla.

—¿Niegas que la paciencia y la persistencia frente al desacuerdo son caminos más viables hacia la longevidad marital que la negación o la confrontación?

—*Flexibilidad* es la cualidad de la que carecíais ambos. Y, a menos que seas un mártir, la flexibilidad no puede ser unilateral. De modo que deja de culparte por la desintegración de tu matrimonio. Fue culpa de ambos. Pero hay buenas noticias...

—¿Qué? —Ahora era el turno de John de sentirse asombrado.

—Creo que la flexibilidad física que uno pierde con los años puede no estar perdida del todo —dijo Grace, con una cómica actitud profesional—, sólo se traslada a otra parte. De modo que uno, a menudo, gana en flexibilidad de espíritu lo que ha perdido de flexibilidad física. —Se reclinó en la silla, contenta consigo misma.

—Supongo que no he tenido muchas oportunidades de probar esa teoría —dijo John.

Grace rió.

—Por supuesto que no, excepto en tu carrera. Con respecto a tu vida privada has sido un *playboy*.

John miró incómodo a Francesca.

—No te preocupes por ella. Es lo suficientemente grande como para oír la verdad acerca de su ídolo. No es que quiera empañar a sus ojos el brillo de tu corona —dijo Grace con amabilidad—. De todos modos —continuó—, sé que la presente situación apela a tu caballerosidad. Pero, antes de que metas ideas románticas en tu cabeza, espero que reflexiones cuidadosamente acerca de si ambos habéis desarrollado las cualidades que se necesitan para hacerlo funcionar.

—No estoy seguro de necesitar tanta flexibilidad como antes. Verás, creo que la clase de vida que quiero está ahora más cerca de lo que Devon quiere, de lo que siempre ha querido.

—¿Estás hablando de volver a casarte otra vez con mamá? —Francesca aplaudió de contenta.

John sonrió a la joven, gratificado por el placer que demostraba.

—No lo he discutido con tu madre. —Luego la miró, con un gesto de advertencia—. Me gustaría que mantuvieras esta conversación para ti misma por el momento.

—¡Creo que sería maravilloso que volvieseis a estar otra vez juntos los dos! —suspiró Francesca.

Grace se dirigió a John.

—Tú y Devon podéis ahora querer las mismas cosas. Pero, si volvéis a casaros, puedes estar seguro de que habrá ocasiones que os pondrán a prueba.

—Eso ocurre en todos los matrimonios, por supuesto —coincidió John.

—Hace muchos años que ninguno de los dos ha tenido la ocasión de tener que consultar una decisión con su pareja.

—Es cierto —admitió John—. Pero te diré francamente. Este episodio ha sido terriblemente atemorizante. La idea de perder a Devon... —John no pudo continuar, embargado por la emoción.

Grace tomó su mano en la suya.

—Comprendo —dijo amablemente.

Una mirada de desesperación atravesó el rostro de John.

—No quiero perder más tiempo. Me contuve todos estos años. Primero fue por Mason. Luego me fui a Europa. Siempre algo interfería. Ahora esto... esto me ha hecho tomar conciencia de que demorarlo más, podría significar perder a Devon para siempre. No estoy preparado para eso.

—Te comprendo, y estoy contigo —dijo Grace, asintiendo con la cabeza—, pero recuerda esto: perder a Devon sería más irremediable si os divorciáis de nuevo que si no os volvéis a casar. Lo que ahora tenéis es incompleto, sin embargo es bueno.

—Pero es incompleto —dijo John con firmeza—. Puedo tener más de sesenta y cinco años, pero aún soy joven como para actuar según mis deseos. Y soy demasiado viejo como para dejar cabos sueltos en mi vida.

69

❧❧

Devon pareció aceptar las noticias sobre su operación bastante bien. Se comportó estoicamente cuando se despertó y se enteró de que le habían extirpado el pecho.

Durante las semanas de convalecencia, cuando hablaba del tema con los amigos y la familia, decía:

—Si era necesario, eso es lo que se debía hacer —en un tono serio que desalentaba a cualquiera que quisiera seguir hablando del tema.

Pudo levantarse de la cama y volver a su trabajo como de costumbre, tres semanas después de la operación. La aparente rapidez de su recuperación escondía el hecho de que se sentía como una inválida. Nunca antes se había dado cuenta de lo importante que había sido la belleza física para ella, y se sentía avergonzada por tal debilidad. Se despreciaba por darle tanta importancia a algo tan superficial; había creído que sus valores eran más profundos. Sin embargo, ahora comprendía que su belleza siempre había sido un componente básico de su identidad. Había crecido hermosa, siempre había sido hermosa, siempre había sido tratada con la deferencia y admiración que se demuestra a las bellezas clásicas. A los cincuenta y siete años, Devon aún poseía una belleza que hacía que se dieran vuelta para mirarla. Ahora sentía que era un fraude.

Cuando un hombre que no conocía la miraba con interés, Devon se preguntaba cuál sería su reacción si veía las cicatrices que marcaban su torso. Qué diría si ella se desvestía y pudiera ver que la redondez insinuada por los vestidos exquisitamente diseñados era en realidad un artificio que escondía una superficie fea y plana. Se sentía traicionada por un cuerpo que siempre la había hecho sentirse muy bien. Se sentía como un ser anormal. Se prometió a sí misma que nunca dejaría que otros que no fueran sus médicos la viesen desnuda. Ni siquiera podía soportar ver su propio cuerpo en el espejo.

Las visitas de John eran las más difíciles de sobrellevar. No tenía sentido negar el hecho de que lo amaba. Cuántas veces en el hospital, sus sueños inducidos por medicamentos la habían transportado a aquella terrible época de su juventud, cuando había descubierto que John Alexander se había ido a su casa en Nueva York —tal vez para no regresar— sin decirle una palabra de despedida. Entonces abría los ojos, transpirando copiosamente y al borde de las lágrimas y miraba a su alrededor para descubrir a John apostado firmemente junto a su cama. ¡Entonces se sentía tan feliz! Hasta que recordaba. Ya no tenía veinticinco años. No estaba en Evergreen. ¡Estaba en el Hospital Universitario Johns Hopkins; tenía cáncer y le habían extirpado un pecho!

En el hospital, habían estado sentados en silencio durante horas, tomados de la mano. No tenía dudas de que su presencia había acelerado su recuperación. El conocimiento de su amor por ella —ya que no podía dejar de percibirlo— era como un suave refugio de plumas que la separaba de la dolorosa realidad. Sin embargo, a medida que se recuperaba físicamente, se alejaba emocionalmente de John.

Desalentó sus visitas a Willowbrook, alegando fatiga. Cuando él venía de todos modos, se aseguraba de no estar sola con él. Mantenía las conversaciones enfocadas en trivialidades y el trabajo. Devon no podía revelar sus sentimientos ni su cuerpo mutilado a John, que era tan amante de la alegría y la belleza.

70

❧❧

—Lamento que te hayas perdido el Preakness por mí —dijo Devon a Francesca, apartando con cariño un mechón de cabello del rostro de su hija. Estaban reclinadas sobre la cerca blanca de la pista de Willowbrook, observando a Kelly montando a King of Hearts.

—¡No digas tonterías, mamá! Ni siquiera podría haber pensado en ir al Preakness mientras tú estabas en el hospital.

—Al menos pudimos verlo por televisión. Nunca pensé que podría interesarme ese estúpido aparato, pero me vino bien en el hospital, lo admito.

—¡Oh!, mamá, eres tan moderna respecto de algunas cosas. ¿Por qué eres tan anticuada en otras?

—La estética, el intelecto, el honor, las buenas costumbres. Creo que me aferro a los valores tradicionales. Y espero que esas cosas sean admiradas cuando tus nietos tengan nietos.

Francesca puso un brazo alrededor de su madre.

—Así lo espero, mamá.

Francesca se había vuelto más dócil con su madre desde la operación de Devon. La lucha contra el cáncer la había hecho sentirse más protectora. Permanentemente se preocupaba por su madre, obligándola a hacer una siesta, comer comida bien equilibrada y racionalizar su energía.

—Bueno, de todos modos tenemos Belmont para poder preocuparnos —dijo Devon.

—¡Sería un sueño hecho realidad ganar la Triple Corona! —suspiró Francesca.

—Sería la coronación gloriosa de mi carrera —dijo Devon con tono soñador—. Muchas personas se rieron cuando hablé de ese récord en relación con King of Hearts en la subasta. Su pedigree no era tan impresionante.

—Aun así, prefiero ser jockey que propietario —recalcó Francesca, mientras sus ojos seguían con envidia a Kelly dando vueltas en la pista.

Devon siguió su mirada, sintiendo simpatía por la fuerte ambición de su hija.

—Sé que eso es lo que añoras ahora, pero es inevitable que seas propietaria un día. Y es importante que sepas cómo se elige un caballo. Ése no es el punto fuerte de Jeremiah, como él mismo te dirá. Es invalorable como entrenador, tanto de jockeys como de caballos, pero no tiene el ojo de Willy para elegir.

—O el tuyo —Francesca sonrió a su madre.

—O el mío —admitió Devon, con gesto de complicidad.

Se alejó de la cerca blanca y miró a su hija, que hizo lo mismo.

—Sabes que siempre contamos con la posibilidad de que Jesse volvería y reemplazaría a Jeremiah algún día. Que vosotros dos formaríais un equipo como su padre y yo. Pero no creo que eso suceda.

Las largas pestañas de Francesca se dibujaban en sus mejillas doradas mientras ella miraba hacia abajo. Metió las manos en los bolsillos de sus pantalones de montar.

—Oí decir que va a entrar en la escuela de leyes —murmuró.

—¿Lo has oído? ¿No lo viste cuando vino de visita?

—No.

—Erais tan buenos amigos. —Devon suspiró al pensar en tiempos pasados.

Francesca levantó la mirada pero sus ojos no se encontraron con los de su madre; en su lugar, se dirigieron hacia una nube blanca que surcaba el cielo.

—Sí, bueno, la gente se aleja, supongo. Él se fue. De todos modos, ahora está casado.

—Lamento que no hayamos podido estar con él ese día. Pero no podía hacer que esa pobre chica, a la que he visto sólo una vez, pospusiera su boda por mi culpa —dijo Devon, sonriendo al recordar la sugerencia de Jeremiah de posponer la ceremonia—. Céline nunca me hubiera perdonado. Devon no notó el estremecimiento de Francesca al oír el nombre de la joven.

Los ojos de Francesca se posaron en su madre.

—Tú y Jeremiah sois muy buenos amigos, ¿verdad? —preguntó.

Devon rió bajito.

—No estoy segura de lo que eso significa. Supongo que siempre pensé en ese término en relación con otra mujer, no con un hombre. Pero, ciertamente, he compartido más vicisitudes con Jeremiah como adulta que con ninguna otra persona que conozco. Lo quiero profundamente, como amigo, y creo que siente lo mismo por mí.

—¿Alguna vez te sentiste... no sé... atraída hacia él? —preguntó Francesca.

—¡No seas tonta! Lo conozco desde que él tenía dieciséis años y yo era diez años mayor.

—¿Y qué?

—Bueno, jamás se me ocurrió.

—¿Porque es un negro?

—Sinceramente no lo sé.

—Pero esa noche que vino el Klan...

—Creo firmemente que el racismo está mal —interrumpió Devon—. Eso no significa que yo esté libre de tabúes raciales.

Con una intensidad que sorprendió a Devon, Francesca dijo:

—Desearía que el racismo no existiera.

—También yo.

—¿Cómo puede cambiarse algo así?

Devon dijo, pensativamente:

—No sé si se puede. La gente lo intenta. Los que son valientes. Toma a Jesse, por ejemplo. Jeremiah dice que está involucrado en el movimiento de derechos civiles en la universidad. Y estoy segura de que, cuando se gradúe en la escuela de leyes, trabajará en ese tipo de temas. Lamento que no reemplace a su padre aquí, pero lo que está haciendo es más importante. Y sé que Jeremiah está inmensamente orgulloso de él. Sin embargo, lo echo de menos.

—También yo —admitió Francesca.

71

❧❧

—Por Dios, Devon, apresúrate —dijo John, mirando su reloj, impaciente, mientras la llamaba.

Devon apareció, apurada, detrás de la barandilla de la galería del segundo piso. Se inclinó y dijo con aplomo:

—No te he hecho esperar más de cinco minutos. Si, simplemente, te relajas y tomas un vaso de limonada, la espera te parecerá mucho más breve.

John miró hacia arriba y se quedó sin aliento. A la distancia, no parecía tener más de treinta años, con su figura esbelta y el brillante cabello negro. Lucía un vestido de lana rosa claro; como siempre, de un corte perfecto a la última moda. La falda larga y estrecha resaltaba su espléndida figura. Llevaba medias finas y sandalias de tacón alto, que creaban una sola línea de color. El vestido tenía mangas anchas de seda "georgette", que lo hubieran hecho parecer recargado en otra persona; sin embargo, Devon lo llevaba con distinción inigualable. El cuello estaba forrado en georgette, lo que daba un tinte luminoso a la clara piel de Devon.

—Déjame tomar mi abrigo y estaré contigo.

John suspiró.

—Supongo que no tengo más alternativa que esperar.

—No, si quieres sentarte junto a la dueña del ganador de la Triple Corona.

—Pero esa carrera no es hasta pasado mañana.

—No importa —dijo, con fingida altanería mientras desaparecía de su vista.

Unos momentos después, bajó tranquilamente las escaleras de mármol de la casa de los Richmond en Nueva York, como si no hubiese razón para apresurarse. Y, en realidad, sentía temor por ir a Belmont Park. Sería la primera vez que estaría a solas con John, después de la operación. Siempre se había asegurado de rodearse de personas cuando él estaba presente. Pero eso no había sido posible esta vez. Francesca lo había invitado a verla correr en una de las carreras menos importantes que precedían el premio de Belmont. Él había accedido, señalando que estaría en su casa de Nueva York durante ese período. Por supuesto, Devon se había visto obligada a invitarlo a ver la carrera desde su palco, y él, en lugar de pedirle a Devon que fuese con él, le había solicitado si podía ir con ella. ¿Cómo podía negarse? El automóvil tenía dos asientos, de modo que Devon se vio obligada a estar sola con él durante el viaje a Belmont. Había tenido, sin embargo, la precaución de invitar a varias personas a compartir el palco con ellos.

Se detuvo y acomodó su sombrero ante el enorme espejo del vestíbulo.

—Tienes un aspecto realmente maravilloso. Ahora, vamos.

Devon lo miró, exasperada.

—Tenemos mucho tiempo. Nos encontraremos con los demás a las dos.

—Precisamente por eso estoy ansioso por irme. Para poder disfrutar de unos minutos a solas contigo.

—Estamos solos ahora, ¿no es cierto?

Él le lanzó una mirada sardónica.

—Si no cuentas a los sirvientes, y a tu madre y a Alice arriba. A propósito, las señoras están maravillosamente bien.

—Espero tener un aspecto tan bueno como ellas a su edad.

—Seguramente —afirmó John con una sonrisa.

Devon, automáticamente, dio su abrigo a John para que la ayudase a ponérselo. Sus manos se posaron por un instante en sus hombros mientras sus ojos se encontraban en el espejo. Devon se alejó de él bruscamente. No quería que él la tocara. La perturbaba, la hacía sentirse como si, dentro de ella, hubiera un pajarito aleteando desesperadamente, tratando de escapar. Cuando la tocaba, le recordaba muy agudamente aquello que no tendría por el resto de su vida. Devon siempre había disfrutado del aspecto físico del amor y nunca había pensado renunciar a ello. Sin embargo, su resolución de terminar con ese aspecto de su vida no se había debilitado desde la operación. Cuando miraba a John y sentía que su decisión flaqueaba, sólo tenía que pensar en las feas cicatrices en su pecho y, más importante aún, en la desagradable asimetría de su torso.

—Vamos —dijo, mientras elegía un pequeño bolso Chanel y se dirigía hacia la puerta. Fuera les esperaba el Jaguar verde de Devon. En ocasiones, Devon se preguntaba si no estaría demasiado vieja para un automóvil deportivo; pero luego desechaba ese pensamiento. ¿Por qué debía importarle lo que pensaran los demás? Le gustaba demasiado como para renunciar a él.

Una vez que estuvieron en el camino, John aclaró su garganta y dijo:

—Devon, quisiera hacerte una pregunta directa. Espero que seas franca en la respuesta.

Devon miró hacia adelante, presintiendo la pregunta.

—Lo intentaré —dijo, sin prometer nada.

—¿Te das cuenta de que ésta es la primera vez que estamos solos desde tu operación?

Devon, tranquilamente, tomó el hilo de la conversación y lo dirigió hacia otro lado.

—Estoy tan agradecida, John, de que estuvieses allí cuando desperté. No sé si alguna vez te dije cuánto significó eso para mí —dijo, mirándolo por el rabillo del ojo—. Y, por supuesto, para Francesca.

La calidez de su voz la cubrió como una suave manta.

—Vosotros dos sois las personas más importantes de mi vida.

—Tú eres una de las personas más importantes para Francesca también —dijo Devon, cautelosa.

—¿Y para ti? —John contuvo el aliento mientras esperaba la respuesta de Devon.

Devon fijó los ojos firmemente en el camino.

—Yo... te aprecio mucho, John.

John explotó por la frustración.

—¡Por Dios, Devon! ¡Me aprecias! ¿Soy acaso uno de tus mozos de caballeriza o, peor aún, uno de tus caballos, para que me aprecies? ¡Qué palabra tan repelente! —concluyó, con tono de disgusto.

Devon luchó para mantener la calma. No podía soportar herir sus sentimientos, pero tampoco podía permitirse revelar los suyos.

—Ciertamente, no fue mi intención ofenderte —protestó débilmente.

—¡Pero lo hiciste! —insistió él, revolviéndose en su asiento y mirándola—. ¿Por qué ni siquiera me miras o me tocas? ¿Soy tan desagradable para ti? A veces pienso que me amas. ¡Otras veces creo que casi no me soportas!

Ella se volvió y lo miró, alarmada por el dolor en su voz.

—¡No es así en absoluto! —gritó.

—¿Entonces, qué? —preguntó—. Ya hemos perdido demasiado tiempo. Entiendo que cuando Mason estaba en tu vida eras inaccesible. Ésa es una de las razones por las que acepté el puesto en Europa. No sé exactamente cuándo habéis terminado ambos vuestras relaciones (o por qué) pero quise pensar que dejaba la puerta abierta para mí. Este asunto del cáncer me ha hecho pensar que sería criminal perder más tiempo. ¡Te amo, Devon! ¡Quiero que nos volvamos a casar!

—¡No! —gritó ella.

John la miró, estupefacto por su vehemencia. Luego se le ocurrió una idea.

—Devon, ¿estás enojada conmigo porque viajo al extranjero?

—¡No seas ridículo! —exclamó impulsivamente—. Luego, más calmada, continuó . No es eso. Es sólo que no quiero volver a casarme.

—Devon, hemos pasado por muchas cosas juntos como para que recurras a estas... ¡evasivas! —Golpeó el asiento para enfatizar sus palabras—. Quiero una respuesta directa. ¿Me amas o no? —Él *sabía* que ella lo amaba. Había sentido crecer su amor por él a lo largo de los años. Sin embargo, también había sentido la reticencia por parte de ella. Se habían herido el uno al otro. Habían fracasado miserablemente en el compromiso más importante de sus vidas, en una época en que ninguno de los dos estaba acostumbrado a fracasar en otros aspectos. Durante seis años, él había amado a Devon y esos seis años había sentido resistencia al declarar su amor. Pero todo eso había terminado con el cáncer. Ahora se proponía insistir para que Devon le respondiese—. ¿Me amas o no? —repitió.

Devon miraba directamente hacia adelante, su hermoso perfil duro como el de una estatua. Finalmente habló.

—Yo... ya no sé nada acerca del amor, John.

—¿Que no sabes? ¿Qué significa eso? —preguntó.

—No creo estar físicamente capacitada —dijo Devon, casi en un susurro.

—¿Por qué no? —preguntó confundido—. Todo lo que te sacaron fue un pecho, ¿no es cierto?

Devon lo miró estupefacta. Nunca había oído esas palabras dichas en forma tan directa y desaprensiva. Era como si estuvieran hablando del último parto de una de las yeguas de Willowbrook y no de una operación que le alteraba la vida.

—¡Cómo puedes ser tan insensible!

—¿Insensible? ¿Por qué?

—¡John, la identidad completa de una mujer está atada a su apariencia física! —gritó Devon.

—¡Tonterías! —exclamó—. Decir algo así es subestimar todas las cualidades que te hacen especial. Tus logros, tu coraje, tu perseverancia, tu inteligencia. ¡Esas son las cosas que te hacen ser Devon Alexander!

—Somerset-Smith —dijo tranquilamente:

John pareció avergonzado.

—Por supuesto. Eso fue lo que quise decir. Mira, ¿por qué no buscas un lugar donde detener el automóvil para que podamos hablar?

Los ojos de Devon recorrieron el área cercana; luego, viendo una salida que conducía al estacionamiento de un restaurante, salió de la autopista. El automóvil se detuvo y Devon apagó el motor.

John se inclinó sobre la palanca de cambios y tomó las manos de Devon.

—Devon, mírame —dijo, con voz suave.

Los ojos color celeste de Devon se encontraron con sus ojos azules, reconociendo en ellos la seguridad que no había tenido el coraje de buscar desde su operación. Sus ojos le dijeron que la encontraba deseable, admirable, una persona digna de ser amada.

—¡Oh!, John —susurró, con la voz quebrada—, es tan feo. No soportaría que tú vieses la... —No pudo decir la palabra cicatriz.

—No significa nada para mí, Devon. Es a ti a quien amo. Toda tú. No tu pecho izquierdo, ni tu ojo derecho o tu nariz perfecta. —Sonrió, besando sus manos.

—Pero las mujeres a las que estás habituado ¡son todas tan hermosas! —dijo Devon, desesperada.

—No más hermosas de lo que tú eres —aseguró John.

—Más jóvenes y más hermosas —insistió Devon—. Y enteras.

—¿Y eso qué tiene que ver? Yo no estoy entero como tú lo planteas. ¿Encuentras mi herida repulsiva? John estudió a Devon cuidadosamente mientras esperaba su respuesta.

—No es lo mismo —dijo Devon encogiéndose de hombros.

—¿Cómo puedes decir eso? La fuerza de un hombre, su movilidad, su habilidad física están asociadas a su masculinidad. Yo era un excelente jinete y esquiador. No soy tan bueno ahora. ¿Eso te hace pensar menos de mí como hombre?

—Por supuesto que no.

—¿Entonces, por qué eres tan obsesiva con tu propia amputación? —John vio que Devon se estremecía ante la palabra, pero continuó negándose a ceder ante su reticencia—. Nada te impide hacer lo que hacías antes. Eres la misma para mí.

—Con la ropa puesta.

—¿Estás diciendo que cuando me saque los pantalones, encontrarás mi pierna tan desagradable que no podrás tolerar estar cerca de mí?

Devon sonrió, incapaz de resistir su sentido del humor.

—Mejor déjate los pantalones puestos —dijo, con tono de advertencia fingida.

—Encuentro eso cada vez más difícil cuando estoy cerca de ti —dijo en voz baja, inclinándose hacia ella y dándole un suave beso en los labios—. ¿No crees que he demostrado una increíble fuerza de voluntad reprimiéndome durante seis años?

—Yo también —murmuró Devon, devolviéndole el beso. Cuando sus labios se rozaron, sintió que una cálida alegría la llenaba. Deseaba acercarse más a él, estrecharlo.

—Eso está mejor —dijo John, mirando a Devon. Puso una mano bajo su mentón y vio cómo ella le sonreía, gozando del amor que brotaba de sus ojos—. Devon, no voy a permitir que te alejes de mí. Que tu corazón se oculte. Ni tu cuerpo. Amo cada parte de ti, y no toleraré que te resistas.

—John, es realmente una fea imagen —dijo, con la voz temblorosa. Él estaba convencido, ¿pero, qué pasaría cuando viera sus cicatrices? Si él reaccionaba mal, ella no podría tolerarlo. Por otro lado, sabía que ella nunca reaccionaría mal ante la vista de su herida.

John no trató de suavizar lo que decía usando eufemismos. Intuyó que Devon necesitaba una respuesta directa.

—Las cicatrices son feas. Es un hecho de la vida. Si los únicos defectos que tuviéramos fueran nuestras cicatrices, estaríamos seguros de un matrimonio exitoso, esta vez. Por desgracia, no es tan simple. La última vez, nuestra apariencia física estaba perfectamente bien, pero los fallos de nuestra personalidad interfirieron con nuestro amor. Espero que ahora hayamos aprendido a ser más tolerantes con lo malo y más apreciativos con lo bueno del otro. Y creo que me siento afortunado, esperando aprovechar esta oportunidad. Después de todo, no muchos hombres tienen la oportunidad de casarse por segunda vez con el amor de sus vidas.

—¿Soy yo soy el amor de tu vida? ¿No lo es Bebe Henley? —bromeó Devon.

—¡Por favor! —dijo John, con horror fingido. Luego su rostro se derritió de ternura. Se inclinó sobre ella, y, con suavidad, le dio un largo beso—. Por favor, Devon. No perdamos más tiempo. ¡Cásate conmigo!

—Bueno... —Devon se sintió sin aliento y ruborizada como una jovencita—. Miró los ojos que nunca había dejado de amar, y, por un momento, sus preocupaciones se disiparon—. No creo tener la fuerza para decir no —susurró Devon.

El rostro de John se llenó de alegría.

—¡Eso es maravilloso! —Tomó a Devon entre sus brazos y la besó apasionadamente—. ¡Olvidemos Belmont y huyamos!

—No podemos —objetó Devon—, ¡no tenemos licencia de matrimonio!

—¡Iremos a Maryland!

—¡Pero todos nos esperan en Belmont! —Devon se sintió emocionada y eufórica.

—Me niego a darte tiempo para que cambies de opinión. Telefonearemos a Belmont. Dejaremos un mensaje a Francesca. ¡Oh!, —dijo con un gesto de exasperación—, éstos son detalles sin importancia. ¡Hay cosas más importantes en juego aquí! Nuestro futuro. Ven, vamos a Maryland —susurró persuasivamente, atrayéndola hacia él.

—Bueno...

—Vamos —insistió.

—Siempre y cuando estemos de regreso para la carrera pasado mañana —dijo Devon, llena de excitación, pero tratando de mantener un ápice de pragmatismo.

—¡Te prometo todo para mañana, si eso te persuade de ir a Maryland hoy! —dijo John. Inclinándose, giró la llave del encendido del automóvil—. ¡Conduce! —ordenó, y el pequeño automóvil salió del estacionamiento, con sus ocupantes riendo como adolescentes.

72

Devon se sintió divertida por el hecho de que todos sus conocidos hubieran estado esperando que ella y John volviesen a casarse.

—Como dicen, la esposa es siempre la última en enterarse —recalcó a su marido, mientras se vestían para la carrera de Belmont, la tercera carrera de la serie de la Corona Triple.

John, con el mentón levantado mientras anudaba su corbata frente al espejo, dijo con una sonrisa:

—Francesca estaba tan feliz como pensé que lo estaría.

John terminó su tarea y se volvió hacia su esposa en el momento en que ella desaparecía dentro del cuarto de vestir. Devon había permitido que John viese sus cicatrices y que las tocara la noche de bodas, pero aún se sentía incómoda si él la veía vestirse, particularmente cuando se colocaba el dispositivo que regularizaba su silueta. John había decidido no apresurarla. Había sido un gran paso que ella le permitiese verla desnuda.

Devon salió del cuarto de vestir unos minutos después. Habían decidido permanecer en su casa hasta después de la carrera de Belmont, porque él no deseaba que ella tuviera que mudarse mientras se preparaba para la carrera más importante de su vida profesional. Luego se mudarían a la casa de John, a unas pocas manzanas de allí, en tanto que Francesca regresaría a Willowbrook. Ésta había sido una sugerencia de Laurel, quien había insistido en que los recién casados necesitaban cierta intimidad.

—Pero, mamá, no somos exactamente recién casados. Y tampoco somos jovencitos. Además, queremos que Francesca viva con nosotros.

Laurel había mirado sabiamente a Devon, con una expresión de autoridad que no dejaba lugar a la contradicción.

—No seas tonta, querida. Tiene diecinueve años y puede arreglárselas muy bien sin ti por un par de meses. Estarás de vuelta en Willowbrook para Navidad de todos modos, y podrás retomar la vida familiar entonces. Pero todo el mundo necesita una luna de miel. Y, por la forma en que John te mira, puedo ver que el interés sexual de uno por el otro no ha disminuido ni un ápice.

—¡Mamá! —exclamó Devon, verdaderamente impresionada por la inusual franqueza de su madre. Laurel era, por lo general, la persona más diplomática, siempre utilizaba eufemismos que revelaban su origen, el de una dama sureña.

—¿Qué? ¿Tal vez has pensado que no tengo en cuenta el sexo?

—No es eso... —musitó Devon.

—Está bien, entonces, pongámonos de acuerdo en que tú y John necesitáis tiempo para vosotros, y que el resto de nosotros estará muy bien. Contamos con mucha ayuda. Y nos reuniremos cuando regreséis a Virginia, aunque debo mencionar que Alice y yo hemos decidido viajar a Londres en otoño.

¡Londres! ¡Las dos mujeres estaban cerca de los noventa años! Acusó a su madre de haber planeado el viaje para darles a ella y a John un período de privacidad más prolongado, pero Laurel lo había negado rotundamente.

—¡De ninguna manera! ¡Qué infantil de tu parte pensar que los planes de tu madre giran alrededor de ti!

—Mamá, estoy lejos de ser una niña. Tengo cincuenta y siete años.

—Sin embargo, aún eres mi niña. Y, como tal, tienes poco que opinar sobre mis planes de viaje. ¡Aún no estoy senil!

—Sólo me preocupa que puedas cansarte.

—No te preocupes, querida. Alice y yo intentamos hacer una vida tranquila, hasta un extremo casi escandaloso. Un agradable crucero de placer es lo que hemos decidido. Con orquestas y buena comida, y todos los otros entretenimientos.

Con reticencia, pero sintiéndose interiormente feliz, Devon había aceptado el plan. Realmente quería estar a solas con John.

73

La gente se volvía para mirar a la elegante pareja que entraba en el hipódromo de Belmont. La razón por la que la gente los miraba no era por los rasgos bien formados y resueltos del rostro del hombre ni la delicada distinción y la elegancia de la ropa de la dama, sino por su actitud tan segura, que revelaba que estaban tan obviamente acostumbrados a los privilegios, y el hecho de que no cabía duda de que eran negros. La mayoría de los negros que la multitud de Belmont había visto no eran tan afortunados como Céline y Jesse. Los espectadores blancos ni siquiera veían a los trabajadores de los establos que eran negros. Todos formaban parte de la clase trabajadora del hipódromo: mano de obra contratada y sin identidad. Pero estos dos jóvenes desafiaban los conceptos estereotipados de la multitud.

Era temprano esa mañana, pero ya la temperatura se acercaba a los treinta y seis grados. Céline lucía un vestido blanco de lino, con la falda recta. Era de una sencillez tan perfecta, tan bien diseñado que las mujeres que entendían de modas inmediatamente reconocieron en la prenda un modelo francés. Jesse vestía un traje de lino blanco que resaltaba la imponencia de su figura. Debajo del traje, llevaba una camisa celeste y una corbata a rayas azul y beige claro.

El corazón de Jeremiah se llenó de orgullo cuando vio acercarse a la pareja. Iban tomados de la mano y sus blancos dientes relucían cuando se sonreían el uno al otro. Estaban destinados a grandes cosas, pensó Jeremiah con acierto. Podía leerlo en sus rostros. Se preguntaba si ellos mismos lo sabían.

—Mira, Frankie —dijo el entrenador (era una de las pocas personas que aún llamaban a Francesca por su sobrenombre de pequeña)—, ahí están Jesse y Céline.

Francesca quiso salir corriendo, pero permaneció clavada en su lugar. Sentía como si una roca se hundiera en su estómago, mientras Jesse y su nueva esposa se acercaban inexorablemente a ella. Había evitado un encuentro con Jesse durante años, y no sabía lo que sentiría al volver a verlo. Pero, vivo en su memoria, estaba el recuerdo de que lo había perseguido, tonta, peligrosamente. Se retorcía de vergüenza al pensarlo.

Mientras Jesse se acercaba, miró a su padre y luego a ella, y allí sus ojos se detuvieron. Porque Francesca estaba hermosa, con los colores rojo y negro de la caballeriza de Willowbrook. Los colores parecían realzar su belleza bohemia, y el abundante cabello negro atado a la nuca le llegaba casi hasta la cintura.

Con apresurada anticipación, Francesca estiró la mano, exclamando con una voz de falso entusiasmo:

—¡Tú debes de ser Céline, encantada de conocerte!

—Francesca, es un placer —dijo la joven sonriendo con simpatía. Céline se apresuró a tomar la mano extendida y la estrechó.

—Hola, Francesca —la profunda voz de Jesse resonó. Francesca no se atrevió a mirarlo a los ojos. No sabía si era más apropiado darle un beso en la mejilla, darle la mano, o evitar todo contacto.

Jesse distendió la embarazoso situación, abrazando efusivamente a su padre. Una vez que los dos hombres hubieron intercambiado unas palabras de saludo, Céline ya estaba conversando con Francesca.

—¿Vas a correr hoy? —preguntó la mujer de color.

—Estoy a la expectativa. Tenemos cuatro carreras hoy, incluyendo el premio Belmont, por supuesto. Si alguien está enfermo o herido, entonces correré. Pero, hasta ayer por la tarde, todos estaban perfectamente bien —agregó Francesca, con decepción.

Céline sonrió ante la actitud decepcionada de Francesca.

—Por lo que he oído de Jeremiah, tendrás tu oportunidad muy pronto. Kelly Majors correrá la gran carrera, ¿verdad? —preguntó Céline.

—Así es —dijo Francesca, un poco amargamente. No había esperado montar a King of Hearts hoy, por supuesto, pero el hecho de no correr hacía que se sintiese como que estaba fuera de todo.

—Harás algo mucho más importante —le había asegurado Jeremiah durante una conversación, la semana anterior—. Serás el reemplazante si alguien está herido o enfermo. Eso significa que tienes que conocer a todos los caballos y las condiciones de cada carrera.

—¡Pero la posibilidad de que corra es casi nula! —había protestado Francesca—. Ese día será el gran día para los jockeys. Podría destacarme más que en un día normal. ¿Por qué nunca nadie me da esa oportunidad?

—¿Por qué? ¿Estás buscando un trabajo? —había bromeado Jeremiah.

—¡Es posible, si no tengo la oportunidad de demostrar lo que puedo hacer! —Francesca se había resignado, sabiendo que debía obedecer al entrenador de Willowbrook, incluso si ella habría de ser la futura dueña de la caballeriza.

Ahora, enfrentada a Jesse y su esposa, Francesca decidió controlarse y adoptar una actitud más alegre. No quería que Jesse pensara que él era la causa de su estado de ánimo.

Francesca miró a Céline, y luego a Jesse. Hacían una excelente pareja. Hermosos y claramente enamorados. ¿Por qué entonces Francesca aún sentía un vínculo con Jesse? Se preguntaba si él sentiría lo mismo, pero no se atrevió a buscar la respuesta en sus ojos.

Céline estudió a la antigua compañera de juegos de su esposo, confusa por la expresión en los ojos de Francesca. Ella parecía evitar mirar a Jesse deliberadamente, como si él le disgustara o ella lo hubiera herido de alguna forma. Y, sin embargo, ambos estaban discutiendo animadamente sobre un potro, el principal adversario de King of Hearts en la carrera de Belmont.

—¿No recuerdas cómo Francesca acertó con respecto a aquel potro francés en Saratoga, Jesse? —decía Jeremiah—. Ninguno de nosotros pensó que ese caballo era una amenaza, pero Frankie lo supo.

Céline vio los ojos de Jesse fijos en Francesca, como si tratara de forzarla a mirarlo, en lugar de mover la mirada nerviosamente.

—Lo recuerdo. Francesca siempre tuvo buenos instintos cuando se trataba de cosas como ésa.

Francesca sonrió brevemente, en señal de asentimiento, una hilera de perfectos dientes blancos y un hoyuelo en cada mejilla.

—¡Oh, Dios! Aquel Roll the Dice resultó ser un gran fracaso como corredor.

—Sin embargo tenía buen pedigree —recalcó Jesse.

—¿En qué año tuvo ocasión aquello? ¿En el cincuenta y ocho? ¿En el cincuenta y nueve? —preguntó Jeremiah, como pensando en voz alta.

—Fue justo antes de que Jesse entrara a la universidad —dijo Francesca, cortante. Toda la emoción de aquel verano inolvidable la invadió.

Francesca vio los ojos de Céline fijos en ella. Fingió no darse cuenta, observando con sus verdes ojos a un caballo. Entonces Céline se volvió para observar a su esposo. Él miró su reloj, un Piaget de oro macizo que ella le había regalado para la boda.

—Creo que debes volver al trabajo —dijo, dirigiéndose a su padre.

—Tengo tiempo para una Coca. Por qué no me dejas mostrarle a Céline el lugar. Tú y Francesca, probablemente, tenéis mucho de que hablar.

—¡Oh, yo no! —dijo Francesca, casi antes de que Jeremiah hablara. Se ruborizó al darse cuenta de su rudeza—. Quiero decir.. tengo algo que hacer. —Miró a Céline, luego a Jesse y, por último, a Jeremiah, con la expresión de un animal atrapado—. Me... me encantaría haceros una visita, a ti y a Céline, en otra ocasión, Jesse, pero ahora debo marcharme —tartamudeó levemente, dando un paso hacia atrás.

Jeremiah levantó las cejas sorprendido. Céline miró a su esposo y vio cómo una expresión de dolor y luego de alivio cruzaba su rostro, antes de que recuperara la compostura. Y de pronto comprendió con el instinto certero de una mujer enamorada. Había habido algo entre ellos.

—Bueno, entonces, Francesca, adiós. —Jesse extendió la mano a la joven.

Francesca lentamente extendió su mano. Sus dedos se tocaron por un segundo y sus ojos se encontraron. Por un instante, Céline pensó que su mundo feliz se derrumbaba. Pero, antes de completar el pensamiento, Francesca se volvió rápidamente y se alejó sin mirar hacia atrás. Jesse la observó por un segundo, y luego miró a su padre.

¡Él había estado enamorado de Francesca! Céline estaba segura. Se sintió confusa, herida. Céline se preguntó si habría sido la segunda elección de Jesse.

¿Qué había sucedido entre su esposo y Francesca? Las preguntas se agolpaban en su mente. Estaba tan perdida en sus pensamientos que no prestó atención cuando Jesse la rodeó con el brazo y la atrajo hacia él.

Luego, súbitamente, tomó conciencia. "Él es mío. Lo tengo." Lo que hubiese sucedido antes carecía de importancia. Y, con una sabiduría extraña para su edad, decidió dejar sus preguntas sin respuesta.

Céline rodeó la cintura de Jesse con su brazo y, a pesar del calor, se abrazó a él.

—¡Ah, los recién casados! —bromeó Jeremiah—. Me parece que Céline no está interesada en ver los establos.

Jesse sonrió.

—Te veremos después, papá. Queremos ver la gran carrera junto a ti.

—Hemos sido invitados a verla desde el palco de Devon, ¿sabías? —dijo Jeremiah.

Jesse arqueó las cejas.

—¿Cómo crees que lo tomarán sus amigos?

Jeremiah se encogió de hombros.

—Bueno, ahora ya están acostumbrados a mí. Has estado lejos tanto tiempo que creo que no sabías que tengo un lugar fijo junto a ella. —Movió la cabeza—. El cambio es lento, pero está llegando, ¿verdad?

Jesse miró a su padre con escepticismo, pero la expresión de esperanza en el rostro del hombre mayor suavizó la mirada.

—Así lo espero, papá. —Por un momento, su mente viajó a la noche en que Francesca había tratado de convencerlo de eso. Luego desterró el recuerdo de su mente. Y allí, con la multitud a su alrededor y los animosos caballos trotando, Jesse se volvió hacia su esposa e inclinó la cabeza sobre la de ella. Sin pensar en las miradas de los demás, la besó, tal como lo había hecho el día de la boda. Esta vez, su compromiso hacia ella fue silencioso, pero no había posibilidad de confusión. Céline supo que era un compromiso para toda la vida.

74

Devon se movía incómoda en la silla. Tenía un vaso de limonada en la mano, del cual tomaba pequeños sorbos, nerviosamente, como un pájaro ansioso por la presencia de un gato.

Pronto se reunirían con sus amigos, pero aún era temprano, y sólo los espectadores más interesados, o aquellos que no tenían asientos reservados, habían llegado a Belmont Park.

—Creo que lo mejor que puedo hacer es bajar al cercado —dijo a John, mirando su reloj.

Él se inclinó y le tomó la mano.

—Acabas de estar allí hace unos minutos —dijo suavemente.

Ella lo miró con expresión de súplica, sabiendo que estaba demasiado ansiosa.

—Lo sé, pero me preocupa que Kelly no haya llegado aún.

John inclinó la cabeza hacia atrás y rió.

—Tú conoces a Majors, él moriría antes que perderse esta carrera. Es la más importante de su vida. Probablemente haya tenido un problema con el tráfico. Majors, durante el último año, se había resistido a utilizar las habitaciones austeras reservadas para los trabajadores, y prefería, como sus ingresos e importancia aumentaban, alojarse en hoteles cercanos. En Belmont Park, eso significaba alguno de los lujosos establecimientos de Nueva York. Su establecimiento favorito era el de las Torres Waldorf, junto al Waldorf Astoria, donde podía caminar por los espléndidos corredores y ver los encantos de las elegantes mujeres que allí se hospedaban. Majors aún era soltero y, para él, Nueva York era un paraíso de hermosas y deseables mujeres.

—No puedo esperar que alguien que gana lo que gana Kelly esté contento de alojarse en esas horribles cabañas, pero me altera que venga con el tiempo tan justo a una gran carrera. —Devon suspiró.

—Las épocas en que los jockeys corrían para un solo propietario son ya casi algo del pasado. La mayoría de los nuevos quieren trabajar por su cuenta, eligiendo la mejor paga y el mayor prestigio. Hay ventajas en estar asociado a Willowbrook, pero también hay desventajas. Tú no estás en posición de decirle lo que debe hacer —recalcó John.

—No, a menos que encuentre a alguien tan bueno como él que quiera firmar un contrato de exclusividad conmigo —dijo Devon, con pragmatismo.

—Puedo pensar en una sola persona que llena esas condiciones.

—¿Quién? —preguntó Devon, intrigada.

—Tu propia hija, querida. ¿O no te has dado cuenta de lo buena que es?

—¡No seas tonto! —exclamó Devon—. Es demasiado joven para reemplazar a Majors. Jeremiah también coincide conmigo, o no sería tan cuidadoso cuando la hace correr.

—Majors entró a trabajar para ti cuando tenía la edad de Francesca —señaló John, levantando los binoculares.

—¡No como jockey principal! —argumentó Devon—. Por otro lado, si ella estuviera lista para esto, Jeremiah me lo hubiese dicho.

—¿No es eso obvio para ti? —preguntó John, dejando los binoculares para encontrar la expresión enfadada de Devon—. ¡Es una mujer!

—¿Estás acusando, precisamente a Jeremiah, de tener prejuicios? —preguntó Devon, furiosa por la insinuación.

—No estoy acusándolo de nada. Pero ha pasado toda su carrera en un mundo dominado por los hombres. ¿Cuántas mujeres jockeys conoces?

—¡Pero Jeremiah ha pasado toda su vida trabajando para mí! ¡Una mujer!

John rió, y besó la mano de Devon.

—Eso ya lo sé. —Luego continuó en un tono más serio—; pero aun cuando trabaja para una mujer, probablemente tenga algunas ideas sobre la capacidad de una mujer jockey frente a un hombre.

—Siempre ha ponderado mucho el trabajo de Francesca —dijo Devon.

—¡Oh!, no tengo dudas de que él piensa que Francesca es buena. O de que algún día le dará la oportunidad de demostrar su capacidad. Sólo pienso que para ella es más lento que para otros jinetes menos talentosos. Mira, por ejemplo, ese hombre, Luccioni. No es tan bueno como Francesca, pero, sin embargo, hoy lo has hecho correr.

—Tiene más experiencia —dijo Devon, defendiendo su elección.

—Sin embargo, no es tan bueno. Es demasiado cauteloso. —John hizo silencio por unos momentos para que Devon considerara sus palabras.

—Recuerdo, hace muchos años, Jeremiah y yo hablamos de cómo sería el mundo de las carreras para nosotros, siendo él un negro y yo una mujer. Nos comprometimos a no dejar que los prejuicios tuvieran influencia sobre lo que hacíamos. —Devon recordó aquel momento frente a los establos de Willowbrook. De pronto, recordó el apoyo que John había dado a Willy en su disputa con Devon. ¿Cómo fue que te volviste un adalid de las mujeres? —preguntó con sospecha fingida—. Recuerdo una época cuando eras muy susceptible a que me involucrara en el entrenamiento.

John sonrió y movió la cabeza.

—Era un tonto, supongo. Pero ya hemos reconocido nuestros errores de juventud, creo. Yo, por mi parte, no tengo intención de repetir eso cuando se trata de Francesca. Con respecto a Jeremiah, probablemente ni él mismo se dé cuenta de lo que está haciendo. Pero, no lo olvides, fue un jockey antes de ser un entrenador. Y uno de los mejores del mundo. Es posible que le resulte difícil creer que una niña a la que vio crecer podría competir en ese mundo. Sabe lo rudo que es. Conoce los prejuicios. Una parte de él puede querer proteger a Francesca de eso. Una parte de él puede no creer que una joven tenga la fuerza para librar las batallas que él peleó. Y ella tendrá batallas. No hay mujeres que corran, ni siquiera en el nivel en el que corre ahora.

—Eso no es cierto, está...

John la interrumpió.

—Dije en el nivel en el que ahora está involucrada. Hay unas pocas que corren en carreras menores. Francesca apunta a las grandes carreras.

—¿Y tú crees que no hemos sido justos con ella?

—Tal vez no han tomado conciencia.

—Tendré que hablar con Jeremiah sobre ese asunto —resolvió Devon.

—Y supongo que quieres bajar allí ahora mismo —dijo John, con un suspiro cómico.

—Ven, vamos —Devon se puso de pie enérgica-
mente e hizo poner de pie a John.

John siguió a su esposa a través de la multitud,
con el corazón lleno de orgullo cuando los hombres
se volvían para mirar apreciativamente a la elegante
mujer. Como de costumbre, para las carreras importantes, Devon usaba los colores rojo y negro de
Willowbrook. Llevaba una espléndida falda de seda
roja con una chaqueta del mismo tono. Un elegante
sombrero negro, con una banda roja, coronaba su
magnífica apariencia. Había elegido unos audaces
zapatos rojos de tacón alto que daban a su figura un
aire de realeza.

Cuando estaban llegando al cercado, vieron a
Jeremiah, con una expresión preocupada en el rostro,
hablando con dos de los jockeys de Willowbrook.

Devon supo inmediatamente que algo andaba mal.

—¿Cuál es el problema? —dijo en voz alta, mientras se acercaban al grupo.

Una mirada de alivio llenó el rostro de Jeremiah
cuando vio a Devon.

—¡Cómo me alegro de que hayas venido! Estaba a
punto de enviar a alguien a buscarte.

—¿Qué es lo que está ocurriendo? —repitió ella.

—Ha habido un accidente. Majors no podrá correr hoy.

Devon, estupefacta, dijo:

—¿Qué quieres decir?

—Ha tenido un accidente de automóvil en el camino hacia aquí.

—¿Está malherido? —preguntaron al unísono John
y Devon.

—Un brazo roto. Nada que no tenga remedio. Pero
no podrá correr hoy —dijo Jeremiah.

El color abandonó el rostro de Devon. Por un instante, sintió que se desmayaba. ¿Por qué, el día más importante, tenía que ocurrirle esto? ¡Maldito Majors por quedarse en el Waldorf! De ahora en adelante, sus jockeys se quedarían en el hipódromo, sin excepciones. Lo haría constar en sus contratos. Si los tiempos estaban cambiando, también cambiaría ella. Negociaría cada carrera por separado, como hacían ahora muchos de sus amigos. Pero eso no solucionaba el problema inmediato. Devon miró a los jockeys que estaban junto a Jeremiah. ¡No podía confiar a ninguno de ellos el premio de Belmont!

—¿Recuerdas de lo que hablábamos antes? —susurró John en su oído.

—¡No puedes pensar en eso! ¡No para esta carrera! ¡Está fuera de discusión! —Volvió la cabeza para mirar a Jeremiah—. Tenemos que hablar en privado —dijo, haciéndole una seña para que la siguiera. Se tomó de la mano de John, y comenzaron a caminar. Incluso en su furia y confusión, no quería repetir el error de dejar a John fuera de su trabajo. Respetaba sus puntos de vista y quería que él lo supiese siempre.

—¿Qué propones? —preguntó al entrenador.

—Todos los que hubiera propuesto están tomados. Podemos retirarnos, supongo. —Jeremiah se encogió de hombros, indicando que estaba perdido.

—¡Retirarnos de la Corona Triple! ¡Ni se te ocurra! —declaró Devon—. Bueno, Luccioni es el mejor del grupo. Pero ésta es la carrera más larga de la Corona Triple. Las carreras largas no son el fuerte de Luccioni.

—¿Crees que Francesca puede hacerlo? —intervino John. Devon lo miró, exasperada. Coincidía con John en que, tal vez, ella y Jeremiah habían desconsiderado la capacidad de su hija, pero esto era la Corona Triple, ¡por amor de Dios!

Pero la expresión de Jeremiah no fue la que Devon esperaba. Se rascó la cabeza y pensó en la idea.

—¿Sabías que ella y King of Hearts consiguieron el récord en la pista de ejercicios el otro día? —preguntó a Devon.

—Lo he oído. Pero sabes bien que muchos de los otros probablemente no corrieron lo suficiente.

—Aun así, fue el récord de la pista.

Devon se veía llena de escepticismo.

—¿Realmente piensas que puede hacerlo?

—Sé que está deseosa de hacerlo. Dios, todos lo están. Pero ella tiene más cosas que probar que los demás. —Asintió, en señal de afirmación—. Yo he estado allí y puedo decirte que la motivación puede encender un fuego en ti.

—¿Tiene la energía para una carrera como ésta?

—Tiene más energía que cualquiera de estos hombres. Por eso es la mejor en las carreras largas —dijo Jeremiah—. Y tiene algo más también. Tiene agallas.

Una mirada de preocupación cruzó el rostro de Devon. Sabía que su hija, si se le daba la oportunidad, no se detendría ante nada para ganar esta carrera. Correría riesgos, se pondría en peligro. Ésa, por supuesto, era la característica de un gran jockey, ¿pero era Francesca capaz de controlar la situación?

—Tienes que darle la oportunidad alguna vez —dijo John suavemente—. ¿Por qué no ahora, cuando realmente no tienes nada que perder?

—¿Nada que perder? —gritó Devon—. ¿Has olvidado a Morgan?

Hubo un tenso silencio entre los tres. Las palabras de Devon fueron como un hachazo en un árbol. Cayeron con un golpe sordo y pesado.

John fue el primero en hablar.

—El día en que decidiste dejarla comenzar su carrera en Willowbrook, tomaste en cuenta esa posibilidad. Nada ha cambiado desde entonces. Y no puedes decidir ahora, después de que ha dedicado cuatro años a esto, impedirle avanzar más adelante porque temes por ella.

Devon miró desesperadamente a Jeremiah, rogándole con los ojos que encontrase una razón para impedir que Francesca corriese el premio de Belmont. Pero su viejo amigo, su aliado incondicional, sólo movió la cabeza.

—Él tiene razón, tú lo sabes.

Devon se volvió y miró la pista. En ese momento estaba vacía. En su imaginación, se convirtió en aquel sendero donde Morgan había encontrado la muerte. Se estremeció.

John, leyendo sus pensamientos, puso las manos sobre sus hombros y la volvió hacia él.

Los recuerdos habían dejado una fina capa de sudor sobre su rostro, como cuando despertaba de una pesadilla.

—Francesca es un jinete excelente. Hará que te sientas orgullosa en este día. Te lo prometo —dijo John. Se inclinó y besó a Devon suavemente en la mejilla.

Devon asintió. Volviéndose a Jeremiah, dijo con tranquilidad:

—Por qué no vamos y le damos la noticia.

Francesca era más alta que los otros jockeys, aunque había mantenido el peso de su adolescencia, cincuenta y tres kilos. La mayor altura le daba confianza. Y también King of Hearts se la daba. Era, según ella creía, uno de los purasangre más grandes que habían existido. Había sido el sueño de su vida correr en un premio importante, pero el hecho de que esa carrera fuera el Belmont estaba más allá de su imaginación, ¡y que ello sucediera tan pronto!

Miró hacia la derecha y hacia la izquierda a los jockeys que estaban a su lado. Tenía una buena posición, segunda desde la parte interior. Su única preocupación era conducir a King of Hearts de tal modo que conservara su energía para superar a los otros en la recta final. Él era un caballo naturalmente muy impulsivo y comenzaba con mucha velocidad, al igual que ella. Pero era un signo de inmadurez conducir así en una carrera larga. No, seguiría las instrucciones de su madre y Jeremiah. Les probaría que podía estar a la altura de sus responsabilidades ante esta responsabilidad monumental. Sabía que tenían dudas sobre ella, aunque habían tratado de ocultarlas. Ellos, simplemente, no se daban cuenta de lo buena que era, pero se lo demostraría a su abuela, que según presentía Francesca, tenía más fe en ella. Cuando, unas horas antes, se tomó la decisión de dejar que Francesca montara a King of Hearts, todos habían decidido que Laurel y Alice debían estar presentes. La anciana y su acompañante se habían vestido apuradas y habían partido hacia Belmont en el Rolls-Royce modelo 1952, con chófer, que las llevaba a todas partes.

La tensión que sentía Francesca vibraba a través de ella como una corriente eléctrica y se transmitía a King of Hearts. Había llegado hasta la línea de salida como un demonio. Ahora, ella tenía problemas para mantenerlo quieto y evitar que se lesionara o la hiriera a ella. Sentía que el sudor corría por sus axilas, haciendo que la ropa se le adhiriera al cuerpo. El caballo tenía espuma en el cuello. ¡Era como si él también supiera que ésta era la carrera más importante de su vida!

Francesca casi no oyó la campana de salida: ¡estaba tan nerviosa! Luego la puerta se abrió y King of Hearts salió como un rayo. Podía sentirlo galopar con entusiasmo, pasando velozmente delante de sus competidores, de la forma como ella había imaginado que lo haría. ¡Pero debía controlarlo! Junto a ella, el hombre conocido como el mejor jockey del mundo también estaba tratando de controlar a su caballo, Dragon Slayer. Estaba del lado interior, pero se acercaba a ella como para forzarla a que se apartase. Del otro lado, un segundo jockey trataba de hacer que se fuese hacia la cerca. Desesperadamente, Francesca buscó una solución. Había estudiado cuidadosamente la estrategia para esta carrera. La había corrido centenares de veces en su mente, durante los ejercicios diarios de King of Hearts. No obstante, predecir las acciones de los otros jockeys había sido imposible. Y era esto con lo que tenía que vérselas en este momento.

Dejó que el caballo se quedara atrás y que los otros dos jockeys se disputaran el lugar entre ellos. El hombre que iba del lado interior se dio cuenta de su estrategia y trató de volver junto a la cerca. Pero Francesca era muy rápida. Estando en la posición interior, hizo adelantarse a King of Hearts, y, con una velocidad increíble, se adelantó a sus dos contrincantes. Los colores se borraron, no veía nada más que la pista delante de ella, mientras miraba todo recto por entre las orejas del potro. Tomó la fusta pero no la usó. Esperaría un poco más aún.

Sintió que Dragon Slayer se le acercaba. Estaba situada en cuarto lugar en la pista, pero sabía que no debía preocuparse por los caballos que iban adelante.

Dragon Slayer era su principal oponente. El caballo negro estaba ahora junto a ella. Se acercó de nuevo, demasiado, pero esta vez Francesca le dio batalla. Se movió contra su rival, forzándolo a dar una curva ancha, donde el otro perdió segundos valiosos. Una vez más, iba en cuarto lugar. Ahora era el momento de tomar gran velocidad; usó la fusta, y King of Hearts, exultante y, por fin, libre para desatar toda su energía, se adelantó para superar a los caballos que iban por delante. Algo que King of Hearts no podía soportar era ver caballos delante de él. El trabajo de Francesca, ahora, era el de mantener una buena posición interior, mientras King of Hearts hacía su trabajo, dejando atrás a los caballos que tenía delante. Lo guió hacia la cerca, pero no demasiado para no tener que dar una curva muy cerrada.

—¡Lo está logrando! —exclamó Devon, de pie. Aferraba los binoculares con fuerza, sin pensar en nada de lo que la rodeaba. Inclinada en la cerca frente a ella, enfocaba los lentes en su hija, admirando la forma en que manejaba el desafío de Dragon Slayer. Las apuestas por King of Hearts habían sido de dos a uno hasta que se anunció el cambio de jockey. Luego, habían trepado a siete a uno. Les mostraremos de lo que somos capaces, pensó Devon, habiendo olvidado por completo su preocupación anterior.

Luego, como si estuviese viendo un filme de un episodio anterior de su vida, observó un revoltijo de colores. ¡Un caballo había rodado! El primer caballo se había caído, lanzando al jockey sobre la cerca. La pista fue un pandemonio por lo que pareció una eternidad, pero sólo pasaron segundos hasta que otro caballo tropezara con el anterior, y otro jinete cayera sobre la pista.

¿Dónde estaba Francesca?

—¡Francesca! —gritó Devon, inclinándose sobre la cerca. ¡Entonces los vio! King of Hearts, como el mejor cazador, saltó sobre el jockey caído como si no hubiese ningún obstáculo. Devon vio cómo el jockey se colocaba en posición fetal, protegiéndose la cabeza con las manos. Ahora, King of Hearts iba primero. Dragon Slayer había esquivado también el accidente, y estaba a sólo media cabeza de él. Dragon Slayer se acercaba a King of Hearts. El jockey lo fustigaba frenéticamente, pero Francesca estaba concentrada en mantener su posición. Al llegar a la curva, Francesca, en un movimiento valiente y desafiante, guió a King of Hearts directamente frente a Dragon Slayer. Esta vez usó la fusta.

¡Iba en primera posición! La recta final estaba allí, frente a ella. Escuchó los cascos de Dragon Slayer detrás de ella, esforzándose por alcanzarla, amenazando con alcanzarla. Podía ver sus orejas, su cabeza mientras se acercaba. Estaban cuello con cuello. Tenía que adelantarse. Inclinó el cuerpo hacia adelante, quedando en posición paralela al cuerpo del caballo y urgió a King of Hearts a adelantarse.

¡Y lo lograron! ¡El pecho fuerte de King of Hearts cortó la banda de la llegada, que voló como una bandera de la victoria proclamándolos vencedores! La visión de Francesca se borró cuando lágrimas de orgullo y alegría corrieron por su rostro sucio de tierra. Le llevó algunos segundos darse cuenta de lo que ocurría y detener al caballo. Podía escuchar a la multitud, enardecida de sorpresa y admiración. Sabían que King of Hearts podía ganar, pero no con Francesca como jockey. ¡La estaban aclamando!

Miró hacia las tribunas, buscando instintivamente el palco de su madre, pero todo lo que vio fueron colores en movimiento, banderines y manos que la saludaban. ¡A la triunfadora! Dio la vuelta y se dirigió hacia el círculo de los ganadores. Una multitud de personas con cámaras fotográficas se agolpó junto a ella. Una herradura hecha de rosas fue colocada sobre King of Hearts. ¡El primer caballo de Willowbrook que ganaba la Corona Triple! ¡Conducido por una mujer! ¡Con un entrenador negro! ¡Y una mujer como propietaria! ¡Tantas primicias! Los editores de todo el mundo tendrían trabajo para decidir cuál de todas estas circunstancias era la más importante.

Y entonces, las personas que Francesca más amaba, se abrieron paso entre la multitud y la rodearon. Su madre y su abuela, John, Jeremiah y Alice.

Detrás de ellos, Francesca vio a Jesse sonriendo, orgulloso de ella. Sabía que una parte de él deseaba estar en su lugar. Él también, algún día, había soñado con ser un jockey, pero había abandonado el sueño de su infancia. En lugar de ello, Francesca sabía que él había encontrado algo mucho más valioso. Y en ese momento, supo que éste era el lugar donde ella deseaba estar, celebrando una victoria que se había ganado.

Sonrió embelesada cuando los reporteros le acercaron micrófonos y los fotógrafos gritaban órdenes.

—¡Tomemos una fotografía con sus padres! —gritó alguien. Y Devon y John se encontraron junto a Francesca, que rodeó a cada uno con un brazo.

—Debe de estar muy orgulloso de su hija —dijo a John un reportero.

—¡Mucho! —respondió John, con una amplia sonrisa.

Pero los reporteros no estaban realmente interesados en John y pronto se encontró empujado hacia atrás, del brazo de Devon, que no deseaba que se perdiese entre la multitud.

—¡Quieren hablar contigo, no conmigo! —gritó John ante el estruendo de la multitud.

—¡Este día es el de Francesca! —gritó Devon—. ¡Huyamos! —dijo, con una mirada pícara. Y lo hicieron. A su palco, ahora desierto. Desde ese punto podían ver la conmoción en el campo y, a la vez, podían permanecer tranquilos.

Sintiéndose como truhanes, abrieron una botella de champán. John llenó las copas y le entregó una a Devon.

—Bueno, por Francesca —dijo haciendo chocar las copas—. Me siento muy orgulloso de que todos hayan pensado que era mi hija —admitió, tomando un trago.

El rostro de Devon se llenó de amor por él.

—Ella te ama como si lo fueras.

—Lo sé y eso me hace muy feliz. —Después de todo eso, John permaneció silencioso. Entonces, suspiró y dijo—: Cuando pienso en los años que perdimos...

—No te lamentes —lo amonestó Devon amablemente. Mantuvo la copa alejada y el sol se reflejó en el pálido líquido. Miró a su esposo a los ojos y sonrió radiante—. Brindemos por nuestro futuro.

SOCIOS Y AMANTES

Amanda Quick

Leticia Thornquist, bibliotecaria de una pequeña universidad de Kansas, hereda de su tío Charlie una importante empresa de artículos deportivos. Al hacerse cargo de la misma conoce a Joel Blackstone, artífice del éxito económico obtenido por el negocio de su tío, y quien realmente debería haber heredado la presidencia de la empresa. Haciendo a un lado su orgullo y su despecho, Joel ayudará a Letty a dirigir la empresa, aunque con muy mala voluntad.

Sin embargo pronto se sentirá poderosamente atraído por las sensuales curvas de Letty y los besos ardientes de él convencerán a la joven de que su vida ha cambiado. Aún sin comprender cuán experto es Joel en el arte de amar, Letty percibirá el peligro que corre entre sus brazos. El amor sólo florecerá si pueden convertirse en socios perfectos de 9 a 5... y en verdaderos amantes desde la medianoche hasta el amanecer.